Amsterdamer Beiträge zur neueren Germanistik

herausgegeben von

Gerd Labroisse
Gerhard P. Knapp
Anthonya Visser

Wissenschaftlicher Beirat:

Lutz Danneberg (Humboldt-Universität zu Berlin) —Martha B. Helfer (University of Utah) — Dieter Hensing (Universiteit van Amsterdam) — Lothar Köhn (Westf. Wilhelms-Universität Münster) — Walter Schönau (Rijksuniversiteit Groningen) — Ian Wallace (University of Bath)

Amsterdamer Beiträge zur neueren Germanistik
Band 46 — 1999

Wendezeichen?
Neue Sichtweisen auf die Literatur der DDR

herausgegeben von

Roswitha Skare und Rainer B. Hoppe

Amsterdam — Atlanta, GA 1999

Die 1972 gegründete Reihe erscheint seit 1977 in zwangloser Folge in der Form von Thema-Bänden mit jeweils verantwortlichem Herausgeber.

Reihen-Herausgeber:

Prof. Dr. Gerd Labroisse, Sylter Str. 13A, D – 14199 Berlin
Tel./Fax: (49)30 89724235
Gerd.Labroisse@t-online.de

Prof. Dr. Gerhard P. Knapp, University of Utah, Dept. of Languages and Literature, 255 S. Central Campus Dr. Rm. 1400, USA – Salt Lake City, UT 84112
Tel.: (1)801 581-4609 bzw. (1)801 581-7561. Fax: (1)801 581
gerhard.knapp@m.cc.utah.edu

Dr. Anthonya Visser, Philipps-Universität Marburg, FB 09: Germanistik und Kunstwissenschaften, Wilhelm-Röpke-Str. 6A, D – 35039 Marburg
Tel.: (49)6421 284676, Fax: (49)6421 284558
visser@mailer.uni-marburg.de

Redaktion: Dr. Anthonya Visser

∞ The paper on which this book is printed meets the requirements of "ISO 9706:1994, Information and documentation - Paper for documents - Requirements for permanence".

ISBN: 90-420-0655-2 (bound)
©Editions Rodopi B.V., Amsterdam-Atlanta, GA 1999
Printed in The Netherlands

Inhalt

Vorbemerkung 9

Roswitha Skare: 1989/90: Eine Wende in der deutschen Literaturgeschichte? Tendenzen der neueren Literaturgeschichtsschreibung 15

Rainer Benjamin Hoppe: Im Westen nichts Neues? Beobachtungen und Überlegungen zum Umgang mit der DDR-Literatur nach 1989 45

Thomas Jung: Aus den Schatten der Vergangenheit treten: Das Schreiben jüdischer Autoren aus der DDR vor und nach der Wende 65

Michael F. Scholz: DDR-Geschichte im Wandel der Zeiten 83

Christine Hamm: Über Kriterien in Werturteilen und Textinterpretationen. Bertolt Brechts *Der kaukasische Kreidekreis* und *Ordinary language philosophy* 99

Withold Bonner: Ankunft im Inzest. Geschwisterliebe in den Texten von Brigitte Reimann 135

Anders Kristian Strand: Bobrowski und der Orphismus. Überlegungen zur Lyrik Johannes Bobrowskis 151

Peter Langemeyer: "Suche in allem, die Zeit auf deine Seite zu bringen." Zu einer Maxime in Christoph Heins Roman *Horns Ende* und ihrem Gedächtnisraum (Baltasar Gracián, Walter Benjamin) 171

Erik Egeberg: Die Wissenschaft der Stalin-Zeit auf der Anklagebank. Wladimir Dudinzews *Die weißen Gewänder* 209

Verena Kirchner: *Das Nichtgelebte* oder Der Wille zur Utopie. Ernst Blochs Hoffnungs-Philosophie und die Demonstration vom 4. November 1989 – Zu einer Erzählung von Volker Braun 229

Anschriften der Autorinnen und Autoren

Withold Bonner
Teknillinen korkeakoulu
Kieli-ja viestintäkeskus
PL 1100
FIN – 02015 TKK

Prof. Dr. Erik Egeberg
Universitetet i Tromsø
Russisk institutt
Breivika
N – 9037 Tromsø

Christine Hamm
Universitetet i Bergen
Seksjon for allmenn litteraturvitenskap
Sydnesplass 7
N – 5007 Bergen

Rainer B. Hoppe
Norges teknisk-naturvitenskapelige universitet
Germanistisk institutt
N – 7055 Dragvoll

Dr. Thomas Jung
Universitetet i Oslo
Germanistisk institutt
Postboks 1004 Blindern
N – 0315 Oslo

Verena Kirchner
Markelstraße 14
D – 12163 Berlin

Peter Langemeyer
Høgskolen i Harstad
Avdeling for økonomi- og samfunnsfag
Havnegata 5
N – 9400 Harstad

Dr. Michael F. Scholz
Ernst-Moritz-Arndt-Universität
Historisches Institut
Domstraße 9a
D – 17489 Greifswald

Roswitha Skare
Universitetet i Tromsø
Germanistisk institutt
Breivika
N – 9037 Tromsø

Kristian Anders Strand
Olav Tryggvasons gate 30
N – 7011 Trondheim

Vorbemerkung

Der Umgang mit DDR-Literatur nach 1989/90 ist auch in der Auslandsgermanistik nicht unproblematisch. Zwar besitzen wir den unbestreitbaren Vorteil, deutsch-deutsche Literaturstreitigkeiten nicht unmittelbar, sondern aus der Distanz wahrnehmen zu können. Dominanz einer anderen Kultur, räumlicher Abstand und mediale Vermittlung relativieren solche Auseinandersetzungen und können für mehr emotionale Gelassenheit sorgen. Dadurch ergeben sich zumindest bessere Chancen für einen Dialog zwischen ehemaligen westdeutschen und ostdeutschen Literaturwissenschaftlern. Aber auch der Auslandsgermanist sieht den Forschungsgegenstand 'DDR-Literatur' nach 1989 in einem unerwarteten, um nicht zu sagen unangenehmen Licht. Bisweilen kann er froh sein, wenn DDR-Literatur als solcher überhaupt noch anerkannt wird. Ohne den Staat DDR also keine DDR-Literatur und daher auch keine DDR-Literaturforschung mehr? Dies wäre umso prekärer, weil gerade im universitären Unterricht Deutsch als Fremdsprache deutsche Literatur oft sozialhistorisch als Auskunft über deutsche Geschichte und deutsche Mentalität gelesen und gelehrt wird.

Wie jedoch können wir Literaturwissenschaftler DDR-Literatur lehren, wenn sich selbst einer seiner bedeutendsten Repräsentanten heftig von dieser Kategorisierung distanziert. Christoph Hein äußerte sich im November 1994 auf die Frage, ob er sich noch zur DDR-Literatur rechne, eher abweisend:

> Ich glaube, das ist doch nur eine Frage der Germanistik. Wieder ein Schubfach mehr, wo man dann hingehört. Kein Autor auf der Welt wird sich freiwillig in diese Schubläden, in die man da gesteckt wird, begeben. Jeder Autor ist erst einmal ein Individuum für sich. Ich schreibe die Texte, die ich schreiben will und werde nur vom Feuilleton, von den Germanisten in irgendwelche Schubfächer gesteckt. Ich wurde mal in das Schubfach DDR-Literatur reingesteckt. Zur Zeit weiß ich nicht, in welches Schubfach ich jetzt gesteckt werde. Ich muß mich erkundigen. Ich weiß es nicht.[1]

Das hatte sich bei Christoph Hein vor 1989 zwar noch anders angehört,[2] ist aber nach den Streitigkeiten der letzten Jahre über die literarische Qualität der

---

[1] Hyunseon Lee: *Günter de Bruyn – Christoph Hein – Heiner Müller. Drei Interviews.* Siegen ²1996 (Massenmedien und Kommunikation 95/96). S. 53.
[2] In einem Interview aus dem Jahre 1986 betont Hein die Unterschiede zwischen der Literatur der BRD und der DDR und bekräftigt die These von den zwei deutschen Literaturen. Vgl. Christoph Heins Gespräch mit Krzysztof Jachimczak: Wir werden es lernen müssen, mit unserer Vergangenheit zu leben. In: *Christoph Hein. Texte, Daten, Bilder.*

DDR-Literatur nicht weiter verwunderlich. Unabhängig jedoch davon, wie man den Gegenstand unserer Forschung nun nennt, wird die Beschäftigung mit Texten ostdeutscher Autoren andauern und dabei der Begriff der DDR-Literatur nach wie vor Verwendung finden: sei es als Bezeichnung regionaler Zugehörigkeit von Literatur und als Epochenbegriff. So finden natürlich immer noch Konferenzen zur DDR-Literatur statt, wenn auch immer häufiger, wie in unserem Falle, eine Einbettung des Themas in gesamtdeutsche oder interdisziplinäre Zusammenhänge gesucht wird. Die Suche nach neuen Methoden – und damit nach neuen Sichtweisen – sollte in diesem Zusammenhang eine Selbstverständlichkeit sein.

Erkenntnisleitende Fragen für ein neues Verständnis sind schnell gefunden: Welche Texte der DDR-Literatur bedürfen einer erneuten Lektüre und können bzw. sollten weiterhin Gegenstand literarhistorischen Interesses sein? Wie wurde bzw. wird deutsch-deutsche Literaturgeschichte vor und nach 1989 geschrieben? Unter welchen Prämissen stand die westliche DDR-Forschung vor 1989? Unter welchen theoretisch-methodischen Voraussetzungen werden Texte aus der DDR heute neu gelesen und wird Literaturgeschichte neu- und umgeschrieben?

Die in diesem Band versammelten Beiträge sollen im Sinne von *erneutem* Lesen neue Sichtweisen auf bereits Bekanntes präsentieren, aber auch grundlegende Überlegungen zum Begriff der DDR-Literatur, zu Problemen der Literaturgeschichtsschreibung und deren praktischer Umsetzung sowie zur Kanonbildung zur Diskussion stellen.

"Man muß etwas Neues machen, um etwas Neues zu sehen." Mit Lichtenbergs Aphorismus soll nicht die Theorie gegen die Praxis ausgespielt werden. Vielmehr soll dazu aufgefordert werden, sich zur vorgegebenen Problematik theoretisch-methodisch 'Gedanken zu machen'. Unser Ziel, die eigene Arbeit theoretisch zu reflektieren, führte zu einer Zweiteilung des Bandes. Der erste Teil beschäftigt sich mit der theoretisch-methodischen Diskussion, der zweite Teil mit Einzelanalysen. Die sich in den Beiträgen zeigende methodische Divergenz, z.B. bei der Definition und dem pragmatischen Gebrauch von Begriffen wie 'Diskurs' oder 'Horizont', sollte als methodische Vielfalt und offene Diskussionsbereitschaft anerkannt und gewertet werden. Denn so wie ein mehrdimensionales Gebilde sich erst durch die Ganzheit ungleicher Perspektiven in seiner Komplexität erschließen läßt, so sollen auch die in diesem Sammelband präsentierten Lesarten zu einer differenzierten Sicht auf die DDR-Literatur und ihre Texte beitragen.

Hg. von Lothar Baier. Frankfurt/M. 1990. S. 45-67, hier S. 66. Vgl. auch Heins Gespräch mit Clemens Renholder: Arbeit am Nachlass. In: *Wochenzeitung* vom 13.7.1990. S. 17f.

Trotz dieser Vielfalt zeichnen sich beim Umgang mit DDR-Literatur nach 1989/90 bei den Autoren dieses Bandes auch Tendenzen zur Gemeinsamkeit ab, die sich in drei Punkten zusammenfassen lassen:

1) In Bezug auf Zeit- wie Literaturgeschichte wurde noch einmal auf die Politisierung der westlichen DDR-Forschung vor 1989 hingewiesen, welche vor allem oppositioneller DDR-Literatur im Westen einen 'Solidaritätsbonus' einräumte. Entgegen der nachdrücklichen Warnung Christa Wolfs aus dem Jahre 1968, daß nämlich erst der zu schreiben beginne, dem "die Realität nicht mehr selbstverständlich ist",[3] trug die nach 1968 in der Bundesrepublik vorherrschende sozialgeschichtliche Methode dann das ihrige zur Ein- wie Überschätzung von DDR-Literatur bei: Als *Auskunft* und *Nachricht* aus einem anderen Staat und einer anderen Gesellschaftsordnung wurden *Geschichten aus der Geschichte der DDR* als *DDR-konkret* gelesen.[4] Methodischer 'Inhaltismus' und Literaturgeschichte als Geschichte der Kulturpolitik vernachlässigten oftmals das Ästhetische bei der Beschäftigung mit Literatur. Neue Sichtweisen hingegen sollten gerade die Ästhetik zum Fluchtpunkt[5] des Interesses machen und bisher akzeptierte Texte kritisch hinterfragen. Daß allerdings politische Lesarten nach wie vor ihre Berechtigung haben, macht Verena Kirchners Beitrag zu Volker Brauns Text *Das Nichtgelebte* deutlich.

2) Mehrere Beiträge gehen auf die Frage nach dem Verhältnis zwischen Literatur und Gesellschaft ein. Über die Grenzen der Fachdisziplin hinweg wird auf die aktuelle Neuorientierung der Geschichtswissenschaft hingewiesen bzw. die zunehmende Bedeutung der Mentalitätsgeschichte betont. Jetzt seien "kulturelle Eigenarten" und "mentale Befindlichkeiten von Individuen oder Gruppen [...] als das eigentlich zählende Agens geschichtlichen Wandels"[6] zu betrachten. Diese Aufwertung der Rolle von Kultur kann auch als eine Befreiung für die Literaturwissenschaft betrachtet werden. Literatur erscheint nicht mehr als unlösbar mit der Geschichte verbunden. Oder anders ausgedrückt: Literatur scheint nicht mehr an die Struktur der Diskurse gekettet, ist kein 'Zeuge der Geschichte' mehr, sondern ist – was provozieren mag – "als eigenständiger

---

[3] Christa Wolf: *Lesen und Schreiben.* Aufsätze und Prosastücke. Darmstadt 1972. S. 181-220, hier S. 209.

[4] *Nachrichten aus Deutschland. Lyrik. Prosa. Dramatik. Eine Anthologie der neueren DDR-Literatur.* Hg. u. eingeleitet von Hildegard Brenner. Hamburg 1967; *Auskunft. Neue Prosa aus der DDR.* Hg. von Stefan Heym. Reinbek bei Hamburg 1977; *Geschichten aus der Geschichte der DDR. 1949-1979.* Hg. von Manfred Behn. Darmstadt u.a. 1981; *DDR – konkret. Geschichten und Berichte aus einem real existierenden Land.* Hg. von Thomas Auerbach u.a. Berlin (West) 1978.

[5] Wolfgang Emmerich: Für eine andere Wahrnehmung der DDR-Literatur. Neue Kontexte, neue Paradigmen, ein neuer Kanon. In: Ders.: *Die andere deutsche Literatur. Aufsätze zur Literatur aus der DDR.* Opladen 1994. S. 190-207, hier S. 200.

[6] Wolfgang J. Mommsen: Die Geschichtswissenschaft nach der 'demokratischen Revolution' in Ostmitteleuropa. In: *Neue Rundschau* 105 (1994). H. 1. S. 75-88, S. 82.

Faktor im historischen Prozeß"[7] zu betrachten. Erst mit Hilfe dieser Prämisse kann ein anderes Verständnis des Ästhetischen entfaltet werden. Auf diese Weise ist es möglich, Literatur einerseits als Erfahrungsraum zu betrachten, in dem sich das Subjekt auch spielerisch und genußvoll mit gesellschaftlichen Widersprüchen auseinandersetzt, andererseits kann Literatur vor der historischen Erfahrung als "Spiel-Raum"[8] dienen.

3) Keine Spielräume, sondern im Gegenteil, Verteilungskämpfe kennzeichnen die Literaturgeschichtsschreibung. Nach dem Motto "Die DDR-Literatur ist tot! Es lebe die DDR-Literatur!" sind gegenwärtig heftige Verteilungskämpfe im Gange. Neben dem Bestreben der Verlage um die Aufnahme ihrer Autoren in den Kanon, steht vor allem die Frage im Mittelpunkt, wie die Epoche der deutschsprachigen Nachkriegsliteratur dargestellt werden soll. Soll DDR-Literatur weiterhin isoliert als politisch-historische Entität betrachtet werden? Soll sie differenziert in eine gemeinsame Geschichte der deutschsprachigen Nachkriegsliteratur integriert werden? Oder soll parallel zur Auflösung des Nationalstaates auch historiographisch die Perspektive der Nationalliteratur zugunsten einer Literatur der europäischen Regionen aufgegeben werden?

Für das geplante Symposium zum veränderten Umgang mit DDR-Literatur war uns ein interdisziplinärer Meinungs- und Gedankenaustausch wichtig. Wir gingen von der Hypothese aus, daß die Geschichtswissenschaft, was ihren Umgang mit den veränderten gesellschaftlichen Bedingungen seit 1989/90 betrifft, sich in einer ähnlichen Situation wie die Literaturwissenschaft befinden müsse. Ein anderes Interesse betraf die Entwicklung in der Sowjetunion und den ostmitteleuropäischen Staaten seit 1985. Trotz aller Differenzen (wie z.B. den unterschiedlichen Öffentlichkeitsverhältnissen) gibt es Berührungspunkte, die uns eine komparatistische Perspektive interessant erscheinen ließen. Bemerkenswert ist in diesem Zusammenhang, daß der erste Roman des russischen Schriftstellers Wladimir Dudinzew in den Diskussionen über die Zensur in der DDR auf dem X. Schriftstellerkongreß im November 1987 genannt wurde.[9] Auch der zweite Roman Dudinzews *Die Weißen Gewänder* (1987, deutsch 1989) kann in Verbindung zu Entwicklungen in der DDR gebracht werden. Gerade der in diesem Roman behandelte sogenannte 'schöpferische Darwinismus' Lyssenkos und Mitschurins wurde im Zuge der Angleichungsprozesse der SBZ/DDR an die Sowjetunion auf Biologie und Landwirtschaft der DDR über-

---

[7] Ebd. S. 84.
[8] Christa Wolf: *Lesen und Schreiben*. A.a.O. S. 220.
[9] Thomas Reschke sprach von den "schmerzlichen Lücken" sowjetischer Literatur, die es in den Verlagen der DDR gebe und nannte als Beispiel u.a. Dudinzews Roman *Der Mensch lebt nicht vom Brot allein* (deutsch 1957). Vgl. *Zehnter Schriftstellerkongreß der Deutschen Demokratischen Republik. Arbeitsgruppen.* Berlin u. Weimar 1988. S. 286f.

tragen,[10] die Idee des 'neuen Menschen' und seine Machbarkeit prägten nicht zuletzt die Kulturpolitik der DDR in den ersten Jahrzehnten nach ihrer Gründung.

Das Slawisten, Historiker und Germanisten umfassende Symposium fand am 30. und 31. Mai 1997 am Fachbereich Sprach- und Literaturwissenschaft der Universität Tromsö in Norwegen unter dem Titel *Hermeneutische Horizontveränderung oder Ideologisierung des Horizonts?* statt. Zwei Vorträge konnten hier nicht veröffentlicht werden. Stattdessen wurden zwei andere Beiträge in den Band aufgenommen.

Wir danken an dieser Stelle allen denen, die einen Beitrag zur Verfügung gestellt oder mit Rat und Tat die Verwirklichung dieses Bandes unterstützt haben. Unser besonderer Dank gilt Professor Wolfgang Emmerich (Bremen), dessen Zusage und Teilnahme uns überhaupt erst zu diesem Symposium ermutigte.

Roswitha Skare, Tromsö
Rainer B. Hoppe, Trondheim

Herbst 1998

---

[10] Vgl. Annelie Hartmann/Wolfram Eggeling: "Das zweitrangige Deutschland" – Folgen des sowjetischen Technik- und Wissenschaftsmonopols für die SBZ und die frühe DDR. In: *Der Technikdiskurs in der Hitler-Stalin-Ära.* Hg. von Wolfgang Emmerich u. Carl Wege. Stuttgart u.a. 1995. S. 189-202.

Roswitha Skare

1989/90: Eine Wende in der deutschen Literaturgeschichte? Tendenzen der neueren Literaturgeschichtsschreibung

Beginning with a short review of West German accounts prior to 1989 of GDR literary history and the present discussion about the changing treatment of it, five new historical works discussing German literary history (and GDR literature) since 1945 are presented. The authors' intentions and their practical conversion, as well as the difficulties that arise through them, are discussed with the final goal of proposing an open-ended definition of the term 'GDR literature' and a description of literary history in regional dimensions.

I

Die Ereignisse der Jahre 1989/90 als Endpunkt der DDR und Wendepunkt in der deutschen Geschichte wurden auch in der Literaturwissenschaft zum Anlaß genommen, bisherige Forschungsergebnisse kritisch zu hinterfragen und neue Informationen und Erkenntnisse in eine veränderte Sichtweise auf DDR-Literatur[1] einfließen zu lassen. So führte die Öffnung der Archive des Staatssicherheitsdienstes zur Enthüllung eines Systems von Überwachung, Bespitzelung und Denunziation, an dem Schriftsteller als Opfer wie Täter beteiligt waren.[2] Neue Einsichten über das Funktionieren von Zensur und deren Konsequenzen für literarische Werke[3] und damit über das Zusammenspiel und

---

[1] Der Begriff DDR-Literatur bezieht sich im folgenden auf dessen Verwendung in der westdeutschen Literaturgeschichtsschreibung der siebziger und achtziger Jahre. Vgl. Anm. 15 und 16.

[2] Vgl. Peter Böthig u. Klaus Michael (Hg.): *MachtSpiele. Literatur und Staatssicherheit im Fokus Prenzlauer Berg*. Leipzig 1993; Joachim Walther: *Sicherungsbereich Literatur. Schriftsteller und Staatssicherheit in der Deutschen Demokratischen Republik*. Berlin 1996 (Wissenschaftliche Reihe des Bundesbeauftragten für die Unterlagen des Staatssicherheitsdienstes der ehemaligen Deutschen Demokratischen Republik 6) und die von betroffenen Schriftstellern herausgegebenen Teile ihrer Opferakten wie Erich Loest: *Die Stasi war mein Eckermann oder: mein Leben mit der Wanze*. Göttingen 1991; Reiner Kunze: *Deckname "Lyrik". Eine Dokumentation*. Frankfurt/M. 1990.

[3] Vgl. z.B. Ernest Wichner u. Herbert Wiesner (Hg.): *"Literaturentwicklungsprozesse". Die Zensur der Literatur in der DDR*. Frankfurt/M. 1993; Simone Barck, Martina Langermann u. Siegfried Lokatis: *"Jedes Buch ein Abenteuer". Zensur-System und lite-*

die gleichzeitige Antinomie von Geist und Macht[4] verdeutlichten die Rolle von Literatur in der "modernen Diktatur".[5]

Noch kurz vor und unmittelbar nach der staatlichen Vereinigung gab es Prognosen, daß die beiden deutschen Staaten und damit auch die beiden deutschen Literaturen schnell zusammenwachsen würden.[6] Ein kurzer Überblick über die Behandlung von DDR-Literatur in der westdeutschen Literaturgeschichtsschreibung vor 1989/90 soll den Ursprung dieser Thesen zeigen und zur gegenwärtigen Praxis deutschsprachiger Literaturgeschichtsschreibung überleiten.

Die Konzeption einer eigenständigen DDR-Literatur entstand nicht mit der Gründung der DDR am 7. Oktober 1949, sondern erst mit dem Prozeß der Konsolidierung des Nationalstaates DDR in den sechziger Jahren. DDR-Literatur sollte als Teil der Kulturpolitik der SED diesem Prozeß und der Identitätsbildung in einer Zeit der Abgrenzung[7] dienen. Diesem Konzept verpflichtet ist der 1976 erschienene elfte Band zur Literatur der Deutschen Demokratischen Republik,[8] der im Rahmen des großangelegten Unternehmens einer deutschen marxistischen Literaturgeschichte in der DDR entstand. Im Mittelpunkt dieser literaturgeschichtlichen Darstellung steht die "Vorbereitung, Entstehung und Entfaltung der sozialistischen Nationalliteratur",[9] deren Entwicklung in engem Zusammenhang mit der gesellschaftlichen Entwicklung in der DDR beschrieben wird. So stellt diese Literaturgeschichte die offizielle Ge-

---

rarische Öffentlichkeit in der DDR bis Ende der sechziger Jahre. Berlin 1997 (Zeithistorische Studien 9).

[4] Vgl. Axel Goodbody u. Dennis Tate (Hg.): *Geist und Macht. Writers and the State in the GDR.* Amsterdam u.a. 1992 (German Monitor 29).

[5] Hartmut Kaelble, Jürgen Kocka u. Hartmut Zwahr (Hg.): *Sozialgeschichte der DDR.* Stuttgart 1994. S. 10. Zum Thema vgl. Günther Rüther (Hg.): *Literatur in der Diktatur. Schreiben im Nationalsozialismus und DDR-Sozialismus.* Paderborn u.a. 1997.

[6] Vgl. Jurek Becker: Die Wiedervereinigung der deutschen Literatur. In: *Spätmoderne und Postmoderne. Beiträge zur deutschsprachigen Gegenwartsliteratur.* Hg. von Paul Michael Lützeler. Frankfurt/M. 1991. S. 23-35; Karl Corino: Vor und nach der Wende. Die Rezeption der DDR-Literatur in der Bundesrepublik und das Problem einer einheitlichen deutschen Literatur. In: *neue deutsche literatur* 39 (1991). H. 8. S. 146-164.

[7] Vgl. z.B. die unterschiedlichen Fassungen der Verfassung der DDR von 1949, 1968 u. 1974 in: *Dokumente des geteilten Deutschland. Quellentexte zur Rechtslage des Deutschen Reiches, der Bundesrepublik Deutschland und der Deutschen Demokratischen Republik.* Hg. von Ingo von Münch. Stuttgart 1974 u. 1976 (Kröners Taschenausgabe 391 u. 392).

[8] *Geschichte der Deutschen Literatur. Von den Anfängen bis zur Gegenwart.* Hg. von einem Autorenkollektiv unter Leitung von Horst Haase u.a. Berlin 1976 (elfter Band. Literatur der Deutschen Demokratischen Republik). Vgl. auch Hans-Jürgen Schmitt: Verschönen, verdrängen, verdammen. Literaturgeschichtsschreibung der DDR als Legitimation von Herrschaft. In: *Literaturmagazin.* Reinbek bei Hamburg 1977. S. 123-131.

[9] *Geschichte der Deutschen Literatur. Von den Anfängen...* A.a.O. S. 21.

schichtsvariante der herrschenden Partei dar und versteht sich damit selbst als "Korrektur von Entstellungen und Verleumdungen" in der westdeutschen Literaturgeschichtsschreibung, "ohne daß sie direkt daraufhin geschrieben wurde".[10]

Im Zuge der Entspannungs- und Annäherungspolitik zwischen den beiden deutschen Staaten und Machtblöcken seit Anfang der siebziger Jahre wird auch in der BRD die Existenz der DDR-Literatur nicht länger bestritten. Eigene Forschungsbereiche und damit die wissenschaftliche Beschäftigung mit DDR-Literatur werden in der Bundesrepublik wie in anderen westlichen Ländern etabliert.[11] In der Bundesrepublik wird diese Etablierung durch die zeitlich parallel verlaufende strukturelle Neugestaltung des Faches Germanistik begünstigt, die – im Hinblick auf die behandelten Texte – zu einer verstärkten Hinwendung zu Texten der Gegenwartsliteratur beitrug.[12] Außerdem führte der Paradigmawechsel in der bundesrepublikanischen Literaturwissenschaft zu einer Abwendung von vormals einseitig favorisierten Texten der Avantgarde und zu einer Hinwendung zu realistischen, politisch engagierten Texten.

Unabhängig von den Diskussionen über die Anzahl der deutschen Literaturen und der Konvergenztheorie[13] der späten siebziger und achtziger Jahre, wurde DDR-Literatur sowohl im Osten als auch im Westen getrennt von der westdeutschen Literatur dargestellt.

System-Verschiedenheit, also ein soziologisches Argument, begründet auch im Westen das Entstehen eigener Bände zur DDR-Literaturgeschichte[14] oder

---

[10] Ebd. S. 830.
[11] Vgl. den Forschungsbericht von Reinhard Hillich, Gudrun Klatt u. Ingrid Pergande: DDR-Literatur in der nationalen und internationalen Literaturgeschichtsschreibung. In: *Zeitschrift für Germanistik* 10 (1989). H. 1. S. 45-70; Gerd Labroisse: Diskussion zum Forschungsbericht 'DDR-Literatur in der Literaturgeschichtsschreibung'. In: *Zeitschrift für Germanistik* 11 (1990). H. 6. S. 698-702.
[12] Vgl. Jost Hermand: *Geschichte der Germanistik*. Reinbek bei Hamburg 1994 (Rowohlts Enzyklopädie 534). S. 141ff.
[13] Zum Begriff und dessen Geschichte vgl. Stephen Brockmann: Literature and Convergence. The Early 1980s. In: *Beyond 1989. Re-reading German Literature since 1945*. Hg. von Keith Bullivant. Providence 1997 (Modern German Studies 3). S. 49-67, hier S. 59ff. Vgl. auch Hans Mayer: Auf der Suche nach einer verlorenen Literatur. Deutsche Literatur nach zwei Weltkriegen. In: *Literatur und Gesellschaft in der Bundesrepublik Deutschland. Neue Tendenzen der Gegenwartsliteratur*. Bonn 1979 (DAAD-Forum 12). S. 13-34, bes. S. 29; Wolfgang Emmerich: *Kleine Literaturgeschichte der DDR. 1945-1988*. Frankfurt/M. 1989 (erweiterte und bearbeitete Ausgabe). S. 449. Emmerich spricht hier von "Konvergenz und Divergenz – einfacher ist es nicht zu haben".
[14] Konrad Franke: *Die Literatur der Deutschen Demokratischen Republik*. München u.a. 1971; Fritz J. Raddatz: *Traditionen und Tendenzen. Materialien zur Literatur der*

Geschichten der deutschsprachigen Literatur mit eigenen Kapiteln[15] zur DDR-Literatur. Die meisten dieser westdeutschen Literaturgeschichten der siebziger und achtziger Jahre scheinen bemüht zu sein, die Leistungen der DDR-Literatur im Rahmen ihrer eigenen Voraussetzungen zu bewerten. Für die Auswahlkriterien dieser westdeutschen Literaturgeschichten galt hauptsächlich, daß die Frage nach dem kritischen Potential eines Werks bzw. Autors im Vordergrund stand. In diesem Sinne wurde die Kanonbildung dieser Jahre häufig durch die politischen Interessen der Verfasser der Literaturgeschichten bestimmt.

In der bundesdeutschen Presse wurde die DDR-Zugehörigkeit eines Schriftstellers vor allem hervorgehoben, wenn man in seinen Texten eine Kritik an den sozialen und/oder politischen Verhältnissen in der DDR zu erkennen glaubte. Andererseits wurde DDR-Literatur nicht zuletzt in den westdeutschen Schulen als Vermittler von Informationen über den anderen deutschen Staat verwendet, wobei eine enge Verknüpfung von Literaturvermittlung, politischer Großwetterlage und individuellen politischen Vorlieben beobachtet werden konnte.[16] Hans-Jürgen Schmitt faßt die Phasen und Faktoren des Erfolgs von DDR-Literatur in der Bundesrepublik so zusammen:

1. Die bundesrepublikanischen Medien werden darauf aufmerksam gemacht, daß ein Werk die Rezeptionserwartung in der DDR-Öffentlichkeit nicht erfüllt [...] Das Werk wird zum politischen Fall [...].
2. Die politisch-ideologische Auseinandersetzung (erst in zweiter Linie setzt eine adäquate literarische bzw. ästhetische Bewertung ein) gerät zur unfreiwilligen Werbestrategie [...].

DDR. Frankfurt/M. 1976; Hans-Dietrich Sander: *Geschichte der Schönen Literatur in der DDR. Ein Grundriß*. Freiburg 1972; Marcel Reich-Ranicki: *Zur Literatur der DDR*. München 1974; Hans-Jürgen Schmitt (Hg.): *Die Literatur der DDR*. München 1983 (Hansers Sozialgeschichte der deutschen Literatur 11); Wolfgang Emmerich: *Kleine Literaturgeschichte...* A.a.O.
[15] John Milfull: Die Literatur der DDR. In: *Geschichte der deutschen Literatur vom 18. Jahrhundert bis zur Gegenwart*. Hg. von Viktor Žmegač Königstein/Ts. 1984 (Band III/2, 1945-1980) um nur ein Beispiel zu nennen. Auch in den einbändigen Übersichtswerken finden sich eigene Kapitel zur DDR-Literatur.
[16] Vgl. Manfred Behn: *DDR-Literatur in der Bundesrepublik Deutschland. Die Rezeption der epischen DDR-Literatur in der BRD 1961-1975*. Meisenheim am Glan 1977 (Hochschulschriften Literaturwissenschaft 34); Egbert Meyer: *DDR-Literatur in Westdeutschland. Literaturwissenschaftliche, schulische und feuilletonistische Rezeption literarischer Prosa aus der DDR*. Frankfurt/M. 1994 (Europäische Hochschulschriften. Reihe I. Deutsche Sprache und Literatur 1466), oder auch Karl Corino: Vor und nach... A.a.O.

3. Je weiter das einzelne Werk für den Leser aus dem aktuellen politischen Zusammenhang herausgerückt werden kann, desto mehr scheinen die Leser [...] Lebensprobleme zu erkennen, die auch ihre Erfahrungswelt berühren.[17]

Insgesamt herrscht heute kein Zweifel darüber, daß eine einseitige politische Kritik die Rezeption der DDR-Literatur dominierte. Aussagen zur ästhetischen Qualität wurden meist vermieden oder kamen im besten Fall an zweiter Stelle.[18]

Die genannten Literaturgeschichten wurden zu einem Zeitpunkt geschrieben, als sich DDR-Literatur bereits in einem Auflösungsprozeß befand[19] und Begriffsdefinition und Gegenstandszuordnung immer schwieriger wurden.[20] Dementsprechend wurde in den achtziger Jahren immer wieder die Konvergenz der beiden Literaturen hervorgehoben, ein Annäherungsprozeß, der es möglich macht, z.B. Christoph Heins Novelle *Der fremde Freund* unabhängig von den Gesellschaftsverhältnissen in der DDR zu lesen. Trotz dieser diagnostizierten Annäherung, deren überraschender historischer Schlußpunkt die Vereinigung der beiden deutschen Staaten sein sollte, haben der deutsch-deutsche Literaturstreit und die späteren Diskussionen verdeutlicht, daß nicht nur die DDR-Literatur, sondern auch Teile der westdeutschen Literaturgeschichtsschreibung seit 1945 zur Diskussion stehen.[21] Innerhalb dieser Debat-

---

[17] Hans-Jürgen Schmitt: Von den 'Mutmaßungen' zu den 'Neuen Leiden'. Zur Wirkungsgeschichte der DDR-Literatur. In: *Die Literatur der DDR*. München 1983. S. 15-41, hier S. 39.
[18] Zu diesem Ergebnis kam Bernhard Greiner bereits 1982. Vgl. ders.: DDR-Literatur als Problem der Literaturwissenschaft. In: *Probleme deutscher Identität: Zeitgenössische Autobiographien; Identitätssuche und Zivilisationskritik*. Hg. von Paul Gerhard Klussmann u. Heinrich Mohr. Bonn 1983 (Jahrbuch zur Literatur in der DDR 3). S. 233-254.
[19] Ursula Heukenkamp spricht in einem Artikel aus dem Jahre 1991 davon, daß man von DDR-Literatur nach 1976, also dem Jahr der Biermann-Ausbürgerung, nur noch bedingt sprechen kann. Zu groß sei die Zahl der inzwischen in der Bundesrepublik lebenden DDR-Schriftsteller. Vgl. Ursula Heukenkamp: Soll das Vergessen verabredet werden? Eigenständigkeit und Eigenart der DDR-Literatur. In: *Aus Politik und Zeitgeschichte* B41-42/91. S. 3-12, hier S. 8.
[20] Vgl. auch Anneli Hartmann: Was heißt heute überhaupt 'DDR-Literatur'? In: *Studies in GDR Culture and Society 5. Selected Papers from the Tenth New Hampshire Symposium on the German Democratic Republic*. Hg. von Margy Gerber. Lanham u.a. 1985. S. 265-280.
[21] Vgl. Frank Schirrmacher: Abschied von der Literatur der Bundesrepublik. Neue Pässe, neue Identitäten, neue Lebensläufe: Über die Kündigung einiger Mythen des westdeutschen Bewußtseins. In: *Frankfurter Allgemeine Zeitung* vom 2.10. 1990; Ulrich Greiner: Die deutsche Gesinnungsästhetik. Noch einmal: Christa Wolf und der

ten zeichnen sich zwei Tendenzen ab: die Literaturgeschichte seit 1945 soll entweder neu geschrieben werden oder die DDR-Literatur in die Literaturgeschichte der westdeutschen Literatur nach 1945 'eingeschrieben' werden. Dies könne jedoch nicht "aufgrund einer von vornherein ausgedünnten Materiallage geschehen",[22] wie vor allem ostdeutsche Literaturwissenschaftler hervorheben. Für die DDR-Literatur geht es dabei besonders um neue Bewertungen, neue methodische Annäherungen und Aufarbeitung und nicht um eine sogenannte 'Abwicklung', denn "DDR-Literatur läßt sich nicht *abwickeln* wie eine Behörde, ein Sender oder eine Universität".[23]

Es ist nichts Ungewöhnliches, daß Literaturgeschichten immer wieder umgeschrieben werden, denn es ist ja gerade eine wesentliche Aufgabe der Literaturgeschichtsschreibung, das Geschriebene erneut zu lesen und zu überprüfen, den Kanon wiederholt zu sichten und damit Überschätztes herabzustufen, um bisher Übersehenem den angemessenen Platz zu verschaffen. Dies hängt auch mit der sich verändernden Sicht auf die Literatur zusammen: Neue Lesergenerationen betrachten die Vergangenheit mit ihren Augen und Vorstellungen, sie richten andere Fragen an die Texte. Neue Forschungsresultate, jedoch auch veränderte politische Interessen, vermitteln neue Blickwinkel auf die Vergangenheit. Selten ist eine Veränderung der Sichtweise so deutlich an historischen Daten festzumachen, wie das mit 1945, 1968 oder 1989 der Fall ist.

Seit den Ereignissen der Jahre 1989/90 sehen sich viele ost- und westdeutsche Literaturwissenschaftler dazu gezwungen, ihre bisherige Arbeit mit DDR-Literatur zu überprüfen und neu zu legitimieren. Das bedeutet allerdings nicht, daß es nicht auch schon vor diesem Zeitpunkt kritische Auseinandersetzungen zum Umgang mit DDR-Literatur gegeben hätte.[24] Im Mai 1989 stellt Horst Domdey die Unzulänglichkeit literaturgeschichtlicher Rückgriffe auf die Kulturpolitik der DDR zur Beschreibung von DDR-Literatur (besonders der achtziger Jahre) fest.[25] Eine Diskussion über Modelle der Literaturge-

---

deutsche Literaturstreit. Eine Zwischenbilanz. In: *Die Zeit* vom 2.11. 1990. Vgl. auch Helmuth Kiesel: Die Restaurationsthese als Problem für die Literaturgeschichtsschreibung. In: *Zwei Wendezeiten. Blicke auf die deutsche Literatur 1945 und 1989*. Hg. von Walter Erhart u. Dirk Niefanger. Tübingen 1997. S. 13-45.

[22] Ursula Heukenkamp: *Eine* Geschichte oder *viele* Geschichten der deutschen Literatur seit 1945? Gründe und Gegengründe. In: *Zeitschrift für Germanistik* N.F. 5 (1995). H. 1. S. 22-37, hier S. 23.

[23] Richard Herzinger: Vom Nutzen und Nachteil der DDR-Literatur. Anmerkungen zu einer *Abwicklung*. In: *Die Abwicklung der DDR*. Hg. von Heinz Ludwig Arnold u. Frauke Meyer-Gosau. Göttingen 1992 (Göttinger Sudelblätter). S. 76-81, hier S. 80. Hervorh. i. Orig.

[24] Besonders Bernhard Greiner (Anm. 18).

[25] Horst Domdey: Die DDR-Literatur als Literatur der Epochenillusion. In: *Die DDR im vierzigsten Jahr. Geschichte, Situation, Perspektiven*. Zweiundzwanzigste Tagung zum Stand der DDR-Forschung in der Bundesrepublik Deutschland 16. bis 19. Mai 1989. Hg. von Ilse Spittmann u. Gisela Helwig. Köln 1989. S. 137-148.

schichtsschreibung zur DDR-Literatur sei notwendig, da "zwei Aspekte jeder Literaturgeschichtsschreibung, Kanonbildung und historische Gliederung, [...] von Jahr zu Jahr problematischer"[26] würden. Ein wichtiges Moment im neuen Umgang mit DDR-Literatur sieht Domdey im Begriff 'Epochenillusion':

> Mein Vorschlag ist, die DDR-Literatur unter diesem Aspekt der Epochenillusion zu beschreiben. Zu zeigen, wie die Illusionsbildung sich gegen starke Desillusionierungen bewährt und der Desillusion schließlich doch erliegt; was dann so etwas wie eine DDR-Postmoderne zeitigt. Die besondere Situation in der DDR wird aber nur deutlich, wenn beide Desillusionierungsstränge berücksichtigt werden, der sozialismus- und der zivilisationskritische.[27]

Die Illusion, in einer Epoche zu leben, die mit der Oktoberrevolution 1917 begann und zum Sieg des Kommunismus führen würde,[28] die Hoffnung und das Bedürfnis nach einer 'besseren' und humaneren Welt, teilten viele DDR-Schriftsteller. Mit einer 'besseren' Zukunft konnten die Mißstände, ja die Schrecken von Vergangenheit und Gegenwart (z.B. die Stalinismuserfahrung von Emigranten) entschuldigt werden, aber auch Kritik wurde erst unter Hinweis auf das gemeinsame Ziel möglich. In diesem Sinne ist der Glauben an den Sieg des Kommunismus an die Stelle von Religion getreten und erfüllt so gleichermaßen das Bedürfnis nach Trost und Hoffnung auf seiten der Schriftsteller und nach Selbstrechtfertigung auf seiten der herrschenden Partei.

Obwohl das Kritikpotential von DDR-Literatur nach der Auffassung vieler Literaturwissenschaftler heute nicht mehr im Mittelpunkt des Interesses von Literaturgeschichte stehen kann und auch der Begriff der sozialistischen Utopie in Verruf geraten ist, hat sich bisher noch niemand der Frage nach dem "Epochenbewußtsein als einer Epochenillusion"[29] angenommen, wie es Domdey für die Literaturgeschichtsschreibung vorschlägt. Eine solche Literaturgeschichtsschreibung hat Domdey zufolge den Vorteil, daß sie "größere Distanz zum Utopiebegriff" hält, da sie auch in ihm "die Quelle der Illusionsbildung" sieht.

---

[26] Ebd. S. 138.
[27] Ebd. S. 141f.
[28] Vgl. dazu auch François Furet: *Das Ende der Illusion. Der Kommunismus im 20. Jahrhundert.* Aus dem Französischen von Karola Bartsch, Eliane Hagedorn, Christine Krieger u. Barbara Reitz. München u.a. 1996. Furet beschreibt die Geschichte der Illusion vom zwangsläufigen Sieg des Kommunismus, wie sie auch im Westen existierte, als eine nunmehr abgeschlossene historische Periode, "die mit der Oktoberrevolution begann und mit der Auflösung der Sowjetunion zu Ende ging" (S. 11).
[29] Horst Domdey: Die DDR-Literatur... A.a.O. S. 147.

'Illusion' scheint hier den Begriff der 'Ideologie' ersetzt zu haben, beide Begriffe liegen aber in der Alltagssprache dicht beieinander.[30] So kann sich eine Ideologie als Illusion herausstellen, und auch Ideologien können, ähnlich wie Illusionen, dem kollektiven Handeln Inhalt geben und es lenken. Ideologien und Illusionen erfüllen gleichermaßen das Bedürfnis und die Hoffnung der Menschen nach Kontinuität und Orientierung. Während allerdings Ideologie im Sinne von falschem Bewußtsein nicht 'widerlegt', sondern lediglich 'aufgedeckt' werden kann, kann Epochenillusion z.B. durch historische Ereignisse 'widerlegt' werden. "Eines der unbestreitbaren Vorrechte dessen, der später kommt, ist die prinzipielle Möglichkeit der Einsicht in die Illusion der Vorausgehenden."[31] Die Ereignisse der Jahre 1989/90 'widerlegen' in diesem Sinne die Epochenillusion von DDR-Autoren, wie Antonia Grunenberg in Verbindung mit dem sogenannten deutsch-deutschen Literaturstreit betont:

> Für die SchriftstellerInnen in der DDR ist nicht nur ein politisches System zusammengebrochen, sondern eine Epochenillusion. Nicht nur eine Illusion über die Zukunft der Menschheit, sondern auch eine Illusion über die Macht der SchriftstellerInnen und die Rolle der Literatur.[32]

'Epochenillusion' ist bei Domdey zunächst kein literaturwissenschaftlicher Begriff, sondern wird in bezug auf gesellschaftliche Entwicklungen und deren Auswirkungen auf die Arbeit der Schriftsteller verwendet.[33] Damit wird erneut eine außerliterarische Kategorie zur Arbeit mit DDR-Literatur eingeführt. Gerade aber die Abwendung von solchen außerliterarischen, oft politischen Kategorien und die Hinwendung zu literarischen Kategorien wird von vielen Lite-

---

[30] Zur historischen Entwicklung und unterschiedlichen Verwendung dieser beiden Begriffe vgl.: Werner Strube: Illusion. In: *Historisches Wörterbuch der Philosophie* (Band 4: I – K). Hg. von Joachim Ritter u. Karlfried Gründer. Basel u.a. 1976. Sp. 204-215 und Ulrich Dierse: Ideologie. In: Ebd. Sp. 158-185.
[31] Wilfried Barner: Zum Problem der Epochenillusion. In: *Epochenschwelle und Epochenbewußtsein*. Hg. von Reinhart Herzog u. Reinhart Koselleck. München 1987 (Poetik und Hermeneutik XII). S. 517-529, hier S. 528. Sowohl der Beitrag Barners als auch die anderen Beiträge in diesem Band diskutieren die Begriffe 'Epoche', 'Epochenschwelle', 'Epochenillusion' und die hermeneutische Begründung von Epochenkonstitution literaturwissenschaftlich, während es sich bei Domdey um eine politische Verwendung des Begriffs 'Epochenillusion' handelt.
[32] Antonia Grunenberg: Das Ende der Macht ist der Anfang der Literatur. Zum Streit um die SchriftstellerInnen in der DDR. In: *Aus Politik und Zeitgeschichte* B44/90. S. 17-39, hier S. 19.
[33] Ein anderer Begriff zur Beschreibung dieses Phänomens ist der Begriff der 'Utopiefalle'. Vgl. z.B. Thomas Rosenlöcher: Der Nickmechanismus. Ein Selbstbefragungsversuch. In: Ders.: *Ostgezeter*. Frankfurt/M. 1997. S. 99-145, hier bes. S. 125ff.

raturwissenschaftlern nach 1989 im neuen Umgang mit DDR-Literatur gefordert. So wendet sich der Verfasser der wohl populärsten westdeutschen Geschichte der DDR-Literatur, Wolfgang Emmerich, besonders gegen die dominierende Rolle der Kulturpolitik in vielen Literaturgeschichten, welche die Beurteilung der Literatur steuere, ja diese zu abgeleiteten, sekundären Produkten mache. Emmerich, fragt "wie so etwas wie eine neue, entdogmatisierte und desillusionierte Literaturgeschichte dieses (obendrein noch definitionsbedürftigen) Textcorpus DDR-Literatur geschrieben werden könnte".[34]

In der Abwendung von politischen Urteilen und einer stärkeren Hinwendung zu ästhetischen Fragen sieht Emmerich eine Möglichkeit für den zukünftigen Umgang mit DDR-Literatur:

> Was m.E. nottut, ist eine Literaturgeschichte der DDR, die die Kategorie des Ästhetischen zum Fluchtpunkt macht. Mit Elitarismus und Rückzug in den Elfenbeinturm hat das nichts zu tun. Denn es ist ja vor allem die schrittweise ästhetische Emanzipation der (besseren) DDR-Literatur, die ihre Qualität, ihre Würde, ihren Schutz vor Vereinnahmung und Instrumentalisierung ausmachte.[35]

Obwohl Emmerichs Einwände gegen die Dominanz der Kulturpolitik und gegen die untergeordnete Rolle des literarischen Textes vollkommen berechtigt scheinen, wird man auch in Zukunft zur Beschreibung und Erklärung bestimmter Entwicklungen innerhalb der DDR-Literatur auf einen kulturpolitischen Bezugsrahmen zurückgreifen müssen. Bestimmte Daten in der Kulturpolitik der SED behalten nach wie vor ihre höchst konkreten Auswirkungen auf die Schriftsteller und deren literarische Produktion und sollten deshalb weiterhin in den Literaturgeschichten berücksichtigt werden.

Auch und gerade ostdeutsche Literaturwissenschaftler sehen nach 1989/90 die Notwendigkeit, sich über ihren Gegenstand neu zu verständigen, über eventuelle Fehler im Umgang mit DDR-Literatur nachzudenken und diese zu korrigieren. So wurden zahlreiche Literaturwissenschaftler von der Redaktion der *Weimarer Beiträge* aufgefordert, "ihre Ansichten zu Fragen der gegenwärtigen Lage und möglichen Perspektiven der in unserer Zeitschrift vertretenen Disziplinen"[36] zu äußern.

---

[34] Wolfgang Emmerich: Für eine andere Wahrnehmung der DDR-Literatur. Neue Kontexte, neue Paradigmen, ein neuer Kanon. In: Ders.: *Die andere deutsche Literatur. Aufsätze zur Literatur aus der DDR*. Opladen 1994. S. 190-207, hier S. 192.
[35] Ebd. S. 200.
[36] Zur Situation der Literatur-, Kunst- und Kulturwissenschaften. Eine Umfrage. In: *Weimarer Beiträge* 37 (1991). H. 1. S. 9-55. "Worin etwa sind Irrwege, Verfehlungen, Unterlassungen zu sehen, was hat sich bestätigt, sollte weitergeführt oder auch gänzlich

Die Antworten fallen, was die Arbeit mit DDR-Literatur nach 1989/90 und deren Überlebenschancen betrifft, sehr unterschiedlich aus. Jedoch sieht ein Teil der ostdeutschen Literaturwissenschaftler ebenfalls die Notwendigkeit einer Methodendiskussion, da diese in der DDR stagniert hatte.[37] In bezug auf die Literaturgeschichtsschreibung stellen Martina Langermann und Birgit Dahlke die Frage, welche Literaturgeschichte nun geschrieben werden müsse, die der verhinderten DDR-Literatur oder die der Literatur, die 'trotzdem' geschrieben wurde.[38] Martin Straub hält es für "unerläßlich, die Werke neu zu lesen, die Lektüre durch gründliche Archivstudien zu untermauern, um die Praktiken von Verlagen und kulturpolitischen Institutionen in ihren Wirkungen genauer zu analysieren".[39] Die Frage nach der Produktion von offiziellen Lesarten in der DDR (Straub) und der Notwendigkeit eines "beinahe positivistischen Sammelns von Sachverhalten" (Heukenkamp) sind andere Stichworte in dieser Diskussion.

Einige Jahre später – 1995 – weist Ursula Heukenkamp darauf hin, daß es nun an der Zeit sei, die Gelegenheit zu nutzen, "literaturgeschichtliche Argumente [für *eine* oder *viele* Geschichten der deutschen Literatur seit 1945, R.S.] zu sammeln und zu sichten".[40] Heukenkamp stimmt mit Emmerich durchaus darin überein, daß es parallele Entwicklungen in den deutschsprachigen Literaturen gibt, die für eine gemeinsame Darstellung sprechen. Heukenkamp sieht in der entstandenen Situation vor allem eine Chance, Bekanntes und Überliefertes zu hinterfragen und unter neuen Aspekten zu sehen. Zentral steht ihre Forderung, "den Gegenstand neu zu begründen als eine Geschichte der deutschen Literatur der letzten vierzig Jahre"[41] Gleichzeitig warnt sie vor einer voreiligen moralischen Beurteilung von Schriftstellern und der Koppelung von Leben und Werk. Vor allem befürchtet Heukenkamp, daß die westdeutsche Literatur zur Leitgröße des Kanons einer deutschen Nachkriegsliteratur erhoben wird:

---

neu konzipiert werden; wie stark wird Gemeinsames empfunden oder auch Trennendes? Hat eine Verständigung über ein allgemeines Aufgaben- und Methodenbewußtsein überhaupt noch Sinn oder ist sie heute notwendiger denn je? Was heißt heute Erbe, was Tradition?" (S. 9)

[37] Vgl. Ursula Heukenkamps Antwort in: *Weimarer Beiträge*. A.a.O. S. 23-25, hier bes. S. 24.
[38] Vgl. Martina Langermanns und Birgit Dahlkes Antwort in: *Weimarer Beiträge*. A.a.O. S. 28-31, hier bes. S. 30.
[39] Martin Straubs Antwort in: *Weimarer Beiträge*. A.a.O. S. 48-50, hier S. 50. Zum gegenwärtigen Stand der Archivstudien vgl. Birgit Dahlke, Martina Langermann u. Dieter Schlenstedt: Die "gläserne" Literatur? Beeinflußt die neue Archiv-Zugänglichkeit die Literaturgeschichtsschreibung? Werkstattbericht. In: *SPIEL: Siegener Periodicum zur Internationalen Empirischen Literaturwissenschaft* 14 (1995). H. 2. S. 191-196.
[40] Ursula Heukenkamp: *Eine* Geschichte... A.a.O. S. 22.
[41] Ebd. S. 36.

> Bisher wurde die Geschichte der deutschen Literatur seit 1945 nicht entlang der sog. Meisterwerke geschrieben. Das war ein echter Vorteil der vormaligen Literatursituation, und es wäre zu wünschen, daß es dabei bliebe. Gerade gegenwärtig, wo bisher gültige Konzepte befragenswürdig geworden sind, ist es angemessen, nicht von vornherein allzu selektiv zu verfahren. Wenn es nicht darauf hinauslaufen soll, daß die *eine* Literatur die Leitgröße ist, der die andere unterstellt wird, kommt es wohl darauf an, scheinbar beziehungslose Vorgänge, die meistens in zwei Bänden dargestellt wurden, ins Verhältnis zu bringen.[42]

Indem Heukenkamp eine Literaturgeschichte entlang von Meisterwerken ablehnt, widerspricht sie Emmerichs Forderung nach dem Fluchtpunkt des Ästhetischen, nennt jedoch keine anderen Kriterien, die bei der Auswahl berücksichtigt werden sollten.[43]

Die in vielen Neubewertungen zentrale Frage, ob angesichts des moralischen Versagens von Schriftstellern auch ihr literarisches Werk einer Neubewertung unterzogen werden muß, stellen Carola Opitz-Wiemers und Michael Opitz[44] in Verbindung mit dem Versagen Anna Seghers und Johannes R. Bechers im Prozeß gegen Walter Janka. Sie sehen in der Entwicklung dieser ersten Jahre nach 'Wende' und Vereinigung kaum Ansätze einer neu zu schreibenden Literaturgeschichte als vielmehr eine Auseinandersetzung um Lebensläufe: "So wurde offensichtlich, daß über die Diskussion von Biographien nach der Rolle und Funktion von Kunst in der Gesellschaft gefragt wurde." [45]

Den hier ausgesprochenen Verdacht, daß in den letzten Jahren frühere politisch-ideologische Bewertungen nicht unbedingt – wie überall gefordert – durch literarische Kategorien und ästhetische Bewertungen, sondern häufig durch moralisch-ethische Kategorien ersetzt wurden, teilen auch andere Literaturwissenschaftler.[46]

Eine moralische Bewertung und zum Teil auch eine Verurteilung von Schriftstellern ist als Folge eigener enttäuschter politischer Hoffnungen und

---

[42] Ebd. S. 35. Hervorh. i. Orig.
[43] Ein Beispiel dafür, daß auch ästhetisch wenig reizvolle Texte der DDR-Literatur wichtig für z.B. das Verständnis des Scheiterns der kritisch-loyalen Intelligenz der DDR sein können, liefert Verena Kirchners Analyse von Volker Brauns Erzählung *Das Nichtgelebte* in diesem Band. S. 229-243.
[44] Carola Opitz-Wiemers u. Michael Opitz: "Die DDR ist die Summe dessen, was vermeidbar gewesen wäre". In: *Der Ginkgo-Baum. Germanistisches Jahrbuch für Nordeuropa* 11 (1992). S. 252-263.
[45] Ebd. S. 261f.
[46] Vgl. Michael Braun: Jenseits der "Gesinnungsästhetik". Was bleibt von der Literatur aus der DDR? In: *Aus Politik und Zeitgeschichte* B41-42/91. S. 25-32.

Ideale durchaus verständlich, sollte aber nicht mit literaturwissenschaftlicher Analyse verwechselt werden.[47]

Vielleicht ist das Thema in Deutschland noch zu aktuell und für viele persönlich zu nah, als daß jetzt schon ein neuer und angemessener Umgang mit DDR-Literatur erwartet könnte. Jedenfalls wirkt der Blick aus dem Ausland unbefangener. So regt Synnöve Clason, schwedische Literaturwissenschaftlerin, am Beispiel der Werke Irmtraud Morgners eine neue Lesart für DDR-Literatur an.[48] Clason fragt, ob die Tatsache, daß Texte wie *Trobadora Beatriz* und *Amanda* in der DDR erscheinen konnten, "bei uns im Westen zu einer Verharmlosung ihrer Satiren geführt hat".[49] Denn:

> Ohne die 'Wende' hätte ich diese Art von Fragen wohl nicht so explizit an das Werk gestellt, denn auch ich als Schwedin stand unter dem Bann, das Kind nicht beim rechten Namen nennen zu können. Erst nachträglich läßt sich in voller Reichweite die Schizophrenie erkennen, die darin lag, daß eine Autorin als Bürgerin hartnäckig und buchstäblich bis zum letzten Atemzug den Staat verteidigte, den sie in ihrem Werk längst abgelehnt hatte.[50]

Clason macht hier am Beispiel Irmtraud Morgners deutlich, daß Leben und Werk eines Autors im Verhältnis zueinander gesehen werden müssen. Schriftsteller waren in der DDR, wenn auch in unterschiedlichem Umfang, öffentliche Personen. Es ist deshalb schwierig, die politischen Äußerungen und Aktivitäten eines Schriftstellers in private und öffentliche unterscheiden zu wollen. Inwieweit eventuelle politische Äußerungen und Aktivitäten zur Strategie werden konnten, um Kritik an den Verhältnissen in der DDR äußern und dennoch in der DDR publizieren zu können, muß von Fall zu Fall entschieden werden.

---

[47] Vgl. Jürgen Fohrmann: *Das Projekt der deutschen Literaturgeschichte. Entstehung und Scheitern einer nationalen Poesiegeschichtsschreibung zwischen Humanismus und Deutschem Kaiserreich*. Stuttgart 1989. bes. S. 58. Fohrmann weist darauf hin, daß biographische Daten in vielen Literaturgeschichten zwar eine wichtige Rolle spielen, Literaturgeschichten aber dennoch "Kombinationsergebnisse je spezifischer Selektion aus: (1) biographischen, (2) textuellen, (3) klassifikatorischen (Gattungen und Themen) und (4) temporalen Einheiten (Epochen, Generationen...) und schließlich (5) separierten Kontexten (politische, gesellschaftliche, wissenschaftliche, ...)" sind. Nicht zu unterschätzen ist deshalb das Verhältnis der einzelnen Komponenten zueinander und auch die Art und Weise der Darstellung, denn auch die Präsentation von 'Fakten' kann durch moralische Bewertungen gefärbt sein.
[48] Synnöve Clason: Wie man etwas sagt, was man noch nicht sagen kann. Irmtraud Morgner und die DDR. In: *Der Ginkgo-Baum* 11 (1992). S. 264-271.
[49] Ebd. S. 265.
[50] Ebd. S. 269.

Zusammenfassend kann gesagt werden, daß die meisten Literaturwissenschaftler, ob ost- oder westdeutsch, darin übereinstimmen, daß über den Umgang mit DDR-Literatur erneut reflektiert und neue Methoden und Kriterien gefunden werden müßten, um von der einseitigen politischen Betrachtungsweise zu einer mehr literarischen zu gelangen. Diese neue Sichtweise sollte natürlich das Neu- und Umschreiben der Literaturgeschichte prägen.

II

Seit 1989/90 sind fünf neue Literaturgeschichten zur DDR-Literatur bzw. zur gesamten deutschsprachigen Literatur seit 1945 erschienen.[51] Die hier vorgelegte Präsentation und Beurteilung dieser Literaturgeschichten konzentriert sich im folgenden auf den Aspekt, wie und in welchem Umfang auf die neue historische Situation eingegangen wird und welche Schlußfolgerungen sich daraus für die Darstellung von DDR-Literatur ergeben.[52]

Ralf Schnells *Geschichte der deutschsprachigen Literatur seit 1945*[53] aus dem Jahre 1993 legt mit ihrem Titel die Vermutung nahe, daß hier der Versuch unternommen wird, die Geschichte einer Literatur zu beschreiben. Im Vorwort heißt es dazu:

> Das Ende der DDR [...] als eigenständige staatliche und politisch-kulturelle Einheit verändert auch den Blick auf die literarhistorische Entwicklung insgesamt. Der Prozeß, der zur Vereinigung der beiden deutschen Staaten geführt hat, läßt jeden weiteren Versuch, die Geschichte der deutschsprachigen Literatur nach dem Kriterium einer Art Nationalstaatlichkeit kategorial zu differenzieren, obsolet erscheinen. Dennoch kann es auch jetzt nicht darum gehen, die Unterschiede, zwischen den Staaten

---

[51] Da es mir hier lediglich um Gesamtdarstellungen der DDR-Literatur bzw. der deutschen Literatur nach 1945 geht, die im Titel oder Untertitel die Bezeichnung Literaturgeschichte tragen, finden Monographien zu Autoren, Genres oder bestimmten Zeitabschnitten der deutschsprachigen Literatur zwischen 1945 und 1995 keine Berücksichtigung, obwohl diese natürlich zur Literaturgeschichtsschreibung beitragen. Auf Literaturgeschichten wie z.B. Klaus Briegleb und Sigrid Weigel (Hg.): *Gegenwartsliteratur seit 1968.* München u.a. 1992 (Hansers Sozialgeschichte der deutschen Literatur 12) wird ebenfalls verzichtet, da in diesem Band lediglich die deutschsprachige Literatur im Westen behandelt wird, die DDR-Literatur dagegen bereits im Band 11 dieser Reihe besprochen wurde (vgl. Anm. 14).
[52] Vgl. Manfred Behn: Neuere Gesamtdarstellungen der Geschichte der DDR-Literatur. In: *Der Deutschunterricht* 48 (1996). H. 5. S. 88-91. Behn beschäftigt sich in dieser Rezension mit den Literaturgeschichten von Emmerich (1996), Barner (1994) und Schnell (1993). Vgl. auch Marc Silberman: Whose Story Is This? Rewriting the Literary History of the GDR. In: *Contentious memories: looking back at the GDR.* Hg. von Jost Hermand u. Marc Silberman. New York u.a. 1998 (German life and civilization 24).
[53] Stuttgart u.a. 1993.

wie zwischen den Literaturen, rückblickend einzuschmelzen. Im Gegenteil: Die Absicht, auf sozialgeschichtlicher Grundlage einen Abriß über die Entwicklung deutschsprachiger Literatur in nahezu einem halben Jahrhundert zu geben, muß deren Entstehungsbedingungen differenzierend im Auge behalten.[54]

Widersprüchlich an Schnells Darstellung erscheint, daß er auf der einen Seite vom "Aufmerksamkeitsbonus" und "Diktaturrabatt"[55] spricht, die DDR-Schriftsteller vor 1989 genossen hätten, auf der anderen Seite aber unterschiedliche Maßstäbe bei der Beurteilung einzelner Schriftsteller verwendet: Im Falle Christa Wolf wird unter Hinweis auf Benn, Hamsun u.a. bestritten, daß politisches Handeln und literarisches Schaffen miteinander in Beziehung stehen.[56] Für Reiner Schedlinski und Sascha Anderson gelte dann allerdings, daß ihre Äußerungen nur schwerlich von ihren Handlungen unterscheidbar seien.[57]

Die "Literatur der DDR (1949-1989)" und die "Literatur der Bundesrepublik (1949-1989)" werden nach wie vor in zwei getrennten Teilen behandelt, ein jeweils sehr kurzer Exkurs zur schweizerischen und zur österreichischen Gegenwartsliteratur angehängt (vgl. dazu S. V-VII).

Es ist zu bezweifeln, daß Schnells Literaturgeschichte Wesentliches zur Diskussion und zur Weiterentwicklung der Geschichtsschreibung der deutschen Nachkriegsliteratur beiträgt. Sie scheint eine vorschnelle Reaktion auf die aktuellen Geschehnisse zu sein, wobei sicher auch Verlagsinteressen eine Rolle spielten. Der größte Teil dieser Literaturgeschichte ist im übrigen identisch mit der 1986 erschienenen Literaturgeschichte der Bundesrepublik,[58] wie Schnell selbst im Vorwort einräumt.

Die von Wilfried Barner herausgegebene *Geschichte der deutschen Literatur von 1945 bis zur Gegenwart*[59] erschien 1994 als Ergebnis einer Zusammenarbeit von acht Literaturwissenschaftlern. Diese Literaturgeschichte entstand nicht als Reaktion auf die gesellschaftlichen Veränderungen seit der Wende, sondern wurde bereits Anfang der achtziger Jahre konzipiert und ist ein "Versuch, die Geschichte der deutschsprachigen Literatur[60] von 1945 bis zur Ge-

---

[54] Ebd. S. X.
[55] Ebd. S. 7.
[56] Ebd. S. 140.
[57] Ebd. S. 227.
[58] Ralf Schnell: *Die Literatur der Bundesrepublik. Autoren, Geschichte, Literaturbetrieb*. Stuttgart 1986.
[59] München 1994 (Geschichte der deutschen Literatur von den Anfängen bis zur Gegenwart 12).
[60] Bemerkenswert und bezeichnend scheint mir die variierende Verwendung von 'deutscher' bzw. 'deutschsprachiger' Literatur für den Untersuchungsgegenstand.

genwart im Überblick darzustellen".[61] Das Vorhaben bestand darin, "die Literatur des Westens (Österreich und die deutschsprachige Schweiz einschließend) und die der DDR nicht separat – wie zumeist –, sondern in möglichst engem Zusammenhang darzustellen".[62] Für diesen Entschluß sprechen nach Meinung der Herausgeber zwei Tatsachen: Zum einen ist der durchlässige Buchmarkt zu nennen. Österreichische und schweizerische Autoren werden genau wie DDR-Autoren zum Teil in der Bundesrepublik herausgegeben und von einem 'grenzüberschreitendem' Publikum rezipiert. Zum anderen werden die parallelen Entwicklungstendenzen in der deutschsprachigen Literatur genannt (Bitterfelder Weg in der DDR – Gruppe 61 im Westen, 'Neue Subjektivität' in den siebziger Jahren oder das 'Katastrophentheater' in den achtziger Jahren):

> Parallele und Differenz verlangen hier gleichermaßen Aufmerksamkeit. Literaturgeschichtsschreibung vermag so, mit aller Behutsamkeit, übergreifende Orientierungslinien zu ziehen, die in der Tageskritik oder in der Einzelinterpretation im allgemeinen nur punktuell benannt werden können. Gelingt dieser Versuch eines Zusammensehens der Systeme, so bedeutet er die erste einläßlichere 'gesamtdeutsche' Literaturgeschichte überhaupt – nicht erst seit der Wende.[63]

Barners Literaturgeschichte behandelt die deutsche Vereinigung im Schlußkapitel und schließt mit den Jahren 1991/92 und den Schwierigkeiten des Vereinigungsprozesses auf Seiten der Schriftstellerorganisationen (Akademie der Künste, PEN, Schriftstellerverband). Im Vorwort wird auf die Schwierigkeit des größeren Zusammenhangs, nämlich auf europäische und transatlantische Einflüsse, eingegangen, welche die "Literaturgeschichtsschreibung vor letztlich unlösbare Aufgaben" stellten.[64] Das Problem der exemplarischen Auswahl wurde von den Autoren unter dem Gesichtspunkt gelöst, daß das Ausgewählte, "den Leser zum Mehr-wissen-Wollen" anregen solle. Diese Literaturgeschichte solle "kein in die narrative Diachronie ausgespanntes Literaturlexikon" sein.

---

[61] Wilfried Barner (Hg.): *Geschichte der deutschen Literatur...* A.a.O. S. XV.
[62] Ebd. Vgl. Klaus Zeyringer: Text und Kontext: Österreichische Literatur. Ein Konzept. In: *Jahrbuch der deutschen Schillergesellschaft* 40 (1996). S. 438-448. Zeyringer wendet sich besonders gegen die Eingliederung Österreichs und der Schweiz in ein Konzept 'westdeutscher Literatur' und argumentiert für eine eigene österreichische Literaturgeschichte. Vgl. auch *Probleme und Methoden der Literaturgeschichtsschreibung in Österreich und in der Schweiz*. Hg. von Wendelin Schmidt-Dengler. Wien 1997 (Stimulus. Mitteilungen der Österreichischen Gesellschaft für Germanistik. Beiheft 1/1997).
[63] Wilfried Barner (Hg.): *Geschichte der deutschen Literatur...* A.a.O. S. XVIII.
[64] Ebd. S. XVII.

Obwohl diese Literaturgeschichte das Darstellungsproblem der deutschsprachigen Literatur seit 1945 besser löst als Schnell, werden auch hier die einzelnen Literaturen getrennt voneinander behandelt. Dies geschieht allerdings nicht, wie in den siebziger und achtziger Jahren und wie bei Schnell, in unterschiedlichen Kapiteln, sondern lediglich in verschiedenen Abschnitten innerhalb der einzelnen Kapitel.[65]

Warum aber scheint der 'Blick der Einheit', trotz aller angedeuteten praktischen Schwierigkeiten, sich auch in der Literaturgeschichtsschreibung durchzusetzen?[66] Da die Buchproduktion ständig zunimmt und der Büchermarkt geradezu unüberschaubar geworden ist, kommen Literaturgeschichten dem Bedürfnis vieler Menschen nach Systematik, Übersicht und Überschaubarkeit entgegen. Außerdem entspricht man einer Tendenz in der deutschen Gesellschaft seit 1989/90 nach erneutem Geschichtsinteresse, nach Aufklärung über die Vergangenheit und historische Zusammenhänge, zumal die meisten dieser Informationen für den ostdeutschen Teil der Bevölkerung über viele Jahre kaum oder nur sehr schwierig zugängig waren.

So betont z.B. Wolfgang Emmerich im Vorwort zu seiner *Literaturgeschichte der DDR* aus dem Jahre 1996,[67] daß die "jetzt vorliegende dritte Fassung [...] ihre potentiellen Leser also zum ersten mal in ganz Deutschland"[68] hat. Emmerich vertritt ein ganz anderes Konzept als Schnell und Barner: Nicht der Versuch einer gesamtdeutschen Literaturgeschichtsschreibung wird unternommen, sondern seine 1989 erschienene Literaturgeschichte der DDR-Literatur wird überarbeitet. Emmerich plädiert für ein völliges Wieder- und Neulesen der DDR-Literatur und ihrer Geschichte: "Was zu tun war und noch ist, das ist ein skeptisches, kritisches *rereading* dieser Entwürfe und Konstrukte."[69] Emmerich versteht seine Literaturgeschichte als Versuch in diese Richtung, es geht ihm um Korrekturen 'aus heutiger Sicht'. Emmerich betont, daß es sich dabei vor allen Dingen um Korrekturen politischer Urteile, weniger um Korrekturen ästhetischer Urteile handelt. Für diese Korrekturen ist es unerläßlich, Texte neu zu lesen und neu zu beurteilen.

---

[65] Vgl. Jörg Drews: "Mach's einer nach und brech sich nicht den Hals", oder: Dabei kann man sich nur den Hals brechen. Über die von Wilfried Barner herausgegebene Literaturgeschichte der Nachkriegsliteratur. In: *Wendezeiten – Zeitenwenden. Positionsbestimmungen zur deutschsprachigen Literatur 1945-1995.* Hg. von Robert Weninger u. Brigitte Rossbacher. Tübingen 1997. S. 79-96.
[66] Vgl. auch Rainer Rosenberg: Wiedervereinigung der deutschen Literaturgeschichte? In: *Jahrbuch der deutschen Schillergesellschaft.* A.a.O. S. 470-474.
[67] Erweiterte Neuausgabe. Leipzig 1996.
[68] Ebd. S. 9.
[69] Ebd. S. 17.

Allerdings gelingt es Emmerich nicht durchgehend, die Intentionen seines Konzeptes einzuhalten. Auch bei dieser Literaturgeschichte handelt es sich um kein vollständig neues Buch, sondern um ein Werk, das in weiten Teilen mit der früheren Ausgabe übereinstimmt, ergänzt durch sehr umfangreiche Ausführungen zum Umgang mit DDR-Literatur (Einleitung) und zur Wendezeit (1989-95) im letzten Kapitel.

Emmerichs Literaturgeschichte endet also nicht 1989 oder 1990, sondern mit einem Kapitel zur Wendezeit. Er begründet diese Heranführung an die Gegenwart damit, daß "kulturelle Prozesse und Eigenarten [...] nicht schlagartig an einem Datum"[70] aufhören. Das ist zwar einleuchtend, wirft aber erneut die Frage nach einer Definition von DDR-Literatur auf. Diese muß sehr weit gefaßt sein, damit z.B. ein Autor wie Thomas Brussig, dessen Roman *Helden wie wir* 1995 erschien, dazugezählt werden kann. Hier scheinen Thematik und Brussigs Biographie für eine Zuordnung zur DDR-Literatur zu entscheiden.[71]

Der 1997 von Horst A. Glaser herausgegebene zehnte und letzte Band im Rahmen der *Deutschen Literatur. Eine Sozialgeschichte* zur Literatur zwischen 1945 und 1995[72] ist das Gemeinschaftswerk von vierunddreißig deutschen und ausländischen Autorinnen und Autoren. Für das späte Erscheinen dieses letzten Bandes werden die historischen Ereignisse des Jahres 1989 und die deshalb notwendige "tiefgreifende Änderung des Konzepts"[73] verantwortlich gemacht.

Dieser Untergang [der DDR, R.S.] zog fast alle Konzepte in den Orkus, die von der DDR-Literatur-Forschung in den vergangenen Dezennien entwickelt worden waren. Nichts schien – in germanistischer Hinsicht – überholter zu sein, als nach 1989 noch von der Existenz zweier deutscher Literaturen (analog zur Existenz zweier deutscher Staaten) auszugehen. Eine Zweiteilung des Bandes in eine Darstellung der bundesrepublikanischen und eine der 'volksdemokratischen' Literatur war mithin unmöglich geworden. [...] In langen Gesprächen wurde sodann ein neues Konzept entwickelt, das die vielen deutschsprachigen Literaturen in ihrer Differenz präsentiert, sie aber doch nicht in seperaten Kästchen einsargt.[74]

---

[70] Ebd. S. 10.
[71] Vgl. auch Simone Barck: Von den Mühen der "Historisierung" und dem endgültigen Abschied von der Utopie. Zu Wolfgang Emmerichs "Kleine[r] Literaturgeschichte der DDR". In: *Zeitschrift für Germanistik* N.F. 8 (1998). H. 2. S. 395-402.
[72] Horst Albert Glaser (Hg.): *Deutsche Literatur zwischen 1945 und 1995. Eine Sozialgeschichte*. Bern u.a. 1997 (UTB 1981).
[73] Ebd. S. 1.
[74] Ebd. S. 1f.

Durch die Vielzahl der Artikel, in denen die literaturgeschichtliche Entwicklung der deutschsprachigen Literatur seit 1945 zum Teil getrennt voneinander (wie in den Artikeln zur literarischen Öffentlichkeit oder zum Theater in der Bundesrepublik, der DDR und Österreich, jeweils ergänzt durch Fallbeispiele und Porträts einzelner Autoren), zum Teil aber auch parallel innerhalb einzelner Artikel dargestellt wird (wie z.B. im Artikel Lothar Jordans zur Lyrik oder Richard Herzingers Artikel zu konservativen Autoren), entsteht ein "Kaleidoskop".[75] Dadurch soll es gelingen, nationale und regionale Differenzen deutlicher hervorzuheben und die Illusion der Literaturgeschichte als kontinuierliche Narration[76] aufzuheben:

> Mit diesem Verfahren haben wir freilich die ausgetretenen Heerstraßen einer Literaturgeschichtsschreibung verlassen, die stets auf den allgemeinen Trend setzte und hierüber – nicht selten – die besonderen Wege und Abwege vernachlässigte, die Autoren gingen und auch gehen wollten. [...] – wir halten ihn [den Facettenreichtum, R.S.] für das leidlich zutreffende Abbild einer literarischen Produktion, die nicht beabsichtigte, sich ins Prokrustesbett literarhistorischer Systematik zu begeben.[77]

Trotz dieser Intention ist natürlich auch diese Literaturgeschichte nicht willkürlich aufgebaut, sondern folgt bei der Reihenfolge der einzelnen Artikel durchaus systematischen Gesichtspunkten wie z.B. einer chronologischen Abfolge. In diesem Zusammenhang ist die Kaleidoskop-Metapher eher unpassend, setzt doch ein Kaleidoskop die einzelnen Teile immer wieder anders und zufällig neu zusammen.

Obwohl die vier Autorenporträts (Christa Wolf, Thomas Bernhard, Paul Celan und Ernst Meister) zum Facettenreichtum des Bandes beitragen, wird die Auswahl dieser Autoren nicht begründet, und sie muß auf den Leser eher zufällig wirken.

Im letzten Artikel dieser Literaturgeschichte zur "Epoche in der Literaturgeschichtsschreibung" von Bernhard Zimmermann wird in bezug auf die Literaturgeschichten Barners und Schnells folgendes festgestellt:

> Das Jahr 1989, das eine fraglos gravierende Epochengrenze innerhalb der politischen Geschichte Deutschlands markiert, hat in der literarischen Historiographie

---

[75] Ebd. S. 2.
[76] Zur Theorie und Praxis von Literaturgeschichtsschreibung sowie ihrer Entwicklung von traditionellen Darstellungsmodellen zu mehr fragmentarischen vgl. Miltos Pechlivanos: Literaturgeschichte(n). In: *Einführung in die Literaturwissenschaft.* Hg. von Miltos Pechlivanos, Stefan Rieger, Wolfgang Struck u. Michael Weitz. Stuttgart u.a. 1995. S. 170-181.
[77] Horst Albert Glaser (Hg.): *Deutsche Literatur...* A.a.O. S. 2.

bislang noch keine Spuren hinterlassen. [...] ein Defizit, das zweifellos auch der mangelnden zeitlichen Distanz zwischen Historiographie und historiographischem Objekt geschuldet ist. Die Vereinigung der beiden deutschen Teilstaaten stellt jedoch auch die Literaturgeschichtsschreibung der Zukunft vor neue Herausforderungen, und sie könnte auch die Vergangenheit erneut vielerlei Korrekturen aussetzen.[78]

Obwohl durch die große Anzahl ihrer Autoren neueste Forschungsergebnisse aus mehreren Gebieten einfließen können, trifft auch für diese Literaturgeschichte zu, daß die Intentionserklärung des Herausgebers und das vorliegende Ergebnis nur ansatzweise übereinstimmen. Der größte Unterschied zwischen der Literaturgeschichte Glasers und den anderen hier behandelten Literaturgeschichten besteht im methodischen Ansatz: Die Wahl zwischen alphabetisch geordneter Enzyklopädie bzw. kontinuierlicher Narration wird zugunsten eines dritten Weges, dem 'Prinzip der Montage', entschieden. Allerdings kann eine solche Literaturgeschichte, die ähnlich einem Sammelband von Aufsätzen das Wissen von Spezialisten lediglich summiert, keine befriedigende Lösung für die Probleme der Geschichts- und damit auch der Literaturgeschichtsschreibung bieten.

1998 erschien innerhalb einer zwölfbändigen deutschen Literaturgeschichte im Deutschen Taschenbuchverlag der Band zur Gegenwartsliteratur (1968-1990).[79] Diese Literaturgeschichte bietet dem Leser durch eine große Anzahl von Textbeispielen ein Lesebuch, daß sowohl durch Inhaltsangaben und Interpretationen als auch durch historische Informationen zur politischen und kulturellen Situation des jeweiligen Zeitabschnittes ergänzt wird. Die Texte werden unter thematischen Gesichtspunkten wie z.B. "Erzählte Panoramen", "Autobiographische Revisionen" oder "Weibliche Existenz" zusammengefaßt. So finden sich Textbeispiele aus Christa Wolfs *Kassandra* neben Ingeborg Bachmanns *Malina* und Günter Grass' *Der Butt,* Ausschnitte aus Heinrich Bölls *Gruppenbild mit Dame* und *Die verlorene Ehre der Katharina Blum* neben Uwe Johnsons *Jahrestage* und Jurek Beckers *Jakob der Lügner*.

Trotz dieser thematisch begründeten Auswahl und Darstellung, in der die Autoren nicht nach ihrer Zugehörigkeit zu eventuellen Nationalliteraturen unterschieden werden, wird DDR-Literatur in diesem Band doch eine besondere Aufmerksamkeit zuteil. Unter den Überschriften "Was bleibt? Erzählende Literatur der DDR" und "Dem REGIME nicht genehm – Lyrik in der DDR" werden Texte und Textausschnitte ausschließlich von DDR-Autoren besprochen.

---

[78] Ebd. S. 724.
[79] Heinz Forster u. Paul Riegel: *Die Gegenwart 1968-1990*. München 1998 (Deutsche Literaturgeschichte 12).

Die Antwort auf die Frage nach dem, was von der DDR-Literatur bleibt, geben die Autoren dieser Literaturgeschichte auf der Grundlage einer Befragung von DDR-Bürgern, die 1990 die Frage nach Werken stellte, die in der DDR oft und gern gelesen wurden.[80] Außerdem wird die "formale Gestaltung" der Werke berücksichtigt und danach gefragt, "welche Bücher von 'damals' in den alten Bundesländern bekannt wurden, ob und wie es den Autoren gelang, Verständnis für die ganz anderen Verhältnisse im deutschen Nachbarland zu wecken".[81] Während hier vor allem danach gefragt wird, wie 'repräsentativ' die vorgestellten Texte und ihre Autoren für die DDR-Literatur sind, geht es im Abschnitt zur Lyrik hauptsächlich um kulturpolitische Entscheidungen und ihre Folgen für einzelne Lyriker (Peter Huchel, Wolf Biermann und Günter Kunert). So finden Peter Huchel und andere DDR-Lyriker (Reiner Kunze und Sarah Kirsch) zwangsläufig auch im Abschnitt zur "Neuen Naturdichtung" Erwähnung.

Diese Sonderstellung der DDR-Literatur wird an keiner Stelle begründet oder legitimiert. Gleichzeitig ist es fragwürdig, eine solche Unterteilung für epische und lyrische Texte vorzunehmen, während sie für dramatische Texte, genauso unbegründet, entfällt. Im Abschnitt "Zur Situation des deutschsprachigen Theaters nach 1968" wird Heiner Müller neben Tankred Dorst, Franz Xaver Kroetz, Thomas Bernhard und Botho Strauß behandelt.

Obwohl Heinz Forster und Paul Riegel laut Verlagsprospekt gar nicht die Absicht hatten, eine 'gesamtdeutsche' Literaturgeschichte zu verfassen, sondern ganz im Gegenteil die Literatur aus Ost und West noch einmal retrospektiv gegenüberstellen wollten, gibt es hier, ebenso wie in den anderen Literaturgeschichten, interessante Ansatzpunkte für eine Untersuchung thematischer Gemeinsamkeiten der deutschsprachigen Literatur. Allerdings wären einige Reflexionen der Autoren zu dieser Vorgehensweise durchaus angebracht gewesen, zumal im Band zur Nachkriegsliteratur (1945-1968)[82] noch an einer starren Zweiteilung festgehalten wird ("Die Literatur der Bundesrepublik Deutschland" und "Die Literatur in der DDR").

Die 1997 von dänischen Literaturwissenschaftlern herausgegebene *Geschichte der deutschen Literatur*[83] soll hier nur am Rande erwähnt werden, da sie sich nicht auf die Literatur seit 1945 beschränkt,[84] sondern die gesamte

---

[80] Ebd. S. 223.
[81] Ebd. S. 223f.
[82] Heinz Forster u. Paul Riegel: *Die Nachkriegszeit 1945-1968*. München 1995 (Deutsche Literaturgeschichte 11).
[83] *Geschichte der deutschen Literatur*. Hg. von Bengt Algot Sørensen. München 1997 (Beck'sche Reihe 1216 u. 1217).
[84] Das gilt auch für z.B. Barbara Baumann u. Birgitta Oberle: *Deutsche Literatur in Epochen*. München 1996 (2. überarbeitete Auflage) und Wolfgang Beutin u.a.: *Deut-

deutsche Literatur in zwei Bänden darstellt. Gerade bei ausländischen Germanisten, denen man doch aufgrund ihres Abstandes zum Untersuchungsgegenstand häufig den 'klareren Blick' attestiert, fällt die fehlende Reflexion auf die Schwierigkeiten von Literaturgeschichtsschreibung und die traditionelle Weiterführung des Ost-West-Schemas im Abschnitt zur Literatur nach 1945 besonders auf.

III

Die hier kurz vorgestellten Literaturgeschichten verdeutlichen die Schwierigkeiten, die eine Geschichtsschreibung der gesamten deutschen Literatur seit 1945 in sich trägt. Natürlich bedeutet das noch nicht, daß dieses Projekt zum Scheitern verurteilt sein muß, wirft aber doch die Frage auf, ob es überhaupt möglich oder auch wünschenswert ist, eine Literaturgeschichte der gesamten deutschen Literatur seit 1945 zu schreiben. Ebenso hinterfragt werden muß Emmerichs Literaturgeschichte, da eine Geschichte der DDR-Literatur zwar immer wieder bearbeitet, ergänzt oder auch korrigiert werden kann und muß, aber nicht jedesmal bis in die jeweils jüngste Vergangenheit fortgeschrieben werden kann. Zentrale Frage bleibt, wie man DDR-Literatur definiert und inwieweit sich diese spezifisch von der westdeutschen Literatur unterscheidet. Jeder Autor einer Literaturgeschichte muß sich deshalb über die Fragen klar sein, worin die eventuellen Besonderheiten einer DDR-Literatur bestehen und was ihre gesonderte Darstellung rechtfertigt oder fordert, bzw. was das 'Zusammenschreiben' der einzelnen deutschen Literaturen legitimiert, und wann eine gemeinsame deutsche Literatur beginnt. In diesem Zusammenhang wird außerdem die Frage der Kanonbildung erneut aktuell und besonders interessant, nämlich in dem Moment, in dem die gesamte Literatur eines Staates bzw. einer ganzen Periode nach neuen Maßstäben beurteilt werden soll. Daß diese Maßstäbe keine politischen bzw. literaturpolitischen mehr sein können, ist all-

---

sche Literaturgeschichte. Von den Anfängen bis zur Gegenwart. Stuttgart 1992 (4. überarbeitete Auflage). In diesen Literaturgeschichten wird die Literatur der DDR und der Bundesrepublik (1945-1990) in getrennten Kapiteln dargestellt und auf die Literatur seit 1990 in einem eigenen Kapitel eingegangen. Viktor Žmegač dagegen betont in der aktualisierten Auflage seiner *Kleine[n] Literaturgeschichte der Deutschen Literatur. Von den Anfängen bis zur Gegenwart.* Frankfurt/M. [4]1993, daß ein "Rückblick auf die achtziger Jahre" die Feststellung bestätige, "daß das Verschwinden des politisch verfehlten, völlig überflüssigen Staates im Osten Deutschland in literarischer Hinsicht kaum einen Einschnitt darstellt. Die seit langem bestehende (und in dieser Literaturgeschichte immer wieder betonte) inoffizielle Einheit der deutschsprachigen Literatur erhielt durch die weltgeschichtlichen Ereignisse der Jahre 1989 und 1990 nun auch einen entsprechenden Rahmen." (S. 390) Diese stark vereinfachende These wird allerdings auch nicht in bezug auf die jüngsten literarischen Entwicklungen untersucht, da Žmegač seine Literaturgeschichte mit dem Kapitel "Postmoderne Zeichen" zur Literatur der achtziger Jahre beendet.

gemein akzeptiert – ästhetische Kategorien sollen an deren Stelle treten. Dabei wird jedoch anscheinend vergessen, daß diese nicht nur schwer zu bestimmen und außerdem sehr variabel sind, sondern daß hinter ihnen wiederum politische Interessen stehen können. 'Objektive' Kriterien zur Beurteilung von Literatur kann es nicht geben, die jeweilige kulturelle und gesellschaftliche Entwicklung spielt nach wie vor eine bestimmende Rolle. Nicht zuletzt sind literarische Wertungen immer auch eine Frage des Geschmacks, auch wenn sie von einigen Kritikern in den Stand der Autorität erhoben werden.

> Die Beurteilung von literarischen Texten und Einordnung in oder Ausschluß aus dem Kanon basieren auf Kriterien, die gerne – von Erfahrung, Kompetenz und Position geadelt – als allgemeingültige verkauft oder stillschweigend vorausgesetzt, ungern aber anders denn als Autoritätsposition bestimmt werden. Notfalls hilft die Tautologie – gute Literatur sei einfach gute Literatur.[85]

So spricht z.B. Emmerich im Bezug auf die DDR-Literatur in seiner Literaturgeschichte von 1989 von der anspruchsvolleren DDR-Literatur, die für ihn am wichtigsten sei und deshalb Aufnahme in seine Geschichte findet. In den letzten Jahren wird immer wieder von der 'besseren' DDR-Literatur gesprochen, die überleben kann und wird. Geht man der Frage nach, welche Autoren und Werke unter die Bezeichnung 'bessere' DDR-Literatur fallen, sind das zunächst Werke, die vor 1989/90 unter der Bezeichnung 'kritisch' bzw. 'oppositionell' geführt wurden. Daß dies nicht in allen Fällen zutrifft, zeigte sich in dem Streit um Christa Wolf und ihre Erzählung *Was bleibt*.[86] Trotz aller Kritik, die sich zum Teil auch auf andere, zeitlich zurückliegende Werke ausdehnt, bleibt Christa Wolf eine bedeutende DDR-Autorin. Dies kommt auch in der Tatsache zum Ausdruck, daß Christa Wolf in allen hier genannten Literaturgeschichten einen zentralen Platz einnimmt.

In der Wertschätzung der DDR-Literatur scheint außerdem die Vorliebe für moderne Literatur eine Rolle zu spielen. Werke des sozialistischen Realismus, die aufgrund ihrer Schreibart (auktorialer Erzähler, positiver Held, chronolo-

---

[85] Klaus Zeyringer: Was bleibt. Literatur, Kritik und Kanon. In: *Die einen raus – die anderen rein. Kanon und Literatur: Vorüberlegungen zu einer Literaturgeschichte Österreichs*. Hg. von Wendelin Schmidt-Dengler, Johann Sonnleitner u. Klaus Zeyringer. Berlin 1994 (Philosophische Studien und Quellen 128). S. 134-145, hier S. 140.
[86] Dieser Literaturstreit ist in zwei Bänden dokumentiert: Karl Deiritz u. Hannes Krauss (Hg.): *Der deutsch-deutsche Literaturstreit oder "Freunde, es spricht sich schlecht mit gebundener Zunge"*. Hamburg u.a. 1991; Thomas Anz (Hg.): *"Es geht nicht um Christa Wolf". Der Literaturstreit im vereinten Deutschland*. München 1991. Vgl. auch Bernd Wittek: *Der Literaturstreit im sich vereinigenden Deutschland. Eine Analyse des Streits um Christa Wolf und die deutsch-deutsche Gegenwartsliteratur in Zeitungen und Zeitschriften*. Marburg 1997.

gisches Erzählen usw.) als vormodern[87] charakterisiert werden können, würden dann wahrscheinlich herausfallen.

IV

Der neue Umgang mit DDR-Literatur wird in den letzten Jahren häufig unter der Überschrift 'Neue Lesarten' gefaßt. Jeder hat wohl erfahren, daß beim erneuten Lesen eines Buches neue Aspekte und Ideen entdeckt werden können, die dazu beitragen, das Werk 'besser' oder sogar ganz anders zu verstehen. Das wiederholte Lesen kann aber auch dazu führen, daß der Leser überhaupt nicht mehr verstehen kann, wieso ihm das Buch noch vor einiger Zeit so gut gefiel und zum nochmaligen Lesen anregte. Dieser Prozeß bezieht sich aber nicht nur auf die individuellen Voraussetzungen des Lesers, sondern auch auf den jeweiligen historischen Kontext. So gesehen ist es also völlig legitim, neue Erkenntnisse zur Biographie des Autors oder zu den Umständen der Druckgenehmigung bzw. -verweigerung eines Werkes in die Interpretation einzubeziehen. Problematisch wird dieses Vorgehen aber, wenn lediglich diese neuen Erkenntnisse, deren Bedeutung für das literarische Werk sicherlich unterschiedlich sind und hinterfragt werden müssen, zu einem Qualitätsurteil führen, das ausschlaggebend dafür wird, ob ein Werk seinen Platz in zukünftigen Literaturgeschichten finden wird oder nicht. Wie bereits angedeutet, kann der Eindruck entstehen, daß politisch-ideologische Bewertungen von Literatur lediglich durch moralisch-ethische Bewertungen ersetzt werden, wie z.B. in der Behandlung geschönter Biographien (Stephan Hermlin) oder geschönter Geschichtsbilder (die Rolle der Kommunisten in Bruno Apitz' *Nackt unter Wölfen*). Die z.B. von Emmerich geforderte Abwendung von einseitigen politischen Urteilen hin zu wahrscheinlich genauso einseitigen ästhetischen Bewertungen ist vor dem Hintergrund der veränderten gesellschaftlichen Situation und der vielfältigen Debatten zur weiteren Notwendigkeit von engagierter Literatur verständlich, wirft aber auch die Frage auf, ob die einzelnen Werke der DDR-Literatur damit ausreichend beschrieben werden können.

Ein Umgang mit DDR-Literatur als Forschungsgegenstand erfordert zunächst eine Verständigung über die Definition des Begriffs. Dabei tut sich bald ein Problemfeld auf, das sich zu der Fragestellung zuspitzen läßt, ob und in welchen Zusammenhängen es überhaupt produktiv ist, von 'DDR-Literatur' zu sprechen. Obwohl der Begriff 'DDR-Literatur' in literaturwissenschaftlichen

---

[87] Zur Verwendung der Begriffe 'modern' und 'vormodern' vgl. Wolfgang Emmerich: Gleichzeitigkeit. Vormoderne, Moderne und Postmoderne in der Literatur der DDR. In: *Bestandsaufnahme Gegenwartsliteratur*. Hg. von Heinz Ludwig Arnold. München 1988 (Text + Kritik Sonderband). S. 193-211. Zur Kritik dieses Konzepts siehe Horst Domdey: Die DDR-Literatur... A.a.O. bes. S. 138-140.

Arbeiten und nicht zuletzt in Literaturgeschichten immer wieder verwendet wird, ist man sich der Schwierigkeiten einer Begriffsdefinition bzw. Gegenstandszuordnung durchaus bewußt. Ein Indiz dafür sind auch die zahlreichen Diskussionen zur Frage nach der Anzahl der deutschen Literaturen.[88]

Bereits der pragmatische Versuch, DDR-Literatur als die Literatur zu definieren, die in den Jahren 1949 bis 1990 in der DDR entstand und veröffentlicht wurde, ist problematisch, da er einen Großteil der wichtigsten Autoren ausschließt. Nicht zur DDR-Literatur gehören würden dann nämlich alle Autoren, die freiwillig oder unfreiwillig die DDR verließen und für kürzere oder längere Zeit in der Bundesrepublik lebten, wie z.b. Erich Loest, Monika Maron, Sarah Kirsch, Jurek Becker, Günter Kunert oder Reiner Kunze.[89] Obwohl einige dieser Autoren keines ihrer Werke in der DDR veröffentlichen konnten, prägten sie doch deutlich das literarische Leben in der DDR. Außerdem wäre die zwar kleine Gruppe von Autoren problematisch, die nicht in der DDR sozialisiert waren, aber aus unterschiedlichen Gründen für kürzere Zeit wählten, dort zu leben, ohne jemals eine reelle Veröffentlichungsmöglichkeit in der DDR besessen zu haben, wie z.B. Joachim Seyppel.

Einen anderen Ansatz bietet eine Definition auf der Grundlage der gewählten Thematik. So könnte man z.B. vertreten, Monika Maron als DDR-Autorin zu bezeichnen, da sie die DDR und DDR-Geschichte in ihren Texten thematisiert. Außerdem spricht ihre Biographie für eine solche Zuordnung, denn immerhin verbrachte Monika Maron den größten Teil ihres Lebens in der DDR, wo auch die meisten ihrer Werke geschrieben wurden.

---

[88] Für einen Überblick der unterschiedlichen Meinungen und Standpunkte vgl. Wolfgang Emmerich: *Kleine Literaturgeschichte der DDR. 1945-1988.* A.a.O. S. 438-470 u. S. 531f. Vgl. auch Horst Albert Glaser: Eine oder mehrere deutsche Literaturen? In: *Deutsche Literatur...* A.a.O. S. 59-67 oder die Diskussion: Wieviele deutsche Literaturen. A.a.O. S. 435-484. In diesen Diskussionen geht es hauptsächlich um die vier deutschsprachigen Literaturen (die der DDR, der Bundesrepublik, Österreichs und der deutschsprachigen Schweiz). Die Literatur deutschsprachiger Minderheiten im Ausland oder die Migrantenliteratur in der Bundesrepublik finden dabei selten Berücksichtigung. Vgl. Sigrid Weigel: Literatur der Fremde – Literatur in der Fremde. In: *Gegenwartsliteratur seit 1968.* A.a.O. S. 182-229. Vgl. auch Anke Bosse: Zwischen Vereinnahmung und Marginalisierung des 'Fremden'. Zur sogenannten Migrantenliteratur in Deutschland. In: *Fremdverstehen in Sprache, Literatur und Medien.* Hg. von Ernest W.B. Hess-Lüttich, Christoph Siegrist u. Stefan Bodo Würffel. Frankfurt/M. u.a. 1996 (Cross Cultural Communication 4). S. 239-261 und Thomas Freeman: Deutschland als multikulturelle Gesellschaft. Stimmen von Minoritäten in der neueren Literatur. In: Ebd. S. 263-281.

[89] Diese Aufzählung ließe sich mühelos fortsetzen. Siehe dazu Andrea Jäger: *Schriftsteller aus der DDR. Ausbürgerungen und Übersiedlungen von 1961 bis 1989.* Frankfurt/M. 1995 (Schriften zur Europa- und Deutschlandforschung 2).

Inweit sich Texte der inoffiziellen DDR-Literatur unter einer solchen Definition von DDR-Literatur subsumieren lassen, muß ebenfalls von Fall zu Fall geklärt werden. Zwar lebten diese zumeist jungen Autoren in der DDR, hatten aber den Anspruch 'autonom' und 'unabhängig' vom 'offiziellen' Kulturbetrieb existieren und publizieren zu können. Dadurch waren diese Texte nur wenigen 'Eingeweihten' zugänglich, ihre Rezeption und damit auch ihr Eingang in die Literaturgeschichte steht zum Teil noch aus.[90]

Gerade die aufgrund von Thematik und Biographie der Autoren vorgenommene Definition von DDR-Literatur wird auch nach 1989/90 z.B. von Emmerich angewendet. Da auch westdeutsche Autoren inzwischen den Mauerfall,[91] den Vereinigungsprozeß[92] oder die Zukunft des vereinigten Deutschlands[93] thematisieren, bleibt die Biographie eines Schriftsteller das wichtigste Kriterium einer Zuordnung zur DDR-Literatur. Wann aber endet eine DDR-Biographie, wann beginnt eine gesamtdeutsche Biographie und damit gesamtdeutsche Literatur?

Wie diese Definitionsansätze zeigen, scheint es nahezu unmöglich zu sein, den Begriff DDR-Literatur hinreichend zu definieren. Alle Definitionen bleiben Arbeitsdefinitionen, die für einen bestimmten Untersuchungsgegenstand und eine bestimmte Untersuchungsabsicht aufgestellt werden. Alternative Begriffe wie 'Literatur aus der DDR' oder 'Literatur in der DDR' sind ebensowenig dafür geeignet, ihren Gegenstand zu beschreiben und abzugrenzen.

Wenn eine Definition aber tatsächlich so kompliziert ist und es einer ständigen Selbstverständigung über den Begriff bedarf, muß man sich darüber im klaren sein, daß der Begriff 'DDR-Literatur' offene Ränder haben muß und damit unscharf bleibt. So kann man den Begriff weiterhin für die Werke und Autoren verwenden, über deren Zuordnung in der Literaturwissenschaft ein allgemeiner Konsens besteht. Für andere Autoren und Werke und insbesondere für Werke, die nach 1990 entstanden und erschienen, könnte die "Frage nach dem Stellenwert einer regionalen Dimension von Literatur und Literaturgeschichte"[94] produktiv werden.

---

[90] Vgl. Antonia Grunenberg: *Das Ende der Macht...* A.a.O. Erste Ansätze zur literaturwissenschaftlichen Beschäftigung mit diesen Texten lieferten inzwischen Birgit Dahlke: *Papierboot. Autorinnen aus der DDR – inoffiziell publiziert.* Würzburg 1997 (Epistemata: Reihe Literaturwissenschaft 198) und Peter Böthig: *Grammatik einer Landschaft: Literatur aus der DDR in den achtziger Jahren.* Berlin 1997.
[91] Thomas Hettche: *NOX.* Roman. Frankfurt/M. 1995.
[92] Günter Grass: *Ein weites Feld.* Roman. Göttingen 1995.
[93] Thorsten Becker: *Schönes Deutschland.* Roman. Berlin 1996.
[94] Norbert Mecklenburg: Stammesbiologie oder Kulturraumforschung? Kontroverse Ansätze zur Analyse regionaler Dimensionen der deutschen Literatur. In: *Kontroversen, alte und neue.* Hg. von Albrecht Schöne. Tübingen 1986 (Akten des VII. Interna-

Eine regionale Zuordnung von Literatur, die entweder vorrangig stoff- und motivgeschichtlich oder aber primär kultur- und sozialgeschichtlich ausgerichtet ist,[95] umginge das Problem der Zuordnung einzelner Autoren zu Nationalliteraturen und damit die immer problematischer werdende Bezeichnung Nationalliteratur überhaupt. Regionalliteratur nicht als wertende Kategorie, sondern lediglich im Sinne einer territorialen Zuordnung, könnte so zur "Komplementärgeschichte, als Akt ausgleichender historischer Gerechtigkeit"[96] werden.

In diesem Zusammenhang muß die Frage beantwortet werden, ob man von einer 'Staatsregion' DDR sprechen kann oder ob man innerhalb dieses Gebietes verschiedene Regionen ausmachen kann. Da es zweifelsohne auch auf dem Gebiet der ehemaligen DDR regionale Gebiete mit ihren jeweiligen Zentren gab und gibt, wird eine Literaturgeschichte regionaler Dimension zeigen müssen, wie und in welchem Umfang diese Regionen miteinander verknüpft waren bzw. sind, ob es andere regionale Verhältnisse gibt als etwa in den alten Bundesländern oder ob es nicht sogar wichtige Verbindungen zwischen ost- und westdeutschen Regionen gibt.

Das Einnehmen einer regionalistischen Perspektive in der Literaturwissenschaft wird Norbert Mecklenburg zufolge "am fruchtbarsten sein, wenn sie sich mit einer interkulturellen Perspektive zu verbinden vermag".[97] Vielleicht wäre es hier tatsächlich angebracht, von zwei Kulturen, nämlich einer 'DDR-Kultur' und einer 'bundesrepublikanischen Kultur', auszugehen und im Umgang mit Literatur die Sicht des Eigenen mit der Sicht des Fremden zu konfrontieren.

Eine kultur- und sozialgeschichtlich ausgerichtete regionale Zuordnung hätte den Vorteil, die spezifischen Entstehungsbedingungen von DDR-Literatur beachten und dadurch verstehen zu können, warum sich diese Literatur gerade so und nicht anders entwickelt hat. Die Rolle von Zensur und Selbstzensur ist ein wichtiges Stichwort in diesem Zusammenhang.[98] Es kann nur eine unrealistische Wunschvorstellung sein, die Werke der DDR-Literatur zurück in ein Ausgangsstadium verfolgen zu wollen, bevor Zensur und Selbstzensur

---

tionalen Germanisten-Kongresses Göttingen 1985 10). S. 3-15, hier S. 3.

[95] Vgl. Norbert Mecklenburg: Wieviel Heimat braucht der Mensch? Gedanken über Beziehungen zwischen Literatur und Region. In: *Literaten in der Provinz – Provinzielle Literatur?: Schriftsteller einer norddeutschen Region.* Hg. von Alexander Ritter. Heide 1991 (Steinburger Studien 6). S. 11-30, hier S. 16.

[96] Norbert Mecklenburg: Stammesbiologie... A.a.O. S. 9.

[97] Ebd. S. 14.

[98] Erinnert sei in diesem Zusammenhang an die Tatsache, daß es auch in der Bundesrepublik Formen von Zensur gab und gibt, obwohl dieser natürlich grundsätzlich andere Normen als im Osten zugrunde liegen. So darf es gemäß Artikel 5 des Grundgesetzes keine staatliche Zensurbehörde und keine staatliche Vorzensur geben. Für eine Nachzensur bei Verletzung geltender Normen sind die ordentlichen Gerichte zuständig. Vgl. Silke Buschmann: *Literarische Zensur in der BRD nach 1945.* Frankfurt/M. 1997 (Gießener Arbeiten zur neueren deutschen Literatur und Literaturwissenschaft 17).

einsetzten. Aber es ist ja gerade dieses Problem, das DDR-Literatur von der westlichen Literatur unterscheidet. Wurde und wird der Kanon der westdeutschen Literatur durch die Auswahl des Verlegers und die Definitionsmacht der Kritiker festgelegt, funktionierten diese Instanzen anders für die Werke der DDR-Literatur. Es bleibt blanke Spekulation, Aussagen darüber treffen zu wollen, welche Werke in welcher Form unter gleichen Bedingungen wie im Westen entstanden und erschienen wären.

Eine solche Herangehensweise verdeutlicht die Eigenarten von DDR-Literatur, wie die besonderen Bedingungen unter denen sie entstand (Zensur und Selbstzensur) und rezipiert wurde (Ersatzfunktion der Literatur, Literatur als 'Lebenshilfe', unterschiedliche offizielle Rezeption in Ost und West). Auch die kollektive geschichtliche Erfahrung der DDR-Schriftsteller und ihres Publikums müßten hier berücksichtigt werden. Ergänzt durch eine stoff- und motivgeschichtliche Zuordnung können so die Unterschiede, aber auch die Gemeinsamkeiten zwischen ost- und westdeutscher Literatur herausgearbeitet werden. Eine gemeinsame Sprache, eine gemeinsame Kultur und eine gemeinsame literarische Tradition, aber auch die seit den siebziger und achtziger Jahren immer bessere Zugänglichkeit der jeweils anderen Literatur sind Argumente für eine gemeinsame Literaturgeschichte. Parallele literarische Entwicklungen wie die 'Literatur der Arbeitswelt' in der Bundesrepublik und die Literatur des 'Bitterfelder Weges' in der DDR, die 'Neue Subjektivität' der siebziger Jahre in beiden Literaturen – auch diese gemeinsamen Entwicklungen sprechen für eine gemeinsame Literaturgeschichte. Solche komparatistischen Studien sind unerläßlich, um belegen zu können, daß DDR-Literatur natürlich nicht in einem Vakuum und keineswegs nur als Folge der jeweiligen Kulturpolitik entstand. Vielleicht können solche Studien tatsächlich zeigen, daß es viel mehr Gemeinsamkeiten gab als man auf beiden Seiten aus unterschiedlichen Gründen wahrhaben wollte. Denn:

> Insgesamt scheint die Trennkraft von Staatsgrenzen für den Organismus der deutschsprachigen Literatur in der Literaturgeschichtsschreibung der letzten Jahrzehnte (besonders der DDR) überschätzt, hingegen die regionalisierende Rolle der 'Länder' dieser Staaten unterschätzt worden zu sein.[99]

Unterschiedliche Lesarten (damals – heute) gehören ebenso wie Informationen zur Entstehungs- und Rezeptionsgeschichte in eine Literaturgeschichte, die den Begriff 'DDR-Literatur' weit faßt und dabei auch die verhinderte oder inoffizielle Literatur berücksichtigen kann. Eine Gegenüberstellung von dem, was erscheinen konnte und dem, was verhindert wurde, sollte sich in diesem

---

[99] Klaus Hermsdorf: Regionen deutscher Literatur 1870-1945. Theoretische und typologische Fragen. In: *Zeitschrift für Germanistik* N.F. 3 (1993). H. 1. S. 7-17, hier S. 10.

Zusammenhang ebenfalls als nützlich erweisen. Jedenfalls hätte eine solche Literaturgeschichte den Vorteil, die Illusion einer Kontinuität aufzubrechen und gleichzeitig die Konstruktion deutlicher zum Vorschein kommen zu lassen. Natürlich muß auch hier ausgewählt werden, aber man sollte nicht vergessen, daß ästhetische, politische und subjektive Auswahlkriterien zusammengehören.

Abschließend soll noch *Die DDR-Bibliothek* des Leipziger Verlages Faber & Faber als 'Reaktion des Ostens' erwähnt werden. In vierzig Bänden – der letzte Band soll eine neuverfaßte Geschichte der DDR-Literatur beinhalten – wird hier der Versuch unternommen, die Fragen nach der Geltung von DDR-Literatur und nach dem, was davon bleiben wird, zu beantworten. Daß man sich bei der Beantwortung dieser Fragen nicht einseitig auf Werke der offiziellen oder der kritischen DDR-Literatur beschränken möchte, macht die Aufzählung einiger Autorennamen von bereits erschienenen Bänden deutlich: Johannes R. Becher, Christa Wolf, Irmtraud Morgner, Heiner Müller, Erik Neutsch, Wolfgang Hilbig, Christoph Hein, Karl-Heinz Jakobs, Alfred Wellm, Klaus Schlesinger und Adolf Endler stehen in dieser Bibliothek anscheinend gleichrangig nebeneinander.

Da eine solche Auswahl in jedem Fall problematisch ist, weil jedem Autor und jedem Werk mit der Frage begegnet werden kann, warum nicht ein anderer Autor oder ein anderes Werk dieses Autors gewählt wurde, ist die Tatsache interessanter, daß hier DDR-Literatur historisierend und damit als abgeschlossenes Kapitel behandelt wird. Diese historisierende Sicht wird durch die Kommentare im Nachwort noch verstärkt. In diesen Kommentaren, die wie z.B. für Christoph Heins *Horns Ende* über Werk- und Verlagsgeschichte, literarische Debatten und politischen Streit, die um das Werk stattfanden,[100] informieren, eröffnen sich dem ost- und westdeutschen Leser neue Einsichten in die Literaturverhältnisse der DDR, die zu einem besseren Verständnis der DDR und ihrer Literatur notwendig sind.

Obwohl ein Verlag nicht dafür zuständig sein kann, z.B. die Frage zu beantworten, was von der DDR-Literatur bleiben wird, zumal er von den Lizenzen für die Herausgabe der einzelnen Werke abhängig ist, liefern besonders die umfangreichen Nachworte nützliche Informationen zur Rekonstruktion der mit den einzelnen Werken verbundenen kulturellen, ästhetischen und nicht zuletzt politischen Debatten.

Dem Verlagsprospekt zufolge wendet man sich sowohl an die ostdeutschen Leser, die sich in diesen Texten selbst begegnen und mit ihrer Geschichte ins Gespräch kommen sollen, als auch an ein westdeutsches Publikum, das auf diesem Weg etwas vom Leben der Leute in der DDR erfährt, da viele Texte im

---

[100] Vgl. den Beitrag von Peter Langemeyer in diesem Band, S. 171-208, bes. S. 176 u. 204.

Westen kaum oder überhaupt nicht bekannt sind. Letztere Intention erinnert stark an die Haltung, mit der DDR-Literatur in den siebziger und achtziger Jahren z.B. in westdeutschen Schulen rezipiert wurde, und man muß sich fragen, ob Literatur wirklich diese Aufgabe erfüllen kann bzw. primär erfüllen sollte.

Die bewußt bibliophil aufgemachte *DDR-Bibliothek* befriedigt aber nicht nur die Lese- und Entdeckerlust an zum Teil neuen bzw. unbekannten Werken, sondern auch die 'Augenlust' ihrer Leser. Hier hat der Verlag eine Marktnische gefunden, in der nun auch Werke der DDR-Literatur zu Sammelobjekten geworden sind.

Gerade dieses Projekt verweist noch einmal auf die grundlegende Dimension und Wichtigkeit von Literaturgeschichten: Für das Publikum in Ost und West gibt es viele Werke der 'anderen' Literatur, die für die jeweiligen Leser bisher unbekannt waren und sind. Dazu kommt, daß viele Werke der DDR-Literatur selbst den meisten ostdeutschen Lesern unbekannt sind, wie z.B. die 'Untergrundliteratur' oder Werke von Autoren, die in der DDR nicht gedruckt werden konnten oder aber nur schwer zugänglich waren. In diesem Sinne behält Literaturgeschichte ihre Aufgabe, nämlich Informations- und Orientierungshilfe zu sein.

Rainer Benjamin Hoppe

Im Westen nichts Neues?
Beobachtungen und Überlegungen zum
Umgang mit der DDR-Literatur nach 1989

The starting point is the obvious reluctance of literary critics to subject GDR literature to previously avoided interpretative methods. These new methods should both question the literary text and the reader's personal ideas for transcendental and comprehensive ideas, as a critic's own historical awareness and aesthetic judgements are themselves pre-scientific. Furthermore, a new reading of GDR literature cannot limit itself to a repetition of history, but should be understood as an active participation in an ongoing interpretative process as represented by the literary critic.

> Nicht die Schrift, *wir* sind für den
> Sinn verantwortlich.[1]

I

Nach 1989 öffneten sich die Archive in der DDR und Osteuropa und der endgültige Fall des Kommunismus führte zu einem breiten Strom neuer Informationen, die neben viel Polemik auch zahlreiche neue Forschungsergebnisse hervorbrachten. Zusammenbruch und neue Informationen zwangen zu einer kritischen Bestandsaufnahme der Forschung vor 1989, und dies gerade auf dem Gebiet der DDR-Literatur. Kann man jedoch heute die Texte der DDR-Literatur neu analysieren und interpretieren, ohne die folgenden grundlegenden Fragen zumindestens problematisiert zu haben: Beruht ein anderes Verständnis von fiktionalen Texten, die vor 1989 geschrieben wurden, nach 1989 lediglich auf neuen Informationen, welche wiederum die Grundlage für neue Analysen oder Interpretationen bieten? Oder sind die neuen Lesarten das Produkt einer grundlegenden politischen Umorientierung? Anders ausgedrückt: Dreht es sich um eine Horizonterweiterung im Sinne der Hermeneutik, oder unterwerfen die neuen Machtverhältnisse den Diskurs der DDR-Literatur einer politisch motivierten Umwertung?

Alle Hermeneutik sucht "einen Sinnzusammenhang aus einer anderen 'Welt' in die eigene zu übertragen."[2] Verstehen wir hier unter Sinnzusammenhang das

---

[1] Manfred Frank: Textauslegung. In: *Erkenntnis der Literatur. Theorien, Konzepte, Methoden der Literaturwissenschaft.* Hg. von Dietrich Harth u. Peter Gebhardt. Stuttgart 1982. S. 123-160, hier S. 158 (Hervorh. i. Orig.).

Selbstverständnis einer Epoche bzw. Situation; stimmen wir weiter zu, daß dieses Selbstverständnis sich in der Literatur mitteilt, Literatur als Ausdruck ihrer Zeit verstanden wird; und akzeptieren wir, daß dieses Selbstverständnis sich dermaßen einschneidend von dem eigenen unterscheidet, da von "einer anderen 'Welt'" gesprochen werden kann, dann liegt das Problem auf der Hand. Denn hermeneutisches Verstehen erstellt Lesarten abhängig von einem zeithistorischen, kulturellen und lebensgeschichtlichen Horizont. Dies setzt jedoch voraus, daß das, worauf sich eine Interpretation bezieht, vom Interpreten auf verschiedene Weise erfahren worden ist, entweder als persönliches Erlebnis und verstärkt durch die Literatur oder als ausführliches Quellenstudium. Entscheidend ist, daß das Streben nach Objektivität in der Literaturwissenschaft das wissenschaftliche Bemühen legitimiert, aber in jedem Fall der Erfahrung, d.h. dem eigenen Erfahrungshorizont nachgeordnet bleibt. Die eigene Individualität ist methodisch nicht zu hintergehen.[3]

Insofern mußte die DDR-Literatur in der Bundesrepublik stets Gefahr laufen, eingeschränkt verstanden zu werden. Das in die DDR-Literatur eingegangene Verständnis von Staat, Gesellschaft und Kultur wurde dem Horizont des westlichen Lesers zu- und dessen eigenen Interessen beigeordnet und dabei einiges ausgeklammert. So nahm der westliche "Nobilitierungsdiskurs" an Christa Wolfs *Kassandra* (1983) in erster Linie Subjektpanzerung und Matriarchat-Utopie wahr.[4] Die in dieser Erzählung wie in *Sommerstück* (1989) formulierte Angst vor einem bevorstehenden Untergang der DDR und die Rolle des Staatssicherheitsdienstes wurde kaum wahrgenommen. Ein Beispiel zu *Kassandra*: "Mit diesen 'Maßnahmen' [des Eumelos, R.B.H.] ist ein Prozeß abgeschlossen, der sich lesen läßt als die Entstehung eines totalitären Staates."[5] Um welchen 'einen' Staat es sich handle, nämlich die DDR, erfährt der Leser nicht. Das von den Autoren wohl konstatierte vernichtende Urteil Christa Wolfs über die Entwicklung in der DDR wird sofort generalisiert. Eumelos sei eine Figur, anhand derer Wolf "die grundsätzliche 'Fehlentwicklung' aller heute bestehenden Gesellschaftssysteme aufzeigen will."[6]

---

[2] Hans-Georg Gadamer: Hermeneutik. In: *Historisches Wörterbuch der Philosophie* (Band 3: G – H). Hg. von Joachim Ritter u. Karlfried Gründer. Basel u.a. 1976. Sp. 1061-1073, hier Sp. 1061.

[3] Manfred Frank: *Die Unhintergehbarkeit von Individualität. Reflexionen über Subjekt, Person und Individuum aus Anlaß ihrer postmodernen Toterklärung.* Frankfurt/M. 1986.

[4] Heinz-Peter Preußer: Projektionen und Mißverständnisse. Über den Nobilitierungsdiskurs der westlichen Rezeption und einige Unvermeidbarkeiten im Umgang mit Christa Wolf, ihrer Erzählung "Kassandra" und den sie begleitenden "Voraussetzungen". In: *Christa Wolf*. Neufassung [4]1994 (Text + Kritik 46) S. 68-87.

[5] *Christa Wolf: Kassandra.* Interpretation von Rose Nicolai unter Mitarbeit von Doris Thimm. München [2]1991 (Oldenbourg Interpretationen 46). S. 70.

[6] Ebd.

Überhaupt nicht wahrgenommen wurden in Joachim Walthers historischem Roman *Bewerbung bei Hofe* (1982) die Kommentare des Agenten Délateur zum eigentlichen Charakter der Stasi als der wahrhaften, der sozusagen zu sich selbst gekommenen Aufklärung. Und erst nach 1989 begann man Uwe Johnsons Roman *Mutmassungen über Jakob* (1959) auch als Buch über die Staatssicherheit zu verstehen, dreißig Jahre nach seinem Erscheinen. Die Stasi ist jedoch kein Medienprodukt seit dem Jahre 1989, sondern wurde in der DDR-Literatur durchaus erwähnt. Das westliche Feuilleton und die DDR-Forschung klammerten dieses Thema einfach aus. Political correctness sorgte dafür, daß Uwe Johnsons präzise Beschreibung des politischen Terrors in der SBZ und frühen DDR im dritten Band der *Jahrestage* (1973) kaum wahrgenommen wurde. Man überlas vor 1989 ebenfalls die breite Darstellung vom Alltag in einem sowjetischen Konzentrationslager in diesem Band,[7] erst nach 1989 erlangte die Passage späte Berühmtheit.

Für diese Kurzsichtigkeiten im Umgang mit DDR-Literatur bieten sich zwei Erklärungsmuster an:

(i) Da dem westlichen im Gegensatz zum östlichen Interpreten ein bestimmtes Wissen über die DDR fehlte, lag der Zusammenbruch der DDR im Bereich des Unvorstellbaren, *konnte* der Sinnzusammenhang aus der anderen Lebenswelt nicht in die eigene übertragen werden. Oder: Gelang die "Horizontverschmelzung" (Gadamer) zwischen dem Horizont des DDR-Werks und dem des westlichen Rezipienten nur unzureichend.

(ii) Stoffe, Themen und Motive der DDR-Literatur wie z.B. die Stasi wurden nicht erkannt, weil der westliche Leser bestimmte Züge des DDR-Sozialismus nicht wahrnehmen *wollte*. Totalitarismusvorwurf und Kritik an der Aufklärung aus der DDR paßten nicht in die ideologische Landschaft der westdeutschen Literaturwissenschaft nach 1968. Dies bedeutet, daß der ursprünglich ideologiekritisch geschulte Blick selber zumindestens partiell einer Ideologie anheimfiel; daß eine hochgradig politisierte Forschung der DDR-Literatur einen nicht gerechtfertigten Solidaritätsbonus verschaffte.[8]

---

[7] Uwe Johnson: *Jahrestage. Aus dem Leben von Gesine Cresspahl.* Bd. 3. Frankfurt/M. 1973. S. 1287ff.

[8] Ob Bernhard Greiner Recht behält, der 1982 der westlichen DDR-Forschung vorwarf, in einer Weise politisiert zu sein, "wie dies von der faschistischen Germanistik noch in unseliger Erinnerung ist", darf man bezweifeln; vgl. Bernhard Greiner: DDR-Literatur als Problem der Literaturwissenschaft. In: *Probleme deutscher Identität: Zeitgenössische Autobiographien; Identitätssuche und Zivilisationskritik.* Hg. von Paul Gerhard Klussmann u. Heinrich Mohr. Bonn 1983 (Jahrbuch zur Literatur in der DDR 3). S. 233-254, hier S. 233. Für die feuilletonistische Kritik vgl. Gerd Labroisse: DDR-Literatur – ein westdeutsches Syndrom? In: *Literaturszene Bundesrepublik – Ein Blick von Draußen. Symposion an der Freien Universität Amsterdam.* Hg. von Ferdinand van Ingen u. Gerd Labroisse. Amsterdam 1988 (Amsterdamer Beiträge zur neueren Germanistik 25). S. 143-162, bes. S. 155: "Für die bundesrepublikanische Literaturkritik scheint in bezug auf DDR-Literatur ent-

Vor dem Hintergrund der politisierten Forschung scheint ein Rückzug auf strukturalistische Positionen innerhalb neuerer Literaturtheorien gerechtfertigt. Innerhalb dieser wird die historische Diskursanalyse mit Bezug auf Michel Foucault eindeutig favorisiert. Diskurse, das meint nach Foucault "große[n] Familien von Aussagen",[9] die durch bestimmte diskursive Regeln generiert und gesteuert werden. Die diskursiven Regeln, deren Ursprünge und Entwicklung die Diskursanalyse erforscht, bestimmen die Anordnung oder Formation des Wissens, über das der Diskurs spricht; ferner die Position des Subjekts im Diskurs; die Begrifflichkeit, in die der Diskurs gefaßt wird; und die im Diskurs verhandelten Strategien oder Theorien. Literatur als Medium der Kommunikation, sei jedoch nicht als originale und damit eigene Wissensformation zu betrachten, bilde demnach keinen eigenen Diskurs.[10] Als Teil der umfassenden Wissensformationen helfe die Literatur lediglich, die Rede über das Wissen zu organisieren, kontrollieren und selektieren.[11] Was hier auffällt, ist die Nähe des Diskursbegriffs zum Ideologiebegriff; der Diskurs wird in den Status einer "'Ideologie' im neutralen, nicht-pejorativen Sinne" erhoben, deren Macht sich der Literaturwissenschaftler nicht entziehen könne.[12]

Bezogen auf vorliegenden Zusammenhang kann der Ansatz der Diskursanalyse nicht ohne weiteres von der Hand gewiesen werden. Die oben erwähnte Rezeption der DDR-Literatur demonstriert geradezu die selektive Funktion des

---

scheidend zu sein, daß die Thematik bzw. Akzentuierung eines Werkes politisch-ideologisch 'stimmt' [...]".

[9] Michel Foucault: *Archäologie des Wissens*. Übersetzt von Ulrich Köppen. Frankfurt/M. ^{6}1994. S. 57; zu den Brüchen im Diskursbegriff beim 'frühen' und 'späten' Foucault vgl. Detlef Kremer: Die Grenzen der Diskurstheorie Michel Foucaults in der Literaturwissenschaft. In: *Vergessen. Entdecken. Erhellen.* Hg. von Jörg Drews. Bielefeld 1993 (Bielefelder Schriften zur Linguistik und Literaturwissenschaft 2). S. 98-111.

[10] Die Rolle der Literatur als 'Gegendiskurs' bei Foucault vernachlässige ich hier. Vgl. dazu Michel Foucault: *Schriften zur Literatur*. Aus dem Französischen von Karin von Hofer u. Anneliese Botond. Frankfurt/M. 1988. S. 90ff.; Ders.: *Die Ordnung der Dinge. Eine Archäologie der Humanwissenschaften*. Aus dem Französischen von Ulrich Köppen. Frankfurt/M. ^{12}1994. S. 76ff.

[11] Vgl. Detlef Kremer: Die Grenzen... A.a.O. S. 103.

[12] Roger Fowler: The Lost Girl: discourse and focalization. In: *Rethinking Lawrence*. Ed. by Keith Brown. Milton Keynes 1990. S. 54; zitiert nach Jeremy Hawthorn: *Grundbegriffe moderner Literaturtheorie: Ein Handbuch*. Übersetzt von Waltraud Kolb. Tübingen u.a. 1994 (UTB 1756). S. 67. Von der "Empirie der Macht" sprach auch Friedrich A. Kittler: Ein Erdbeben in Chili und Preußen. In: *Positionen der Literaturwissenschaft: Acht Modellanalysen am Beispiel von Kleists "Das Erdbeben von Chili"*. Hg. von David E.Wellbery. Stuttgart ^{2}1987, S. 24-38. Kittler meint, sie "durch geduldige Archivierung ebenso empirischer Daten" einkreisen zu können (S. 24); zur Kritik des Diskurs-Begriffes bei Foucault vgl. auch Jürgen Habermas: *Der philosophische Diskurs der Moderne. Zwölf Vorlesungen.* Frankfurt/M. ^{4}1993. S. 279ff.

Diskurses. Die Totalitarismusthese wurde bereits in den fünfziger Jahren in der Bundesrepublik diskutiert, Funktion und Aktionen des Staatssicherheitsdienstes waren – wie bereits bemerkt – durchaus bekannt, wenn auch nicht in ihrem ganzen Ausmaß. Oder um in der Begrifflichkeit Foucaults zu bleiben: Die "diskursiven Regeln", welche den ideologiekritisch inspirierten Teil der westdeutschen Literaturkritik nach 1968 steuerten, schienen für das Ausblenden bestimmter Aspekte zu sorgen. Gerade dies sucht die Diskursanalyse mit dem Ausklammern von Geschichtsphilosophie und Weltanschauung zu vermeiden, will stattdessen valenzfrei und mit zum Teil positivistischer Akribie den Diskurs und seine Regeln beschreiben.

Bietet Foucaults Diskursanalyse also wirklich einen brauchbaren Ansatz? Mir scheint, als werden Geschichtsphilosophie und Weltanschauung durch eine neue Allmacht von übergreifenden Strukturen ersetzt. Auch Foucault sucht nachzuweisen, was dem Marxismus selbstverständlich ist, nämlich die Unterwerfung des Subjekts unter gewisse Strukturen. (Woraus der Marxismus immerhin noch die Perspektive einer Befreiung des Subjekts ableitet.) Somit erhält die Literatur auch in der Diskursanalyse wieder die affirmative Rolle, die ihr schon die Ideologiekritik zusprach, daß sie nämlich lediglich Verschleierungsmanöver inszeniere, die dem Subjekt (s)eine scheinhafte Authentizität zukommen lasse.[13]

Diese Überlegungen führen zu einem merkwürdig anmutenden Befund. Denn Ideologiekritiker, Marxisten wie Diskursanalytiker scheinen gemeinsam auf den Telos idealistischen Denkens zurückzugreifen, der selbst Lukács und Adorno bei aller sonstigen Feindschaft einte und den Foucault letztlich zu akzeptieren scheint: Der idealistische Traum von einem sich selbst gewissen Subjekt, das seinen Objektstatus, seine Entfremdung überwindet, sich wieder als handelndes Subjekt der Geschichte auffassen kann. Wie kann jedoch das durch die gesellschaftlichen Bedingungen bestimmte Bewußtsein oder das vom "notwendigen Schein" (Adorno) geblendete Individuum ein Bewußtsein entwickeln, das imstande ist, diese Unterdrückung bzw. Verblendung aufzuheben? Was versetzt das laut der eigenen Theoreme unterdrückte Subjekt in die Lage, "Unwahrheit, falsches Bewußtsein, Lüge" der Ideologie zu überwinden?[14] Der Literaturwissenschaftler kann nicht einerseits auf kapitalistischer

---

[13] Vgl. Claudia Albert: Diskursanalyse in der Literaturwissenschaft der Bundesrepublik. Rezeptionen der französischen Theorien und Versuch der De- und Rekonstruktion. In: *Das Argument* 25 (1983). S. 550-561. Diskursanalyse verspiele damit die "Chance, das Ästhetische als Produktivkraft zu begreifen, als Erfahrungsraum, in dem Subjekte genießend lernen können, die Formen ihrer Vergesellschaftung gerade in ihren Widersprüchen zu erproben und sich so in ihnen zu bewegen". Statt dessen betrachte Diskursanalyse "das Subjekt als Opfer unwandelbarer Machtstrukturen oder psychischer Konstellationen". Ebd. S. 551f.

[14] Theodor W. Adorno: Rede über Lyrik und Gesellschaft. In: *Noten zur Literatur I.* Frankfurt/M. 1980. S. 73-104, hier S. 77. Adorno betont die Wirkungsmächtigkeit

Entfremdung, Subjektabrichtung oder der 'Macht' des Diskurses beharren, andererseits den elitären Anspruch erheben, mit seinem anscheinend 'richtigen' Bewußtsein das 'Wahre' und 'Unverfälschte' zu erblicken. Ich vermute, daß damit bestenfalls die erste Voraussetzung für die Ideologisierung des eigenen Horizonts geschaffen wird.

II

Zurück zur Ausgangsfrage: Wie kann heute DDR-Literatur neu gelesen werden? Von Seiten der Literaturgeschichtsschreibung scheinen kaum neue Signale auszugehen.[15] So verdienstvoll die Neuherausgabe und Erweiterung der *Kleinen Literaturgeschichte der DDR* (1996) ist, so folgen Wolfgang Emmerichs vorausgeschickter Selbstkritik nur wenige Taten, bleibt damit vieles wortwörtlich beim alten. Wie sieht es bei den Einzelinterpretationen aus? Wie fällt der "Härtetest des 'Wiedergelesenwerdens'" durch die "Wiederholungstäter" aus? (So Manfred Jägers etwas grimmige Wortwahl.[16]) Inwieweit hat die wissenschaft-

---

wahrer, unverfälschter Kunst. Für Marxisten erscheint diese Aporie als besonders prekär, sprach Karl Marx den Ideen in der *Deutschen Ideologie* ausdrücklich jede Wirkungsmächtigkeit ab. Georg Lukács sieht dementsprechend die revolutionäre Klasse, das Proletariat, in einer "ideologischen Krise", die jedoch durch die Organisation der Kommunistischen Partei gemeistert werden soll; vgl. dazu R. Romberg: Ideologie. In: *Historisches Wörterbuch der Philosophie* (Band 4: I – K). A.a.O. Sp. 158-185, hier Sp. 167.

[15] Zur Literaturgeschichtsschreibung nach 1989 siehe Roswitha Skares Beitrag in diesem Band S. 15-43.

[16] Manfred Jäger: Noch einmal: Nachdenken über Christa Wolfs Prosa. In: *Der Deutschunterricht* 48 (1996). H. 5. S. 39-47, hier S. 39. Jäger meint, die "mitgeteilten Resultate wirken diffus, verraten meist mehr über den Leser als über das neuerlich begutachtete Werk." (S. 39f.) Dieser Befund wird bestätigt bei der Durchsicht des Sammelbandes *Verrat an der Kunst? Rückblicke auf die DDR-Literatur*. Hg. von Karl Deiritz u. Hannes Krauss. Berlin 1993. Die versammelten Arbeiten der "Wiederholungstäter" (nicht alle Beiträge gehören in diese Kategorie) fallen überwiegend persönlich und dementsprechend beliebig aus. Auch in Lothar Baiers 'Rereading' von Christa Wolfs *Kindheitsmuster* (Wo habt ihr bloß alle gelebt. Christa Wolfs "Kindheitsmuster", 1994 wiedergelesen. In: *Christa Wolf.* A.a.O. S. 59-67) dominiert persönliche Betroffenheit, erkennbar an der erstaunlichen Häufigkeit von Pronomen in der 1. Person. Baier bekennt zwar eigene Fehler, kommt jedoch zu keinen neuen literaturwissenschaftlichen Befunden. Auch Manfred Jägers Kritik – den Nachweis bleibt er übrigens schuldig – fällt auf ihn selbst zurück. Die Frucht seiner 'noch einmal'-igen Lektüre von Christa Wolfs Werk, die Trennung vom schalem, 'verwässertem' Leben und edlem 'Wein des Werkes' (vgl. S. 45) überzeugt nicht, will sie lediglich die Beschädigung von Christa Wolfs Werk durch die offenbar beschädigte Biographie abwenden. Jäger opfert sozusagen die Nationalpreisträgerin, um eine "tiefere Wahrheit" des Werkes zu retten; diagnostiziert gar einen erhabenen "Geist der Erzählung", der sich listig gegen das (metaphysisch inspirierte?) "Medium, dem der Stift geführt wurde" durchgesetzt hätte (S. 44). Dies

liche Beschäftigung mit den vor 1989 geschriebenen Texten nach 1989 zu neuen Erkenntnissen geführt?

Beispiel Nr. 1: Hermann Kants Roman *Die Aula* (1965). Nachdem sich der journalistische Rummel um Kants Stasi-Mitarbeit gelegt hatte, unterzogen 1992 Autoren des germanistischen Jahrbuchs für Nordeuropa *Der Ginkgo-Baum* den Roman einer kritischen Neulektüre.[17] In überraschendem Einvernehmen bestätigen vier von fünf Literaturwissenschaftlern dem Buch auch nach 1989 "eine feste literarische Position".[18] Das Buch habe seinerzeit "heikle Fragen"[19] gestellt und "durchaus echte Systemkritik" geleistet.[20] Für Autoren wie Christa Wolf und Christoph Hein habe der Roman eine "Schlüsselrolle" gespielt, denn deren Romane scheinen "in der Auseinandersetzung mit Kants Roman geschrieben"[21] (was historisch falsch ist). Nur ein Beitrag verweigert sich dem Buch nach 1989: Da das Land verstummt sei, könne man auch "das Buch nicht mehr lesen".[22] Insgesamt retten die Autoren des *Ginkgo-Baum* Hermann Kant, immer wieder wird auf den Mut für die "heiklen Fragen", die angeblich subversive Ironie und Skepsis von Kant verwiesen. Wurde *Die Aula* vor 1989 im Westen "für die pädagogische Aufgabe der Zerstörung von Vorurteilen [ge-

---

steht in eklatantem Gegensatz zu der Manfred Jäger bestens bekannten, und von Christa Wolf geradezu zelebrierten Einheit von Autor, Leben und Werk.

[17] Warum der Erstling Kants gewählt wurde, blieb uneinsichtig, konzentrierte sich die Forschung nach 1989 auf Kants Roman *Der Aufenthalt* (1977). Andere Neulektüren von *Die Aula:* Michael Gratz: Einer, der mit der Sache nicht fertig ist. Hermann Kant: *Die Aula*. In: *Verrat an der Kunst?* A.a.O. S. 120-126. Gratz' persönlicher Rückblick gerät zur nostalgischen Erinnerungslektüre, begnügt sich dann mit dem Hinweis, daß Kants Roman eine DDR schildere, die es nie gegeben habe und schließt mit dem Prädikat 'Nicht empfehlenswert'.

[18] Gunvor Hammarskjöld: *Die Aula* aus heutiger Sicht. In: *Der Ginkgo-Baum. Germanistisches Jahrbuch für Nordeuropa* 11 (1992). S. 215-219, hier S. 215.

[19] Klaus Bohnen: Vom geraden Weg. Beobachtungen beim Wiederlesen von Hermann Kants *Die Aula*. In: *Der Ginkgo-Baum*. A.a.O. S. 232-235, hier S. 233.

[20] Siegfried Jäckel: Hermann Kants *Die Aula* als literarisch-historisches Zeitdokument. In: *Der Ginkgo-Baum*. A.a.O. S. 225-231, hier S. 229.

[21] Klaus Bohnen: Vom geraden Weg... A.a.O. S. 235. Wahr ist, daß die Biographien von Hermann Kant wie Christa Wolf (übrigens auch Uwe Johnson) durch zwei Diktaturen geprägt wurden; ebenso trifft zu, daß im Frühwerk aller drei Autoren die Leitmotive Erinnerung, Schuld und persönliche Verantwortung einen zentralen Stellenwert besitzen. Doch Christa Wolfs Lobgesang auf die sozialistische Persönlichkeit in der Erzählung *Der geteilte Himmel* erschien 1963, also zwei Jahre vor Kants *Die Aula*. Ihre Auseinandersetzung mit der nationalsozialistischen Vergangenheit im Roman *Kindheitsmuster* erschien 1976, Kants Roman zum gleichen Thema (*Der Aufenthalt*) 1977. Wenn, dann schrieb offensichtlich Hermann Kant Christa Wolf 'hinterher'. Der in der DDR sozialisierte Christoph Hein wird sich jede Nähe zu Kant wahrscheinlich kategorisch verbitten.

[22] Anne Fried: Mit dem Land ist das Buch verstummt. In: *Der Ginkgo-Baum*. A.a.O. S. 224f., hier S. 225.

genüber der DDR, R.B.H.] hoch eingeschätzt",[23] so darf *Die Aula* nach 1989 scheinbar unbeschadet als "ein typisches Beispiel für die literarische Darstellung des Alltagslebens in der DDR in den ersten fünfzehn Jahren ihres Bestehens gelten".[24] Handelte also die Unterrichtsministerin der DDR, Margot Honecker, in literarischer Weitsicht, als sie dafür sorgte, daß *Die Aula* fünfundzwanzig Jahre lang als einziges Beispiel für die sogenannte 'Ankunftsliteratur' in die Lehrpläne der DDR aufgenommen wurde?[25]

Beispiel Nr. 2: Ein Vergleich der kürzlich ausgetauschten Lexikon-Einträge zu Christa Wolf und Fritz Rudolf Fries im *Kritischen Lexikon der Gegenwartsliteratur* (KLG). Zunächst zu Fritz Rudolf Fries. Dessen neuer Eintrag weist sofort auf die erst 1996 entdeckte Stasi-Mitarbeit des IM "Pedro Hagen" hin. Auf die stets gerühmte Subversivität, Sprachartistik und Modernität des Erzählers Fries fällt der lange Schatten der Stasi: "Kritische Sottisen und unterdrückte Wahrheiten konnte er nur dank 'einer besonderen Strategie', sprich: Kooperationsbereitschaft und Konspiration mit der Stasi in sein Werk einbringen."[26] Die frechen Bemerkungen, der schnoddrige Ton und die für den Westleser mitunter verblüffend offenherzige Kritik, vor allem jedoch die ästhetisch makellose Kür erscheinen heute als der amtlich zugelassene "Tanz in Ketten" (Hans Joachim Schädlich).[27] Kaum jemand wird noch wie Uwe Wittstock vor 1996 die Bücher von Fries als "klarsichtige, melancholisch-ironische Kommentare zu unserer Zeit" mit "historische[r] Tiefenschärfe" bezeichnen wollen.[28] Es verwundert also kaum, daß der neue Eintrag im KLG selbst den vor der

---

[23] Manfred Behn: *DDR-Literatur in der Bundesrepublik Deutschland. Die Rezeption der epischen DDR-Literatur in der BRD 1961-1975*. Meisenheim am Glan 1977 (Hochschulschriften Literaturwissenschaft 34). S. 26; hier auch ein ausführliches Zitat von Yaak Karsunke, das die damalige Stimmung belegt.

[24] Siegfried Jäkel: Hermann Kants... A.a.O. S. 225.

[25] Vgl. Thorsten Ahrend: Nachwort zu Karl-Heinz Jakobs 'Beschreibung eines Sommers'. Leipzig 1995 (*Die DDR-Bibliothek*). S. 237.

[26] Michael Töteberg: Fritz Rudolf Fries. In: *KLG* 54. Nachlieferung. S.1-13, hier S. 13.

[27] In: *Frankfurter Allgemeine Zeitung* vom 28.6.1990: "Nietzsche sagte: 'In Ketten tanzen ist höchste Kunst'".

[28] In: *Frankfurter Allgemeine Zeitung* vom 12.1.1985; hier zitiert nach: Jürgen Zander: Fritz Rudolf Fries. In: *KLG* 37. Nachlieferung. S. 2. Lange bevor Fries' Mitarbeit bekannt wurde, im deutsch-deutschen Literaturstreit, suchte Uwe Wittstock die DDR-Literatur vor dem drohenden Verlust an Glaubwürdigkeit unter Hinweis auf Oscar Wilde zu verteidigen: "Ob jemand Wechsel fälscht, sagt nichts über sein Geigenspiel." (In: *Süddeutsche Zeitung* vom 11.12. 1991, hier zitiert nach Wolfgang Emmerich: *Die andere deutsche Literatur. Aufsätze zur Literatur aus der DDR*. Opladen 1994. S. 8.) Das trifft zweifellos für die technische Fertigkeit des Geigenspiels zu, jedoch nicht für das Schreiben von Literatur. Das gleiche Bewußtsein schreibt Literatur und fälscht Wechsel. Der falsche Wechsel, den Fries auf seine Existenz zog, prägt zwangsweise das literarische Werk.

Stasi-Mitarbeit entstandenen Debutroman *Der Weg nach Oobliadooh* (1966) umwertet. Sprach der alte Eintrag von einer "Realitätsüberprüfung", die "offen [sei] für das subjektive Potential der Veränderung",[29] so stehe jetzt "kein politischer Roman" mehr an, sondern beschreibe *Der Weg nach Oobliadooh* einen "Abschied von der Jugend".[30]

Zu Christa Wolf: Auch der neue Eintrag spart nicht mit Superlativen für die "populärste" und "aufschlußreichste" deutsche Nachkriegsautorin.[31] Gleichzeitig wurde jedoch der Sympathiebonus eingezogen, der den alten Eintrag kennzeichnete; unmißverständlich der Hinweis auf die "charakteristische Verbindung von Literatur und Politik im Werk wie in der Person, die sich unmittelbar aus ihrer [Wolfs, R.B.H.] Auffassung von der Aufgabe der Literatur ableitet."[32] Diese Auffassung führe bei Christa Wolf nicht etwa wie bei Uwe Johnson zu einer intellektuell und moralisch unbestechlichen Kritik, sondern "zu einer reformistischen Position, die Kritik mit Affirmation amalgierte".[33] Ebenso klar unterscheidet der neue Eintrag zwei Werkphasen dieser "Fürsprecherin einer 'besseren DDR' auch im Westen".[34] Dominiere in Wolfs Werk bis hin zum Roman *Kindheitsmuster* (1976) ein "konkreter Zugriff auf virulente gesellschaftliche Problemkonstellationen", handle es sich danach um "metaphorische Rückspiegelungen der Gegenwart in weiter zurückliegende Vergangenheiten, angesiedelt in gleichnishaften Szenarien aus der deutschen Literatur und europäischen Kulturgeschichte."[35] Gerade die zweite Werkphase, insbesondere *Kassandra* und *Medea* (1996), vermische Kritik und Affirmation am 'realen Sozialismus' unauflöslich. Die "abtrünnigen, der Vater-Herrschaft abschwörenden Töchter königlichen Geblüts" – sprich Parteiherrschaft – spiegelten die "Besonderheit der Position, die die Schriftstellerin Christa Wolf seit den siebziger Jahren [...] in der DDR einnahm."[36] Wo der alte Eintrag mit dem Hinweis auf das in Deutschland traditionell problematische Verhältnis zwischen Macht und Geist fast schamhaft Christa Wolfs Treue zur DDR umschrieb, wird jetzt zum einen die bis zuletzt währende 'Verstricktheit' der Schriftstellerin klar benannt, zum anderen darauf hingewiesen, wie diese 'Verstricktheit' sich in ihrem Werk niederschlägt. Dabei geht der neue Lexikoneintrag erstmalig auf Forschungsergebnisse zur Zivilisationskritik im Werk Christa Wolfs wie Teilen der DDR-Literatur ein.

Für die hier gestellte Frage nach einem neuen Umgang mit der DDR-Literatur nach 1989 ist die Entwicklung dieser Forschung interessant, wenn nicht

---

[29] Jürgen Zander: Fritz Rudolf Fries. A.a.O. S. 2.
[30] Michael Töteberg: Fritz Rudolf Fries. A.a.O. S. 3.
[31] Frauke Meyer-Gosau: Christa Wolf. In: *KLG* 54. Nachlieferung. S. 1-18, hier S. 2.
[32] Ebd.
[33] Ebd. S. 3.
[34] Ebd. S. 9.
[35] Ebd.
[36] Ebd. S. 11.

sogar symptomatisch. Lange vor 1989, erstmals 1983, systematisch dann 1985, wies Wolfgang Emmerich auf den "geschichtsphilosophische[n] Paradigmawechsel" hin, der die zweite Epoche der DDR-Literaturgeschichte präge.[37] Paradigmawechsel meint, daß DDR-Autoren, genannt werden Heiner Müller, Christa Wolf und Günter Kunert, sich von der vernunftbegründeten Utopie des Marxismus, dem Glauben an die Selbstbefreiung des Menschen durch fortschreitende Aufklärung und einem dementsprechend optimistisch-positivem Menschenbild abwenden; stattdessen den "seelischen Haushalt der individuellen Menschen [...], der im Lauf eines langen Zivilisationsprozesses modelliert und formiert worden ist"[38] ins Blickfeld rücken. Die neue Perspektive, von Max Horkheimers und Theodor Adornos pessimistischer Kulturkritik in der *Dialektik der Aufklärung* deutlich inspiriert, versteht das Individuum nicht länger als das wieder zu sich selbst gelangende Subjekt in einem nach festen Gesetzmäßigkeiten ablaufenden Geschichtsprozeß. Zwar gelänge es ihm, sich durch die Aufklärung und Beherrschung des Natürlichen vom dunklen Mythos zu eigenem, vernunftbegründetem (sprich: aufgeklärtem) Tun zu entwickeln. Es bezahle diese Entwicklung jedoch mit der Entfremdung vom Natürlichen, sich selbst und seinen eigenen, wahren Bedürfnissen. Diese, einer instrumentellen Vernunft unterworfene Aufklärung, münde schließlich in die sich mystisch rechtfertigende Unfreiheit des totalitären Staates. Vor dem Hintergrund des im Geiste des Marxismus-Leninismus verordneten Geschichtsoptimismus und Glauben an die Aufklärung mußte diese Neuorientierung als Verweigerung der betreffenden DDR-Autoren gegenüber der herrschenden Doktrin gelten.

Nach 1989 war von Verweigerung nicht mehr die Rede. Im Rahmen ihres erweiterten Forschungsansatzes sprachen Richard Herzinger und Heinz-Peter Preußer in dem Artikel "Vom Äußersten zum Ersten" der zivilisationskritisch inspirierten DDR-Literatur rundweg die systemkritische Stoßrichtung ab.[39]

---

[37] Wolfgang Emmerich: Das Erbe des Odysseus. Der zivilisationskritische Rekurs auf den Mythos in der neueren DDR-Literatur. In: *Studies in GDR Culture and Society 5. Selected Papers from the Tenth New Hampshire Symposium on the German Democratic Republic*. Hg. von Margy Gerber. Lanham u.a. 1985. S. 173-188, hier S. 183. Zum Thema Zivilisationskritik zuerst ders.: Der verlorene Faden. Probleme des Erzählens in den siebziger Jahren. In: *Literatur der DDR in den siebziger Jahren*. Hg. von Peter Uwe Hohendahl u. Patricia Herminghouse. Frankfurt/M. 1983. S. 153-192. Siehe auch die bisher umfassendste und zur Zeit wohl meist aktuelle Untersuchung von Michael Schenkel: *Fortschritts- und Modernitätskritik in der DDR-Literatur. Prosatexte der achtziger Jahre*. Tübingen 1995 (Studien zur deutschsprachigen Gegenwartsliteratur 1).
[38] Wolfgang Emmerich: Das Erbe... A.a.O. S. 183.
[39] Richard Herzinger u. Heinz-Peter Preußer: Vom Äußersten zum Ersten. DDR-Literatur in der Tradition deutscher Zivilisationskritik. In: *Literatur in der DDR. Rückblicke*. Hg. von Heinz Ludwig Arnold u. Frauke Meyer-Gosau. München 1991 (Text + Kritik Sonderband). S. 195-209; vgl. auch dies.: Die Resistenz der Bilder. Literatur als kulturphilosophische Kritik der Modernisierung. Aspekte einer Neubewer-

Statt dessen sei diese Literatur als eine andere, neue Spielart eines systemstützenden "Legitimationsdirkurses"[40] zu verstehen. Zwar kamen im Kern Wolfgang Emmerich und Richard Herzinger/Heinz-Peter Preußer zum gleichen Ergebnis, daß nämlich die Autoren sich einer Utopie verpflichtet fühlten. Was aber die selbst zu Teilen der sozialistischen Utopie verpflichtete DDR-Forschung den Autoren vor 1989 positiv anrechnete, geriet ihr – wie den Autoren nach 1989 – zum Nachteil. Die neue, betont antiideologisch und auf ihre Weise utopiekritisch gerichtete Forschung warf nun den Autoren vor, sie hätten

> den sozialistischen Utopiekern vor einer Beschädigung durch den Bankrott des Realsozialismus zu retten versucht und zudem eine Rechtfertigungsargumentation für das Fortbestehen des sozialistischen Staates bereit[ge]stellt, die dessen offizielle Ideologie nicht mehr zu leisten vermag.[41]

Mit anderen Worten: Die Zivilisationskritiker der DDR – Richard Herzinger und Heinz-Peter Preußer beziehen auch Volker Braun und Christoph Hein mit ein – seien lediglich die geschickteren Propagandisten eines fundamentalen Antikapitalismus und Antiwestlertums gewesen. Ihr konservatives Denken speise sich, wie sogar die von Richard Herzinger und Heinz-Peter Preußer einbezogene *Dialektik der Aufklärung* selbst, aus der traditionellen deutschen Kultur- und Zivilisationskritik der Jahrhundertwende.[42] Die aufgezeigten Verbindungslinien zwischen traditioneller deutscher Kulturkritik, 'reiner' sozialistischer Utopie und deren Widerspiegelung im Werk der DDR-Autoren betreffen (i) die parallele Kapitalismus- und Zivilisationsfeindlichkeit in sowohl sozialistischer Theorie wie bürgerlich-konservativer Kulturkritik; (ii) den von Sozialisten wie Zivilisationskritikern formulierten Wunsch nach Rückkehr zu einem Ursprünglich-Eigentlichen, welches die zivilisatorisch verfälschte, gegenwärtige Existenz durchbrechen soll (z.B. Volker Brauns Sprung in ein radikal 'Anderes'; oder weniger dramatisch in dem von Christa Wolf geforderten Rückzug in die ländliche Kulturgemeinschaft als Refugium des alltäglichen, einfachen und richtigen Lebens); (iii) die deutlich antiliberalen Tendenzen, wie sie sich z.B. in der Adaption des Politikbegriffs von dem Konservativen Carl Schmitt durch Heiner Müller zeigen würden; (iv) die von allen DDR-Autoren

---

tung der DDR-Literaturgeschichte. In: *Wirkendes Wort* 43 (1993). H. 1. S. 121-144, bes. S. 124f.
[40] Richard Herzinger u. Heinz-Peter Preußer: Vom Äußersten zum Ersten... A.a.O. S. 195.
[41] Ebd.
[42] Die *Dialektik der Aufklärung* muß als Versuch aufgefaßt werden, die Aufklärung durch Aufklärung, sprich: rational argumentierend, zu kritisieren – und zu retten. Horkheimer und Adorno beschwören im Gegensatz zu den deutschen Kulturkritikern der Jahrhundertwende keinen Mythos, der z.B. den deutschen Sonderweg rechtfertigen soll.

mehr oder weniger vehement abgelehnten Verwestlichung Deutschlands und der sozialen Marktwirtschaft. Die westdeutsche Auseinandersetzung um die Zivilisationskritik wurde hier deshalb breiter ausgeführt, weil sie als *ein* Vorbild für einen neuen Umgang mit der DDR-Literatur dienen kann. Werden also z.B. DDR-Literatur, Marxismus und *Dialektik der Aufklärung* mit ultrakonservativen Denkmustern der deutschen Kulturkritik der Jahrhundertwende in Beziehung gesetzt, dann wird auf inhaltliche Zusammenhänge verwiesen, die bis dahin anscheinend einem Denkverbot unterlagen. Methodisch kann sie ebenfalls als Vorbild dienen, weil man sich in der Auseinandersetzung um die Zivilisationskritik auf die Literatur selbst konzentriert. Biographien und Selbsterklärungen werden ausgeklammert, falls nicht – wie von Christa Wolf – Leben und Werk selbst zur Deckung gebracht wurden. In solchem Vorgehen entfallen sowohl wissenschaftlich verbrämte persönliche Abrechnungen wie auch peinliche Ent-Schuldungen von DDR-Autoren. Andererseits sind damit die außerliterarischen Zeugnisse, eigene Reden, offene Briefe und Interviews nicht aus der Welt; sie wie Heiner Müller als "Gesammelte Irrtümer" abzutun, scheint etwas schlicht.[43] Schließlich waren die DDR-Autoren nicht schizophren und ein- und dieselbe Person, ein- und dasselbe Bewußtsein schrieb fiktionale Literatur und trieb handfeste Politik. Es geht jedoch um die Gewichtung: Die Interpretation des Werkes muß den Vorrang haben. Mögliche politische, soziale, kulturelle und geschichtsphilosophische Intentionen des Autoren sind aus dem Werk abzuleiten, nicht umgekehrt. Als eine strategische Maßnahme (und ohne dabei den von Michel Foucault bzw. Jorge Luis Borges beschworenen 'Tod des Autoren' im Sinn zu haben), scheint es mir ratsam, den Zusammenhang zwischen Text und Autoren vorerst zu suspendieren, die Verfasserintentionen und Selbsterklärungen zurückzustellen.

III

Auf der Suche nach neuen Erklärungen, stellt sich ebenfalls die Frage nach dem Verhältnis zwischen Geschichte und Literatur. Bis 1989 dominierte speziell in der DDR-Forschung die Ansicht, Literatur sei ein "in mehrfacher Weise prozessierender Teil der gesellschaftlich-geschichtlichen Bewegung im Ganzen".[44] Mit anderen Worten: Literatur wurde als Teil einer scheinbar gesetz-

---

[43] Vgl. die Diskussion bei Wolfgang Emmerich: *Kleine Literaturgeschichte der DDR. Erweiterte Neuausgabe*. Leipzig 1996. S. 23f.
[44] Wolfgang Emmerich: *Kleine Literaturgeschichte der DDR 1945-1988. Erweiterte Ausgabe*. Frankfurt/M. 1989. S. 17. Das "mehrfache Verhakt-Sein von Literatur und Geschichte" manifestiere sich (i) durch die materialistische Vorgabe gegebener Verhältnisse, (ii) als "*Dokument, 'Zeuge' des historischen Prozesses*", (iii) als "ein *Bewußtsein gegen die Geschichte* als Unterdrückungszusammenhang", welches diesen durchbrechen könne und damit selbst "*wirkender Faktor*" in der Geschichte werde; und (iv) in der "eigene[n] 'Reihe' der Geschichte", der eigenen

mäßigen gesellschaftlichen Entwicklung betrachtet. Nach 1989 scheint dieser Ansatz nicht mehr haltbar, konnten mit ihm – worauf ich eingangs hinwies – bestimmte Phänomene innerhalb der DDR-Literatur nicht erkannt und damit nicht verstanden werden. Ein weiteres sei angefügt: Warum begann die westdeutsche Nachkriegsliteratur, welche äußerst konsequent die DDR, die deutsche Frage bzw. das Thema Wiedervereinigung vermied (die Ausnahme Uwe Johnson bestätigt nur die Regel), warum begann diese stets nach Westen blickende Literatur Anfang der achtziger Jahre sich für das andere Deutschland zu interessieren? Sicher kann man biographisch argumentieren, annehmen, daß Peter Schneiders Interesse für DDR-ÜbersiedlerInnen der *Mauerspringer* von 1982 entsprungen ist. Oder werkgeschichtlich, daß Uwe Johnson 1983 mit dem vierten Band der *Jahrestage* sein fünfzehn Jahre früher begonnenes Erzählprojekt zu Ende führte. Oder den Zeitgeist ins Feld führen, wenn Dieter Lattmann laut Selbsterklärung die Angst vor einem deutschen Bruderkrieg zu seinem deutsch-deutschen Roman *Die Brüder* (1985) treibt. Was aber veranlaßte Thorsten Becker im gleichen Jahr zu seiner Ost-West-Burleske *Die Bürgschaft*? Warum nahm Martin Walser in der Agenten-Novelle *Dorle und Wolf* 1987 die deutsche Frage auf? Wie kam Hans Magnus Enzensberger auf die Idee, in seinem vor dem Herbst 1989 veröffentlichten Hörspiel *Böhmen am Meer* die deutsche Wiedervereinigung vorauszusagen? (Und übrigens auch eine erneute Spaltung!) Endlich aber: Warum erschienen zahlreiche Anthologien zu einem Thema,[45] von dem sich Politik und Öffentlichkeit infolge der erfolgrei-

---

Tradition, die jedoch nicht auf ein "Extrahieren ästhetischer Verfahren und Reihenbildungen für sich" hinauslaufen dürfe. (S. 17ff. Hervorh. i. Orig.)

[45] Die Herausgabe von Anthologien weist sehr deutlich das ansteigende Interesse in den achtziger Jahren. Während in den ersten drei Jahrzehnten deutscher Spaltung lediglich ein Band erschien (*Deutsche Teilung. Ein Lyrik-Lesebuch*. Hg. von Kurt Morawietz u. Reimar Lenz. Wiesbaden 1966), setzte 1979 eine wahre Welle von Publikationen ein: *Deutschland, Deutschland. 47 Schriftsteller aus der BRD und der DDR schreiben über ihr Land*. Hg. von Jochen Jung. Salzburg 1979; *Berlin, ach Berlin*. Hg. von Hans Werner Richter. Berlin 1981; *Das Mauerbuch. Texte und Bilder aus Deutschland von 1945 bis heute*. Hg. von Manfried Hammer u.a. Berlin.1981; *Die Wunde namens Deutschland. Ein Lesebuch zur deutschen Teilung*. Hg. von Hedwig Walwei-Wiegelmann. Heidelberg 1981; *Berlin, du deutsche, deutsche Frau. Eine literarische Chronik der geteilten Stadt mit Texten und Bildern von Autoren aus Ost und West*. Hg. von Inge Krüger u. Eike Schmitz. Darmstadt u.a. 1985; *Mauersprünge. Besondere Berliner Verkehrsformen*. Hg. von Urs Jaeggi. Reinbek bei Hamburg 1988. Vgl. dazu Dagmar Wienroeder-Skinner: Literarische Bilanz der achtziger Jahre: Westdeutsche Autoren thematisieren die 'Deutsche Frage'. In: *Germanic Notes* 21 (1990). S. 13-16. Dies.: *Aspekte der Zweistaatlichkeit in deutscher Prosa der achtziger Jahre*. Heidelberg 1993 (Beiträge zur neueren Literaturgeschichte 3/124). Wienroeder-Skinner meint, daß angesichts der zugespitzten militärischen Situation (NATO-Doppelbeschluß, Wettrüsten) ein tagespolitisches Engagement für die "'Entdeckung' und Belebung der deutschen

chen Neuen Ostpolitik weitgehend verabschiedet hatten? Warum problematisierten sowohl west- wie ostdeutsche Literatur eine Entwicklung, die Soziologen, Politologen, selbst Volkswirtschaftler, kurzum uns alle total überraschte? Mit anderen Worten: Wie konnte die Literatur *vor* der historischen Erfahrung schreiben? Schriftsteller sind weder Auguren noch Weissager, sie spielen bestenfalls Kassandra.

Auf der Suche nach einem anderen Verständnis der Beziehung zwischen Literatur und Geschichte lohnt der Blick zur benachbarten Fachwissenschaft. Die Geschichte, welche sich stets mit dem Argument zu legitimieren sucht, die Gegenwart auch durch ein Verstehen des Gestern zu erschließen, wurde durch die Ereignisse in Osteuropa ebenfalls überrascht. Dadurch haben sich, wie Wolfgang J. Mommsen betont, "die Koordinaten unseres Geschichtsbildes grundlegend verändert."[46] Sozialhistoriker wie Jürgen Kocka, Hans-Ulrich Wehler und Wolfgang J. Mommsen suchten die neuen Koordinaten zu vermessen[47] und kamen alle zu einem ähnlichen Befund. Unterschätzt habe man laut

---

Frage in der westdeutschen Belletristik der achtziger Jahre" verantwortlich sei (S. 11).

[46] Wolfgang J. Mommsen: Die Geschichtswissenschaft nach der 'demokratischen Revolution' in Ostmitteleuropa. In: *Neue Rundschau* 105 (1994). H. 1. S. 75-88, hier S. 75.

[47] Jürgen Kocka geht aus von (s)einem Überschätzen der "sozialökonomische[n] Systemunterschiede und -wandlungen" und der unterschätzten "Beharrungskraft der historischen Kontinuitäten [...], die sich unterhalb der revolutionären Einschnitte des 20. Jahrhunderts erhalten haben und sich nur äußerst langsam verändern". Für ihn "gewinnt insofern nicht die Ereignis- und die Erfahrungsgeschichte, sondern vielmehr die Struktur- und Prozeßgeschichte an Gewicht und Plausibilität". (Jürgen Kocka: *Die Auswirkungen der deutschen Einigung auf die Geschichts- und Sozialwissenschaften. Vortrag vor dem Gesprächskreis Geschichte der Friedrich-Ebert-Stiftung in Bonn am 29. Januar 1992*. Bonn 1992 [Gesprächskreis Geschichte 1]. S. 20.) Auch Hans-Ulrich Wehler meint, der "Faszination, die von den analytisch und klar zurechtgeschnittenen sozialökonomischen Problemen und politischen Herrschaftsinteressen ausging", in der Vergangenheit erlegen zu sein. Im Gegensatz zu Kocka fordert Wehler ein Abwenden von den Strukturen und persistenten Prozessen, stattdessen eine stärkere Beachtung von "Kontingenzerfahrungen" (was das gesamtgesellschaftlich wirksame Agieren hocmotivierter wie wertorientierter Individuen und kleiner Gruppen meint), und eine allgemein stärkere Integration der Sozial- und vor allem der Kulturgeschichte. (Hans-Ulrich Wehler: Von der Herrschaft zum Habitus. In: *Die Zeit* vom 25.10.1996.) Mommsen (Die Geschichtswissenschaft... A.a.O. S. 78f.) konstatiert wie Wehler ein nachlassendes historiographisches Interesse für die "sozialen und ökonomischen Grundlagen [...] der westlichen Gesellschaften und die unterschiedlichen sozialen Mechanismen, die in ihnen wirksam sind". Ähnlich wie Kocka sieht er die lang unterschätzte Rolle von "Einstellungen und Werthaltungen, die sich über lange Zeiträume hinweg aufgebaut haben und auch durch ideologische Indoktrination oder institutionelle Repression nicht gänzlich umgepolt werden konnten." (S. 79) Mit Wehler

Kocka die "Beharrungskraft der historischen Kontinuitäten" von Werten und Normen abseits der offiziellen Doktrin. Diese "Beharrungskraft" drücke sich laut Wehler vor allem in der unterschätzten "zählebige[n] Persistenz kultureller Eigenarten" aus. Es seien diese "kulturellen Eigenarten", welche die "mentalen Befindlichkeiten von Individuen oder Gruppen [...] als das eigentlich zählende Agens geschichtlichen Wandels" entscheidend beeinflußten. Damit gewännen, so Mommsen, Kultur und Religion wieder

> den Status von großen Potenzen in der Geschichte, die ihnen von Jakob Burckhardt schon vor einem Jahrhundert zugewiesen worden waren. Die kulturellen Systeme mit ihren Eigengesetzlichkeiten, mit ihren Auswirkungen auf die 'politische Kultur', auf die Wertstrukturen, die gesellschaftlichen Ordnungen und ihre Entwicklungsrichtung, die Lebenswelten moderner pluralistischer Gesellschaften – dies verspricht zu einem neuen herrschenden Paradigma der Geschichtsschreibung zu werden [...][48]

Unter Hinweis auf die sich umorientierende 'Bielefelder Schule' nennt Mommsen schließlich die entscheidende Prämisse; Kultur wirke "als eigenständiger Faktor im historischen Prozeß".[49]

IV

Die Sozialhistoriker werten die Rolle der Kultur beträchtlich auf. Um Mißverständnissen vorzubeugen: Sie suchen keine neue Schicksalsdetermination menschlicher Existenz durch die Kultur zu begründen, sondern fordern, die unterschätzten Auswirkungen kultureller Prägung stärker zu beachten. "Eigenständiger Faktor" meint keinen abseits vom politischen Tagesgeschehen unberührten, trägen und damit ahistorischen Strom. Dies liefe wiederum auf eine Unterwerfung des Subjekts hinaus, diesmal unter die eines schwer oder gar unveränderbaren '(deutschen) Wesens', das sich in Sprache und Mentalität, Herkunft und Heimat, Nation und Religion konstituiert – Kategorien, die unter der Hand zur eigentlichen Natur und damit wiederum zum Schicksal würden. Dagegen stehen die gerade heute mehr denn je gegebenen Chancen des Individuums, seine gesellschaftliche Rolle bzw. Rollen selbst zu bestimmen und zu verwirklichen. In der Pluralität der modernen Ich-Identität ist das Individuum weniger denn je zuvor das Produkt einer sozialen Umgebung, als das seiner eigenen Entscheidungen, weniger einer Fremdbestimmung als seiner möglichen Selbstrealisierung. Zu diskutieren wäre, inwieweit diese Selbstrealisierung als

---

weist er auf die von der Geschichtswissenschaft vernachlässigte Bedeutung der Kontingenz, vor allem der Kultur hin. (S. 80f.)
[48] Wolfgang J. Mommsen: Die Geschichtswissenschaft... A.a.O. S. 82.
[49] Kultur werde "zunehmend nicht bloß als System zum Erwerb von Bildungspatenten, die zu bevorzugten Positionen in der bürgerlichen Gesellschaft berechtigten, also als Instrument sozialer Schichtung und sozialer Kontrolle, wie bislang, verstanden, sondern als eigenständiger Faktor im historischen Prozeß." (Ebd. S. 84)

wirklich vorausweisender Mehrwert sich innerhalb der Literatur spielerisch, phantasievoll und endlich sogar unterhaltend 'vor der Geschichte' realisieren läßt. Nur auf diese Weise kann, so meine ich, Literatur als eigenständiger Faktor im historischen Prozeß wirken.

Für uns, die Literaturwissenschaftler, seien vor diesem Hintergrund die durchaus konventionellen Anforderungen wissenschaftlichen Arbeitens noch einmal zusammengefaßt:

(i) Überzeitliche, transzendente und auf Ganzheit angelegte Ideen und Utopien im literarischen Text wie den eigenen Vorstellungen sollten kritisch hinterfragt werden.

(ii) Das eigene geschichtliche Bewußtsein wie ästhetische Werturteil sind als vorwissenschaftliche Kategorien kenntlich zu machen. Die emotionale Befindlichkeit, das vorhistorische Handeln und Wollen oder sogar ein individueller Wille ist einzugestehen.

(iii) Anzustreben ist der Königsweg zwischen einem doktrinären Objektivismus, der Literatur auf den Ausdruck allgemeiner gesellschaftlicher Vorgänge reduziert, und einem ebenso doktrinären Subjektivismus mit seinem Staigerschen 'Begreifen, was uns ergreift'; zwischen einer Haltung, die sklavisch der Wahrheit der Vergangenheit huldigt, und einer, die die Verständlichkeit für unsere Zeit verabsolutiert; oder: zwischen den Rechten des Textes und den Rechten des Lesers.[50]

Um auf die eingangs genannten Beispiele und damit die Literatur zurückzukommen: Wir sollten Hermann Kants *Aula* weniger 'inhaltistisch' und mehr als einen literarischen Text betrachten. In dieser Betrachtung sollten die Funktion von Stilmitteln wie Satire, Witz und Humor als geschickt verpackte Systemkonformität herausgearbeitet werden, als, wie Günter de Bruyn anmerkte, "besonders geschickte Form der Verklärung, die Unwissende für Kritik halten konnten".[51] Umgekehrt sollten Ikonen der DDR-Moderne wie Fritz Rudolf Fries' *Oobliadooh* und Uwe Johnsons *Mutmassungen über Jakob*[52] kritisch

---

[50] Zur theoriegeschichtlichen text- und leserbezogenen Positionierung vgl. Oliver Jahraus: Der Diskurs der Literatur im Diskurs der Wissenschaft oder Literaturwissenschaft als Interessenkollision von Leser und Wissenschaftler. In: *Wirkendes Wort* 43 (1993). H. 3. S. 645-658.

[51] Günter de Bruyn: *Vierzig Jahre. Ein Lebensbericht.* Frankfurt/M. 1996. S. 232. Günter de Bruyns Kritik richtet sich vor allem gegen Hermann Kants Verklärung der angeblich 'reinen', liberalen Anfänge einer DDR. An solcher Legende arbeitet nach 1989 auch noch Hans Mayer in *Der Turm von Babel. Erinnerungen an eine Deutsche Demokratische Republik.* Frankfurt/M. 1991: "Die Anfänge waren anders gewesen." (S. 64)

[52] Johnsons Debütroman wurde im *Ginkgo-Baum* 11. Folge ebenfalls neuen Lektüren unterzogen (S. 195-214). Deren Ergebnisse wurden hier nicht berücksichtigt, enthalten sie doch – mit Ausnahme von Bernd Neumanns Beitrag: Vexierrätsel, gesamtdeutsch (S.199-204) zu den Ursprüngen des Romans – weder neue Informationen noch neue Interpretationen.

unter dem Gesichtspunkt untersucht werden, ob diese trotz ihrer modernen Form inhaltlich nicht einen affirmativen Gehalt besitzen, der sie als höchst eigenwilligen Teil der 'Ankunftsliteratur' ausweist.[53] Ferner sollten wir endlich den Mut dafür aufbringen, totalitäre Elemente in der DDR-Literatur und in der mit dem Faschismus sympathisierenden Literatur komparativ herausarbeiten. Dies ausdrücklich nicht, um DDR-Verfasser auch noch in die Nähe faschistischer Topoi zu rücken. Sondern, um den Abstand zu vermessen, gleichzeitig jedoch strukturelle thematische wie sprachliche Berührungspunkte aufzuzeigen und um die "vergleichenden, nicht gleichsetzenden" Ansätze herauszuarbeiten.[54] Solche Ansätze beträfen

(i) generelle Parallen zwischen Sozialismus und Faschismus (auf die z.B. Henning Eichberg in seiner Studie zum revolutionären Theater der zwanziger Jahre hinweist[55]); die Parallelen in der Ästhetik von Stalinismus und Faschis-

---

[53] Die 'Ankunftsliteratur' der damals jungen DDR-Autoren "greift, zumindestens partiell, auf die Tradition des Bildungs- und Entwicklungsromans zurück." (Wolfgang Emmerich: *Kleine Literaturgeschichte der DDR*. Erweiterte Neuausgabe A.a.O. S. 146) In diesem Sinne löst sich auch in Fries' *Oobliadooh* die Adoleszensproblematik bei der Ankunft in der sozialistischen Gesellschaft auf, eben dem Zu-sich-selbst-kommen der 'Ankunftsliteratur'. Die Hauptfiguren Arlequ und Paasch zeigen als 'unterschiedliche Brüder' mit üblicher didaktischer Klarheit auf den schlechten und abschreckenden Weg (Paaschs Verbleiben in der Nervenheilanstalt) und den guten, jedoch alltäglich-illusionslosen Weg (Arlecq übernimmt Familienverantwortung und wird durch Arbeit integriert). Untermauert wird die, wenn auch lustlose Entscheidung für die DDR, durch die in der DDR-Literatur obligatorische 'Westschleife' der Protagonisten, die einen Besuch und die desillusionierte Rückkehr aus dem Westen beschreibt. Gerade die 'Westschleife' und die Schilderung des Westens weisen deutlich auf den affirmativen Charakter des Romans hin. Bei Fries (wie bei Wolf, Reimann, Johnson u.a.) erscheint der Westen als (i) postfaschistisch (in *Oobliadooh* ist es das KZ-ähnliche Flüchtlingslager, dessen Pförtner ein Kriegsverbrecher, die Polizisten als SS-Leute; vgl. S. 151ff., 185); (ii) Ort kapitalistischer Entfremdung und verkommener Konsummentalität (vgl. die auf die Initialen geschrumpften Namen der Protagonisten (S. 141ff.) und im Abschnitt "Persil bleibt Persil", S. 151ff.). Die Interpretation des Romans durch Stefan Bruns: Fritz Rudolf Fries, Außenseiter (in: *Literatur in der DDR. Rückblicke.* A.a.O. S.160-168) berücksicht solche Aspekte nicht. Zwar geht auch Bruns von der zentralen Erfahrung der Desillusionierung aus, stellt diese aber nicht in den Rahmen der zeitgenössischen DDR-Literatur, sondern bezieht sie auf den Picaro-Roman und dessen Motiv des "Desengaño", der Desillusionierungs-Erfahrung. Diese werde – bei Fries wie im spanischen Roman – zur "Skepsis, Fortschritts-Ungläubigkeit, schließlich zur Kritik jeglicher Heilslehre." (S. 162)

[54] Wolfgang Emmerich: *Kleine Literaturgeschichte der DDR*. Erweiterte Neuausgabe. A.a.O. S. 469.

[55] Henning Eichberg, Michael Dultz, Glen Gaberry, Günther Rühle: *Massenspiele: NS-Thingspiel, Arbeiterweihespiel und olympisches Zeremoniell*. Stuttgart-Bad Cannstatt 1977 (problemata 58). S. 103ff.

mus (wie sie z.B. Igor Golomstock für die bildende Kunst und Architektur herausgearbeitet hat[56]);

(ii) gemeinsame Klischees der antiwestlichen und antiliberalen Vorurteile in Zivilisationskritik, sozialistischer Ideologie und faschistischer Literatur: die ersehnte Rückkehr zu natürlichen Ursprüngen und der Wunsch nach Wiedererneuerung; die Sehnsucht nach Eindeutigkeit, Ganzheit und Gemeinschaft; die Determinierung des Individuums durch den historischen Prozeß;

(iii) die Rolle von Literatur als Widerstandspotential in totalitären Diktaturen (wie sie erstmals Helmuth Kiesel 1993, Richard Herzinger 1997 mit der vergleichenden Analyse von Christa Wolfs *Kassandra* und Ernst Jüngers *Auf den Marmorklippen* (1939) anspricht[57]).

---

[56] Igor Golomstock: *Totalitarian Art in the Sovjet-Union, the Third Rich, Fascist Italy and the Peoples Republic of China.* Translated from Russian by Robert Chandler. London 1990.

[57] Helmuth Kiesel: Literaturgeschichtliches Vergleichen: Ernst Jünger und Christa Wolf. In: *Autor, Macht, Staat. Literatur und Politik in Deutschland. Ein notwendiger Dialog.* Hg. von Gerd Langguth. Düsseldorf 1994. S. 131-152; Richard Herzinger: Deutsche Untergänge. Totalitarismuskritik als Zivilisationskritik in Ernst Jüngers *Auf den Marmorklippen* und Christa Wolfs *Kassandra.* In: *1945-1995. Fünfzig Jahre deutschsprachige Literatur in Aspekten.* Hg. von Gerhard P. Knapp u. Gerd Labroisse unter Mitarbeit von Anthonya Visser. Amsterdam u.a. 1995 (Amsterdamer Beiträge zur neueren Germanistik 38/39). S. 523-545. Helmuth Kiesels "Vergleichsversuch, der im Bewußtsein der Nicht-Gleichsetzbarkeit der Dinge unternommen wird" (S. 133), bezieht die Verweigerungsstrategien beider Autoren und einen Werkvergleich von Wolfs *Kassandra* und Jüngers *Auf den Marmorklippen* mit ein. Helmuth Kiesels zieht folgende Parallelen zwischen den beiden Erzählungen (S. 146ff.): 1. Fehlentwicklungen in beiden gesellschaftlichen Systemen und deren katastrophales Ende; 2. ein ambivalentes Verhältnis der Protagonisten zu diesen Gesellschaften; 3. ihre Unfähigkeit, sich von der jeweiligen Gesellschaft zu distanzieren und zum Widerstand überzugehen; 4. die Verweigerung des Exils; 5. zwanghaftes Untergangsdenken und Opferbereitschaft; 6. die Unausweichlichkeit der Vernichtung; 7. der elegische Ton in Klage und Trauer; 8. die prophetische Dimension; 9. aktuelle Bedrohungswahrnehmungen und Vernichtungsängste; 10. massive, aber folgenlose Systemkritik; 11. ein gestörtes Verhältnis zur politischen Wirklichkeit in der Entstehungszeit. Richard Herzinger geht von "zumindestens eine[r] Gemeinsamkeit" der national- und realsozialistischen Regime aus: "Beide legitimierten ihre Gewaltherrschaft durch eine utopische Welterlösungslehre." (S. 523) Der Verlust dieser Utopie bzw. deren Pervertierung würden beide Autoren einem fundamentalen Defekt der Kultur schulden, der (i) die "konkrete Verantwortlichkeit der Subjekte für ihr Handeln" aufhebe (S. 527), d.h. die eigene Passivität entschuldige; (ii) in ein "zwanghaftes Untergangsdenken" münde (S. 525). Alleine durch ein "Elementarereignis" (S. 528) (reinigendes Feuer in *Marmorklippen*, Selbstopfer der *Kassandra*) eröffne sich die Zukunft, welche beide Texte als eine antigesellschaftlich-naturversöhnte Existenz andeuten (Höhlengemeinschaft der Frauen und eben "Auf den Marmorklippen"). Herzingers Resümee: "Rückwendung

Solche mitunter provozierende Lesarten sollten als erneutes Lesen von DDR-Literatur dort ansetzen, wo im Horizont des heutigen Erkenntnisstandes und -interesses radikale Neubewertungen vorgenommen werden müssen. "Lesendes Verstehen", um einmal Hans-Georg Gadamer zu zitieren, "ist nicht ein Wiederholen von etwas Vergangenem, sondern Teilhabe an einem gegenwärtigen Sinn".[58] Für diesen Sinn haben wir einzustehen.

---

zum Elementaren, zum einfachen, vom materiellen Besitz befreiten Leben, Verinnerlichung des Utopierestes, Reinigung des Bewußtseins durch die Einsicht in die Unvermeidbarkeit der Katastrophe und durch die Annahme der moralischen Prüfung, die mit ihr verbunden ist – das sind die zentralen, den Texten Jüngers und Wolfs gemeinsamen Figuren der Verarbeitung von Hoffnungsenttäuschung und Erwartungsangst inmitten einer totalitären politischen Realität." (S. 544)

[58] Hans-Georg Gadamer: *Hermeneutik I. Wahrheit und Methode. Grundzüge einer philosophischen Hermeneutik*. In: Ders.: *Gesammelte Werke*. Bd. 1. Tübingen [6]1990. S. 396.

Thomas Jung

Aus den Schatten der Vergangenheit treten: Das Schreiben jüdischer Autoren aus der DDR vor und nach der Wende

Although this article follows a chronological order, its focus is twofold. It evaluates the changing self-concept of the East-German Jewish intellectual (in particular that of the writer) from 1945 to the present, while at the same time attempting to reconstruct the ideologically influenced portrayal of Jews within the narrow concept of Socialist Realism and an alledegedly atheist society. The article argues that after a long period in which Jewish identity was repressed, both self-concept and social perception of Jews began drastically to change in the late 1980s.

Real- und Literaturgeschichte

"Ich fühle mich nicht als Jude, bin aber in hunderterlei Beziehung einer."[1] So wie der Schriftsteller Jurek Becker 1992 mit diesem knappen Satz die von seinen Lesern und Kritikern oft gestellte Frage nach seinem, von ihm selbst revidierten Selbstverständnis endgültig zu beanworten sucht, so mag dies für eine Vielzahl von Autoren und Autorinnen in Deutschland gelten. Seit dem Jahr der Wende und der darauffolgenden deutsch-deutschen Vereinigung ist auch östlich der Elbe das Wort vom jüdischen Autor wieder in Gebrauch – um nicht zu sagen in aller Munde. Dies mag sicher mit der Welle der Ausländer- und Fremdenfeindlichkeit Anfang der neunziger Jahre zu tun haben, welche sich nicht zuletzt auch gegen jüdische Personen und Einrichtungen wendete. Ich erinnere an Friedhofsschändungen, Morddrohungen gegen Mitglieder der Jüdischen Gemeinden, Synagogenbeschädigungen u.a. Daneben spielt aber ebenso das veränderte öffentliche Bewußtsein einer zunehmend multikulturellen Gesellschaft eine Rolle, welches es ermöglicht, daß jüdische Intellektuelle selbstbewußt in Erscheinung treten und gehört werden. Das Interesse am Gegenstand Judentum hat aber andere, tiefer reichende gesellschaftliche wie individuelle Gründe, zu denen die Biographien einzelner Autoren Auskunft zu geben vermögen. Gründe, die, über eine Reihe von persönlichen Entscheidungen hinaus, auch als Ergebnis einer jahrzehntelangen, politisch-ideologischen Verdrängung bei jedem einzelnen Autor zu verorten und untersuchen sind.

---

[1] Jurek Becker: Mein Judentum. In: *Jurek Becker*. Hg. von Irene Heidelberger-Leonhard. Frankfurt/M. 1992. S. 23.

Wenn heute in der Literaturgeschichtsschreibung und -wissenschaft von einer notwendig wie gleichsam möglich werdenden Horizonterweiterung gesprochen wird, so möchte ich dem im folgenden eine weitere, meines Erachtens nach in diesem Kontext lange vernachlässigte Perspektive auf die Literatur der letzten 50 Jahre hinzufügen: die des Blickwinkels deutsch-jüdischer Autoren. Während man es in Deutschland aus Gründen der Diskretion gegenüber einer vermeintlichen, geschichtlich begründeten Empfindlichkeit auf jüdischer Seite vermieden hat, vom 'jüdischen Autor' oder einer 'jüdischen Tradition' zu sprechen, hat die US-amerikanische Literaturwissenschaft – hier ist in erster Linie der Name Sander L. Gilman zu nennen – bereits vor ca. zehn Jahren begonnen, sich intensiver mit Tendenzen jüdischen Schreibens in Deutschland nach dem Holocaust zu beschäftigen. Dagegen blieb die Mehrzahl der deutschsprachigen literaturwissenschaftlichen Arbeiten zum jüdischen Thema aus oben genanntem Grunde bisher weitgehend der historisch orientierten bzw. historiographischen Forschung zum Zeitraum vor dem Holocaust vorbehalten.

Über eine wiederentdeckte jüdische Identität bei einer Reihe von deutschen, insbesondere ostdeutschen Autoren nachzudenken und sich daraus ableitende mögliche Konsequenzen für die Lebenssituation und Schreibmotivation des einzelnen Autors zu diskutieren, setzt voraus, daß das, was wiederentdeckt wurde, wird oder werden soll, zunächst als etwas in der Vergangenheit Verlorengegangenes bzw. Verdrängtes dargestellt wird. Ich werde im folgenden also einen Blick auf fast fünfzig Jahre Literaturgeschichte werfen, das heißt auf eine Geschichte der deutschen Nachkriegsliteratur in der DDR. Diese ist – wie auch die ihr nahestehende Literaturgeschichtsschreibung – gezeichnet von zweierlei Momenten: Zum einen von der kulturpolitischen Instrumentalisierung des Umgangs mit der nationalsozialistischen Vergangenheit in der auf staatstragenden Ideologemen wie Antifaschismus und Atheismus basierenden DDR. Und zum anderen, das heißt auf Seiten vieler jüdisch-deutscher Autoren, von der Überzeugung, sich selbst in den Dienst einer 'größeren Sache' stellen zu müssen, und einer sich daraus zwangsläufig ergebenden Verdrängung (bis hin zur Verleugnung) jüdischer Traditionen. Bei letzterem Komplex bedürfte es weitergehender individual- wie sozialpsychologischer Deutungsversuche, die ich allerdings zunächst zugunsten einer Neubetrachtung der (kultur-)politischen und ideologischen Realhistorie in den Hintergrund rücken möchte.

Auf Grundlage der im folgenden nachzuzeichnenden politischen Grundkonstellationen am Ende des Zweiten Weltkrieges, der nahezu nahtlos in die Konfrontationen des Kalten Krieges überging, haben eine Reihe von deutschjüdischen Autoren – oft im individuellen Entscheidungszwang sowie in Anbetracht einer historischen Alternativlosigkeit – für sich selbst Prioritäten setzen und Positionen ableiten müssen, die in jener proklamiert antifaschistischen Gesellschaft (schließt dies auch eine notwendig philosemitische Haltung ein?) zur Verdrängung und Verleugnung von jüdischen Identitätskonstituenten geführt haben und erst nach dem Zusammenbruch der historisch-politischen Ausgangskonstellation wieder gesucht und entdeckt werden.

Abriß einer (bisher) nicht existenten Geschichte der deutsch-jüdischen Literatur in der DDR

Die vergangenen mehr als 50 Jahre der deutschen Nachkriegsgeschichte lassen sich auch für die Literatur in einzelne Phasen einteilen, dies beweisen verschiedene, notwendigerweise immer wieder aktualisierte Überblicksdarstellungen, die in jeder literaturhistorischen Bibliothek präsent sind. Mit Blick auf die besondere Lebens- und Schreibsituation der jüdischen Autoren will ich im folgenden eine revidierte, das heißt anders fokussierende Periodisierung vorstellen.[2]

In der ersten Phase, den Jahren 1945 bis ca.1953, stand im Schreiben der aus dem Exil oder den Lagern heimkehrenden jüdischen Antifaschisten und Überlebenden explizit die 'Schuldfrage' im Vordergrund: die deutsche Schuld, kollektiv wie individuell, in der jüngsten, zwölf Jahre währenden Vergangenheit, vor allem an der Judenvernichtung. Daraus ableitend ging es den Heimkehrern um die Verantwortung für die Zukunft, eine Zukunft, die auf antifaschistischer und demokratischer Basis nunmehr eine seit der deutschen Aufklärung in den Idealen des deutschen Humanismus verkündeten und doch nie wirklich eingelösten deutsch-jüdischen Symbiose möglich machen sollte. Die jüdischen Remigranten der späten vierziger Jahre waren ihrerseits bereit zur Integration in die 'neue' deutsche Gesellschaft, kamen sie doch zumeist freiwillig in die Sowjetische Besatzungszone (SBZ), um sich dort gesellschaftlich wie schriftstellerisch zu engagieren. Gefordert wurde gleichsam von der deutschen Seite eine Assimilation und Akkulturation in die sozialistische Alternative zur zeitgleich entstehenden, den – ihrer Überzeugung nach – den Faschismus nicht nur vermittels Personalkontinuitäten tradierenden Bundesrepublik.

Die jüdischen Remigranten, unter ihnen zahlreiche namhafte Autoren, Intellektuelle und Künstler, lebten in der SBZ bzw. späteren DDR in der Hoffnung auf eine durch den staatlich verordneten Antifaschismus gesicherte deutsch-jüdische Symbiose, die zugleich den Prozeß einer gesamtgesellschaftlichen Entnazifizierung und Entfaschisierung in einem Teil Deutschlands einschließen sollte. Gemeinsam mit den politisch motivierten Antifaschisten verschieden-

---

[2] Zwei Darstellungen zu diesem Thema, letztere jüngst erschienen, haben Ähnliches versucht. In beiden jedoch ist der Aspekt der Instrumentalisierung der Literatur durch und für politisch-ideologische Zwecke der Parteiführung nahezu vollständig außer acht gelassen worden. Mit den Periodisierungsvorschlägen stimme ich aber grundsätzlich überein. Vgl. Christel Berger: *Gewissensfrage Antifaschismus: Traditionen der DDR Literatur.* Berlin 1990; sowie, ohne allerdings Christel Bergers Buch zu nennen: Paul D'Oherty: *The Portrayal of Jews in GDR Prose Fiction.* Amsterdam u.a. 1997.

ster Herkunft traten sie für die Realisierung dieser Hoffnung ein, dabei zunächst noch relativ offenkundig und selbstbewußt als Bürger jüdischen Glaubens oder jüdischer Herkunft in der Gesellschaft agierend.

Das damals dennoch angeratene Zurückstellen eines allzu offenen jüdischen Selbstbekenntnisses wurde durch Stephan Hermlin nach 1990 rückblickend folgendermaßen erklärt: "Ich hatte wirklich nur die Wahl zwischen der faschistischen und antifaschistischen Barbarei. Und ich habe mich für die antifaschistische entschieden."[3] Die politische Überzeugung des Kommunisten und Juden Hermlin war in diesem – wie in vielen anderen Fällen – die entscheidende Motivation, sich der doch immerhin formal atheistischen Sache der Kommunisten zu widmen, und das Jüdische, welches immer auch durch eine religiöse Tradition determiniert war, in den Hintergrund zu rücken.

Bereits in den ersten, unmittelbaren Nachkriegsjahren begann in der SBZ eine allmähliche Wiederbelebung jüdischen Lebens, welches sich von den allein an zionistischer Programmatik orientierten, sogenannten Liquidationsgemeinschaften in der Bundesrepublik darin unterschied, daß die sich im Osten Deutschlands ansiedelnden Juden für längere Zeit dableiben und sich am Aufbau der neuen, antifaschistischen Gesellschaft beteiligen wollten. Folgt man einer Aussage Jurek Beckers zu den Beweggründen seines Vaters, sich als ein Jude, der den Terror der deutschen Konzentrationslager überlebte, in der SBZ niederzulassen, so begründete dieser sein Bleiben mit der Überlegung, daß in diesem von den Antifaschisten regierten Teil Deutschland der Antisemitismus nicht noch einmal virulent werden könnte. Überträgt man diese Motivation auf die Mehrzahl der weniger engagierten jüdischen Überlebenden, so läßt sich annehmen, daß ihnen allen die SBZ und spätere DDR ein relativ sicherer Ort zu sein schien. In diesem Kontext eines zu restaurierenden jüdischen Gemeindelebens sowie in der ideologischen Frontstellung gegen die als postfaschistisch deklarierte Bundesrepublik konnten sowohl die Vernichtung und Verfolgung der Juden als historisches Faktum als auch individuelles jüdisches Leid in der Literatur, im Film sowie in der Publizistik thematisiert werden.

Allerdings bestand sowohl auf Seiten von Machtträgern auf höchster Ebene, die sich zumeist aus ehemaligen Moskau-Emigranten (wie Walter Ulbricht, Hermann Matern u.a.) rekrutierten, als auch auf der Ebene der Entscheidungsträger im Mittelbau, besetzt von meist ehemaligen Inhaftierten aus der NS-Zeit (wie Klaus Schirdewan, Walter Bartel, Franz Dahlem u.a.), ein lebhafter Widerwille, der Leidensgeschichte der vom NS-Regime Verfolgten in Literatur, Film und Kunst einen zu großen Platz einzuräumen. Dies wäre ihren Intentionen zuwider gelaufen, der geschändeten, gequälten, wehrlosen Kreatur, namentlich den 'rassisch Verfolgten' – so der damalige Sprachduktus – einen zu

---

[3] Stephan Hermlin: *In den Kämpfen der Zeit*. Berlin 1996. S. 95.

großen Stellenwert in der eindeutig hierarchisierten Widerstands- und Opfergeschichte zukommen zu lassen. Das Bild, das die machtbesessenen und um Selbstlegitimation ringenden Kommunisten von den Verfolgten des NS-Regimes vermitteln wollten, sollte das des ungebrochen politischen Helden mit sozialistischer Perspektive sein. Der Völkermord an den Juden – ganz abgesehen von sonstigen Opfergruppen wie Homosexuelle, Behinderte und Sinti und Roma – konnte aus diesem Blickwinkel auf Geschichte nur Rand-, aber nicht Haupterscheinung sein.

In diesem Spannungsfeld von unerwünschter Thematik und dennoch notwendiger Anerkennung des besonderen jüdischen Leids unter der NS-Diktatur konnten sich für einige Jahre jüdische Autoren durchsetzen und mit ihren Texten das jüdische Leid literarisch unvergessen machen. Dieser relativ undogmatische Umgang mit der jüdischen Verfolgungs- und Leidensgeschichte wurde in erster Linie durch die gemeinsamen Anstrengungen und Aktivitäten der *Vereinigung der Verfolgten des Naziregimes* (VVN) und des *Verbandes der Jüdischen Gemeinden* möglich, sowie auf Drängen namhafter jüdisch-kommunistischer Remigranten, wie Alexander Abusch, Leo Bauer, Albert Norden u.a., sowie durch Künstler von Weltruf wie Hanns Eisler, Walter Felsenstein, Helene Weigel, Friedrich Wolf und Arnold Zweig u.a. Neben den beiden im Exil entstandenen, repräsentativen antifaschistischen Romanen von Anna Seghers – *Das siebte Kreuz* – und Arnold Zweig – *Das Beil von Wandsbeck* – die unmittelbar nach Kriegsende beim neugegründeten Aufbau-Verlag Berlin und Weimar publiziert wurden, erschienen in den ersten Jahren vor allem zahlreiche dokumentarisch-aufklärende Schriften von Autoren wie Bruno Apitz, Stefan Heymann, Siegbert Kahn, Victor Klemperer, Paul Merker und Leo Zuckermann sowie eine Vielzahl essayistisch-reflektierender Texte in Tages- und Wochenzeitungen von Stephan Hermlin und Stefan Heym. Eine wichtige Rolle in der frühen Publikationsgeschichte spielte der VVN-Verlag und dessen Zeitschrift *Die Tat*. Dieser Verlag veröffentlichte bis zu seiner Schließung im Jahre 1953 ausschließlich authentische Tagebuchaufzeichnungen, Berichte und Memoiren von Antifaschisten, aber auch von 'rassisch' wie 'religiös Verfolgten' aus den faschistischen Gefängnissen und Lagern.[4] In anderen Verlagen erschienen in den ersten zwei Nachkriegsjahren folgende in die offizielle DDR-Literaturgeschichtsschreibung eingegangenen Texte: Bruno Apitz' erste Erzählung *Esther*, Hans Beimlers *Mörderlager Dachau*, Fritz Les-

---

[4] Beispielsweise standen auf der Publikationsliste des Jahres 1947 folgende Titel (mit einer Erst-Auflagenhöhe von je 10.000 Exemplaren): Bruno Baum: *Widerstand in Auschwitz*; Ziviah Lubetkin: *Die letzten Tage des Warschauer Ghettos*; Karl Raddatz: *Totengräber Deutschland*; Nina Rydzewska: *Die Stunde W – Erster Warschauer Aufstand*; Arnold Weiß-Rüthels: *Nacht und Nebel*; Maria Zarebinska-Broniewska: *Auschwitzer Erzählungen* und Arnold Zweig: *Engpaß der Freiheit*.

sigs *Hölle Buchenwald*, Werner Krauss' *PNL* sowie Karl Schnogs *Satirische Gedichte aus Buchenwald*. Nicht zu vergessen sei in diesem Zusammenhang, daß 1946 auch ein erster Gedichtband von Nelly Sachs in Ost-Berlin veröffentlicht wurde.[5] Nicht nur in der literarischen Erinnerungsarbeit finden sich Spuren jüdischen Bewußtseins und jüdischer Selbstbehauptung, auch in der Öffentlichkeit gab es in den ersten Nachkriegsjahren ein gesellschaftlich vermitteltes Bewußtsein für jüdische Vergangenheit, jedoch auch hier wiederum ausschließlich auf die Opferrolle unter der NS-Diktatur reduziert. Im Rahmen der Erinnerungsfeierlichkeiten zum 9. bzw. 10. Jahrestag der sogenannten 'Reichspogromnacht' von 1938 wurden durch die VVN allerorts Aufklärungsveranstaltungen in Schulen und anderen öffentlichen Einrichtungen organisiert, bei denen ausführlich auf Darstellungen der Judenvernichtung in Auschwitz, Treblinka und Maidanek eingegangen wurde.[6] Doch auch dies wurde schließlich bereits von Anfang an gleichzeitig für die ideologisch aufgeladene Anprangerung einer in den westlichen Besatzungszonen nicht konsequent vollzogenen Entnazifizierung und einer sich daraus ableitenden postfaschistischen Gefahr in den Westzonen bzw. der Bundesrepublik verwendet.

In der zweiten Phase, 1953 bis 1968, die durch eine von Stalin initiierte Welle von antisemitisch interpretierbaren Schauprozessen sowohl in Moskaus Satellitenstaaten des Ostblocks als auch im eigenen Lande eingeleitet wurde, verließ die Mehrzahl der ostdeutschen Juden aus Angst vor politischer Verfolgung die DDR in Richtung Bundesrepublik oder Israel.[7] Mit einer zunächst in den Medien lancierten Kampagne, die, beginnend 1951, von Verbalattacken wie 'Kosmopolitismus', 'zionistischer Agententätigkeit' und Ähnlichem geprägt war, und darauf folgenden Parteiausschlüssen, Amtsentlassungen und Verhaftungen wurde eine Stimmung geschaffen, die deutlich antijüdische

---

[5] Der spätere literaturpolitische Umgang mit Autoren wie Paul Celan und Nelly Sachs ist bezeichnend für die ambivalente Haltung der DDR-Kulturpolitik gegenüber jüdischen Autoren, die den Holocaust überlebt hatten. Zwar war man sich der literarischen Bedeutung der Autoren bewußt, dennoch warf man ihnen vor, in ihren Texten 'unsozialistische' Stilmittel und Traditionen aufzunehmen. In Nelly Sachs' Gedichtband *In den Wohnungen des Todes* (1946) finde sich, so der Duktus der damaligen Literaturwissenschaft, die 'altjüdische Tradition' wieder. Die 'Mahnung im religiös-humanistischen Gedicht' jedoch ließe sich 'mit der sozialistischen Dichtung des Antifaschismus' u.a. Berlin 1985 (elfter Band. Literatur der Deutschen Demokratischen Republik). S. 78 u. 81.
[6] Vgl. Olaf Groehler u. Heinz Keßler: *Die SED-Politik, der Antifaschismus und die Juden in der SBZ und der frühen DDR*. Berlin 1995 (hefte zur ddr-geschichte 25). S. 25.
[7] Genauere Angaben zu den Zahlen der jüdischen Flüchtlinge sind zu finden in Erica Burgauer: *Zwischen Erinnerung und Verdrängung: Juden in Deutschland nach 1945*. Reinbek 1993. S. 376.

Züge trug.⁸ Diejenigen jüdischen Bürger, die nicht die DDR verließen, zogen sich aus dem öffentlichen politischen Leben zurück oder verleugneten ihre jüdische Herkunft weitgehend, das heißt sie unterdrückten nahezu alle identitätsstiftenden religiösen, kulturellen und familiären Traditionen. Letzteres geschah vielfach unter Vorschiebung politischer Motivation, oft aber auch aus schlichten Sachzwängen heraus.⁹ Von 1951 bis in die sechziger Jahre verlor die DDR dadurch eine Vielzahl von angesehenen und wichtigen Wissenschaftlern, Schriftstellern, Künstlern und nicht zuletzt die Mehrzahl der aktiven Gemeindemitglieder. Unter den in der DDR bleibenden jüdischen Bürgern führte diese Entwicklung zur Zerstörung oder zumindest zur Brachlegung jüdischer Kulturtraditionen.

In der offiziellen politischen Selbstdarstellung der DDR galt die 'Judenfrage' entweder aufgrund der Staatsdoktrin Antifaschismus als prinzipiell gelöst oder allenfalls als 'religiöser Nebenwiderspruch' der Gesellschaft, der in Zeiten des Kalten Krieges und des fortdauernd sich verschärfenden 'Klassen-' bzw. 'Systemwiderspruches' marginal sei. Arnold Zweig, selber jüdischer Schriftsteller, der aus dem palästinensischen Exil in die DDR zurückkehrte, sei hierzu zitiert:

> Durch den Kampf gegen die allgemeine Ungerechtigkeit von Klasse zu Klasse wird auch den Juden Gerechtigkeit gesichert. [...] durch die Anwendung allgemeiner Prinzipien gesellschaftlichen Umbaus und allgemeiner Gerechtigkeit finden sie ihre Sicherung.¹⁰

Diese Vorstellung schlug sich entsprechend in den Künsten und in der Literatur nieder. Nach der Veröffentlichung der operativ-aufklärenden Literatur und jenen Essays von Hermlin und Heym in den vierziger und frühen fünfziger Jahren trat nun eine weitgehende Tabuisierung jüdischer Leidens- oder Widerstandsgeschichte ein.

Dies mag zum einen einer freiwilligen Selbstzensur geschuldet sein, die aus der politischen Verunsicherung der jüdischen Autoren durch die im Jahr 1953 kulminierenden Ereignisse erwachsen war. Jedes Beharren auf einer besonderen jüdischen Leidensgeschichte oder gar auf daraus abgeleiteten materiel-

---

⁸ Über die Rolle der Parteikontrollkommissionen sowie über die Konsequenzen für eine Reihe von angesehenen jüdischen Funktionären in Partei- und anderen führenden Gremien ist mittlerweile ausführlich geschrieben worden. Vgl. Olaf Groehler u. Heinz Keßler: *Die SED-Politik...* A.a.O. S. 25-29.
⁹ Seit 1951 mußten die DDR-Bürger ihre Personaldokumente austauschen. Unter der Rubrik 'Nationalität' war eine 'jüdische Nationalität' nicht mehr akzeptabel – es bestand folglich ein Entscheidungszwang.
¹⁰ Vgl. Heinz Seydel: *Welch Wort in die Kälte gerufen. Die Judenverfolgung des Dritten Reiches im Gedicht.* Berlin 1968. S. 9.

len oder moralischen Wiedergutmachungsansprüchen[11] des jüdischen Volkes – und damit (auch) der jüdischen Minderheit in der DDR – hätte sie in den Verdacht zionistischer oder trotzkistischer Einstellungen gebracht. Zum anderen ist die Tabuisierung des jüdischen Themas in den fünfziger und sechziger Jahren maßgeblich auf die offizielle Kultur- und Verlagspolitik zurückzuführen.[12] Hier muß an die von oben verordnete Selbstauflösung der VVN und des angeschlossenen Verlages sowie an Fälle der Aussonderung von unerwünschten Büchern zum jüdischen Widerstand aus öffentlichen Bibliotheken erinnert werden. Zu den betroffenen Büchern gehörte beispielsweise Bruno Baums Darstellung zum *Widerstand in Auschwitz* aus dem Jahr 1950, welche auf Anweisung des Amts für Literatur und Verlagswesen ausgelagert wurde, weil sie als nicht mehr zeitgemäß galt.[13] In diesen kulturpolitischen Maßnahmen spiegelt sich die in dieser Zeit grundsätzlich antizionistische und antiisraelische Außenpolitik der DDR der fünfziger Jahre wieder, welche in ihrer politischen Praxis den außenpolitischen Wenden der Moskauer Regierung folgte.

Innerhalb der Künste wurden jüdisches Leid und jüdische Opfer nun ganz offenkundig durch die nahezu alle Gesellschaftsbereiche beherrschende Hierarchisierung des Widerstandes entweder dem politisch-motivierten antifaschistischen Widerstand zugeschlagen – man denke nur an die Denkmalkonzeption der Zentralen Mahn- und Gedenkstätte Buchenwald oder an die Winkelsymbolik der Antifa-Gedenkstätten – oder aber zu drittklassigen Opfern degradiert. Letzteres steht analog zur Anerkennungspolitik der *VVN* bzw. deren Ablöseorganisation, dem *Komitee der Antifaschistischen Widerstandskämpfer*, derzufolge die aktiven, kommunistischen Widerstandskämpfer an erster Stelle rangierten, während die passiven 'religiös' und 'rassisch Verfolgten' des NS-Regimes am untersten Ende eingestuft wurden.[14] Jüdische Figuren wurden vor

---

[11] Ein Wiedergutmachungsgesetz, ähnlich dem der BRD mit Israel, wurde zwar Anfang der fünziger Jahre auch in der DDR diskutiert, ist aber im Kontext der 'Schauprozesse' durch Walter Ulbricht tabuisiert und nie realisiert worden.

[12] Als Ausnahme dieser restriktiven Publikationspolitik kann zumindest Arnold Zweigs Herausgabe von Ghetto-Tagebüchern im Jahr 1958 gelten. Man kann allerdings davon ausgehen, daß dies, wie auch das erste Erscheinen des *Tagebuchs der Anne Frank* im selben Jahr, mit dem 20. Jahrestag der 'Reichspogromnacht' in Verbindung gesehen werden muß. Solche offiziellen Anlässe wurden von der Parteiführung immer wieder genutzt, um – aus außenpolitischem Kalkül – die eigene Toleranz gegenüber der Jüdischen Gemeinde hervorzuheben.

[13] Ausführlich zur Verlagspolitik der frühen Jahre in Siegfried Lokatis: Antifaschistische Kulturpolitik und Zensur in der frühen DDR. In: *Die Nacht hat zwölf Stunden, dann kommt der Tag. Antifaschismus – Geschichte und Neubewertung*. Hg. von Claudia Keller. Berlin 1996. S. 185-202.

[14] Vgl. dazu die Anerkennungspolitik des *VVN* bzw. des *Komitees der Antifaschistischen Widerstandskämpfer* in bezug auf Opferstatus und Rentenzuerkennung. Vgl.

allem in Film und Literatur entweder gänzlich unsichtbar oder zur Ikone ausschließlich passiven Opfertums. Als Beispiel für letztgenannte Ikonographie passiven Opfertums kann der Roman *Nackt unter Wölfen* von Bruno Apitz (1959) und dessen Verfilmung aus dem Jahr 1963 gelten. Von seltenen Ausnahmen abgesehen, so zum Beispiel vereinzelten Gedichten in der Zeitschrift *Sinn und Form* in den frühen fünfziger Jahren,[15] war sowohl jüdisches Leid als auch Judentum überhaupt aus dem gesellschaftlichen Bewußtsein verbannt.

Erst Ende der sechziger Jahre bis zum Jahr 1978 kommt es in der somit dritten Phase deutsch-jüdischer Beziehungen zu einer relativen Liberalisierung des innen- und kulturpolitischen Verhältnisses gegenüber jüdischen Themen, so daß man von diesem Zeitpunkt an von einer Tendenzwende sprechen kann. Ursprünglich ausgelöst wurde diese durch zwei Ereignisse, die zwar außerhalb der DDR stattfanden, aber durch ihre weltweite Wirkung ebenfalls einen gewissen Einfluß auf die innen- bzw. kulturpolitischen Verhältnisse hatten. Diese beiden Ereignisse, zum einen der 1960 in Jerusalem eröffnete Eichman-Prozeß und zum anderen der 1965 in der Bundesrepublik aufgenommene Auschwitz-Prozeß, bewirkten – wenn auch mit einiger Zeitverzögerung – in der DDR einen grundsätzlichen Wandel im Umgang mit der nationalsozialistischen Vergangenheit – und mit dem Holocaust. Von der Parteiführung und den offiziellen Medien wurden beide Prozesse wie gehabt zum einen propagandistisch für die Selbstdarstellung im Umgang mit der faschistischen Vergangenheit – namentlich bei der Entnazifizierung – und zur Anprangerung eines in der Bundesrepublik ausgemachten neuen Antisemitismus umgedeutet. Zum anderen lockerten sich aber die parteipolitischen Vorgaben in Hinsicht auf den Umgang mit der jüdischen Geschichte. So schien zunächst in der, freilich auch parteiabhängigen, Geschichtswissenschaft ein Tabu gebrochen. "Unter der Glocke der Politkampagne" gegen Westdeutschland konnten nun Arbeiten einer umfassenderen Faschismus-Forschung sowie zum Holocaust erscheinen.[16]

Auch in der Verlagsbranche wurde es nunmehr möglich, Texte jüdischer Autoren aus dem In- und viel mehr aus dem Ausland in den Verlagen der DDR zu publizieren. Vorreiter war hier einmal mehr die Zeitschrift *Sinn und Form*, die bereits 1962 (Heft 5/6) wieder Gedichte von Paul Celan abgedruckt hatte, bevor im Jahr 1965 unter anderem mehrere Bücher von Sholem

---

Dokumente Stiftung Archiv der Parteien und Massenorganisation – Bundesarchiv. (SAPMO-BA) DY 55/V. 278. 1/2. Zur Funktion und Struktur des *Komitees der Antifaschistischen Widerstandskämpfer* siehe Andreas Herbst: *So funktionierte die DDR. Lexikon der Organisationen und Institutionen*. Reinbek 1994 (Bd. 1). S. 513-520.

[15] Vgl. *Sinn und Form* 3 (1950) H. 1/3; *Sinn und Form* 4 (1951) H. 3; *Sinn und Form* 8 (1955) H. 2.

[16] Groehler/Keßler nennen die Arbeiten von Kurt Pätzold, Jürgen Kuczynski, Rudi Goguel, Klaus Drobisch, Werner Müller und Helmut Eschwege. Vgl. Anm. 8. Siehe auch Jürgen Danyel: Antifaschismus als Geschichtswissenschaft. In: *Die Nacht hat zwölf Stunden...* A.a.O. S. 203-217.

Alejchem beim Ostberliner Verlag Volk und Welt publiziert wurden. In der Folgezeit kamen weitere ausländische jüdische Autoren hinzu. Auch die von Rudolf Hirsch herausgegebene Publikation *Ghetto. Berichte aus dem Warschauer Ghetto 1939-1945* (Berlin 1965) muß zu dieser Tendenzwende gerechnet werden. Als gesellschaftspolitischer Kontext muß ebenfalls an den 30. Jahrestag der 'Reichspogromnacht' im November 1968 erinnert werden. Dieses Jubiläum bot, wie frühere und spätere Jubiläen in diesem thematischen Umfeld, einen ideologisch brauchbaren Anlaß, zu dem nicht nur die Staatsführung gegenüber den Jüdischen Gemeinden im In- und Ausland die vorgeblich guten Beziehungen pflegen konnte, sondern zu dem es in Verlagen der DDR, vor allem bei Volk und Welt Berlin sowie bei Aufbau Berlin und Weimar, möglich wurde, eine Vielzahl von jüdischen, teilweise aus dem Hebräischen übersetzte Büchern zu veröffentlichen.

Neben der Veröffentlichung von Sholem Alejchems Roman *Der behexte Schneider* und Izchok Leib Perez' *Baal Schem als Ehestifter und andere Erzählungen*, beide im Jahr 1969 bei Volk und Welt erschienen, sind zwei andere, DDR-eigene Publikationen als literarische Höhepunkte dieser Jahre anzusehen: die Vorveröffentlichung aus Jurek Beckers Roman *Jakob der Lügner*, welcher 1969 zu einem der Romanerfolge der DDR schlechthin wird,[17] sowie eine scheinbar unauffällige Lyrikanthologie unter dem Titel *Welch Wort in die Kälte gerufen. Die Judenverfolgung des Dritten Reiches im deutschen Gedicht*.[18] Letztere machte zum ersten Mal seit anderthalb Jahrzehnten wieder jüdische Autoren – einschließlich Paul Celan, Nelly Sachs, Rose Ausländer und andere – für ostdeutsche Leser zugänglich und konfrontierte diese in Form literarischer Erinnerungsarbeit mit der jüdischen Leidensgeschichte. Etwa zur selben Zeit folgten Erzählungen, wie Wolfgang Kohlhaases *Das Mädchen von P.* (1968), später Fred Wanders Roman *Der siebte Brunnen* (1971) sowie dann die Verfilmung von Beckers Roman *Jakob der Lügner* (1974). Nach dem Romanerfolg wurde die Filmadaption allerdings, ähnlich wie Jahre zuvor bei *Nackt unter Wölfen*, von der Kulturpolitik vereinnahmt und im Rahmen einer Woche des antiimperialistischen Filmes zunächst im Dezember 1974 im Fernsehen und fünf Monate später anläßlich des 30. Jahrestages der Befreiung vom Hitlerfaschismus im Kino gezeigt. Auch wenn weder Roman noch Film vordergründig jüdisches Leid im Ghetto thematisierten,[19] so wurde doch damit auf

---

[17] Jurek Beckers Roman wurde seinerzeit in 12 Sprachen übersetzt und in Millionenauflage international verkauft, rezensiert und gewürdigt.
[18] Darin veröffentlichten alle namhaften deutsch-jüdischen und nicht-jüdischen Autoren der DDR bislang unbekannte Texte zum Holocaust. Dieses Anthologie sollte auch in den nächsten Jahrzehnten die einzige derartige Publikation bleiben.
[19] So die Aussagen des Regisseurs dieses Films, Frank Beyer. Vgl. Ralf Schenk: *Regie: Frank Beyer*. Berlin 1996. S. 72-75.

eindrucksvolle Weise erstmals wieder eine jüdische Stimme in den öffentlichen Diskurs eingeführt. Diese jüdische Stimme stand ganz bewußt im Kontrast zur tradierten Vorstellung vom bemitleidenswerten passiven Opfer oder gar der verzerrenden Vorstellung vom lügenden, 'mauschelnden' Juden. Mit *Jakob der Lügner* war erstmals ein lebendiges, hoffnungstiftendes Judentum artikuliert worden.

In den Jahren von 1978 bis etwa 1990 – der vierten Phase – veränderte sich die literarische Öffentlichkeit in immer rascherem Tempo. Zum einen muß an den Machtwechsel von Ulbricht zu Honecker und das damit aufkommende kurzzeitige 'Tauwetter' erinnert werden, zum anderen spielten innerliterarische und generationsbedingte Veränderungen eine nicht unwesentliche Rolle in diesem Prozeß. Auch ein gesamtdeutscher literarhistorischer Begriff wie 'Neue Subjektivität' kann hier zum Verständnis beitragen. Im Kontext einer allgemeinen Suche nach dem Subjektiven, das heißt Persönlichen und Authentischen, die auch im Blick auf die faschistische Vergangenheit wieder Individualität zuläßt, geriet das Jüdische sowie jüdische Autorschaft zunehmend in den Vordergrund. Nicht zuletzt hatte auch die Ausstrahlung der US-Fernsehserie *Holocaust* im Jahr 1979 im Fernsehen der Bundesrepublik eine entscheidende Rolle bei der (Wieder-)Belebung des öffentlichen Diskurses zur 'jüdischen Frage' in der DDR gespielt. In Wirklichkeit, so Stephan Hermlin später, sei es so gewesen, daß es bis zur Ausstrahlung von *Holocaust* peinlich gewesen sei, das Wort Jude in der DDR überhaupt nur auszusprechen.[20] Und an anderer Stelle erinnert sich – noch einmal – Stephan Hermlin als Zeitzeuge:

> Nach *Holocaust* wurden bei uns im Fernsehen alle alten antifaschistischen Filme wieder gezeigt. Eine Folge davon ist, daß ein Schriftsteller jüdischer Herkunft wie Peter Edel [...] die höchste Auszeichnung des Staates [...] erhalten hat für seine Autobiographie eines jungen Juden im Dritten Reich, der in ein Vernichtungslager deportiert wird.[21]

Eine andere Folge davon war das verstärkte Bemühen ostdeutscher Film- und Fernsehproduzenten um neue eigene Filme zum Thema, genauso wie das Bemühen der Autoren und Verlage um mehr Literatur. Kurz zuvor, das heißt anläßlich des 40. Jahrestages der 'Reichspogromnacht', war durch die DDR-Regierung einmal mehr ein angestrengt offiziöser Annäherungsversuch zur *Jüdischen Gemeinde* in der DDR initiiert worden: Man tauschte Grußbotschaften aus und empfing einander medienwirksam. Die zunehmende Enttabuisierung bzw. häufigere Verwendung jüdischer Themen durch jüdische und nicht-jü-

---

[20] So Stephan Hermlin auf einer Plenartagung der *Akademie der Künste der DDR* unter dem Plenumtitel "Die Kunst im Kampf gegen den Faschismus" (1977). Zitiert nach SAPMO-BA. IV B 2/9.06. Blatt 18.
[21] Stephan Hermlin: *In den Kämpfen...* A.a.O. S. 26.

dische Schriftsteller, die in den achtziger Jahren kulminierte, mag dann einerseits mit der (wieder)gewonnenen Selbstbewußtheit der Autoren gegenüber ihrer lange verdrängten Herkunft zu tun haben, andererseits mit der weiter veränderten Kultur- und Verlagspolitik von seiten der DDR-Führung. Als eine der Ursachen kann die jetzt außenpolitisch angestrebte bessere diplomatische Beziehung der DDR zum Staate Israel zu sehen sein.

Der auffällig veränderte Umgang mit dem Holocaust in der Spätzeit der DDR erklärt sich ferner daraus, daß diese Problematik von der

> jüdischen Minderheit von Künstlern, Schriftstellern und Oppositionellen [...] unter der Lupe systemkritischer Auseinandersetzung aufgegriffen und dem Staat DDR als Spiegelbild des undemokratischen Umgangs mit Randgruppen entgegengehalten wurde.[22]

Jüdischer Widerstand wurde, da er als ein in der Vergangenheit vernachlässigtes Phänomen wieder thematisiert wurde, zu einem kritischen Potential für den Umgang mit Konfliktsituationen in der Gegenwart.[23] In der Zwischenzeit – dies darf nicht vergessen werden – waren zahlreiche Autoren jüdischer Herkunft, die der DDR oftmals – anders als die ehemaligen Exilautoren – in radikaler Opposition gegenüberstanden, in die Bundesrepublik übergesiedelt: Jurek Becker, Günter Kunert, Wolf Biermann, Thomas Brasch, Hans Chaim Noll.[24] Werke von diesen Autoren in der DDR zu veröffentlichen, blieb dann auch, wohl mit der Ausnahme derer von Jurek Becker und ausgewählter Texte von Günter Kunert, bis in die späten achtziger Jahre ein mühevolles Unterfangen für die Verlage. Auch für die Rezipienten dieser Literatur wurde erst allmählich Ende der achtziger Jahre deutlich, daß unter der Oberfläche der deutschen Autoren mit (zumindest solange dieser in der DDR lebte) sozialistischer Grundhaltung eine weitere, lange verdrängte Seite seiner Persönlichkeit verborgen gelegen hatte, die nach Ausdruck und Beachtung drängte.

In diese insgesamt vorsichtige, um nicht zu sagen verkürzende Darstellung jüdischer Probleme, spielt auch die Unfähigkeit bzw. das mangelnde Bedürfnis

---

[22] Darauf wird ausführlich verwiesen in Olaf Groehler u. Heinz Keßler: *Die SED-Politik...* A.a.O. S. 27.

[23] So konnte unter anderem durch öffentliche Proteste 1986 der geplante Bau einer Schnellverkehrsstraße quer über den Jüdischen Friedhof in Weißensee verhindert werden.

[24] Letzterer, Sohn des jüdisch-kommunistischen Autors des Erfolgsromans *Die Abenteuer des Werner Holt*, kam erst in der BRD zu literarischen Ehren. Der Weggang aller Autoren, um dies nochmals zu betonen, geschah nie aus religiösen Gründen, sondern immer wegen der Unzufriedenheit mit der Kulturpolitik sowie wegen der erfolglos bleibenden und sich zunehmend verhärtenden Diskussionen um die nicht-existente freie Meinungsäußerung.

der Literaturwissenschaft hinein, nach 1945 überhaupt noch vom 'jüdischen Autor' zu sprechen. Dies hätte, aus dem Mund eines Deutschen kommend, als potentiell rassistische Entgleisung verstanden werden können. Paradoxerweise führte diese Sprachregelung dazu, daß jüdische literarische und ästhetische Traditionen nicht mehr genannt, geschweige denn untersucht wurden.[25] So wurden zum Beispiel die Werke von Anna Seghers oder Bruno Apitz, zwei der damaligen Bestseller und renommiertesten Autoren der vierziger und fünfziger Jahre, nie als Werke spezifisch jüdischer Autoren analysiert. In Monographien zu Anna Seghers wird sogar ihre jüdische Herkunft verschwiegen. Erst in der jüngsten Neuauflage von Anna Seghers Werken spricht Sonja Hilzinger von der "Jüdin, Kommunistin und Schriftstellerin Anna Seghers".[26] Gerade Autoren wie Nelly Sachs oder Paul Celan wurden über lange Zeit wegen ihrer mystischen, jüdisch-religiösen Metaphorik als unverständlich und befremdlich abgetan und weitgehend aus dem literarischen Diskurs ausgeschlossen.[27] Auch machte man es sich im Rahmen der Formalismus-Debatte der fünfziger Jahre leicht, jede Art von angeblich thematisch rückwärtsgewandter und formal avantgardistischer Literatur als 'unsozialistisch' und 'dekadent' abzuurteilen.

Selbst später noch, eigentlich bis Mitte bzw. Ende der achtziger Jahre wurde die jüdische Herkunft bei in Ostdeutschland lebenden Schriftstellern und Künstlern, auch wenn sie diese Tradition im Werk ästhetisch präsentierten, nie oder selten thematisiert: Stefan Heym, Stephan Hermlin, Jurek Becker, Günter Kunert, um nur die prominentesten Namen zu nennen, waren schlechthin deutsche Autoren. Darüber hinaus wurden westdeutsche Autoren wie Edgar

---

[25] Hinzu kommt der Fakt, daß auch in der germanistischen Literaturwissenschaft in der DDR die Verengung und Verschiebung des antifaschistischen Grundkonsens zu schwerwiegenden personellen Folgen geführt hatte. Die neuen normativen Rahmenbedingungen für Bildungs- und Kulturpolitik der frühen fünfziger Jahre äußerten sich vor allem im Kontext der Formalismus-Debatten. Da die Partei die historische Rolle der Arbeiterklasse in den Traditionen der bürgerlich-humanistischen Literaturwissenschaft nicht angemessen als progressiver Träger und Gegenstand des sozialistischen Realismus widergespiegelt fand, führte die interne Kritik an der literaturwissenschaftlichen Forschung und Lehre schließlich zur Abwanderung einer Vielzahl von Germanistikprofessoren in die BRD. Unter den 17 Wissenschaftlern, die die DDR verließen, waren die 1945 berufenen deutsch-jüdischen Germanisten Hans Mayer und Alfred Kantorowicz sowie der Philosoph Ernst Bloch. Damit mangelte es an Stimmen jüdischer Literaturwissenschaftler, die die Erinnerung an eine jüdische Tradition durch ihre persönliche Autorität hätten bewahren können. Vgl. Petra Boden: Antifaschismus als Ordnungsgröße in der germanistischen Literaturwissenschaft. In: *Zwölf Stunden hat die Nacht...* A.a.O. S. 219-233.
[26] Anna Seghers: *Erzählungen in 6 Bänden*. Neu hg. von Sonja Hilzinger. Berlin 1994.
[27] Vgl. auch die ästhetischen Werturteile in den einschlägigen Darstellungen der Literaturgeschichtsschreibung, wie *Geschichte der deutschen Literatur...* A.a.O. S. 78.

Hilsenrath, der 1984 ausgewanderte Hans Chaim Noll sowie andere ex-DDR Autoren, die sich erst in der Bundesrepublik zu ihrer jüdischen Herkunft bekannten,[28] oder ein George Tabori in der DDR bis 1988 weder in der Literaturkritik noch in der Literaturgeschichtsschreibung wahrgenommen oder kritisch rezipiert. Dieses Versäumnis aufzuarbeiten, zudem auch dieser Beitrag einen ersten Schritt leisten soll, ist gewissermaßen eine der jüngsten Herausforderungen an die deutsche Literaturwissenschaft.

Die Wende und die gewendeten Biographien: Implikationen bei der Wiederentdeckung einer jüdischen Identität

In der DDR-Gesellschaft waren zumindest Rudimente einer jüdischen, wenn auch nicht orthodox-religiösen Kultur auffindbar. In den Jahren zuvor, und umso stärker im Jahr als sich die 'Reichspogromnacht' zum fünfzigsten Mal jährte, hatten die Literatur, Spiel- und Dokumentarfilme, Ausstellungen und populäre geschichtswissenschaftliche Publikationen[29] zu einem neuen öffentlichen Interesse geführt. Hinzu kam die Grundsteinlegung für den Wiederaufbau der Jüdischen Synagoge in der Ost-Berliner Oranienburger Straße durch den Staats- und Parteichef Erich Honecker 1988, die Rückgabe von Grundstücksrechten für drei Jüdische Friedhöfe an die *Jüdische Gemeinde*, die offiziellen Empfänge von jüdischen Vertretern aus dem In- und Ausland in Ost-Berlin,[30] und nicht zuletzt der im Wendejahr 1989 gegründete *Jüdische Kulturverein*, der von – wie sie sich selber nannten – 'Kulturjuden' in Ostberlin ins Leben gerufen wurde, um im Dialog auch mit christlichen und nichtgläubigen Menschen vergessene jüdische Kulturtraditionen zu revitalisieren. Jüdisches und jüdische Traditionen wurden zunehmend sichtbar in der DDR, paradoxerweise erst, als dieser Staat kurz vor seiner Auflösung stand. Aber selbst noch in dieser Situation wurden die jüdischen Traditionen instrumentalisiert: diesmal für die Selbstdarstellung der um ihre Fortexistenz wie um internationale Anerkennung als philosemitischer Staat ringenden DDR.

---

[28] Beispielsweise Mathias Herrmann, Barbara Honigmann, Hans Chaim Noll u.a.
[29] Hier erinnere ich nur an Filme, wie *Die Schauspielerin* (1986) und die Dokumentarfilme *Erinnern heißt leben* und *Als die Synagogen brannten* (1988), die kompendienhafte Darstellung von Rosemarie Schuder und Rudolf Hirsch: *Der gelbe Fleck. Wurzeln und Wirkungen des Judenhasses in der deutschen Geschichte* (Berlin 1987) sowie an die Ausstellung in Ost-Berlin zur Geschichte der jüdischen Kultur in Deutschland im gleichen Jahr.
[30] Heinz Galinsky, der Vorsitzende des *Zentralrates der Juden in Deutschland*, und Edgar Miles Bronfman, der Präsident des *World Jewish Council*, wurden 1988 von Erich Honecker in die DDR eingeladen, und letzterer mit dem *Großen Stern der Völkerfreundschaft* geehrt.

Der Zusammenbruch der DDR und deren Gründungsmythos Antifaschismus, die Auflösung des sozialistischen Staatenverbundes in Osteuropa sowie die Infragestellung der all dem zugrundeliegenden ideologischen Paradigmen zu Beginn der neunziger Jahre, welche für viele der genannten Autoren als soziale Utopie zumindest eine Projektionsfläche für ihre Hoffnungen und Sehnsüchte boten, brachten neben den bekannten ökonomischen und sozialen auch eine Vielzahl persönlicher Konsequenzen mit sich. Letzteres schließt, nach dem Abhandenkommen der alten Koordinaten für eine geschlossene Identität, neue, also andere Identitätsangebote ein.

Das notwendig gewordene Zerbrechen bisheriger Denkschemata war Voraussetzung und Zwang zugleich, sich neu zu verorten, neue Gruppenzugehörigkeiten zu suchen und Identitätsangebote auszuprobieren – und im Idealfall anzunehmen. Wie es Sander L. Gilman am Fall Jurek Becker beschrieben hat,[31] so war es zu diesem Zeitpunkt, will ich meinen, für jüdisch-deutsche Autoren prinzipiell möglich, sozusagen in einem Substitutionsprozeß die frühere Selbstwahrnehmung mittels Projektion, so Gilman, einer Ersatz- oder Wunsch-Identität gegen ein neues Selbstverständnis auszutauschen. Auf diesem Wege gelangten nicht wenige *deutsche* Autoren zum Wiederentdecken und in der Folge zum verstärkten Hinwenden und Bekennen zu ihrer *jüdischen* Herkunft, einschließlich damit verbundener kultureller und literarischer Traditionen. Nicht wenige hatten gerade in den Jahren zuvor im Rahmen der Liberalisierung der Gesellschaft gegenüber dem Jüdischen Fragen nach der eigenen Herkunft stellen können.

Noch einmal möchte ich an dieser Stelle exemplarisch den Fall des Schriftstellers Jurek Becker bemühen. Seit dem Jahr 1990 häuften sich in einer Vielzahl von publizistischen wie essayistischen Äußerungen die Aussagen über seine ihm jetzt nicht mehr unwesentlich erscheinende jüdische Herkunft, die nun Motiv und Motivation seiner schriftstellerischen Arbeit bildete. Vor allem in seiner Arbeit an den Drehbüchern zu zwei Verfilmungen früherer Prosatexte – *Bronsteins Kinder* (1991) und *Die Mauer*, verfilmt als *Wenn alle Deutschen schlafen* (1995) – ist ein Wandel im Selbstverständnis des Autors nachvollziehbar. Die Revision seiner früheren Zurückhaltung, wenn es um das Formulieren oder Herausstellen jüdischer Identitätsfragen ging, kulminiert meiner Meinung nach in der Verfilmung der Erzählung *Die Mauer*. In einer Art Prolog, die weder in dieser noch in einer anderen Form in der Prosaversion des Textes existiert, spricht die fiktive und zugleich autoreferentielle Erzählerstimme von einer fünfzig Jahre später wiedergefundenen "Heimat" im Ghetto.[32]

---

[31] Von der Projektion alternativer und alternierender Identitätskonstrukte in bezug auf Jurek Becker und andere jüdisch-deutsche Autoren hat Sander L. Gilman gesprochen. Vgl. Sander L. Gilman: *Inscribing the Other*. Lincoln u.a. 1991. S. 14.
[32] Jurek Becker: Die Mauer. In: *Nach der ersten Zukunft*. Frankfurt/M. 1979. Verfilmt

Die Übertragung einer solchen Projektion von "Heimat" kann, in Analogie zu einer Reihe bekannter jüdischer Autoren von Jean Amery über Elie Wiesel bis Jorge Semprun, als eine Akzeptanz sowie Re-Konstruktion jüdischer Selbstidentifizierung – sprich Identitätsfindung – verstanden werden.

Bevor man sich weiter auf die Frage nach den Implikationen für einen solchen Identitätswandel einläßt, müßte zunächst nach einer brauchbaren, überindividuellen Definition für 'modernes Judentum' in Deutschland, für jüdisch-deutsche, deutsch-jüdische Identität gesucht werden. Dies jedoch bedürfte eines längeren Exkurses, der den Rahmen dieser Argumentation sprengen würde. Ich will dennoch versuchen, aus der Vielfalt der in letzter Zeit publizierten Meinungen deutsch-jüdischer Intellektueller ein knapp gefaßtes, aber mehrdimensionales Bild für eine solche gegenwärtige Positionsbestimmung anzubieten.

Das heute in Deutschland präsente Judentum kann prinzipiell als ein auf religiösen wie kulturellen Traditionen beruhendes Judentum definiert werden, welches sich – allein aufgrund der Entscheidung, in Deutschland zu bleiben – von den zionistischen Idealen gelöst hat. Gegenüber Deutschland basiert es im wesentlichen auf einer kulturellen, in manchen Fällen auch auf einer nationalen Identifizierung mit Deutschland.

Auf zionistisch gesinnter Seite führt diese Identifikation mit dem 'Land der Henker' zwangsläufig zu einer Reihe von Vorwürfen. So liest man, diese deutschen Juden blieben allein aus materiellen Erwägungen in Deutschland – und säßen aber doch zugleich, in der täglichen Bedrohung durch einen latenten Antisemitismus, nach wie vor auf gepackten Koffern. Allein aus diesem Grund, sich zwischen der deutschen Wohlstandsgesellschaft und der 'Heimat des jüdischen Volkes' nicht entscheiden zu können, seien sie schließlich keine 'richtigen' Juden mehr.[33] Dennoch, mehr als 60.000 nicht an der Auswanderung nach Israel interessierter Juden leben seit der deutsch-deutschen Vereinigung wieder in der Bundesrepublik – allein 45.000 davon sind seit dem Zusammenbruch des sowjetischen Staates nach Deutschland gekommen.[34]

Auch auf deutscher Seite gibt es offen kundgetanes Unverständnis gegenüber der anhaltenden Präsenz jüdischer Bürger in Deutschland. Von vielen Deutschen wird anscheinend diese Präsenz einer jüdischen Minderheit – bewußt oder unbewußt – als eine Mahnung an die eigene historische Schuld empfunden bzw. verstanden. Einerseits träumen aufgeklärte, wohlmeinende Deutsche, oft in verklärender Anlehnung an Zeiten eines vermeintlich friedlichen Miteinander von Deutschen und Juden bis in die frühen Jahre der Weimarer Republik, von der endlich einzulösenden Utopie einer deutsch-jüdischen

---

durch Frank Beyer im Jahr 1994/95 unter dem Titel *Wenn alle Deutschen schlafen*.
[33] Rafael Seligman: Neue Heimat Deutschland. In: *Der Spiegel* 15 (1997). S. 60.
[34] Diese Gruppe von Einwanderern besteht natürlich aus Juden mit den verschiedensten Biographien wie mit den unterschiedlichsten Beziehungen zum Judentum, vom orthodoxen Ostjuden bis zum assimilationswilligen Wirtschaftsflüchtling.

Symbiose, ein immerhin von zionistischer Seite häufig angezweifelter Begriff. Andererseits ziehen erzkonservative Politiker und neonazistische Sprücheklopfer mit dem Schreckbild einer jüdischen "Überfremdung"[35] durch die Lande und fordern eine Begrenzung der Einwanderungsquoten für osteuropäische jüdische Immigranten.

Die Zukunft wird zeigen, ob es denn – jenseits der oben genannten Dichotomien – zu einer jüdisch-deutschen Symbiose kommen wird, die wiederum in der deutschen Literatur oder gar in der deutschen Literaturgeschichte des ausgehenden zwanzigsten Jahrhunderts der jüdischen Erzähltradition einen angemessenen Platz einräumen wird. Vor allem die deutsch-jüdischen Schriftsteller werden bei diesem Prozeß der Annäherung und des Dialogs eine entscheidende Rolle spielen. Nicht zuletzt sind gerade sie es, als eine "sub species Judaeorum",[36] so wie sie Victor Klemperer einst nannte, die heute wie unmittelbar nach dem Krieg als das moralische Gewissen der Deutschen auftreten. Selbstbewußt wollen sie ihr Judentum weder ideologischen Zwängen unterordnen, noch selbiges aus falscher Rücksichtnahme gegenüber der deutschen Empfindlichkeit für die historische Schuld am Holocaust verstecken. Schließlich sind sie jetzt auch wieder – als Juden – Opfer versteckter und offener antisemitischer Attacken.[37] Und sie sind es, die auch aus Verantwortung für das vereinte Deutschland, welches sie als neue 'Heimat' anzunehmen bereit sind, unermüdlich Kritik üben: Gegen falsch verstandenen Neo-Liberalismus der neunziger Jahre, das heißt auch gegen ein einseitig auf Profitmaximierung und Zurücknahme sozialer Verantwortung orientiertes Denken, gegen die seit dem fünfzigsten Jahrestag der Befreiung der Konzentrationslager und ganz Deutschlands durch die Alliierten, auf Hochtouren laufende Holocaust-Industrie, gegen nationalistisch-chauvinistische Tendenzen in der Gesellschaft und

---

[35] Richard Chaim Schneider hat in seiner Analyse der deutsch-jüdischen Beziehungen seit den späten achtziger Jahren diese fatale, medienlancierte Konfrontation aufgezeigt. Vgl.Richard Chaim Schneider: *Fetisch Holocaust. Die Judenvernichtung – verdrängt und vermarktet.* München 1997. S. 257-264.
[36] Victor Klemperer: *Und alles ist so schwankend. Tagebuch Juni bis Dezember 1945.* Berlin 1995. S. 20.
[37] Von den kleinen alltäglichen Angriffen, die unter anderem Jurek Becker seit seiner Übersiedlung in die Bundesrepublik registrierte, über die Grabschändungen auf jüdischen Friedhöfen, die Brandanschläge auf Synagogen bis hin zu Angriffen rechtslastiger und neonazistischer Medien und Politik auf Personen jüdischer, und vor allem linker-jüdischer Herkunft ließen sich zahllose Beispiele für einen neuen Antisemitismus in ganz Deutschland – insbesondere seit 1990 – auflisten.

gegen konservative Intellektuellenfeindlichkeit.[38]

Eine Vielzahl von Aspekten, freilich auch über die hier aufgezählten hinaus, prägt das gegenwärtige kulturelle Leben in Deutschland. Der Beitrag der jüdischen Intellektuellen und Schriftsteller in der offenen wie öffentlichen Diskussion wird – insbesondere seit 1990 – zunehmend als ein selbstbewußter, spezifisch jüdischer Diskurs sichtbar. Nach den Jahrzehnten der Verdrängung und Instrumentalisierung jüdischer Geschichte und Tradition ist es im Sinne einer generellen Horizonterweiterung für die gesamtdeutsche Kultur heute an der Zeit, wie auch möglich, eine jüdisch-deutsche Literaturgeschichte zu schreiben, in der die jüdischen Autoren einen angemessenen Platz finden.

---

[38] Trotz ihres oft unterschiedlichen Selbstverständnisses sind hier Publizisten wie Rafael Seligman, Henryk Broder oder Hans Chaim Noll als repräsentativ zu nennen. Insbesondere möchte ich hinweisen auf Richard Chaim Schneider: *Fetisch Holocaust...* A.a.O. S. 287.

Michael F. Scholz

DDR-Geschichte im Wandel der Zeiten

Beginning with past observations of the portrayal of GDR history in East and West before 1989, the text presents the new questions and changing conditions of the study of GDR history since the reunification. In this manner, keywords from the present discussions, such as 'methodology argument', 'totalitarianism theory' and 'dictator concept' are revealed. The possibilities for a re-assessment of GDR history are also discussed, and the movement towards viewing it as a separate entity within the larger context of German history is supported. Research into the mentality of the GDR is proposed as a possible method of achieving a better understanding of its history.

Der internationale Umbruch 1989/90 hat neue Fragen an die Geschichte aufgeworfen. Das Ende der DDR hat so manch einem in der Alt-Bundesrepublik und im übrigen Westeuropa das Weltbild durcheinander gebracht. Das Bild von der DDR ist erheblich düsterer geworden, und dieser Prozeß scheint noch lange nicht abgeschlossen. Worauf ist die radikale Veränderung des DDR-Bildes zurückzuführen? Was kennzeichnet das Neue für die DDR-Geschichtsschreibung nach 1989/90? Hier sind mit Jürgen Kocka[1] vor allem drei Problemkreise zu unterscheiden:

1. Der dem internationalen Wandel von 1989/90 folgende Zusammenbruch der SED-Herrschaft legte Quellen und Informationen in nicht gekanntem Ausmaß offen. Vor allem die Informationen über Praktiken des Ministeriums für Staatssicherheit verdüsterten das DDR-Bild. Ergänzt durch Analysen über die tatsächlichen wirtschaftlichen Verhältnisse bildete sich ein Erkenntnisstand heraus, der den Raum für Illusionen deutlich schrumpfen ließ. Möglichkeiten der früheren propagandistischen Täuschung durch die DDR-Medien, aber auch durch Selbsttäuschung in West und Ost schmolzen dahin.

2. Die Tatsache, daß die Geschichte der DDR nun einen abgeschlossenen Prozeß darstellt, ließ aktuell die Tendenz entstehen, die DDR-Geschichte ausschließlich von ihrem Ende her zu betrachten. Die Infragestellung der deutschen Nation gilt heute allgemein als eine Fehlinterpretation. Dabei lassen viele Kritiker der DDR- und Deutschland-Forschung in der Alt-Bundesrepu-

---

[1] Jürgen Kocka: Die Geschichte der DDR als Forschungsproblem. Einleitung. In: *Historische DDR-Forschung*. Hg. von Jürgen Kocka. Berlin 1993. S. 9-26. Vgl. auch Jürgen Kocka u. Martin Sabrow (Hg.): *Die DDR als Geschichte. Fragen–Hypothesen–Perspektiven*. Berlin 1994.

blik nur einen einzigen Maßstab gelten, nämlich ob man am hergebrachten deutschen Nationalstaat festgehalten hat oder nicht. Die Tatsache der staatlichen Vereinigung im Oktober 1990 wird damit zum 'absoluten Wahrheitskriterium für die deutsche Geschichte', an der alle anderen Alternativen gemessen werden.[2]

3. Die Betroffenheit der Mitlebenden stülpt moralische, zunehmend auch politische Urteile auf die Geschichtsschreibung.

Doch die heißen, zum Teil persönlich diffamierenden Debatten um die Rolle der bundesdeutschen DDR-Forschung in der Öffentlichkeit[3] sind damit nur unbefriedigend erklärt. Sicher geht es dabei um Verteilungskämpfe, doch treffen hier in erster Linie Denkschulen der Alt-Bundesrepublik aufeinander, finden Auseinandersetzungen aus der Zeit der 68er Studentenbewegung eine späte Fortführung.[4]

Die Historiographie zur DDR-Geschichte wurde in der DDR und der Bundesrepublik bis 1989/90 mit ganz unterschiedlichen Prämissen betrieben. Die Geschichtsforschung der DDR galt zu Recht als besonders parteihörig und ideologiegeprägt, denn die SED maß der Erforschung und Propagierung ihrer eigenen Geschichte oder besser des Bildes, das sie sich gern davon machte, große Bedeutung bei. DDR-Geschichte diente der SED-Parteidiktatur als Legitimationswissenschaft.[5] Es ging ihr nicht um Politikberatung, sondern um Affirmation, und entsprechend trug die Geschichtsschreibung eher zur Verschleierung bei. Dem Historiker wurden Archivalien zugeteilt und schon allein durch diese Auswahl die Forschungen unter Kontrolle gehalten. Vor einer Veröffentlichung mußten die historischen Arbeiten ein ausgeklügeltes Zensur-System durchlaufen. DDR-Geschichte wurde nicht so geschrieben, wie sie war, sondern wie sie dem aktuellen Zeitgeist bzw. der momentanen Auffassung der

---

[2] So z.B. Jens Hacker: *Deutsche Irrtümer. Schönfärberei und Helfershelfer der SED-Diktatur im Westen.* Frankfurt/M. 1992.

[3] Vgl. Klaus Schröder u. Jochen Staadt: Zeitgeschichte in Deutschland vor und nach 1989. In: *Aus Politik und Zeitgeschichte* B 26/97. S. 15-29. Vgl. auch die Diskussion in: *Aus Politik und Zeitgeschichte* B 38/97.

[4] Vgl. Ilse Spittmann: Das zweite Leben der DDR-Forschung. In: *Deutschland Archiv* 27 (1994). H. 5. S. 459-460; Hermann Weber: Honeckers Unvollendete und die ewige Wahrheit. Kontroversen um Geschichte und Geschichtsschreibung. In: *Berliner Zeitung* vom 14./15. Februar 1998.

[5] Vgl. Ilko-Sascha Kowalczuk: *Legitimation eines neuen Staates. Parteiarbeiter an der historischen Front. Geschichtswissenschaft in der SBZ/DDR 1945 bis 1961.* Berlin 1997; Ulrich Neuhäußer-Wespy: *Die SED und die Historie. Die Etablierung der marxistisch-leninistischen Geschichtswissenschaft der DDR in den fünfziger und sechziger Jahren.* Bonn 1996; Rainer Eckert u.a. (Hg.): *Krise-Umbruch-Neubeginn. Eine kritische und selbstkritische Dokumentation der DDR-Geschichtswissenschaft 1989/90.* Stuttgart 1992.

SED-Führung entsprach. Auf Wendungen in der Politik folgte ein Umschreiben der Geschichte. Das wurde von den Historikern der DDR zwar gespürt, letztlich jedoch verdrängt. So wundert es nicht, daß keiner der etablierten DDR-Historiker das alte System nach der sogenannten Wende verteidigte, im Gegenteil, frühere Fehler wurden – mit Nuancen – eingestanden.[6]

Konnte man von den Historikern der DDR vor 1989 kaum eine wahrheitsgetreue Darstellung der DDR-Geschichte erwarten, richtete sich nach dem Zusammenbruch der DDR und dem zunehmenden Erkennen der gewaltigen Probleme im Vereinigungsprozeß alle Kritik gegen die DDR- und Deutschlandforschung der Bundesrepublik, die durch ihr angebliches Versagen ein falsches DDR-Bild in der Bundesrepublik zu verantworten habe.[7]

Die Hauptvorwürfe beziehen sich darauf, daß die revolutionären Umbrüche in der DDR nicht vorausgesehen, die verbrecherischen Züge der SED/MfS-Diktatur bis 1990 nicht erkannt bzw. die diktatorischen Herrschaftspraktiken des Regimes ausgeklammert blieben, die DDR-Gesellschaft als idyllische Nischengesellschaft beschönigt wurde und über den ökonomischen Zustand keine verläßlichen Informationen vorgelegt wurden. Als konkrete Wahrnehmungsdefizite werden in der Diskussion genannt: die permanenten Menschenrechtsverletzungen in der DDR, der totalitäre Charakter von Partei und Staat, die menschenverachtenden Praktiken der Staatssicherheit, die Auszehrung von Wirtschaft und Infrastruktur, der Verfall der Stadtkerne, das kranke Gesundheitswesen.

Von einem Versagen der bundesdeutschen DDR-Forschung in Gänze kann man jedoch keineswegs sprechen.[8] Weiter ist festzustellen, daß sie mit ihren unzureichenden Analysen, Fehlinterpretationen usw. nicht allein stand. Auch *amnesty international*, um ein Beispiel zu nennen, übte kaum Kritik, sieht man von einigen Berichten über unerträgliche Haftbedingungen in der DDR ab (z.B. im Bericht von 1985). Die *Zentrale Erfassungsstelle für DDR-Unrechtstaten* in Salzgitter besaß zwar genauere Kenntnisse, hatte diese aber nicht veröffentlicht oder nicht veröffentlichen dürfen. Der *Salzgitter Report* erschien erst 1991. Schließlich waren auch die Bürger in der DDR, von Mitgliedern im Politbüro bis zu den Dissidenten, vom Ausmaß der Misere überrascht worden.

---

[6] Vgl. Jürgen Daniel: Die Historiker und die Moral. Anmerkungen zur Debatte über die Autorenrechte an der DDR-Geschichte. In: *Geschichte und Gesellschaft* 21 (1995). H. 2. S. 290-303.
[7] Zum Beispiel Joachim Nawrocki: Ahnungslosigkeit als Entspannungspolitik? In: *Das Parlament* 43/1992. S. 12; Peter Eisenmann u. Gerhard Hirscher (Hg.): *Dem Zeitgeist geopfert. Die DDR in Wissenschaft, Publizistik und politischer Bildung.* München 1992.
[8] Vgl. *DDR-Forschung. Bilanz und Perspektiven.* Hg. von Heiner Timmermann. Berlin 1995.

Der im Zusammenhang mit der Biermann-Affäre gemaßregelte DDR-Schriftsteller Rolf Schneider meint:

> Die DDR war ein gänzlich untransparentes Land. Jeder, auch der kritischste Geist, hatte bestenfalls Teileinsichten. Das Generalurteil, das er daraus bezog, geriet in aller Regel vernichtend, aber man durfte sich mit der Annahme trösten, auf anderen Gebieten müsse es jedenfalls besser gestellt sein. Schließlich funktionierte dieser Staat.[9]

Kritik an der DDR-Forschung ist durchaus angebracht. Doch die Vorwürfe können nicht gegen alle ihre Teilbereiche gleichermaßen erhoben werden. Zu diesen zählte in der Bundesrepublik neben der historischen vor allem die sozial- und politikwissenschaftliche Forschung. Beiträge zum DDR-Bild lieferten weiterhin die Ostforschung sowie die zeitgenössische und die historische Kommunismusforschung. Da alle diese Bereiche ineinander übergingen, war eine Unterscheidung für den Rezipienten oft schwer, was auch die aktuellen Diskussionen beeinflußt. Darüber hinaus konnte man innerhalb der DDR-Forschung zwei Grundtendenzen ausmachen, eine konservative und eine liberale Richtung. Der konservativen war besonders im Zuge der Ost-West-Entspannung von verschiedenen Seiten ein militanter Antikommunismus und aggressiver Antisowjetismus vorgeworfen worden. Als Antwort und Alternative hatte sich eine liberale Richtung etabliert, die sich bewußt auf Vermittlung sachlicher Informationen beschränken wollte.

Es stellt sich insgesamt die Frage, aus welchen methodologischen und zeitgeschichtlichen Gründen die DDR-Forschung der alten Bundesrepublik nicht mehr geleistet hat. Allgemein wird dabei die Arbeit der Historiker am wenigsten kritisiert. Sie haben sich, allen voran Hermann Weber, der Nestor der DDR-Geschichtsschreibung in Mannheim, schon vom Fach her immer um sachliche Information und Interpretation sowie um die Aufbereitung von Fakten bemüht und wollten aus der Kenntnis der Geschichte Verständnis für die Politik der DDR befördern, blieben dabei aber durchaus kritisch.[10]

---

[9] Zitiert nach Nawrocki: Ahnungslosigkeit als... A.a.O. S. 12.

[10] Davon zeugen z.B. die Arbeiten von Hermann Weber. Vgl. Hermann Weber: *Ulbricht fälscht Geschichte. Ein Kommentar mit Dokumenten zum "Grundriß der Geschichte der deutschen Arbeiterbewegung"*. Köln 1964; Ders.: *Demokratischer Kommunismus? Zur Theorie, Geschichte und Politik der kommunistischen Bewegung.* Hannover 1969; Ders.: *Kleine Geschichte der DDR.* Köln 1980; Ders. (Hg.): *Parteiensystem zwischen Demokratie und Volksdemokratie. Dokumente und Materialien zum Funktionswandel der Parteien und Massenorganisationen in der SBZ/ DDR 1945-1950.* Köln 1982; Ders.: *Geschichte der DDR.* München 1985; Ders.: *"Weiße Flecken" in der Geschichte. Die KPD-Opfer der Stalinschen Säuberungen und ihre Rehabilitierung.* Frankfurt/M. ^{2}1990.

Im Mittelpunkt der aktuellen Polemik steht besonders die Sozialwissenschaft, die in der Vergangenheit zuviel Systemanalyse betrieben und zu wenig konkrete politische Entscheidungsprozesse analysiert habe. Zwar fehlte ihr das übliche Handwerkszeug, denn die 'Feldarbeit' war den westlichen Wissenschaftlern auf dem Gebiet der DDR in aller Regel verwehrt, und eine rein empirisch-statistische Studie auf Basis der DDR-Daten konnte kein hinreichendes Bild über die tatsächliche Lage zum Beispiel der DDR-Wirtschaft geben. Doch man kann ihr den Vorwurf nicht ersparen, die Dissidentenkulturen, Aussagen von Übersiedlern, Briefe aus der DDR an die Bundesregierung, bzw. Recherchen westlicher Journalisten nicht oder zu wenig beachtet zu haben. Damit verbunden ist ein politisch brisanter Vorwurf, der sich in erster Linie an die Politiker richtet: Die Etablierten hätten es lieber mit den Etablierten gehalten. Entspannungspolitik wäre auch mit mehr Selbstbewußtsein und mehr Wertebewußtsein möglich gewesen. Sogar die Verteidiger der alten DDR-Forschung der Bundesrepublik halten die Frage für berechtigt, ob nicht wenigstens Publizistik und Wissenschaft hätten mehr tun können. Immerhin gab es im *Zweiten Deutschen Fernsehen*, einer großen öffentlich-rechtlichen Fernsehanstalt, über Jahrzehnte das *ZDF-Magazin* von Gerhard Löwenthal, das wöchentlich auf rechtsstaatliche Mängel in der DDR verwies.

Ihr Gegenstand machte es der DDR-Forschung nicht einfach. Die Geschichte der DDR durchlief wiederholt Wandlungen, die letztlich Spiegelbild internationaler Prozesse waren. Standen bis 1961 ideologische Normen im Vordergrund, wobei es um die Umgestaltung bzw. Übertragung des sowjetischen Modells ging, so setzte nach dem Mauerbau ein gesellschaftlicher Wandel ein, der die bundesdeutsche DDR- und Deutschlandforschung in den letzten zwei Jahrzehnten mehr interessierte, als die fortlaufende Beschreibung der bekannten negativen Konstanten des Systems. Zum einen ging es um den sich immer klarer abzeichnenden Widerspruch zwischen moderner Industriegesellschaft und veralteten Herrschafts- und Leitungsmethoden, und man erwartete – ja erhoffte – innenpolitische Wandlungen durch ökonomische Sachzwänge. Zum anderen war die Entspannungspolitik Anfang der siebziger Jahre eine internationale Erscheinung, die von der staatlich geförderten Forschung ihren Tribut forderte. Da die innerdeutsche Normalisierungspolitik eine Notwendigkeit geworden war, stellte sich für die Entspannungspolitiker die Frage, ob man den Grundlagenvertrag verhandeln konnte und gleichzeitig die SED wie in den fünfziger und sechziger Jahren in Weiß-Büchern, Fernsehsendungen usw. kritisieren dürfe. Diese in erster Linie außenpolitische Entwicklung ist der eigentliche Hintergrund für den aktuell noch anhaltenden Streit, der ein Methodenstreit geworden ist.

Ausgehend von der Diskussion, ob auf die DDR stärker das Totalitarismusmodell und das Diktaturkonzept oder stärker die Industrialisierungs-Modernisierungs-Fragestellung anzuwenden sei, entwickelte Peter-Christian Ludz eine sogenannte 'systemimmanente Methode'. Für seinen kritisch-positiven Ansatz wurde und wird der 1979 verstorbene Ludz, der in den siebziger Jahren zur

Leitfigur der sozialwissenschaftlichen DDR-Forschung geworden war, besonders harsch angegriffen. Als Hauptinspirator der systemvergleichenden *Materialien zur Lage der Nation* und als Herausgeber des *DDR-Handbuchs* hatte er einen nicht zu unterschätzenden politikberatenden Einfluß auf die sozialliberale Bundesregierung. Die von ihm vertretene Richtung geht bis heute davon aus, daß mit Hilfe von Totalitarismustheorien keine Entwicklungen beobachtet werden können, sondern nur der Untergang durch Außeneinwirkungen.[11]

Nach dem Ende der DDR entbrannte eine heftige Diskussion über den Gegensatz zwischen der sogenannten systemimmanenten und einer vom Westen her qualifizierten Systembetrachtung. Die DDR-Forscher der Ludz-Schule verteidigen ihren Forschungsansatz, der ihnen tatsächlich neue Möglichkeiten bzw. Methoden der Interpretation und Wertung der DDR-Geschichte eröffnet hatte. Bei einer Bewertung der Gesellschaftspolitik der DDR mit Hilfe von westlichen, an demokratisch-parlamentarischen Gesellschaftsmodellen gewonnenen Maßstäben, hätte naturgemäß nichts eine Chance, dem Verdikt zu entkommen. Der analytische Erkenntnisgewinn bliebe gering, ein Wandel im System könne nicht erkannt werden, weil dafür kein methodisches Sensorium ausgebildet wäre. Dagegen war eine Bewertung der Gesellschaftspolitik der SED nach einem an den Idealtypen und Urformen der marxistischen Ideologie gebildeten Maßstab für die SED besonders unangenehm, denn es wurde offenbar, wie weit sie sich davon entfernt hatte. Allerdings schärfte auch diese Methode nicht den Blick für den Wandel. Deshalb konzentrierten sich Ludz und seine Schüler bei der Auswahl der Bewertungskriterien auf die von der SED-Führung selbst aufgestellten Postulate, die sie einem Vergleich mit der Praxis unterzogen. Diese Betrachtung bot den Vorteil, daß die Verantwortung der Herrschenden für das Auseinanderklaffen von ihrer Theorie und ihrer Praxis sofort und unmittelbar deutlich wurde. Dies konnte von der SED nicht mehr mit dem Hinweis auf ein falsches Bewußtsein oder falsche theoretische Vor-

---

[11] Vgl. Wilhelm Bleek: Statt Diskussion – unberechtigte Vorwürfe und Mißverständnisse. In: *Das Parlament* 43/1992. S. 11f. Die DDR begrifflich als Diktatur zu fassen ist in der Forschung üblich. Vgl. Jürgen Kocka: *Die Geschichte der DDR...* A.a.O. S. 22ff; Christoph Kleßmann u. Martin Sabrow: Zeitgeschichte in Deutschland nach 1989. In: *Aus Politik und Zeitgeschichte* B 39/96. S. 3-14, hier S. 11f. Vgl. auch Sigrid Meuschel: *Legitimation und Parteiherrschaft in der DDR*. Frankfurt/M. 1992. Eine abweichende Auffassung vertritt z.B. Jesse, der die DDR zunehmend von totalitären und autoritären Elementen bestimmt sieht. Vgl. dazu Eckhard Jesse: War die DDR totalitär? In: *Aus Politik und Zeitgeschichte* B 40/94. S. 12-23.

aussetzungen abgewiesen werden und wurde dementsprechend als besonders gefährliche Form des 'Aufweichens' betrachtet.[12]

Auch der Nachfolger von Ludz, der ebenfalls verstorbene Hartmut Zimmermann, bis 1992 Leiter des Arbeitsbereiches DDR-Forschung an der Freien Universität Berlin, akzeptierte den Vorwurf, die DDR-Forschung habe die Lernfähigkeit des DDR-Systems überschätzt. Aber, wandte er ein, wenn man davon ausging, daß die Sowjetunion nicht bereit gewesen sei, die DDR freizugeben, konnte man nur auf innere Entwicklungen setzen. "Weiter konnten diese Veränderungen – so war die Einschätzung – erst wirksam werden, wenn sie auch in den Machtzentren Platz griffen."[13]

Die Diskussionen um den Charakter des SED-Herrschaftssystems – war es eine Diktatur, ein administrativer, dirigistischer, stalinistischer Staat oder aufgeklärter Absolutismus mit Zügen eines Sozialstaates – halten an. Heute sind hier vor allem die Historiker gefragt.[14]

Die Forschung zur Geschichte der DDR beginnt keineswegs bei Null. Für viele Details kann sogar die in der DDR betriebene Forschung weiter von Interesse sein. Von der berechtigten Kritik an der westdeutschen DDR-Forschung wurde bereits gesprochen. Andererseits legte sie in den letzten Jahrzehnten eine Fülle wichtiger Analysen zu fast allen Wirklichkeitsbereichen der DDR vor. Sie war davon ausgegangen, daß in den 45 Jahren eigenständiger Entwicklung in der DDR eine neue Gesellschaft entstanden war, deren Prägungen nicht ohne weiteres durch die Übernahme eines völlig anderen gesellschaftlichen oder politischen Modells zu ersetzen sein würden. Man darf dabei nicht vergessen, daß die DDR mit vierzigjähriger Existenz historisch zu den stabilsten Staaten neuerer deutscher Geschichte gehörte (das Kaiserreich existierte 47 Jahre, die Weimarer Republik 14 und Hitlers 'Drittes Reich' gar nur 12 Jahre). Ein Rückgriff auf die Ergebnisse der DDR-Forschung hätte manche Irritation nach dem Herbst 1989 vermeiden helfen.

---

[12] Wilhelm Bleek: Rechthabereien in der DDR-Forschung. In: *Das Parlament* 41/1992. S. 19.

[13] (Hartmut Zimmermann:) Man kann 45 Jahre nicht einfach ausradieren. Interview mit dem DDR-Forscher Hartmut Zimmermann (Walter Süß). In: *Das Parlament* 28/1992. S. 13.

[14] Hermann Weber: Die Vergangenheit kann kaum bewältigt, wohl aber rasch und kritisch aufgearbeitet werden. In: *Berliner Zeitung* vom 18./19. August 1990; Ders.: Was beweisen die Akten? Anmerkungen zu Veröffentlichungen von Archivalien aus der DDR. In: *Internationale wissenschaftliche Korrespondenz zur Geschichte der deutschen Arbeiterbewegung* 2/1997. S. 232-243. Werner Müller: Ein neues Forschungsfeld gewinnt Kontur. Aufarbeitung der DDR-Vergangenheit. In: *Das Parlament* 30/1995. S. 15.

Die Mehrheit der Kritiker der etablierten westdeutschen DDR-Forschung, die sich heute als Sieger der Geschichte sieht, hat der DDR schon immer jegliche Überlebenschance als eigenständiger Staat abgesprochen. Damit ist eine Aufarbeitung der DDR-Geschichte, wenn überhaupt, nur eingeschränkt möglich.

Hypothesen gehören zur Geschichte; die Alternative eines demokratischen Sozialismus auf deutschem Boden war in den Köpfen der Menschen in der DDR gegenwärtig; sie konnte nicht durchgesetzt werden. So bleiben solche Alternativen zwar imaginär, doch "nur wenn wir die Ereignisse im Rahmen ihrer konkurrierenden Möglichkeiten betrachten, kann unsere Geschichtsschreibung einen Anspruch auf objektive Wahrheit erheben", wie Hugh Trevor-Roper wohl nicht zu Unrecht feststellt. Es wäre zudem ein Trugschluß anzunehmen, daß die Alternativen in der Geschichte auf zwei beschränkt seien, eben die beiden, die sich zu jener Zeit bekämpften.[15] Interessant an der Diskussion einer demokratischen Überlebensfähigkeit der DDR ist nicht, ob es wirklich eine solche Möglichkeit gegeben hat, sondern, daß viele Menschen, die dort lebten, zumindest eine Zeitlang an eine solche Möglichkeit geglaubt haben. Das Experiment dieser gesellschaftlichen Emanzipation, der Versuch, auf deutschem Boden einen Sozialismus zu errichten, war für viele offensichtlich eine so gewaltige Hoffnung und Herausforderung, daß ihnen schließlich sogar der Einsatz menschenverachtender Mittel gerechtfertigt erschien.

Die Spaltung Deutschlands und die Entwicklung der DDR war Folge des von Hitler begonnenen Zweiten Weltkrieges. Die Geschichte der SBZ und dann der DDR war zunächst hauptsächlich von zwei Faktoren bestimmt, durch die sowjetische Besatzungsmacht und durch die Tradition und Ideologie des deutschen Kommunismus. Am Ende des Zweiten Weltkrieges war die Autorität der Sowjetunion international sehr groß; auch die kommunistischen Parteien hatten sich durch ihren antifaschistischen Kampf allgemeine Anerkennung erworben. Insgesamt war das geistige Klima geprägt von dem Erkennen des Zusammenhanges von Imperialismus, Militarismus und Faschismus, schlechten Erfahrungen mit der Weimarer Demokratie sowie einem Hoch der antimonopolistischen Stimmungen mit dem Ruf nach Sozialisierung wie schon 1918. Nach den vorangegangenen Enttäuschungen erschien eine sozialistische Alternative durchaus wünschenswert. Viele Menschen unterstützten in verschiedenen Perioden zumindest zeitweise die Politik der SED passiv und auch aktiv; dazu müssen gute Gründe vorgelegen haben, die nicht allein auf Zwang zurückgeführt werden können.

Die gesellschaftspolitischen Maßnahmen der sowjetischen Besatzungsmacht und der KPD, später der SED, schienen zunächst tatsächlich größere

---

[15] Hugh R. Trevor-Roper: Die verschollenen Krisenmomente in der Geschichte. In: *Merkur* 43 (1989). H. 8. Bd. 486. S. 643-657, hier S. 645 u. 648.

Bevölkerungsteile zu begünstigen. Die Aufteilung des Großgrundbesitzes über 100 Hektar bei Garantie, ja versprochener Förderung der Großbauern, erfüllte für viele den Traum von der eigenen Scholle, bot den Zwangsumgesiedelten, die mitunter auch nicht frei von Schuldgefühlen waren, eine Chance für den Neuanfang. Im weniger entwickelten Teil Deutschlands etwas aufzubauen, aus eigener Kraft, ohne Junker und Kapitalisten, gerade zum Trotz der vom schnell einsetzenden Kalten Krieg geprägten Hetze aus dem Westen, beflügelte nicht zuletzt auch die desillusionierte Jugend. Die *Freie Deutsche Jugend* (FDJ), zunächst ausdrücklich ein überparteilicher Jugendverband und nicht Kaderreserve der Partei, bot auch und gerade den Führern und Mitläufern der ehemaligen *Hitler-Jugend* (HJ) einen Neuanfang. Durch ihr Engagement konnten und wollten die Jugendlichen die alte Schuld begleichen. Viele in den Jahren der NS-Zeit anerzogene Verhaltensweisen, wie Disziplin, Treue und vor allem Fanatismus, haben in der weiteren Geschichte das ihrige bewirkt. Im sozialen Bereich prägten die Kriegsfolgen die Nachkriegsentwicklung ohnehin weit stärker als die politischen Programme. Bis zur Währungsreform 1948 war die wirtschaftliche Lage in der SBZ zum Teil sogar besser als im Westen. Menschen, die auf lokalem Niveau politisch aktiv waren, hatten durch die schnelle Zulassung von Parteien in der SBZ zudem das Gefühl, mehr Rechte von den Sowjets zu bekommen, als die Westmächte gewährten. Schließlich wurde im Osten besonders viel für die Intelligenz getan, was sich in hohen Gehältern, besonderer Wohnqualität, den Klubs der Intelligenz u.a.m. zeigte.

Ähnlich wie 1933 war der politische Umschwung nach 1945 mit einer enormen Aufstiegsmobilität verbunden. Ein Zerschlagen des alten Staatsapparates bzw. dessen, was noch davon übrig war, hatte den Weg für eine neue Generation frei gemacht, ein Elitewechsel wurde vollzogen. Wer sich nach dem Krieg der neuen, von der sowjetischen Besatzungsmacht und der SED getragenen Bewegung anschloß, konnte innerhalb kürzester Zeit in entscheidende Positionen, zu Macht, Einfluß und Geld kommen. Unvorsichtige Kritik an der Politik der Besatzungsmacht oder der SED-Führung konnten diese Entwicklung nur gefährden. Die Gründergeneration der FDJ, die unter solch scheinbar hoffnungsvollen Voraussetzungen sozialisiert wurde, ist deshalb heute auch am wenigsten kritisch gegenüber der DDR-Geschichte eingestellt, in ihr findet eine DDR-Nostalgie eine sichere Basis.

Hoffnungsmomente, die den Glauben stärkten, in der DDR doch noch einen menschlichen Sozialismus zu erleben, fanden sich mehrfach in der Geschichte dieses Teilstaates unter dem Kuratel Moskaus. Bestechend, daß dazu die Zeit kurz nach dem Mauerbau im August 1961 zählte. Mauerbau und Abschluß der Zwangskollektivierung hatten in der DDR neue Voraussetzungen für eine Stabilisierung des Herrschaftssystems und eine Modernisierung sozialer Strukturen geschaffen. Tradierte ideologische Orientierungsmuster aber blieben bestehen. Ein partieller Modernisierungsprozeß erfaßte neben der Wirtschaft auch die Nomenklatura. Das Zentralkomitee der SED erlebte zwischen 1954 und 1963 einen Prozeß der Vergrößerung, Verjüngung und Verfachlichung.

Von den siebzehn damals neu ernannten Ministern waren sechzehn zwischen 35 und 45 Jahre alt. Mit dem *Neuen Ökonomischen System der Planung und Leitung* vom Juli 1963 erhielt die volkswirtschaftliche Grundkategorie der Rentabilität erstmals seit Einführung der sozialistischen Planwirtschaft wieder größere Bedeutung. Erfolge in der Wirtschaftspolitik machten sich für jeden Bürger spürbar bezahlt. In der ersten Hälfte der sechziger Jahre stieg je 100 Haushalte der Anteil derjenigen mit PKW von fünf auf acht, von Fernsehern von 17 auf 49, von Kühlschränken von 6 auf 26 und von Waschmaschinen von 6 auf 28. Das monatliche Durchschnittseinkommen war von 439 Mark (1955) auf 558 Mark (1961) und 640 Mark (1965) gestiegen. Im Schatten der Mauer, die in ihrer ganzen Unmenschlichkeit vor allem in Berlin erlebt wurde, hatte sich ein Prozeß vollzogen, den berufliche Mobilität, Expansion von Wissen und Bildung und eine Intensivierung der Konsumtion kennzeichneten. Parallel war in dieser Zeit eine gewisse kulturpolitische Lockerung zu verzeichnen. Diese Entwicklung fand im Dezember 1965 abrupt ein Ende. Die Ursachen dafür lagen in erster Linie bei der sowjetischen Führungsmacht.

Honeckers Bemühen um einen Dialog mit der Bundesrepublik Anfang der achtziger Jahre gegen den Willen Moskaus brachte ihm einen großen Vertrauensgewinn in beiden Teilen Deutschlands. Heute wissen wir, daß sowjetische Truppen in diesem Zusammenhang am 7. Oktober 1984 sämtliche Brücken der DDR besetzten, was ein Licht auf die Souveränität dieses Staates wirft. Der Widerspruch zu Moskau gehört aber auch zu den Momenten der Hoffnung. Wenig populär war in der Bevölkerung der DDR die von der SED-Führung befohlene Abgrenzung von der Perestroika. Aus Moskau waren bereits 1982/83 Anstöße zu Veränderungen gekommen; seit 1985 war der Dissens Ostberlin-Moskau für jeden offensichtlich, wie das teilweise oder vollständige Verbot sowjetischer Presseerzeugnisse. Die SED-Führung reagierte mit innerparteilicher Repression, in deren Folge es 1988 zu 11.000 und bis Oktober 1989 zu weiteren 18.000 Ausschlüssen gekommen war. Für viele tat sich ein Gewissenskonflikt auf, es blieb die stille Hoffnung auf eine 'biologische Lösung'. Diese Lethargie ist vielleicht eine der Ursachen, daß der Herbst 1989 letztendlich so friedlich verlaufen ist.

Ehemalige führende DDR-Historiker versuchten in jüngster Zeit durch die These vom 'sozialistischen Experiment auf deutschem Boden' die DDR als Alternativmodell zur 'kapitalistischen BRD' vorzustellen. Tatsächlich handelte es sich bei der SBZ/DDR von Anfang an um kein System in der Tradition der sozialistischen deutschen Arbeiterbewegung, sondern es wurde geprägt durch den sowjetischen Einfluß durch die Besatzungsmacht und die deutschen Kommunisten. Die deutsche Spaltung war zunächst ein Ergebnis der Okkupationspolitik der Siegermächte im Zweiten Weltkrieg. Die DDR entstand schließlich als Produkt des Kalten Krieges und ist somit Produkt der europäischen Spaltung. In der SBZ/DDR wurde sehr schnell die zentralgesteuerte Staatswirtschaft und die politische Diktatur nach sowjetischem Muster übertragen. Für eine Phase trifft hier der Begriff Stalinismus durchaus zu. Damit war keine

Chance für Alternativmodelle gegeben. Die Aufbruchstimmung, eine anfänglich liberale Kulturpolitik usw. können nicht darüber hinwegtäuschen, daß schon 1945 stalinistische Strukturen bestanden. Es gab keine demokratische Vorgeschichte der DDR, allenfalls demokratische Ansätze. Bis zur Staatsgründung 1949 waren alle wesentlichen Bedingungen für die Übernahme des sowjetischen Modells geschaffen. Die deutschen Kommunisten bzw. Einheitssozialisten haben nach 1945 in Etappen scheinbar und schließlich tatsächlich immer mehr Macht übernommen. Auch nach Stalins Tod 1953 hielt die SED-Führung unter Walter Ulbricht an den Praktiken des Stalinismus fest. Nach dem XX. KPdSU-Parteitag 1956 machte die SED nur formal und halbherzig die Entstalinisierung der Sowjetunion mit. Die Abriegelung der DDR am 13. August 1961 bedeutete zwar eine Bankrotterklärung des SED-Systems, stärkte jedoch die DDR über viele Jahre. Die Ablösung Ulbrichts durch Erich Honecker und die dann propagierte 'Einheit von Wirtschafts- und Sozialpolitik' brachte einige Bereiche allerdings nur scheinbar voran. Schon bald trat neben die Rückkehr einer restriktiven Politik vor allem auf kulturellem Gebiet die ökonomische Krise. Insider sprechen davon, daß der ökonomische Untergang der DDR schon Mitte der siebziger Jahre besiegelt war.[16]

Zur Herrschaftsausübung nutzte die SED drei Methoden/Instrumente, die bereits von Stalin entwickelt worden waren:

1. Die Ideologie des Marxismus-Leninismus, die als Bindeglied der herrschenden Eliten fungierte. Sie war Rechtfertigungs- und Verschleierungsinstrument, diente aber auch als Anleitung zum politischen und sozialen Handeln.

2. Die SED-Führung praktizierte zumindest seit den siebziger Jahren die Neutralisierung unpolitischer Menschen durch wachsenden Wohlstand und ein Mindestmaß an persönlichem Freiraum.

3. Gegner wurden mit Terror niedergehalten. Die befohlene 'Wachsamkeit' sollte jede Nonkonformität aufspüren und Mißtrauen verbreiten, Opposition verhindern:

> Der Grunddefekt des DDR-Regimes beruhte von Anfang bis Ende im Fehlen demokratischer Legitimation. Die Mehrheit der Bevölkerung verweigerte der Führung den Konsens. Das Funktionieren der 'Apparate' konnte dies ebensowenig wettmachen wie die Ansätze sozialer Sicherheit und 'Geborgenheit' oder die resignierte Anpassung jener Kreise, die keine Alternative sahen. [...] Die DDR war einst als Produkt

---

[16] Zur DDR-Geschichte vgl. Hermann Weber: Die Geschichte der DDR. Versuch einer vorläufigen Bilanz. In: *Zeitschrift für Geschichtswissenschaft* 41 (1993). H. 3. S. 195-203.

des Kalten Krieges entstanden. Das Ende des Kalten Krieges brachte dann auch das Ende der DDR.[17]

Die allgemeinen Schwächen kommunistischer Diktaturen erfuhren in der DDR durch zwei spezielle Struktureffekte eine Verschärfung: Die DDR war nur ein Teilstaat und blieb immer auf die reichere und größere Bundesrepublik fixiert. Das stalinistische System, selbst aus der russischen Rückständigkeit erwachsen, war der DDR aufgezwungen worden. Die Widersprüche zwischen modernen Ansätzen und veralteten Herrschaftsmechanismen waren bis zum Schluß nicht zu überwinden.

Doch Geschichte ist nach vorn immer offen. Diese Aussage muß auch für die DDR gelten. Als abhängiger Staat bezieht sich das für sie jedoch fast ausschließlich auf wechselnde Optionen sowjetischer Außen- und Deutschlandpolitik. Die Aktionsfähigkeit der SED-Regierung beschränkte sich auf die von Moskau vorgegebenen Felder. Die Frage, inwieweit von ihr demokratische Möglichkeiten und Alternativmodelle ausgereizt wurden, bzw. inwieweit deutsche Kommunisten als Mittäter im Stalinisierungsprozeß wirkten, scheint hier lohnend.

Es bleibt die Frage nach dem Stellenwert der DDR-Geschichte. Ist sie nur eine 'Fußnote der deutschen Geschichte', wird DDR-Geschichte künftig als eine deutsche Regionalgeschichte oder als eine Seitenweg-Geschichte darzustellen sein.

Für die zukünftige Forschung zur Geschichte der SBZ/DDR wird auf jeden Fall eine Einbettung der DDR-Geschichte und allgemein der deutschen Geschichte in einen internationalen Zusammenhang notwendig sein, ganz besonders im Hinblick auf eine vergleichende Perspektive, sei es in historischer Sicht der beiden deutschen Diktaturen, sei es gegenüber den anderen ehemaligen sozialistischen Staaten Ost- und Mitteleuropas und selbstverständlich im antagonistischen Miteinander deutscher Zweistaatlichkeit. Aktuell muß es darum gehen, den Methodenstreit durch Einzelstudien zu beenden, die die Relevanz von Ähnlichkeiten und Unterschieden zeigen. Notwendig ist dazu eine Analyse konkreter politischer Entscheidungsprozesse anhand des authentischen Materials. Zu wenig ist darüber hinaus bekannt über die Selbständigkeit politischer und geistiger Strömungen in der DDR. Im Mittelpunkt der aktuellen Forschungen zur Aufarbeitung von DDR-Geschichte steht die Aufdeckung von Strukturen der Machtzentren Partei und Staat. Erst dann kann das Ausmaß der unterschiedlichen Verantwortung überhaupt festgemacht werden. Das schließt die Untersuchung der Einflußnahme der SED auf andere Bereiche, u.a. die Kirche, ein. Dabei dürfen, wie das gegenwärtig häufig den Anschein hat, der internationale Aspekt, die Rolle Moskaus und die Tatsache der

---

[17] Ebd. S. 202f.

95

gewaltigen sowjetischen Militärpräsenz, nicht vernachlässigt werden, die den äußeren Rahmen für alles Handeln in der DDR bildeten. Oft hört man auch die Frage, warum die Bevölkerung der SBZ/DDR vor dem 13.August 1961 dies alles akzeptiert hat. Das hat sie, wie die Juni-Ereignisse 1953 zeigten, eben nicht widerspruchslos getan. Auch war schon nach den 'Grenzsicherungsmaßnahmen' in Folge der 2. Parteikonferenz der SED 1952 eine 'Republikflucht' nicht mehr gefahrlos und immer zumindest mit dem Verlust von Eigentum und familiär-sozialen Bindungen verbunden.

Besondere Aufmerksamkeit verdient deshalb der Repressionsmechanismus, der den Begriffen Widerstand und Verweigerung erst einen Inhalt gibt. Der Bundesbeauftragte für die Stasi-Akten, Joachim Gauck, sprach einmal davon, daß es neben Tätern und Opfern auch 16 Millionen Kompromißler gegeben habe. Das ist weiter zu hinterfragen. Angesichts der offenen und verhaltenen Methoden der Repression finden wir Widerstand in großer Formenvielfalt und in allen Kreisen. Das beginnt beim Rückzug ins Private, geht über die verschleierte und offene Verweigerung bis zum offenen Widerstand.

Die 'Aufarbeitung' der DDR-Geschichte setzt einen differenzierten und gerechten Umgang mit den einzelnen Biographien voraus. Zur Bewertung von Handlungen ist eine Rekonstruktion des damaligen Wissenshorizontes unabdingbar. Wurde in einer bestimmten Situation einfach geirrt, wurde man ausgenutzt oder handelte es sich um Feigheit und Opportunismus? Wie groß war der Druck wirklich? Wer war von seinem Tun überzeugt? Und schließlich, wann begann der Verrat? Hier könnte die Frage nach der Schuld ansetzen, die heute aber noch nicht unbedingt eine Frage für den Historiker zu sein braucht.

Zum besseren Verständnis der DDR-Geschichte kann die in den letzten Jahren verstärkt beachtete Mentalitätsforschung beitragen. Es hat sich nämlich gezeigt, daß in der Geschichte der Menschheit Ideologien, so lange sie Geltung haben, einen Teil unseres Denkvermögens geradezu betäuben und seiner kritischen bzw. selbstkritischen Fähigkeiten berauben. Sigmund Freud machte während des Ersten Weltkrieges in diesem Zusammenhang auf die Einflüsse des Krieges aufmerksam, die sich in einer Rückbildung der Kulturen, hier konkret der Kultur des Streits, bemerkbar machten. Einsichtslosigkeit, Verstocktheit, Unzugänglichkeit gegen die eindringlichsten Argumente auf der einen, kritiklose Leichtgläubigkeit für die anfechtbarsten Behauptungen auf der anderen Seite attestierte Freud den europäischen, kriegführenden Mächten. Dieser Zustand schien ihm aber nur vorübergehend zu sein, bis ruhigere Zeiten sich wieder herstellten.[18] In der Zeit des Ost-West-Konflikts und besonders des Kalten Krieges hatten wir es nicht zuletzt in Deutschland mit einer ähnlichen Erscheinung zu tun. An der Frage der politischen Gesinnung schieden sich die

---

[18] Sigmund Freud: Zeitgemäßes über Krieg und Tod. In: Ders.: *Psychoanalyse. Ausgewählte Schriften*. Leipzig 1985. S. 366-393, bes. S. 379ff.

Geister; auch im eigenen Lager formierten sich Freund-Feind-Gruppen. In Ost und West kam es zu Gesinnungsdruck, Verdächtigungen und Verfolgungen. Der Kalte Krieg prägte also nicht nur das zwischenstaatliche, sondern auch das innergesellschaftliche Geschehen. Auf beiden Seiten war eine innenpolitische Mobilisierung und Disziplinierung sowie ideologische Immunisierung zu verzeichnen. Der Anpassungsdruck war gewaltig. Die Konsequenzen, allein beim Verdacht der Loyalitätsverweigerung, waren im Osten für den einzelnen allerdings ungleich härter. Die mentale Mauer als Ergebnis des Ost-West-Konflikts konnte auch in den beiden deutschen Staaten nicht oder zumindest nur sehr selten überwunden werden. Sie wurde umgangen, ihre Existenz bezweifelt; aber ihr intellektuelles System war allgegenwärtig, betäubte Teile des Denkvermögens mit entsprechenden Folgen für Kritik und Selbstkritik.

Dem Historiker drängt sich gerade im Zusammenhang mit der Anpassung an eine Diktatur der Vergleich der DDR-Geschichte mit der nationalsozialistischen Herrschaft auf. Angesichts aufgeregter Debatten zu dieser Frage, ist es notwendig zu betonen, daß vergleichen nicht gleichsetzen bedeutet. Für den mentalen Zustand der Bevölkerung in den neuen Bundesländern ist ein Vergleich der Diskussion zur Schuldfrage 1945 und den folgenden Jahren und 1989 bis zur Gegenwart nicht nur legitim, sondern überaus aufschlußreich.

Geschichte ist das Bild, das wir uns von der Vergangenheit machen. Aufgabe des Historikers ist es, dafür zu sorgen, daß dieses Bild möglichst genau der Wirklichkeit entspricht. Doch aus der Tatsache, daß die Geschichtswissenschaft gesellschaftliche Funktion hat, sie Teil der Gesellschaft ist, resultieren Abhängigkeitsverhältnisse. Gegenwartsinteressen wurden zu jeder Zeit in die historische Arbeit hinein getragen und damit die Arbeit des Historikers beeinträchtigt. Auch ist jeder Historiker Kind seiner Zeit und teilt – mehr oder weniger bewußt – die Vorurteile und Auffassungen der ihn umgebenden Gesellschaft; die Zugehörigkeit zu einer bestimmten Sozialgruppe prägt seinen historischen Horizont. Er bringt stets ein bestimmtes Vorverständnis schon bei der Auswahl und Abgrenzung seines Forschungsgegenstandes und vor allem bei der Art seiner Fragestellung ein. Über die Perspektive des Historikers entscheidet schließlich auch, ob er zu den Siegern oder den Besiegten gehört. Gerade die Besiegten, für die die Geschichte anders verlaufen ist als erhofft, sind genötigt, neue Fragen und Methoden zu entwickeln. Sie schreiben unter größerem Erfolgszwang und höchster Beweisnot, denn für die Sieger spricht der Erfolg selbst. Plumpe Apologetik ist also eigentlich zuletzt bei den Besiegten zu erwarten. Die gegenwärtige Diskussion in den Medien und innerhalb der Fachwelt bestätigt das, und nur scheinbar widerspricht der große Anklang einer DDR-Nostalgie dem hier Gesagten.

Die in der DDR herrschende marxistisch-leninistische Geschichtstheorie entwickelte aus der Tatsache gesellschaftlicher Gebundenheit von Geschichte das Dogma von der Parteilichkeit und verkam dabei sukzessiv zu bloß herrschaftsbegründender und herrschaftsstabilisierender Ideologie. Natürlich wird Geschichtswissenschaft als Teil der Gesellschaft auch immer zur Legitimierung und Stabilisierung der bestehenden Herrschaftsverhältnisse (z.B. mittels Traditionspflege und Heimatforschung) oder dem genauen Gegenteil beitragen. Hauptaufgabe des Historikers sollte aber immer sein, dem einzelnen die notwendige Orientierung zu geben, um ihn zu rationalem Handeln zu befähigen. Historische Erkenntnis bleibt unabdingbar für das Verständnis und die Erklärung sowie die richtige Einschätzung einzelner Gegenwartsphänomene. Wer sich in die Geschichte vertieft, so hat es einmal der Historiker Andreas Hillgruber ausgedrückt,

> erwirbt die Fähigkeit, sich in politische Entscheidungssituationen hineinzudenken mit einer nüchtern-vorurteilslosen Einschätzung von Mächten und Machtkonstellationen, unabhängig von Sympathien und Antipathien; er übt sich im Urteilen aus dem Verständnis internationaler Zusammenhänge heraus, und er lernt, sich in die Gegenspieler mit all ihren Denkvoraussetzungen und Bedingungen ihres Handelns hineinzuversetzen.[19]

Bei der Betrachtung jüngster deutsch-deutscher Gegenwart scheint ein solch historisches Verständnis gegenwärtig verschüttet. Politische Entscheidungen, die gestern vielleicht der Situation entsprachen, werden heute in demagogischer Weise als Wahlkampfmunition genutzt. Dringend ist auf eine Versachlichung, weg von parteipolitischer Häme, durch historische Aufarbeitung zu drängen. Hoffnungen, die auf die im März 1992 konstituierte Enquete-Kommission des deutschen Bundestages zur *Aufarbeitung der Geschichte und der Folgen der SED-Diktatur* gesetzt wurden, haben sich nur zum Teil erfüllt. Zu offensichtlich geriet die Kommission gerade in der Schlußphase ihrer Arbeit zum Podium bestimmter Parteipolitik. Ein weiterer Vorwurf lautete, die Enquete-Kommission sei zu stark an das Diktaturmodell angelehnt.

Die Nachfolgekommission *Überwindung und Folgen der SED-Diktatur im Prozeß der deutschen Einheit* geht die Probleme sieben Jahre nach dem Fall der Mauer anders an: Auf einer offiziellen Anhörung im April 1997 betonte Bernd Faulenbach mehrfach, daß die DDR-Geschichte nicht ausschließlich als Diktaturgeschichte betrachtet werden könne. Vielmehr seien die Grenzen der 'Durchherrschung' aufzuzeigen. Diese neue Tendenz in der DDR-Forschung versteht sich nicht nur als eine Antwort auf eine sich zunehmend breit machende DDR-Nostalgie, auch wenn sieben Jahre nach dem Fall der Mauer in einer Meinungsumfrage der Aussage "In der DDR waren alle gleich und hatten Arbeit, darum war es eine schöne Zeit" 48 Prozent der Ostdeutschen voll zustimmten. Ein stärkeres Motiv ist sicher, den Menschen in der ehemaligen DDR den nötigen Respekt zu erweisen, denn der Respekt vor dem Men-

---

[19] Andreas Hillgruber: Politische Geschichte in moderner Sicht. In: *Historische Zeitschrift* 216 (1973). H. 3. S. 529-552, hier S. 551f.

schen ist die entscheidende Prämisse für jegliche historische Forschung überhaupt.

Es ist heute ein Leichtes, DDR-Geschichte und Unrechtsgeschichte gleichzusetzen. Viele gehen noch weiter und ziehen die Schlußfolgerung, daß schon der Sozialismusversuch ein Unrecht war. Doch die öffentliche Auseinandersetzung mit der Vergangenheit sollte immer ein emanzipatorischer Prozeß sein, der mehr umfaßt als die Feststellung von Verletzungen rechtsstaatlicher Normen und der Menschenrechte in der DDR. Sie sollte es ermöglichen, die DDR-Geschichte als eigene Geschichte, als deutsche Geschichte anzunehmen und damit die Chance für einen Neuanfang in der Bundesrepublik Deutschland bieten.

Christine Hamm

Über Kriterien in Werturteilen und Textinterpretationen. Bertolt Brechts *Der kaukasische Kreidekreis* und *Ordinary language philosophy*

This essay debates the question of whether "ordinary language philosophy" can be of interest to literary criticism. Part I is concerned with the theoretical critique of this philosophy, whereas Part II involves the study of Bertolt Brecht's "Der kaukasische Kreidekreis", which deals with the problem of interpretation. Part III analyses the concept of interpretation as discussed in deconstruction and ordinary language philosophy.

I

Seit der im nachhinein berühmt gewordenen Auseinandersetzung zwischen Jacques Derrida und John Searle[1] haben es nur wenige Literaturwissenschaftler gewagt, die Frage zu stellen, ob das, was man gewöhnlich unter dem Begriff *Ordinary language philosophy* versteht, für das Lesen literarischer Texte relevant sein kann. Auf der theoretischen Ebene ist Derridas Beschreibung der *Ordinary language philosophy* als normativ offenbar allgemein akzeptiert worden; diese philosophische Richtung, so Derrida, gehe davon aus, eine Aussage habe eine bestimmte, festgelegte Bedeutung, sobald sie in einem normalen Standardkontext gesehen wird.[2] Derrida lobt in "Signature Event Context" Austin, da dieser in seiner Untersuchung performativer Aussagen die Bedeutung des Kontexts erkannte und es dabei schaffte

> to free the analysis of the performative from the authority of the truth *value* [...] and to substitute for it at times the value of force, of difference of force (*illocutionary* or *perlocutionary force*) [...] which is nothing less than Nietzschean [...].[3]

Laut Derrida ist es bei Austin der spezielle, begrenzte Kontext, der einer Aussage Bedeutung gibt. Indem dieser besondere Kontext die Funktion eines Stan-

---

[1] Diese Auseinandersetzung ist größtenteils wiedergegeben in Jacques Derrida: *Limited Inc.* Übersetzt von Samuel Weber. Evanston [4]1995.
[2] Derridas Formulierung lautet: "[...] I shall take for granted the fact that Austin's analyses at all times require a value of *context*, and even of a context exhaustively determined, in theory or teleologically; the long list of "infelicities" which in their variety may affect the performative event always comes back to an element in what Austin calls the total context." Jacques Derrida: Signature Event Context. In: Ders.: *Limited Inc.* A.a.O. S. 1-23, hier S. 14. Hervorh. i. Orig.
[3] Ebd. S. 13. Hervorh. i. Orig.

dards erfüllt, läßt sich der Effekt des Kontexts mit der Wirkung einer politischen oder ethischen Kraft vergleichen. In *Limited Inc* bringt Derrida Searles Berufung auf einen Standardkontext zu einem gewissen Grad mit dem Glauben an die Macht der Polizei in Verbindung, indem er hervorhebt, daß

> there is always a police and a tribunal ready to intervene each time that a rule [constitutive or regulative, vertical or not] is invoked in a case involving signatures, events, or contexts.[4]

Nach Derridas Auffassung ist es demgegenüber die Rolle der Dekonstruktion, Kritik zu üben und sozusagen die Rolle der politischen Opposition zu übernehmen. Dekonstruktion kritisiert den Glauben der *Ordinary language philosophy* an eine kontrollierende Macht und stellt die Regeln des Diskurses in Frage, wobei sie sich der Fiktionalität jedes Diskurses bewußt ist:

> This question [what is "nonfiction standard discourse", C.H.] is all the more indispensable since the rules, and even the statements of the rules governing the relations of "nonfiction standard discourse" and its fictional "parasites", are not things found in nature, but laws, symbolic inventions, or conventions, institutions that, in their very normality as well as in their normativity, entail something of the fictional. Not that I assimilate the different regimes of fiction, not that I consider laws, constitutions, the declaration of the rights of man, grammar, or the penal code to be the same as novels. I only want to recall that they are not "natural realities" and that they depend on the same structural power that allows novelesque fictions or mendacious inventions and the like to take place. This is one of the reasons why literature and the study of literature have much to teach us about right and law.[5]

Obzwar Derrida selbst äußerst vorsichtig mit seiner Behauptung ist, die Idee der Polizei, mit deren Herbeirufen er Searles Berufung auf einen Standardkontext vergleicht, sei an sich immer schon zwangsläufig Ausdruck von Unterdrückung und konservativer Normgebung, klingen Wörter wie 'Polizei', 'Norm' und 'Normativität' heutzutage de facto in den Ohren vieler Literaturtheoretiker äußerst negativ. Es ist deshalb in meinen Augen notwendig, hier kurz darauf einzugehen, wo das Gefühl des Normativen herrührt, das die Berufung der *Ordinary language philosophy* auf einen Kontext erzeugt, und ob der Begriff der Polizei in diesem Zusammenhang angemessen ist. Hat Derrida recht mit seiner Behauptung, dasjenige, was einer Aussage Bedeutung zukommen läßt, sei im Grunde etwas nicht vollkommen Natürliches, eine Art nietzscheanische Kraft [Nietzschean force], etwas, das sich außerhalb des gewöhnlichen Zeichenbegriffs [the mark] befindet und sich sozusagen als Normatives maskiert?

---

[4] Jacques Derrida: *Limited Inc.* A.a.O. S. 105.
[5] Ebd. S. 133f.

Stanley Cavell wendet sich in "What Did Derrida Want of Austin"[6] gegen die Sichtweise Derridas: Was Austin an Stelle des positivistischen Wahrheitsbegriffs setzt, ist nicht eine nietzscheanische Kraft, sondern, so Cavell, den Begriff der 'Geglücktheit' [felicity], also den Gedanken, daß eine performative Aussage im Verhältnis zu den tatsächlichen Umständen immer entweder geglückt sein muß oder nicht. Der Unterschied zwischen Derridas und Cavells Interpretation von Austin läßt sich möglicherweise dadurch erklären, wie beide das 'Befolgen einer Regel' hinsichtlich unseres täglichen Sprachgebrauchs verstehen. Derrida scheint der Aufassung zu sein, daß eine Regel immer – automatisch – als Imperativ [imperative] verstanden werden muß, als eine Art Befehl, dem wir folgen müssen. Wenn wir einer Regel folgen, unterwerfen wir uns einer Art Machtausübung. Cavell hingegen denkt sich eine Regel als schlicht aussagend. Er gebraucht den Begriff 'categorial declarative', womit sich in Cavells Augen Kants kategorischer Imperativ besser, weil weniger verwirrend, beschreiben läßt:

> The Categorial Declarative does not tell you what you *ought* to do *if* you want to be moral (and hence is untouched by the feeling that no imperative can really be *categorical*, can bind us no matter what); it tells you (part of) what you in fact do when you *are* moral.[7]

Eine Regel des Schachspiels sagt uns beispielsweise nicht, was wir tun sollen, oder was wir tun müssen, wenn wir Schach spielen wollen, sondern was wir notwendigweise immer dann tatsächlich tun, wenn wir Schach spielen. Wenn wir der Regel nicht folgen, spielen wir nicht Schach, sondern irgendein anderes Spiel. Eine imperative Regel sagt uns, was wir tun müssen, wenn wir bereits Schach spielen. Sie erinnert uns daran etwas zu beachten, was wir möglicherweise vergessen würden oder was wir zu übersehen neigen. Eine 'categorial declarative' sagt uns, was wir ohnenhin tun müssen, damit das, was wir tun, überhaupt erst Schachspielen genannt werden kann.

Derrida scheint der Auffassung zu sein, daß die Regeln für den Gebrauch der Sprache auf irgendeine Art und Weise außerhalb der Sprache schweben. Wir müssen sie offenbar erst interpretieren, bevor wir ihnen folgen können. Cavells Begriff des 'categorial declarative' bringt demhingegen die Auffassung zum Ausdruck, daß sich uns normalerweise gar nicht erst die Frage nach einer Interpretation der Regeln stellt, da wir gar nicht die Wahl haben, wie und ob wir einer Regel folgen wollen. Laut Cavell stellt *Ordinary language philosophy* also keineswegs Regeln für den Sprachgebrauch auf, sondern macht uns durch die Beschreibung unserer Alltagssprache auf die Regeln aufmerksam, denen wir notwendigerweise folgen, wenn wir unsere Sprache sprechen. Das

---

[6] Stanley Cavell: What Did Derrida Want of Austin? In: Ders.: *Philosophical Passages: Wittgenstein, Emerson, Austin, Derrida*. Oxford u.a. 1995. S. 42-65.
[7] Stanley Cavell: Must we mean what we say? In: Ders.: *Must we mean what we say? A Book of Essays*. New York 1969. S. 1-43, hier S. 25. Hervorh. i. Orig.

Gefühl des Normativen, das durch die Vorgehensweise der *Ordinary language philosophy* bei uns erzeugt wird, rührt also nicht daher, daß diese Vorgehensweise Regeln und Normen unseres Sprachgebrauchs bestätigt, sondern, daß sie uns auf die Regeln und Normen unserer Sprache aufmerksam macht ["what is normative is exactly ordinary use itself"].[8]

Sobald wir unseren alltäglichen Sprachgebrauch als normativ akzeptiert haben, verstehen wir, daß die Art und Weise wie wir sprechen, notwendigerweise (mit logischer Notwendigkeit, nicht wie Derrida behauptet, auf Grund einer ethischen oder politischen Notwendigkeit)[9] das impliziert, was wir tun, während wir sprechen. Wir können die Regeln des Schachspielens nicht vom Schachspielen trennen. Sprachliche Aussagen lassen sich nicht von ihren pragmatischen Implikationen lösen, wie Cavell deutlich macht:

> The significance of categorial declaratives lies in their teaching or reminding us that the "pragmatic implications" of our utterances are (or, if we are feeling perverse, or tempted to speak carelessly, or chafing under an effort of honesty, let us say *must be*) *meant*, that they are an essential part of what we mean when we say something, of what it is to mean something.[10]

Unser Sprachgebrauch ist normativ in seinen pragmatischen Implikationen. Das Normative liegt also nicht in ethisch-politischen Kräften, die einer Aussage Bedeutung zukommen lassen, wie Derrida zu erklären sucht.

Derridas Mißverständnis der Rolle, die der Kontext bei Austin spielt, gab Anlaß zu der Auffassung, *Ordinary language philosophy* sei normativ im Sinne einer Berufung auf, oder Bestätigung von gewissen Werten und Normen. Dies wurde von weniger vorsichtigen Dekonstruktivisten strukturell analog zu politischen und moralischen Normen gesehen. Es ist jedoch wichtig zu erkennen, daß Derridas und Cavells Denkweisen zwei verschiedene Auffassungen des Begriffs 'Norm' zugrunde liegen. Der Dekonstruktivist denkt sich das Normative als eine Kraft, eine Macht, die das Zeichen kontrolliert und ihm Bedeutung zukommenläßt, indem es in einen Standardkontext eingebettet wird. Der Verfechter der *Ordinary language philosophy* denkt sich das Normative als eine logische Notwendigkeit unseres Sprachgebrauchs (Wittgenstein nennt dies Grammatik); eine Aussage kann nie von ihren pragmatischen Implikationen freigesprochen werden. Wir stellen uns immer einen Kontext vor, sobald wir unsere Sprache sprechen. Das Normative liegt in dem Sprechen der Alltagssprache selbst.

Seit Derridas "Signature Event Context" hat sich in der Literaturtheorie nicht nur die Idee gehalten, *Ordinary language philosophy* sei in ihrer Vor-

---

[8] Ebd. S. 21.
[9] Vgl. Derridas Formulierung in *Limited Inc.* S. 148: "There would be no indecision or *double bind* were it not between *determined* (semantic, ethical, political) poles, which are upon occasions terribly necessary and always irreplaceably singular."
[10] Stanley Cavell: Must we mean what we say? A.a.O. S. 32. Hervorh. i. Orig.

gehensweise normativ, sondern auch die Auffassung, diese philosophische Richtung ignoriere die spezifische Literarizität literarischer Texte.[11] Der Name 'Ordinary language philosophy' reichte bereits aus, um bei Literaturwissenschaftlern Verdacht zu erwecken. Ganz offensichtlich beschäftigt sich diese Art von Philosophie mit der Alltagssprache, und kann daher für die Literaturwissenschaft nicht von Interesse sein. Vielmehr könnte *Ordinary language philosophy* der Literaturwissenschaft gefährlich werden: Legitimisiert nicht gerade das Literarische des Textes, die Literarizität der Sprache als spezifisches Untersuchungsobjekt das Unternehmen der Literaturwissenschaft?

Der Gedanke eines kategorischen Unterschieds zwischen der Alltagssprache und der Sprache der Literatur wurde in der *Ordinary language philosophy* nicht ausreichend diskutiert, und deshalb kann auch von der Bevorzugung einer Art Sprache vor einer anderen nicht die Rede sein. Es waren nicht die Vertreter der *Ordinary language philosophy*, sondern Literaturwissenschaftler wie Stanley Fish, die davon ausgingen, Austin unterscheide zwischen Literatur und Alltagssprache und setze letztere als nichtfiktionale Standardsprache normativ. Cavell zitiert Fish: "According to most of those who have worked on this problem, what is normative is language that intends to be or is held to be responsible to the real world".[12] Die Frage der Verantwortlichkeit sprachlicher Aussagen trennt die Alltagssprache von fiktiven Texten, so Fish. Cavell selbst jedoch hatte den Eindruck, seine Behauptung "what is normative is exactly ordinary use itself" befreie gerade die Diskussion von derart kategorischen Unterschieden wie dem zwischen dem Deskriptiven und dem Normativen, zwischen Tatsachenaussagen und Werturteilen.

Darüber hinaus läßt sich die *Ordinary language philosophy* nicht, wie es oft geschieht, als Sprachphilosophie im engeren Sinne verstehen. *Ordinary language philosophy* hat nur insofern ein genuines Interesse an Sprache, als unser Sprachgebrauch uns etwas über Begriffe wie Wahrheit, Schmerz, Mitleid und dergleichen sagen kann. "Ordinary language philosophy is about whatever ordinary language is about."[13] Wenn dem so ist, muß es möglich sein, mit den Methoden der *Ordinary language philosophy* auch einige literaturwissenschaftliche Begriffe, wie beispielsweise den der Interpretation, näher in Augenschein zu nehmen. Meine Untersuchung stellt einen Versuch in dieser Hinsicht dar.

Es bedarf kaum einer theoretischen Diskussion, um die Probleme zwischen Dekonstruktion und *Ordinary language philosophy* zu verstehen. Zu befürchten ist vielmehr, daß eine Diskussion auf theoretischer Ebene sich notwen-

---

[11] Vgl. Stanley Cavell: What Did Derrida Want of Austin? A.a.O. S. 44f.
[12] Stanley Cavell: The Politics of Interpretation. (Politics as opposed to what?). In: Ders.: *Themes out of School: Effects and Causes*. Chicago u.a. [6]1997. S. 27-59, hier S. 37.
[13] Stanley Cavell: Aesthetic Problems of Modern Philosophy. In: Ders.: *Must we mean what we say?* A.a.O. S. 73-96, hier S. 95.

digerweise gerade der Begriffe (wie beispielsweise des Begriffs der Norm) zu bedienen hätte, die die Probleme ursprünglich verursachten. Statt dessen soll hier die Frage untersucht werden, ob die Einsichten der *Ordinary language philosophy* von Relevanz für das Lesen literarischer Texte sein können, insbesondere, ob *Ordinary language philosophy* uns Aufschluß darüber geben kann, was mit der Interpretation eines literarischen Textes gemeint sein kann. Diese Frage soll mit Hilfe der Interpretation eines literarischen Texts beantwortet werden: Bertolt Brechts Theaterstück *Der kaukasische Kreidekreis*.[14] Besonderes Augenmerk gilt dabei der letzten wichtigen Gerichtsszene.

Für Brecht spricht, daß es meiner Meinung nach eine ins Auge fallende Ähnlichkeit zwischen Brechts Denken und dem der *Ordinary language philosophy* gibt. Besonders die Art und Weise wie der Richter Azdak im Stück seine Urteile fällt, scheint mir Wittgensteins Vorgehensweise anhand von Sprachspielen zu ähneln. Wolfgang Fritz Haug weist auf einige Ähnlichkeiten und Unterschiede zwischen Brechts und Wittgensteins Denken in seinem Buch *Philosophieren mit Brecht und Gramsci* hin.[15] Leider bewegt sich Haugs Argumentation auf einem meiner Meinung nach zu abstrakten und theoretischen Niveau. Die Argumentationsstruktur des Buches ist in meinen Augen symptomatisch für ein fatales Mißverständnis des Wittgensteinschen Sprachverständnisses, das auch Auswirkungen auf die ideologische Position des Buches hat. Für Wittgenstein gibt es kein 'außerhalb der Alltagssprache', auf das wir uns berufen könnten, da dieses 'außerhalb' für uns keine Bedeutung haben würde. (Können wir unsere Sprache wie ein Haus verlassen? Wo sollten wir nach der Tür suchen?) Deshalb, so Wittgenstein, kann es nie eine sinnvolle Sprache der Philosophie geben: Die Philosophie zeichnet sich dadurch aus, daß sie Begriffe metaphysisch, außerhalb ihrer jeweiligen Sprachspiele benutzt. Haugs Unverständnis gegenüber Wittgensteins Auffassung von Sprache resultiert in Abschnitten wie dem folgenden:

> Wittgenstein ist der denkwürdige Fall eines Intellektuellen, der auf seinem Spezialgebiet dabei ist, eine "kulturelle Revolution zu bewirken und zu organisieren, das heißt, die Kultur der praktischen Funktion anzugleichen", der in dieser Hinsicht alles andere als "erstarrt" ist und die traditionellen Intellektuellen verschreckt, indem er ihre Tätigkeit des Unsinns zeiht und ihre ideologische Grammatik zu zerstören trachtet. Er fragt sich selbst: "Ist dies eine 'Weltanschauung'?" (PhU, §122). Und doch ist er dabei politisch reaktionär und steigert sich in panische Versicherungen des nichts-ändernden Charakters seines Tuns. "Die Philosophie darf den tatsächlichen Gebrauch der Sprache in keiner Weise antasten, sie kann ihn am Ende nur be-

---

[14] Bertolt Brecht: Der kaukasische Kreidekreis. In: Ders.: *Werke. Große kommentierte Berliner und Frankfurter Ausgabe*. Hg. von Werner Hecht, Jan Knopf, Werner Mittenzwei u. Klaus-Detlef Müller. Bd. 8 (Stücke 8). Bearbeitet von Klaus-Detlef Müller. Berlin u.a. 1992. S. 93-191.
[15] Wolfgang Fritz Haug: *Philosophieren mit Brecht und Gramsci*. Berlin u.a. 1996.

schreiben." Nach einer Unterbrechung setzt er hinzu: "Denn sie kann ihn auch nicht begründen." Und wiederum: "Sie läßt alles, wie es ist."[16]

Haug scheint von vornherein die Möglichkeit auszuschließen, daß jemand unsere Alltagssprache als die einzige tatsächlich sinnvolle Sprache ansehen kann. Haug übersieht, daß Wittgenstein den Versuch, durch die Konstruktion einer perfekten philosophischen Sprache unserer 'Verhexung' durch die Alltagssprache zu entgehen, als menschliche Phantasie, als logische Unmöglichkeit entlarvt. Haug selbst phantasiert offenbar von einer perfekten politischen Sprache. Er sehnt sich nach einer Sprache, die die politischen Implikationen unserer Alltagssprache ausklammert.

Im oben zitierten Text zeigt sich Haugs Mißverständnis deutlich durch das Übersehen der Anführungszeichen in Wittgensteins Gebrauch des Wortes 'Weltanschauung'. Wittgenstein versucht offenbar, mit den Anführungszeichen unsere Aufmerksamkeit darauf zu lenken, daß die Verwendung des Begriffs 'Weltanschauung' im Zusammenhang seines philosophischen Denkens problematisch ist. Sein Fragen ("Ist dies eine 'Weltanschauung'?") ist nicht frei von einem amüsierten Unterton. Er weiß, daß es unmöglich ist, seine Frage eindeutig positiv oder negativ zu beantworten: Verstehen wir unter 'Weltanschauung' eine besondere, mit verschiedenen möglichen anderen Sichtweisen konkurrierende Sichtweise, müssen wir die Frage mit 'nein' beantworten. Aber auf der anderen Seite *ist* diese Weise unsere Sichtweise (unser Sprachgebrauch ist normativ), und sie macht einen Unterschied, sie verändert für uns unsere Welt. So gesehen müßten wir die Frage mit 'ja' beantworten.

Da es unsere Haltung, unsere Sichtweise ist, die den Unterschied ausmacht und uns philosophische Schwierigkeiten in einem anderen Licht erscheinen läßt, greift Cavell zu dem Begriff der Therapie (wie bereits Wittgenstein selbst). Je mehr wir lernen, Schwierigkeiten zu beseitigen, desto weniger können wir sagen, was wir eigentlich gelernt haben. Wir können das Gelernte nicht begrifflich fassen, weil wir nicht zu der *Lösung* eines Problems gekommen sind. Das Problem selbst ist verschwunden, weil unsere Haltung sich geändert hat.

> You have reached conviction, but not about a proposition; and consistency, but not in a theory. You are different, what you recognize as problems are different, your world is different.[17]

In Wittgensteins Denken gibt es keinen fundamentalen Bruch zwischen Sprache, Denken und Welt. Alles was wir sagen und tun, sagen und tun wir in unserer Lebenswelt, es macht gerade unsere Lebensweise aus. Das Wort 'Weltanschauung' kann uns zu dem Glauben verleiten, wir stünden außerhalb

---

[16] Ebd. S. 100.
[17] Stanley Cavell: Aesthetic Problems of Modern Philosophy. A.a.O. S. 86.

von Sprache und Welt. Im Gegensatz zu Wittgenstein behauptet der Marxist Haug, Ideologiekritik könnte unsere Welt via Sprache (durch eine Veränderung der Sprache) verändern. Indem sein Hauptanliegen in *Philosophieren mit Brecht und Gramsci* ist, Brecht als Philosophen zu etablieren, meint er, eine Kritik der Sprache auf philosophischer Ebene könne mehr erreichen, als "Luftgebäude zerstören", wie Wittgenstein sagt. Das Unheimliche in Wittgensteins Untersuchung des Alltäglichen ist für Cavell die

> assurance that every theoretical attachment to words (structures of air) is an attachment to illusion and the assurance that we have some mode of inhabitation outside such structures, or else that we can live without inhabitation.[18]

Selbstverständlich können wir zu bestimmten Zwecken Ausdrücke unserer Sprache verändern.[19] Cavell setzt dies in Zusammenhang mit den Regeln für besonderes, außergewöhnliches Sprechen:

> What this calls attention to is the fact that language provides us with ways for (contains forms which are normative for) speaking in special ways, e.g., for changing the meaning of a word, or for speaking, *on particular occasions*, loosely or personally, or paradoxically, cryptically, metaphorically... Do you wish to claim that you can speak strangely yet intelligibly – and this of course means intelligibly to yourself as well – in ways not provided in the language for speaking strangely?[20]

Wie bereits gesagt, breche ich hier meine Überlegungen auf sprachphilosophischer Ebene ab, um sie auf einen literarischen Text zu beziehen. Die Betrachtung des *Kaukasischen Kreidekreises* soll eine Antwort auf die Frage bringen, ob *Ordinary language philosophy* auf Grund der Beschäftigung mit dem Normativen unseres Sprachgebrauchs als 'reaktionär' bezeichnet werden muß.

II

In der letzten Szene des Theaterstücks (Kapitel 5: "Der Kreidekreis")[21] sehen wir das Küchenmädchen Grusche und die Gouverneursfrau vor dem Richter stehen. Azdak soll in dem Streit um das Kind Michel ein Urteil fällen. Die Zuschauer wissen, daß die Gouverneursfrau, die biologische Mutter, ihr Kind zurückverlangt, da sie sonst nicht über das Erbe ihres während der Revolution er-

---

[18] Stanley Cavell: The Politics of Interpretation. A.a.O. S. 30.
[19] Ludwig Wittgenstein: *Philosophische Untersuchungen*. Frankfurt/M. 1967. S. 70f. §132: "[E]ine Reform für bestimmte praktische Zwecke, die Verbesserung unserer Terminologie zur Vermeidung von Mißverständnissen im praktischen Gebrauch, ist wohl möglich. Aber das sind nicht die Fälle, mit denen wir es zu tun haben. Die Verwirrungen, die uns beschäftigen, entstehen gleichsam, wenn die Sprache leerläuft, nicht wenn sie arbeitet."
[20] Stanley Cavell: Must we mean what we say? A.a.O. S. 33.
[21] Ich folge der Einteilung der *Großen kommentierten Berliner und Frankfurter Ausgabe*. Version 1954.

mordeten Gatten verfügen kann. Grusche nahm sich des Kindes zu Beginn mehr oder weniger widerwillig an, nachdem die Gouverneursfrau es bei ihrer Flucht vor den Revolutionären zurückgelassen hatte. Doch nun hat sie es so liebgewonnen, daß sie es als ihr eigenes betrachtet und deshalb behalten will. Azdak, der von den Panzerrittern zum Richter ernannt worden ist, soll den Streitfall entscheiden. Er löst den Fall, indem er beide Mütter auf je eine Seite eines Kreidekreises stellt, in dessen Mitte das Kind steht. Beide Mütter werden gebeten, das Kind aus dem Kreis zu ziehen. Er läßt sie wissen, daß die stärkere Mutter als die 'wahre Mutter' angesehen werden wird und das Kind erhält. Wie erwartet, zieht die Gouverneursfrau das Kind aus dem Kreidekreis auf ihre Seite, während Grusche losläßt, um das Kind nicht zu verletzen. Azdak spricht daraufhin Grusche das Kind zu.

Der Rolle des Richters kommt entscheidende Bedeutung zu. Sein Urteil beschließt den Ausgang des Stücks. Azdaks Entscheidung steht außerdem explizit (vgl. die letzten sechs Zeilen des Stücks) in Relation zu der Entscheidung des Vorspiels, wo sich zwei Kolchosdörfer über den Besitz eines Stücks Land auf vernünftige und friedvolle Weise einig werden. Durch diesen Vergleich gewinnt Azdaks vernünftige Entscheidung noch mehr an Gewicht. Die Frage, ob Azdaks Entscheidung, mit der das Theaterstück endet, das die Bauern des einen Kolchosdorfs für die des anderen aufführen, in Parabelrelation zu der Entscheidung über das Tal des Vorspiels steht, ist in der Brechtforschung eingehend diskutiert worden.[22] Brecht selbst schreibt unter anderem, daß die beiden Entscheidungen nicht in einer Parabelrelation stehen, sondern sich nur darin gleichen, daß beide "lediglich eine bestimmte Art von Weisheit"[23] zeigen.

Worin besteht diese "bestimmte Art von Weisheit" eigentlich? Offenbar steht diese Weisheit in engem Zusammenhang mit der Persönlichkeit des Richters. Brechts Aufzeichnungen bestätigen, daß er intensiv an der Figur des Richters arbeitete. In allen früheren Fassungen des Stücks ist der Richter die zentrale Figur. Brecht läßt uns darüber hinaus wissen, daß er zunächst Schwierigkeiten hatte, den auffallend widersprüchlichen Charakter der Figur zu erklären. Azdak handelt nicht nur moralisch (er spricht Recht zu Gunsten der armen Bevölkerungsschichten), sondern auch amoralisch (er sobotiert Recht und Gesetz, indem er auf schlechte Weise Urteil spricht). Die fehlende Erklärung für diese Widersprüche findet Brecht schließlich in Azdaks "Enttäuschung darüber, daß mit dem Sturz der alten Herrn nicht eine neue Zeit kommt, sondern eine Zeit neuer Herrn".[24] Azdaks Enttäuschung ist also in Brechts Augen eine Enttäuschung über die Revolution.

---

[22] Vgl. Jan Knopf: *Brecht-Handbuch. Eine Ästhetik der Widersprüche*. Theater. Stuttgart ²1996. S. 258ff.
[23] Werner Hecht: *Materialien zu Brechts "Der kaukasische Kreidekreis"*. Frankfurt/M. 1966. S. 18.
[24] Ebd. S. 31.

Dies verlangt nach näherer Erklärung. Offensichtlich ist es nicht nur die Revolution im allgemeinen, die Azdak enttäuscht, sondern, wie das vierte Kapitel deutlich macht, insbesondere die Konsequenzen, die die Revolution für Gesetz und Rechtssprechung hat. Azdak wird den Zuschauern zu Beginn als eine Art harmloser Krimineller vorgestellt. Er pflegt Hasen in den Gärten der Nachbarn zu jagen, um etwas auf den Mittagstisch zu bekommen. Er hat ein interessantes Verhältnis zu dem Polizisten Schauwa, der Azdaks Versprechen, sich zu bessern, für bare Münze nimmt. Schauwa ist davon überzeugt, daß Azdak ein "gutes Herz" hat. Azdak jedoch berichtigt ihn; er habe kein gutes Herz, sondern sei ein "geistiger Mensch". Er sucht den Polizisten davon zu überzeugen, daß es viel besser ist, Hasen zu jagen als Menschen, denn "ein Mensch ist nach Gottes Ebenbild gemacht".[25]

Azdak hat seine eigene Auffassung von politischem Bewußtsein. Nachdem er erkannt hat, daß er dem Großfürsten, dem "Großgauner",[26] zur Flucht verholfen hat, meldet er sich freiwillig dem – wie er glaubt – Gerichtshof der Revolution, in der Hoffnung, er werde im Namen der Revolution verurteilt. Seine Utopie besteht in dem absoluten Zusammenfall von Volk und dessen Institutionen, wie er Schauwa gegenüber deutlich macht:

> Eine neue Zeit ist gekommen, die über dich hinwegdonnern wird, du bist erledigt, Polizisten werden ausgemerzt, pfft. Alles wird untersucht, aufgedeckt. Da meldet sich einer lieber von selber, warum, er kann dem Volk nicht entrinnen.[27]

Doch ist es keineswegs das Volk, das regiert. Die Konterrevolution ist in vollem Gang, und Azdak wird um ein Haar gehängt. Er entkommt diesem Schicksal nur, da er unfreiwillig die Panzerritter der Konterrevolution mit seinem Gerede in gute Laune versetzt. Sie machen Azdak zum Richter.

Das Stück behandelt zu großen Teilen Fragen von Recht und Gerechtigkeit. Insbesondere stellt es die Frage nach einer übergeordneten Instanz, auf die man sich in der konkreten Urteilssprechung berufen kann. In meinen Augen ist es genau diese Frage, die das Stück in den 90er Jahren so aktuell werden läßt. Die Frage nach einer unabhängigen Rechtsinstanz greift einige Probleme auf, die in Verbindung mit der Aufarbeitung der jüngsten deutschen Geschichte deutlich werden. Das Stück hinterfragt nicht nur die Rechtssprechung des Nationalsozialismus, sondern auch die der ehemaligen DDR. Gibt es eine unabhängige Kontrollinstanz, eine universelle Autorität, die die Rechtssprechung allgemein absichern kann? Das Stück bezweifelt die Existenz eines 'Wesens der Gerechtigkeit', einer universellen Norm, eines Standards, die die Richtigkeit von Urteilen generell bestätigt. Es zeigt statt dessen zunächst einmal Wege, Urteile zu fällen, die nicht als Berufung auf ein Gesetz, als Appell an eine Instanz auf gesonderter Ebene gesehen werden können, sondern die sich

---

[25] Bertolt Brecht: Der kaukasische Kreidekreis. A.a.O. S. 152.
[26] Ebd. S. 154.
[27] Ebd.

als willkürliche Entscheidungen derer erweisen, die zufällig auf dem Richterstuhl sitzen. Auf diese Weise zeigt das Stück die Kehrseite dessen, was traditionellerweise unter Rechtssprechung verstanden wird. Azdak beschreibt die traditionelle Rechtssprechung als abhängig von dem Respekt vor dem Recht:

> Recht muß immer in vollkommenem Ernst gesprochen werden, es ist so blöd. [...] Eher noch könnte eine Richterrobe und ein Richterhut ein Urteil sprechen als ein Mensch ohne das alles. Das Recht ist weg wie nix, wenn nicht aufgepaßt wird.[28]

In Brechts Stück ist das Recht außer Funktion gesetzt, weil der Respekt vor dem Recht mit dem Respekt vor der Obrigkeit verschwunden ist. Recht wird nicht einmal konsequent zugunsten der neuen Herrscher gesprochen. Wenn dies der Fall wäre, hätte Azdak gehängt werden müssen. Es ist jedoch sein Vorgänger, das Recht in Person sozusagen, der gehängt wird. Azdak selbst wird auf den Richterstuhl gesetzt, und die Zuschauer sind natürlich sehr gespannt zu erfahren, wie er sich als Richter verhalten wird.

Azdak erkennt von Anfang an die Gefahr, die der traditionelle Begriff der Rechtssprechung birgt. Seine Enttäuschung über das Rechtssystem läßt sich in erster Linie aus der Rolle der Kriterien in der Urteilssprechung heraus erklären. Azdak steht vor einem Problem, das sich einem Richter in einer historischen Krisenzeit gewöhnlicherweise stellt: Er muß herausfinden, welche Kriterien er in der Urteilssprechung anwenden soll, nach welchen Kriterien er Gut und Böse voneinander unterscheiden soll, nun, da die traditionellen Kriterien nicht länger gültig und nicht länger in Erinnerung sind. Azdak charakterisiert das traditionelle Rechtssystem als ein Spiel mit Masken. Sobald die Masken im Zuge der Revolution fallen, bleiben allein die Person des Richters und dessen private Kriterien zurück. Aber widerspricht nicht eine persönliche, subjektive Entscheidung der Idee eines Gerichtsurteils, verlangt nicht bereits der Begriff des Richters nach Objektivität? Und sind Azdaks Urteilssprüche wirklich willkürliche, persönliche Entscheidungen?

Betrachten wir noch einmal die letzte Gerichtsszene des Stücks. Die reiche Gouverneursfrau erscheint mit ihren Anwälten, da sie offensichtlich einen traditionellen Gerichtsprozeß erwartet. Einer der beiden Anwälte beginnt, eindringlich zu beschreiben, wie die Gouverneursfrau das Kind zur Welt brachte. Beide Anwälte sind offenbar der Auffassung, daß dies der Weg ist, Mütterlichkeit zu beweisen. Es wird also deutlich, daß beide Anwälte und die Gouverneursfrau das Kriterium für Mütterlichkeit indirekt als ein biologisches auffassen. Wie kommen sie dazu? Meiner Auffassung nach verlassen sie sich auf ihren alltäglichen Sprachgebrauch. Sie entnehmen den Begriff 'Mutter' ihrer Alltagssprache, sie verwenden ihn, wenn ein biologisches Verhältnis zwischen Mutter und Kind besteht. Dabei vergessen sie, daß ein Begriff stets eine ganze Familie von Bedeutungen hat, unsere Sprache enthält neben den biologischen

---

[28] Ebd. S. 159.

weitere Kriterien für die Verwendung des Begriffs 'Mutter'. Wir können das Wort z.B. in Verbindung mit einer Adoptivmutter oder Stiefmutter verwenden. Die Anwälte erweisen sich als Essentialisten, da sie alle anderen Kriterien mit Ausnahme des biologischen für die Verwendung des Wortes 'Mutter' ausklammern. In gleicher Weise schließen sie alle anderen Kriterien außer dem biologischen für das Vererben von Gütern aus.[29]

Azdak sieht den Begriff der 'Mutter' anders. Er macht die einseitige Berufung der Anwälte auf biologische Kriterien nicht mit. Doch was veranlaßt ihn dazu, den Begriff 'Mutter', wie ihn die Anwälte benutzen, zu hinterfragen? Schließlich gebrauchen wir den Begriff fast jeden Tag unreflektiert.

Der Zweifel spielt hier die entscheidende Rolle. Azdak beginnt erst auf Grund seiner Erfahrungen mit der Revolution, das biologische Kriterium des Begriffs 'Mutter' zu hinterfragen. Außerdem gibt einer der Anwälte ihm den Hinweis auf die Erbschaftsfrage der Gouverneursgüter. Azdaks Zweifel hat somit eine Ursache, er ist begründet. Die vorausgehenden Szenen zeigen dem Zuschauer, wie Azdak dazu kommt, unsere alltäglichen Begriffsverwendungen anzuzweifeln. Sie begründen Azdaks Skeptizismus (die Enttäuschung des Intellektuellen). Die traditionelle Weise der Begriffsverwendung – repräsentiert durch die Gouverneursfrau und die Anwälte – hat ihn enttäuscht.

Es ist entscheidend für Azdaks Haltung, daß er eine gewisse Verwirrung in der Verwendung des Begriffs 'Mutter' bemerkt hat. In seiner Rolle als Richter steht er vor zwei Möglichkeiten, den Begriff zu verwenden. Es stehen zwei 'Mütter' vor ihm. Dieser Umstand läßt ihn mißtrauisch werden. Er wird sich des Problems als solchem jetzt erst bewußt. Eine neue Deutung des Begriffs kommt erst zu Stande, als Azdak zwischen zwei Möglichkeiten wählen muß. Eine Interpretation des Begriffs 'Mutter' wird im Stück explizit erst dann gefordert, als die Situation von Azdak verlangt, den Begriff zu hinterfragen. Unter normalen Umständen wäre Azdak nicht auf die Idee gekommen, ein Wort wie 'Mutter' interpretieren zu wollen.

Die Interpretationsfrage kann hier mit Wittgensteins Diskussion über das "Bemerken eines Aspekts"[30] in Zusammenhang gebracht werden. Joachim Schulte erklärt in *Experience & expression* das "Bemerken eines Aspekts" in Verbindung mit der Idee des "etwas als etwas sehen".[31] Die berühmte Figur des H-E-Kopfes – eine Zeichnung, die sowohl als Hasenkopf als auch als Entenkopf gesehen werden kann – leitet im zweiten Teil von Wittgensteins *Philosophischen Untersuchungen* zu der Frage über, wann wir normalerweise von einer Deutung, einer Interpretation sprechen.[32] Wie Wittgenstein betont, macht

---

[29] Die Anwälte berufen sich hier auf einen gesellschaftlich etablierten Standardfall und exkludieren alle anderen Fälle. Dies läßt sich mit Derrida als essentialistisch kritisieren.
[30] Ludwig Wittgenstein: *Philosophische Untersuchungen*. A.a.O. S. 227.
[31] Joachim Schulte: *Experience & expression. Wittgenstein's Philosophy of Psychology*. Übersetzt und bearbeitet von Joachim Schulte. Oxford ²1995. S. 56f.
[32] Ludwig Wittgenstein: *Philosophische Untersuchungen*. A.a.O. S. 228.

es keinen Sinn, von einer Deutung zu sprechen, solange es nicht mehrere Sichtweisen gibt. Wenn ich die Figur des H-E-Kopfes nur als Entenkopf sehe, sage ich: "Ich sehe eine Ente". Bemerke ich jedoch die Doppeldeutigkeit, erkenne ich also eine Alternative, kann ich die Figur sowohl als Ente als auch als Hasen sehen. Ich sage dann, wenn ich beispielsweise die Figur zu einem Zeitpunkt als Hasen sehe: "Ich sehe es *als* einen Hasen". Schulte schreibt:

> Now I know that the picture can be seen this way or that way; and experiencing the change seems to depend on my being aware of the different possibilites. This awareness, however, is not a kind of seeing; it is an intellectual element which only through the process of seeing something as something becomes an experience of such a peculiar type.[33]

Im Fall einer Begriffsverwirrung, also wenn wir uns in einem bestimmten Fall aus irgendeinem bestimmten Grund die Frage stellen, wie wir einen Begriff interpretieren sollen, können wir Klarheit über den Begriff gewinnen, indem wir ein passendes Sprachspiel finden. Wir denken uns einen Kontext, in dem der Begriff gewöhnlicherweise sinnvoll verwendet wird [context of significant use]. Wir überführen dabei den Begriff von der intellektuellen Betrachtung – z.B. darüber, wie wir das Wort 'Mutter' verwenden sollen – in einen Zusammenhang, wo wir ihn nur sehen, d.h. in einen Zusammenhang, wo wir die Bedeutung kennen, ohne die Interpretationsfrage überhaupt gestellt zu haben. Wittgenstein beschreibt diesen Vorgang folgendermaßen: "§116 *Wir* führen die Wörter von ihrer metaphysischen, wieder auf ihre alltägliche Verwendung zurück.'[34]

Azdak geht auf ähnliche Weise vor. Er operiert keineswegs mit dem Begriff 'Mutter' auf höherer Ebene, wie beispielsweise der erste Anwalt in seiner salbungsvollen Rede:

> Mutter und Kind, gibt es ein innigeres Verhältnis? Kann man einer Mutter ihr Kind entreißen? Hoher Gerichtshof! Sie hat es empfangen in den heiligen Ekstasen der Liebe, sie trug es in ihrem Leibe, speiste es mit ihrem Blute, gebar es mit Schmerzen.[35]

Der Anwalt erschafft unbewußt fast eine Art 'Muttermetaphysik', indem er den Begriff 'Mutter' in einen Kontext stellt, wo er im Gesamtzusammenhang des Stücks keinen Sinn macht. Die Worte des Anwalts wirken vollkommen absurd, da sein Mutterbegriff im Kontext des Stücks keine Bedeutung hat. Es sieht so aus, als stände der Begriff der biologischen Mutter außerhalb jeden Sprachspiels, und er beginnt somit jenen philosophischen Begriffen zu ähneln, die Wittgenstein als metaphysische bezeichnet, da sie außerhalb von Sprach-

---

[33] Joachim Schulte: *Experience & expression...* A.a.O. S. 57.
[34] Ludwig Wittgenstein: *Philosophische Untersuchungen.* A.a.O. S. 67.
[35] Bertolt Brecht: Der kaukasische Kreidekreis. A.a.O. S. 177. Hervorh. i. Orig.

spielen, also nebulös gebraucht werden. Brechts Stück zeigt, daß unter gewissen Umständen kein Sprachspiel für den Begriff 'Mutter' existiert, das das Kriterium als biologisch erweist. Dies bedeutet natürlich keineswegs, daß es kein derartiges Kriterium für 'Mutter' in unserer Sprache gibt. Ganz im Gegenteil, man könnte sich ein Theaterstück denken, das das Kriterium 'aufopfernd und liebevoll' für den Mutterbegriff ad absurdum führen würde. Die sich aufopfernde Mutter könnte in gleichem Maße als 'metaphysisch' entlarvt werden, wie die biologische Mutter in Brechts Stück.

Azdak findet in der letzten Szene ein Sprachspiel für das Wort 'Mutter', er findet einen Kontext, wo das Wort Sinn macht. Sein Begriff der Mutter ist im Zusammenhang des Stücks überzeugend. Welche genauere Funktion hat jedoch das Finden des Sprachspiels? Azdak scheint mit der Inszenierung der Kreidekreisprobe herausfinden zu wollen, welche Kriterien wir für die Verwendung des Wortes 'Mutter' haben. Die Probe funktioniert wie ein Sprachspiel: Azdak will uns daran erinnern, wie wir das Wort 'Mutter' tatsächlich in unserer Sprache verwenden. Er will einen Weg aus der Begriffsverwirrung finden, die den Gerichtsprozeß beherrscht. Dies bedeutet nicht, daß Azdak keine vorgefaßte Meinung darüber hat, wer das Kind erhalten soll. Daß er seine Entscheidung bereits im voraus getroffen hat, ist eine notwendige Voraussetzung dafür, daß er überhaupt auf den Gedanken kommt, die Probe durchzuführen. Er stellt mit der Probe der Gouverneursfrau bewußt eine Falle, deren Reaktion er voraussieht. Für seinen Plan ist entscheidend, daß er erkennt, daß die Gouverneursfrau das Kind herausziehen wird. Wie die Zuschauer steht Azdak auf Grusches Seite, was unter anderem dadurch zum Ausdruck kommt, daß er sich fast ausschließlich an Grusche wendet, den Anwälten hingegen stets das Wort abschneidet. Die Zuschauer finden dies keineswegs seltsam, da sie mit Grusche sympathisieren. Für das Publikum ist Grusche die Mutter, wie Bentley bemerkt:

> We see the child becoming hers by stages, so that, when Azdak gives his verdict in the final scene, he is not having a brilliant idea ("Grusche would be a splendid mother for the child") but recognizing an accomplished fact ("She *is* the mother of this child").[36]

Dazu paßt, daß die Köchin Grusche erzählt, Azdak lasse sich bei der Rechtssprechung von Gesichtern beeinflussen: "Er geht nach dem Gesicht."[37] Dies deutet auf der einen Seite natürlich auf Azdaks offenscheinig korrupte Rechtssprechung hin. Die Köchin deutet einen sexuellen Unterton an, der aus Azdaks Urteilen herauszuhören ist. Dies kann jedoch auch mit Wittgensteins "Aufleuchten eines Aspekts"[38] in Zusammenhang gebracht werden. Wenn wir in

---

[36] Eric Bentley: An Un-American Chalk Circle? Appendix (1966). In: Bertolt Brecht: *The Caucasian Chalk Circle*. Übersetzt von Eric Bentley. New York ²1979. S. 181.
[37] Bertolt Brecht: Der kaukasische Kreidekreis. A.a.O. S. 174.
[38] Vgl. Ludwig Wittgenstein: *Philosophische Untersuchungen*. A.a.O. S. 228.

dem H-E-Kopf nicht mehr einen Hasen sehen, sondern eine Ente erkennen, so kann man sagen, daß nun der andere Aspekt sichtbar wird. Es öffnet sich plötzlich eine weitere Möglichkeit, die Figur zu sehen: Interpretation ist möglich geworden. Vergleichbar sieht Azdak in Grusches Gesicht, daß sie möglicherweise die Mutter ist. Er erkennt in dem Moment, daß der Begriff der Mutter anders interpretiert werden kann, als die Anwälte der Gouverneursfau suggerieren wollen.

Es fällt auf, daß Azdak sich einer ähnlichen Methode bedient wie die Philosophen der *Ordinary language philosophy*, um sein Urteil hinsichtlich der 'wahren Mutter' zu rechtfertigen. Er geht vor wie Wittgenstein in den *Philosophischen Untersuchungen,* indem er einen Kontext findet, wo der Begriff 'Mutter' Sinn macht. Diese Methode beschreibt Austin in "A Plea for Excuses" als eine Untersuchung von *"what we should say when,* and so why and what we should mean by it".[39] In "Other Minds" exemplifiziert Austin das Finden eines Sprachspiels, indem er die philosophische Frage "How do we know that another man is angry?" durch die alltägliche Frage "How do you know it's a goldfinch?" ersetzt.[40] Stellen wir uns einen Dialog zwischen zwei Personen vor, z.B. meine Rechtfertigung, ich hätte einen Vogel an der Farbe erkannt oder an der Größe, dann erkennen wir laut Austin, welche Kriterien wir für unser Wissen haben. Ich erkläre beispielsweise, wie ich zu meinen Kenntnissen über Vögel kam, weshalb ich berechtigt bin, mich fachmännisch zu äußern. In *The Claim of Reason* folgert Cavell, daß es für Austin Kriterien für die sichere Identifizierung eines Objekts gibt.[41]

Zu Anfang sieht es so aus, als ob Azdak in ähnlicher Weise glaubt, Kriterien könnten Sicherheit für die Identität eines Objekts bieten (die 'wahre Mutter'), da er sich in ähnlicher Weise der Methode des Sprachspiels bedient. Azdak stellt sich jedoch das Sprachspiel nicht leise für sich vor, sondern bringt den gefundenen Kontext für alle sichtbar auf die Bühne. Der Grund dafür scheint einleuchtend. Er muß sein Urteil nicht nur gegenüber sich selbst rechtfertigen, sondern auch gegenüber den anderen Figuren des Stücks. Erst so wird aus der subjektiven Entscheidung ein objektives Urteil. Schulte schreibt:

> There is one obvious difference between a subjective and an objective or objectivized approach which is frequentley stressed by Wittgenstein, and it consists in this, that the subjective account, by contrast with the objective one, does not offer an intersubjectively helpful criterion for testing the relevant statements. This is a disadvantage, not only because other people will not know how to deal with my state-

---

[39] John Langshaw Austin: A Plea for Excuses. In: *Philosophicd Papers.* Oxford u.a. ³1979. S. 181. Hervorh. i . Orig.
[40] John Langshaw Austin: Other Minds. In: *Philosophical Papers.* A.a.O. S. 77ff.
[41] Stanley Cavell: *The Claim of Reason. Wittgenstein, Skepticism, Morality, and Tragedy.* New York u.a. ²1982.

ments, but also because I myself, if I keep insisting on the purely subjective approach, will have no means of testing my own statements.[42]

Gerade die Tatsache, daß wir alle eine gemeinsame Sprache sprechen, begründet das Funktionieren von Kriterien. Die Kriterien sind in unserer Sprache enthalten. Doch was leisten diese Kriterien, welche Rolle spielen sie? Erlauben sie uns wirklich, mit Sicherheit die Identität der 'wahren Mutter' festzustellen?

Azdak inszeniert sein Sprachspiel für den Begriff der 'Mutter' als Experiment, was sich unter anderem anhand einer Auslegung Gilbert Ryles in *The Concept of Mind* erklären läßt.[43] Ryle diskutiert, ob wir jemals sicher wissen können, daß ein anderer die Gefühle hat, die er zu haben scheint. Das heißt, Azdak testet mit der Kreidekreisprobe möglicherweise, ob Grusches Gefühle gegenüber dem Kind echt sind oder ob sie nur so tut, als ob ihr etwas an dem Kind liegt.

Ryle betrachtet die dem philosophischen Skeptizismus hinsichtlich der Gefühle anderer zugrunde liegende Idee, daß es einen gewissen Ort des Körpers geben muß, wo die 'echten Gefühle' sich befinden, als ein Produkt der Doktrin des 'Geist in der Maschine'. Wie Ryle zeigt, gibt es keinen solchen Ort des Körpers, den wir betreten könnten wie ein Zimmer, um herauszufinden, ob eine Person lügt oder die Wahrheit sagt. Tatsächlich verlassen wir uns in dem Fall einfach auf unsere Kriterien, die wir uns mit dem Sprachspiel des Lügens als Kind aneigneten. Wir können beispielsweise untersuchen, ob eine in dieser Hinsicht verdächtige Person sich konsequent verhält oder sich in Widersprüche verwickelt. Etwas derartiges will Azdak damit erreichen, daß er die Probe zweimal durchführen läßt. Ryle kommentiert die Frage der Kriterien hinsichtlich des 'Verstellens':

> We possess, though we cannot always apply, the criteria by which to judge whether these tricks are being used or not and whether they are being used cleverly or stupidly. [...] All that we need, though we often cannot get it, is an *experimentum crucis*, just as the doctor often needs but cannot get an *experimentum crucis* to decide between two diagnoses.[44]

Azdak hat das Glück, ein derartiges Experiment durchführen zu können. Aber kann das Experiment mit Sicherheit beweisen, daß Azdak die 'wahre Mutter' gefunden hat?

Kriterien funktionieren zufriedenstellend, solange es um die Frage geht, die Mutter zu identifizieren, d.h. so lange 'Mutter' als eine solche Art Gegenstand betrachtet wird, wonach Austin fragt (z.B. eine bestimmte Sorte Vogel). Was geschieht jedoch, wenn Azdak das Gewicht von der Frage der Identifizierung auf die Frage der Sicherheit verlagert? Wenn er sich die Frage des Skeptikers

---

[42] Joachim Schulte: *Experience & expression...* A.a.O. S. 60f.
[43] Gilbert Ryle: *The Concept of Mind.* London u.a. 1949.
[44] Ebd. S. 166. Hervorh. i. Orig.

stellt, ob er ohne jeden Zweifel wissen kann, daß er die wahre Mutter gefunden hat? In diesem Fall wird 'Mutter' sozusagen zu einem philosophischen Objekt. Cavell bezeichnet in *The Claim of Reason* die Art von Gegenstand, die den Skeptiker zu reflektieren veranlaßt, als 'generic object'. (Wie kann ich wissen, daß dies wirklich eine Tomate ist? Ich bezweifle mein Erkennen des Gegenstandes, obwohl ich ihn ganz deutlich vor mir sehe, obwohl er direkt vor mir liegt und ich nicht farbenblind bin.) Der Skeptiker ist zwar in der Lage, ein konkretes Objekt zu erkennen, zweifelt aber dennoch an seinem Wissen. Er zweifelt an der Sicherheit seines Wissens. Wie Cavell deutlich macht, stellt der Skeptiker seine Frage so, daß sie nicht beantwortet werden kann. Der Skeptiker geht mit seiner Frage implizit davon aus, daß dieses eine Objekt die Welt repräsentiert: "All of existence is squeezed into the philosopher's tomato when he rolls it towards his owerwhelming question."[45] Da der Skeptiker die Frage somit nicht nach einem einzelnen Gegenstand stellt, sondern nach der ganzen Welt, während gleichzeitig der Gegenstand als ganz konkreter Gegenstand genau vor seinen Augen liegt, ergibt sich ein Paradox, das die Antwort auf die Frage unmöglich macht. Dieser Widersinn entsteht also aus der Vorgehensweise der traditionellen Erkenntnistheorie: Auf der einen Seite muß die Untersuchung von einem konkreten Gegenstand ausgehen, damit sie allgemein verständlich und nachvollziehbar ist, auf der anderen Seite kann die Untersuchung nicht in einer konkreten Aussage resultieren, da sie auf eine generelle, allgemeine Aussage abzielt: "Without that coherence it would not have the obviousness it has seemed to have; without that generality its conclusion would not be skeptical."[46] Das Resultat ist die verblüffende Entdeckung des Philosophen, daß wir unsere alltäglichen Gegenstände immer nur scheinbar erkennen.

Muß sich Azdak also stets von neuem fragen, ob er wirklich (mit vollkommener Sicherheit) die 'wahre Mutter' des Kindes gefunden hat? An dieser Stelle wird die Rolle der Kriterien bei Wittgenstein relevant. Cavell arbeitet die Rolle der Wittgensteinschen Kriterien passenderweise durch einen Vergleich zur Funktion von Kriterien im Fall eines traditionellen Urteilsspruchs heraus. Im Fall eines Gerichtsurteils beruft sich der Richter auf ein festgelegtes, niedergeschriebenes Gesetz. Das Gesetz ist die übergeordnete Instanz, die Kriterien bereitstellt und gleichzeitig in ihrer Funktion dafür sorgt, daß diese Kriterien nicht verändert werden. Die einzige Entscheidung, die der Richter im traditionellen Rechtsverfahren vornehmen muß, betrifft die Frage, ob die festgelegten Kriterien auf den gegebenen Streitfall anzuwenden sind oder nicht. Nur äußerst selten entscheidet sich ein Richter dafür, die Kriterien selbst zu verändern. Diese seltenen Fälle erregen dann auch in der Regel die Aufmerksamkeit der Presse.

---

[45] Stanley Cavell: *The Claim of Reason*. A.a.O. S. 236.
[46] Ebd. S. 220.

> Like judges in competitive games, the name itself implies that the office is incompetent to alter the criteria by which it decides the individual case; but it is expected that a given case in law may raise controversy over just which established criteria it satisfies or escapes.[47]

Indem er die festgelegten Kriterien auf bestimmte Streitfälle anwendet, akzeptiert der Richter das niedergeschriebene Gesetz als Standard.

Im Gegensatz dazu gibt es für Wittgenstein keine unabhängige Instanz, die die sprachlichen Kriterien bereitstellt. Auch lassen sich diese Kriterien nicht in einem Buch nachschlagen. Vielmehr versucht Wittgenstein, durch die Betrachtung von Sprachspielen herauszufinden, was unsere Kriterien sind, um somit erkennen zu können, welche Werte und Normen unsere Sprache bereitstellt. Es ist das Sprechen der Sprache selbst, das als Standard funktioniert. Das Normative unseres Sprachgebrauchs erkennen wir jedoch erst, wenn wir die einzelnen Aussagen in ihrem jeweiligen konkreten Kontext betrachten. Wir können die Regeln des Sprachgebrauchs nicht unabhängig von der Realisierung der Regeln beschreiben. Im Unterschied dazu wissen wir im Fall eines Gerichtsurteils, worauf wir Kriterien anwenden müssen (auf den Fall einer Ermordung oder eines Raubüberfalls etc.), Gegenstand und Kriterien sind von vornherein klar. Im Fall des Sprachspiels hingegen, versuchen wir uns erst unserer Kriterien bewußt zu werden. Wir können somit erst im nachhinein sagen, welcher Art der Gegenstand unserer Untersuchung ist. Unsere Kriterien 'geben' uns den Gegenstand. Die pragmatischen Implikationen einer Aussage sind eine logische (grammatische) Konsequenz dessen, was wir sagen.

Gerade diese Folgerung läßt uns verstehen, warum Wittgenstein Schwierigkeiten hat, den in der Philosophie verbreiteten Gedanken eines *kategorischen* Unterschieds zwischen Tatsachenaussage [statement of fact] und Werturteil [judgment of value] zu akzeptieren. Cavells Formulierung hinsichtlich des Verhältnisses von Tatsachenaussage und Werturteil lautet folgendermaßen:

> I do not say that, according to Wittgenstein, statements of fact *are* judgments of value. That would simply mean that there are no facts, that nothing can be established in the way statements of fact evidently can be. The case is rather that, as I wish to put it, both statements of fact and judgments of value rest upon the same capacities of human nature; that, so to speak, only a creature that *can* judge of value *can* state a fact. But doesn't that just come to saying that only a creature that has speech can make judgments and statements? And that is hardly surprising.[48]

Azdaks Entscheidung ist Werturteil und Tatsachenaussage in einem: Grusche ist die Mutter des Kindes. Die Antwort auf die Forderung, den Mutterbegriff neu zu deuten, ist eine Tatsachenaussage, die ein Werturteil in der Sprachlichkeit der Aussage enthält.

---

[47] Ebd. S. 12.
[48] Ebd. S. 14f. Hervorh. i. Orig.

Die Kriterien, die wir bei der Betrachtung eines Sprachspiels erkennen, geben uns also den Gegenstand. Das bedeutet, daß wir durch Azdaks Kreidekreisprobe an die Kriterien für 'Mutter' erinnert werden, nämlich unter anderen an das Kriterium, daß eine Mutter die Forderung hört, die ihr Kind an sie stellt. Eine Mutter denkt an das Wohlergehen des Kindes, dieses Kriterium ist eines, das uns das Objekt 'Mutter' gibt.[49] Die Veränderung konkreter Verhältnisse liegt also nicht in einem Verändern sprachlicher Ausdrücke begründet. Das Revolutionäre kommt vielmehr mit Hilfe von Sprache zum Ausdruck: Die Sprache kann uns einen neuen Gegenstand geben, indem beispielsweise ein neuer Aspekt des Begriffs 'Mutter' in einem Sprachspiel aufleuchtet. Wir bekommen eine neue Sichtweise, ohne unsere Sprache zu verändern. Brecht beschreibt Ähnliches in seinem Kommentar zur Frage der Wahrheit:

> Die Wahrheit (etwa über eine Situation oder eine Person) ist nicht "an sich vorhanden", muß aber erst entdeckt werden; sondern sie erwächst aus dem Nachweise der Änderbarkeit dieser Situation oder Person, und zwar nicht nur der Veränderlichkeit, die an sich gegeben ist, sondern jener, der sie unterworfen werden kann – von Seiten des Beschauers als Masse. Also die Wahrheit ist eine Frage der Praxis – jene Seite an jedem Objekt herauszustellen, die das Objekt den Änderungen durch den Beschauer unterwirft; denn von dieser Seite aus ist die Wahrheit einzig erkennbar.[50]

Azdak entscheidet, was eine Mutter ist. Er erinnert uns an das Kriterium, daß eine Mutter ihrem Kind nicht schadet, daß sie die Interessen des Kindes über ihre eigenen stellt, daß sie es als eigenen, unabhängigen Menschen mit eigenen Gefühlen betrachtet. Eine Mutter sieht in ihrem Kind nicht ein Stück Eigentum, das man nach Belieben weggeben und zurücknehmen kann. Das Possessivpronomen zwischen Mutter und Kind ('meine' Mutter, 'mein' Kind) bezeichnet nicht eine Eigentumsrelation (jedenfalls nicht eine Relation des Eigentums in traditionellem Sinne), sondern eine Relation der Nähe und Liebe.

Aber wir haben immer noch nicht die Frage des Skeptikers nach Sicherheit beantwortet. Können uns die Kriterien mit dem Gegenstand auch Sicherheit geben? Cavell unterscheidet zwischen Kriterien für Identität und Existenz:

> Criteria are "criteria for something's being so", not in the sense that they tell us of a thing's existence, but of something like its identity, not of its *being* so, but of its being *so*. Criteria do not determine the certainty of statements, but the application of the concepts employed in statements.[51]

---

[49] Vgl. dazu Ludwig Wittgenstein: *Philosophische Untersuchungen.* A.a.O. S. 146: "Welche Art von Gegenstand etwas ist, sagt die Grammatik."

[50] Bertolt Brecht: Wahrheit. In: Ders.: *Werke. Große kommentierte Berliner und Frankfurter Ausgabe.* Hg. von Werner Hecht, Jan Knopf, Werner Mittenzwei u. Klaus-Detlef Müller. Bd. 21 (Schriften 1). Bearbeitet von Werner Hecht unter Mitarbeit von Marianne Conrad, Sigmar Gerund u. Benno Slupianek. Berlin u.a. 1992. S. 360.

[51] Stanley Cavell: *The Claim of Reason.* A.a.O. S. 45. Hervorh. i. Orig.

Ich halte Cavells Unterscheidung für wichtig, da sie die Erklärung dafür liefert, warum uns Kriterien enttäuschen können. In der Regel sind wir nicht enttäuscht wenn es um Kriterien für die Identität eines Gegenstands geht, sondern wenn wir eine sichere Aussage über die Existenz eines Gegenstands zu machen suchen. In letzterem Fall, so Cavell, ist es nicht möglich, die Forderung des Skeptikers nach Kriterien für Sicherheit zurückzuweisen, da wir keine Kriterien dafür haben. Doch Cavell zeigt weiterhin, daß dieser Skeptizismus aus einem Bild menschlicher Erkenntnis [knowledge] resultiert, das nicht immer richtig ist. Die Frage nach Wissen [knowledge] ist nicht immer eine Frage nach Sicherheit. In "Knowing and Acknowledging" macht Cavell deutlich, daß es eine Reihe Funktionen des Verbs 'wissen' gibt, die nicht von der Funktion der Sicherheit aufgefangen werden.[52] Wenn ich beispielsweise sage, "Ich weiß, daß ich schon wieder zu spät dran bin", wenn der Lehrer mich tadelt, dann bringt das Verb 'wissen' hier nicht meine Sicherheit zum Ausdruck. Ich sage nicht, daß ich die Tatsache des Zuspätkommens mit Sicherheit erkenne, sondern daß ich sie anerkenne [acknowledge], ich gestehe mein Wissen. Wenn ich sage, daß ich weiß [know], daß ein anderer Mensch Schmerzen hat, dann ist dies nicht in erster Linie eine Funktion meines sicheren Wissens [knowledge], sondern meines Mitleids mit diesem Menschen. Ich erkenne seinen Schmerz, indem ich ihn anerkenne [acknowledge].

Es ist diese andere Funktion von 'wissen' [know], also für die Funktion des 'Wissens um', der Anerkennung, für die Cavell nach dem Wort 'acknowledge' greift. Es geht hier für Cavell sozusagen darum, den Aspektwechsel des Verbs 'wissen' wahrzunehmen, den Übergang von Wissen [knowledge] zu Anerkennen [acknowledgment]. Gerade mit dem Begriff 'acknowledgment', den er dem Erkenntnisbegriff [knowledge] entgegensetzt, versucht Cavell, Wittgensteins Haltung gegenüber dem philosophischen Skeptizismus zu erklären:

> This is enough for me to conclude that Wittgenstein's appeal to criteria, though it takes its importance from the problem of skepticism, is not, and is not meant to be, a refutation of skepticism. Not, at least, in the form we had thought a refutation must take. That is, it does not negate the concluding thesis of skepticism, that we do not know with certainty of the existence of the external world (or of other minds). On the contrary, Wittgenstein, as I read him, rather affirms that thesis, or rather takes it as *undeniable*, and so it shifts weight. What the thesis now means is something like: Our relation to the world as a whole, or to others in general, is not one of knowing, where knowing construes itself as being certain.[53]

Wenn wir also von Kriterien erwarten, daß sie uns Sicherheit hinsichtlich unseres Wissens [knowledge] geben, werden wir enttäuscht. In dem Fall erweisen sich unsere Kriterien als unzureichend. Um einen Menschen zu erken-

---

[52] Stanely Cavell: Knowing and Acknowledging. In: Ders.: *Must We Mean What We Say?* A.a.O. S. 238-266.
[53] Stanley Cavell: *The Claim of Reason.* A.a.O. S. 45. Hervorh. i. Orig.

nen, um von ihm zu wissen [know], brauche ich nicht Kriterien der Sicherheit, sondern ich muß etwas tun, ich muß mein Anerkennen [acknowledgment] zeigen. Brecht äußert sich folgendermaßen über Descartes' Erkenntnis der eigenen Person im cogito-Satz: "Es ist nur Denken als eine Art des Seins behauptet; es gibt aber noch mehr Arten des Seins."[54]

Es ist die Enttäuschung über die Kriterien, die meiner Meinung nach Azdak zur Durchführung der Kreidekreisprobe veranläßt. Daß die Kreidekreisprobe einem Wittgensteinschen Sprachspiel ähnelt, es also darum geht, Kriterien unserer Sprache sichtbar zu machen, um herauszufinden, was der Begriff 'Mutter' bedeutet, und nicht darum, von vornherein festgelegte Kriterien anzuwenden und so den Streitfall mit Sicherheit zu entscheiden, wird auch dadurch bestätigt, daß Azdak sich bei der Rechtsprechung nicht eines standardisierten Gesetzes behilft. Er behandelt das Gesetzbuch als existiere es nicht. Während der ganzen Revolutionszeit kann Azdak sich erlauben, das Gesetzbuch nur als Sitzfläche zu verwenden.

Aber Azdak will keineswegs neue Kriterien aufstellen (als ob seine privaten Kriterien etwas entscheiden könnten), er will uns darüber Klarheit verschaffen, welche Kriterien unser Sprachgebrauch für den Mutterbegriff bereitstellt. Es liegt in unserer Sprache, daß eine Mutter die Forderung ihres Kindes ernstnimmt und es nicht verletzen will, indem sie an ihren eigenen Vorteil denkt, wie es die Gouverneursfrau exemplifiziert. Azdak erkennt, daß es in dem Streit um das Kind nicht um Kriterien für Sicherheit geht. Die Situation verlangt einen anderen Begriff des Wissens. Cavell schreibt:

> One might say: here establishing criteria allows us to *settle* judgments publicly – not exactly by making them certain, but by declaring what the points are at issue in various judgments, and then making them *final* (on a given occasion). That is a practise worth having; human decisions cannot wait upon certainty.[55]

Azdak zeigt deutlich, daß es ihm nicht um Sicherheit geht. Er verlegt ausdrücklich das Gewicht auf 'acknowledgment', indem er sagt:

> Klägerin und Angeklagte! Der Gerichtshof hat euren Fall angehört und hat keine Klarheit gewonnen, wer die wirkliche Mutter dieses Kindes ist. Ich als Richter hab die Verpflichtung, daß ich für das Kind eine Mutter aussuch.[56]

Azdak weiß also, was Kriterien leisten können und was nicht. Er ist sich vollkommen im klaren darüber, daß er nicht alle von der Richtigkeit seiner Entscheidung überzeugen kann, gerade weil es an einem sicheren Beweis mangelt.

---

[54] Bertolt Brecht: [Über den Erkennungsvorgang]. In: Ders.: *Werke*. Bd. 21 (Schriften 1). A.a.O. S. 411.
[55] Stanley Cavell: *The Claim of Reason*. A.a.O. S. 31. Hervorh. i. Orig.
[56] Bertolt Brecht: Der kaukasische Kreidekreis. A.a.O. S. 183.

Azdaks Inszenierung der Kreidekreisprobe, das Bild der beiden Mütter auf der Bühne, läßt sich als eine im höchsten Grad demonstrative Geste verstehen. Es ist etwas in diesem Bild des Kreidekreises, was das Ganze unglaublich visuell werden läßt. Sowohl den Zuschauern als auch den übrigen Figuren auf der Bühne leuchtet Azdaks Entscheidung auf Grund der Kreidekreisprobe unmittelbar ein. Doch ist die Geste, die Inszenierung der Probe, nicht gerade in ihrer Unmittelbarkeit etwas naiv? Sieht es nicht so aus, als würde Azdak sagen: Hier, seht Ihr es denn nicht? Seine Geste scheint ein bloßer Appell an die anderen zu sein, indem er zu ihnen sagt: Seht Ihr, ein Teil dessen, was unsere Sprache ist, läßt uns verstehen, daß dies eine Mutter ist. Die Geste weist auf die Mutter hin. Wittgenstein greift eine derartige demonstrative Geste in seinen *Philosophischen Untersuchungen* auf. Beispielsweise diskutiert er den Fall, daß sich jemand an die Brust faßt, um jemand anders von seinen Schmerzen zu überzeugen. Er kann dabei sagen: "*Hier,* genau hier habe ich ungeheure Schmerzen." Beruft sich dieser Mensch damit auf Kriterien [appeal to criteria]? Welche Funktion hat diese Geste? Cavell sieht in ihr einen Appell an die Gemeinschaft:

> The demonstrative registers that we are to recollect those very general facts of nature or culture which we all, all who can talk and act together, do (must) in fact be using as criteria; facts we only need to recollect, for we cannot fail to know them in the sense of having never acquired them. If someone does not have them, that is not because his studies have been neglected, but because he is for some reason incapable of (or has been given up on as a candidate for) maturing into, or initiation into, full membership in the culture.[57]

Indem man sich mit der demonstrativen Geste auf Kriterien beruft, richtet man einen Appell an die Übereinstimmung seiner Mitmenschen, man bittet sie um Solidarität. Mit der demonstrativen Geste sucht man nach Gemeinschaft.

Azdak richtet eine Bitte an die anderen Figuren auf der Bühne, er appelliert an die Gemeinschaft des grusinischen Volks. Diejenigen, die wie die Gouverneursfrau sein Urteil in dem Streit um das Kind nicht akzeptieren, harmonisieren nicht mit seiner Idee von Gemeinschaft. Indem sie sein Sprachspiel nicht als einleuchtend akzeptieren, zeigen sie, daß sie nicht bereit sind, sich anderer Kriterien des Mutterbegriffs zu erinnern als derjenigen, die unter ihrer Herrschaft als traditionelle etabliert worden sind. Indem sie andere Sprachspiele als ihr Standardsprachspiel für 'Mutter' auszuschließen und zu verdrängen suchen, bestreiten sie, daß es andere Kriterien für Mutterschaft gibt als das biologische. Gerade in der Beharrung auf der Ausschließlichkeit ihres Standardsprachspiels zeigt sich die Gouverneursfrau als unreifes Mitglied der Gemeinschaft. Aber da sie dieselbe Sprache wie die anderen Figuren des Stücks spricht, teilt sie auch deren Welt. Sie hat mit logischer Notwendigkeit dieselben Kriterien für Mutterschaft wie Azdak, aber sie versucht, sie aus ihrer poli-

---

[57] Stanley Cavell: *The Claim of Reason.* A.a.O. S. 73.

tisch-sozialen Position heraus zu ignorieren. Es wird klar, daß man eine Auseinandersetzung nicht praktisch lösen kann, indem man sich auf Kriterien beruft. Es läßt sich lediglich herausfinden, wo das Problem liegt, und wenn die Schwierigkeiten das Resultat einer Begriffsverwirrung sind, können sie durch das Finden eines Sprachspiels beseitigt werden.

Die übrigen Figuren zeigen am Schluß des Stücks, daß sie in der Bedeutungskomponente übereinstimmen, daß sie die Kriterien des Mutterbegriffs teilen. Die Harmonie, die Azdaks Urteilsspruch beim Volk erzeugt, wird in dem Bild des Tanzes aufgefangen, das das Stück abrundet:

> Sie [Grusche, C.H.] tanzt mit Michel. Simon faßt die Köchin und tanzt mit ihr. Auch die beiden Alten tanzen. Der Azdak steht in Gedanken. Die Tanzenden verdecken ihn bald. Mitunter sieht man ihn wieder, immer seltener, als mehr Paare hereinkommen und tanzen.
> DER SÄNGER
> Und nach diesem Abend verschwand der Azdak und ward nicht mehr gesehen. Aber das Volk Grusiniens vergaß ihn nicht und gedachte noch lange seiner Richterzeit als einer kurzen Goldenen Zeit beinah der Gerechtigkeit.[58]

Es fragt sich, warum der Sänger Azdaks Richterzeit als eine Zeit nur "beinah[e] der Gerechtigkeit" bezeichnet. Bringt er möglicherweise zum Ausdruck, daß es hier nicht um einen abstrakten Begriff von Gerechtigkeit geht? Gerechtigkeit läßt sich nicht generell definieren, da sich Gerechtigkeit immer nur in konkreten einzelnen Urteilssprüchen äußern kann, wie beispielsweise in Azdaks Urteilssprüchen im Stück. Azdak selbst hat keine Theorie der Gerechtigkeit, nicht, weil er nicht genug über Gerechtigkeit weiß, sondern weil es unmöglich ist, eine allgemeine Theorie aufzustellen, die in allen Fällen Gültigkeit hat. Nach Azdaks Auffassung von Gerechtigkeit gibt es keine imperativen Regeln, wie man in einem speziellen Fall zu urteilen hat. Er sabotiert vielmehr jede Art standardisierter Norm. Aber es gibt sprachliche 'categorial declaratives', denen man folgen muß, damit überhaupt von einem gerechten Urteil gesprochen werden kann. Erst wenn nicht mehr an eine übergeordnete, unabhängige Instanz appelliert wird, sondern man das Normative in den einzelnen Entscheidungen erkennt, wird sichtbar, daß der Richter als dritte Partei in einem Streitfall im Grunde überflüssig ist. Azdaks Verschwinden am Ende des Stücks symbolisiert, daß im Zustand der Harmonie, wenn das Volk im Sprachgebrauch übereinstimmt, es keiner dritten Partei bedarf, um gerechte Entscheidungen zu treffen. Das bedeutet natürlich nicht, daß es nichts mehr gibt, worüber man streiten kann, sondern nur, daß es möglich ist, konkrete Schwierigkeiten zwischen zwei Parteien zu beseitigen, ohne an eine dritte Partei zu appellieren. Die Kolchosbauern im Vorspiel bedürfen deshalb keiner dritten Partei, um sich über den Besitz des Tals zu einigen.

---

[58] Bertolt Brecht: Der kaukasische Kreidekreis. A.a.O. S. 184f.

III

Die Kreidekreisprobe wird am Ende von Brechts Stück durchgeführt, damit sich die Zuschauer in Analogie zu den fiktiven Figuren der Tatsache erinnern, daß unsere Kriterien für Begriffe wie 'Mutter' andere sein können, als einzelne Interessengruppen zu suggerieren suchen. Zu sehen, daß es alternative Sichtweisen von Begriffen gibt, eröffnet sich uns dadurch, daß wir das Wort 'Mutter' nicht mehr unreflektiert benutzen, sondern daß uns das Stück auf andere Deutungsmöglichkeiten aufmerksam gemacht hat. Die Frage nach einer Umdeutung des Begriffs stellte sich erst zum Schluß des Stücks, die Forderung nach einer neuen Interpretation wurde erst durch Azdaks Inszenierung der Kreidekreisprobe hörbar.

Ein Sprachspiel soll Klarheit über einen Begriff verschaffen, deshalb spielt das Einfache, das Intuitive und das Direkte eine wichtige Rolle. Schulte beschreibt Wittgensteins Idee, mit Hilfe eines Sprachspiels zu einer 'übersichtlichen Darstellung' zu gelangen, folgendermaßen:

> Here the aim is to develop a sequence or series of cases by juxtaposing them as perspicuously as possible and, if necessary, to invent missing 'connecting links', thus giving our use of linguistic expressions a certain shape – a 'face' or 'physiognomy', as Wittgenstein says – in order to render strikingly visible the relevant similarities and differences.[59]

Durch Azdaks Probe werden wir an unsere Kriterien für das Wort 'Mutter' erinnert: Es ist Grusches Geste, das Kind loszulassen, die sozusagen aus dem Sprachspiel wie ein Scherenschnitt 'herausgeschnitten' wird. Entsprechend ist es für Wittgenstein eine Art Physiognomie, eine Geste, die durch ein Sprachspiel deutlich wird. Die Geste läßt einen Aspekt aufleuchten.

In diesem Zusammenhang ist es interessant, daß Brecht mit dem epischen Theater unter anderem den "gestischen Gehalt[s] eines bekannten Stoffes"[60] herauszustellen sucht. Grusches Handlung, das Kind loszulassen, ist als Geste Teil einer längeren Handlung. In der Geste jedoch konzentriert sich die Bedeutung ihres Tuns. Azdak läßt sie ihre Geste wiederholen, sie zitiert sozusagen ihr Loslassen im zweiten Umgang. Benjamin erinnert uns in "Was ist das epische Theater?" daran, daß das epische Theater es ermöglicht, Gesten zu zitieren: "'Gesten zitierbar zu machen' ist eine der wesentlichen Leistungen des epischen Theaters."[61] Das typisch Gestische erzeugt eine Distanz zwischen Publikum und Figur. Das Zitat einer Geste ruft unter anderem Staunen hervor:

---

[59] Joachim Schulte: *Experience & expression...* A.a.O. S. 15.
[60] Bertolt Brecht: Die dialektische Dramatik. In: Ders.: *Werke.* Bd. 21 (Schriften 1). A.a.O. S. 431-443, hier S. 442.
[61] Walter Benjamin: Was ist das epische Theater? (1). In: Ders.: *Gesammelte Schriften II, 2.* Frankfurt/M. 1977. S. 536.

Die Kunst des epischen Theaters ist vielmehr, an der Stelle der Einfühlung das Staunen hervorzurufen. Formelhaft ausgedrückt: statt in den Helden sich einzufühlen, soll das Publikum vielmehr das Staunen über die Verhältnisse lernen, in denen er sich bewegt.[62]

Wittgenstein schreibt parallel in den *Untersuchungen,* daß wir uns bei einem Wechsel des Aspekts staunend äußern, so z.B. wenn wir plötzlich einen Begriff anders sehen als gewöhnlich. Daß wir Verwunderung ausdrücken oder Staunen kundtun, ist ein Kriterium für den Wechsel des Aspekts (nicht für eine Veränderung des Gegenstandes): "Aber der Wechsel ruft ein Staunen hervor, den das Erkennen nicht hervorrief."[63] Es ist wichtig festzuhalten, daß das Publikum sich ursprünglich nicht wundert. Erst das Zitieren von Gesten beispielsweise ruft ein Staunen des Publikums hervor, und läßt somit die Interpretationsfrage aufkommen.

Was ist damit gemeint, Gesten zitierbar zu machen? Soll eine Geste gelesen werden? Claudette Sartiliot arbeitet in ihrem Buch *Citation and Modernity* die Rolle des Zitats bei Brecht heraus.[64] Unter dem Einfluß Derridas liest sie das Zitieren im Zusammenhang mit der notwendigen Wiederholbarkeit alles Sprachlichen und der Unmöglichkeit, Neuem oder Originellem Ausdruck zu verleihen. Hier liegt der Gedanke zugrunde, ein Zitat sei Ausdruck dafür, daß alle Zeichen prinzipiell wiederholbar sein müssen, um als Zeichen funktionieren zu können. Um in immer neuen Kontexten funktionieren zu können, müssen Zeichen etwas Unveränderliches in sich tragen [the mark]. Doch wie allen Zeichen, sind auch dem Zitat alle möglichen zukünftigen Wiederholungen und die Bedeutungen, die es durch die jeweiligen neuen Kommunikationsprozesse zwischen einem gegenwärtigen Sender und Empfänger erhält, eingeschrieben. In allen neuen Kontexten erhält das Zeichen neue Bedeutung, die wiederum das Zeichen in seiner ursprünglichen Position 'heimsucht' und so die Gegenwart von Sender und Empfänger als bedeutungsgebend untergräbt. In *Limited Inc* wiederholt Derrida seinen erstmals in *Speech and Phenomena* entwickelten Gedanken folgendermaßen:

> Isn't the (apparent) *fact* of the sender's or receiver's presence complicated, divided, contaminated, parasited by the *possibility of an absence* inasmuch as this possiblity is necessarily inscribed in the functioning of the mark?[65]

Möglichkeit und Unmöglichkeit von Bedeutung stehen also Seite an Seite im Zeichen, nie läßt sich eine Bedeutung ohne Zweifel eindeutig festlegen. Für Derrida ist das Zeichen immer bereits von Fiktion geprägt ['wrought by

---

[62] Ebd. S. 535.
[63] Ludwig Wittgenstein: *Philosophische Untersuchungen.* A.a.O. S. 233.
[64] Claudette Sartiliot: *Citation and Modernity: Derrida, Joyce, and Brecht.* Norman u.a. 1993.
[65] Jacques Derrida: *Limited Inc.* A.a.O. S. 48. Hervorh. i. Orig.

fiction']. Akzeptiert man, daß jedes Zeichen von Fiktionalität gekennzeichnet ist, wird verständlich, warum Derrida so viel Wert darauf legt, daß ein Zeichen immer gedeutet werden muß, es immer einem intentionalen Akt unterworfen werden muß, damit es Bedeutung erhält. Jedes Zeichen muß sozusagen gelesen werden. Dieses Lesen stellt selbstverständlich immer nur einen Versuch dar.

In Sartiliots Augen stimmt Brechts 'Zitatzwang' mit Derridas Theorie von der prinzipiellen Wiederholbarkeit aller Zeichen überein. Was für ein Zeichen die verschiedenen Kontexte sind, die ihm immer neue Bedeutung geben, sind für das Zitat die Intentionen der anderen Autoren, die sich in dem zitierten Text brechen. Sartiliot schreibt:

> Both for Brecht and Derrida, it is not possible to express one's meaning through language: language is not the transparent means of communication it is supposed to be. The very iterability of any spoken or written mark, which is the very condition for its functioning and understanding, also prevents the expression of intended meaning. Language is the language of the other, entirely shot through with the intentions of the other. Iteration, moreover, irremediably displaces and defers meaning. In order to make language mean, words have to be constantly translated or surrounded by (invisible) quotation marks, which act as a "blinking light", as a "warning signal" to the various meanings that words hide.[66]

Zwei Punkte in Sartiliots Argumentation scheinen mir problematisch zu sein. Erstens muß gefragt werden, wer in der Sprache ein transparentes Kommunikationsmittel sieht, und zweitens, warum prinzipielle Wiederholbarkeit die Bedeutung von Zeichen untergräbt.

Dekonstruktive Lesarten pflegen zu suggerieren, vor dem Zeitalter der Dekonstruktion sei niemand auf Mißverständnisse oder Kommunikationsprobleme aufmerksam geworden. Cavell zeigt in "What Did Derrida Want of Austin", daß Austin mit einem Text wie "A Plea for Excuses" gerade die drohende Möglichkeit, einander mißzuverstehen und Fehler zu machen, zum Ausgangspunkt der Untersuchung macht. Cavell beschreibt das komplizierte Verhältnis zwischen Derridas und Austins Kommunikationsbegriff auf folgende Weise:

> I read Austin not as denying that I have to abandon my words, create so many orphans, but as affirming that I am abandoned *to* them, as to thieves, or conspirators, taking my breath away, which metaphysics seeks, as it were, to deny. [...] Hence Austin's tethering reverses Derrida's picture of philosophy's concept of writing as *extending the limits* [...] of the voice or breath (as if *that* much is too obvious to Austin to mention): turns it so to speak into one of *limiting the inevitable extension* of the voice, which must always escape me and will forever seek its way back to me.[67]

---

[66] Claudette Sartiliot: *Citation and Modernity...* A.a.O. S. 142.
[67] Stanley Cavell: What Did Derrida Want of Austin? A.a.O. S. 64.

Mein zweiter Einwand ist fundamentalerer Art. Sartiliots Darstellung liegt analog zu Derridas das Bild zugrunde, daß wir alle Wörter in Anführungszeichen setzen müssen, ehe wir sie verstehen können. Aber ist das tatsächlich in allen Fällen notwendig? Sartiliot behauptet weiter, daß man sich alle Wörter in Brechts Theaterstücken in Anführungszeichen denken muß. Wörter müssen immer erst dechiffriert werden, man muß sie immer erst lesen, ehe sie Bedeutung erhalten. Nicht genug damit, alle Zeichen, alle Gegenstände, die ganze Welt muß in Anführungszeichen gesetzt und dechiffriert werden. Sartiliot zitiert Althussers Interpretation von Marx' Interpretation seiner Vorgänger, um die These zu untermauern, daß Schreiben immer auch eine neue Lesart beinhaltet und damit auch eine neue Sichtweise der Welt. Diese neue Lesart kollidiert immer mit den bereits bestehenden Lesarten und macht so ein unmittelbares Wahrnehmen der Gegenstände und der Welt unmöglich:

> In this respect, the object of knowledge (the world, society) cannot be immediately perceived. Rather it can only be attained through the mediacy of reading: the world is a text that needs to be deciphered.[68]

Diese Auffassung scheint mir eine Fiktion zu sein, die in die Irre führen kann. Wie *Der kaukasische Kreidekreis* deutlich macht, kann man einen Begriff erst dann als 'in Anführungszeichen stehend' erkennen, wenn auf Grund mehrer Deutungsmöglichkeiten Zweifel an der Möglichkeit des unmittelbaren Begriffsverständnisses aufgekommen sind. Ein Begriff muß sich erst als problematisch erweisen, ehe man auf den Gedanken kommen kann, ihn dechiffrieren zu wollen. Ohne Begriffsunklarheit keine aktive Begriffsinterpretation. In gewisser Weise hat Derrida also recht, wenn er in *Speech and Phenomena* behauptet: "The moment of crisis is always the moment of signs."[69] Aber diese Krise muß sich begründen lassen, denn wir befinden uns nicht immer in einer Krisensituation.

Brechts verschiedene Bearbeitungen des Kreidekreisstoffes bringen seine Überzeugung zum Ausdruck, daß die Handlung in einer Krisenzeit zu spielen hat: *Der Odenser Kreidekreis* (erste dramatische Fassung des Stoffs) spielt zur Zeit der Ermordung Knuts des Heiligen 1086 in Dänemark, die Erzählung *Der Augsburger Kreidekreis* verlegt das Geschehen in den Dreißigjährigen Krieg, *Der kaukasische Kreidekreis* legt das Geschehen des Vorspiels in der ersten Fassung auf die Zeit der sozialistischen Umgestaltung vor dem Zweiten Weltkrieg, in der zweiten Fassung auf die Zeit kurz vor Ende des Weltkriegs. Die Erzählung des Sängers spielt ebenfalls in einer Revolutionszeit.[70] Brecht legte offenbar Wert darauf zu erklären, wie es zu einer Begriffsverwirrung kommen kann. Sowohl die Grusche- als auch die Azdak-Geschichte sind nötig, damit

---

[68] Claudette Sartiliot: *Citation and Modernity...* A.a.O. S. 139.
[69] Jacques Derrida: *Speech and Phenomena, and other essays on Husserl's theory of signs.* Evanston 1973. S. 81.
[70] Vgl. Jan Knopf: *Brecht-Handbuch.* A.a.O. S. 254ff.

die Zuschauer verstehen können, daß der Begriff 'Mutter' für Azdak problematisch ist. Der Begriff 'Mutter' wird im letzten Kapitel in Anführungszeichen gesetzt, es ist nicht länger unmittelbar klar, was er bedeutet. Er steht jedoch nicht immer in Anführungszeichen, und es werden auch nicht alle Begriffe in Anführungszeichen gesetzt. Zwar könnte man andere Begriffe finden, die das Stück problematisiert, wie beispielsweise den Begriff des Richters. Für den Richterbegriff wird im Stück selbst jedoch kein Sprachspiel inszeniert, das ihn in einen Kontext überführt, wo er Sinn macht. Das Publikum muß den Begriff selbst deuten.

Eine dekonstruktivistische Interpretation wie die Sartiliots sieht in Brechts literarischen Texten den Versuch, 'unsere immer schon linguistischen Konstruktionen' zu dekonstruieren. In dieser dekonstruktiven Aktivität liegt laut Sartiliot das revolutionäre Potential von Brechts Theaterstücken:

> The most basic point of convergence between Brecht's plays and Derrida's writings is that both attempt to change our conception of the world, or more simply even, to change the way we think, by questioning our most common metaphysical, political, social beliefs, which both see as linguistic constructs, as forms of representation. Both Brecht and Derrida thus stop at the level of critique, with the inevitable risk that the direction taken from there is left to the reader/audience – a risk that always entails a recuperation by the dominant class, a depoliticized reading. Thus Michael Ryan, in his attempt to articulate Marxism and deconstruction, recognizes the necessity of this critical step and defends it against its apparent limitations: "Deconstruction deals with how we conceive the world. And how we *conceive* the world has broad implications for how we *act* in it."[71]

Es wird an dieser Stelle ein entscheidender Unterschied zwischen Sartiliots/Derridas und Wittgensteins Auffassung von Sprache deutlich. Wittgenstein scheint im Verhältnis zu Derrida das Problem sozusagen von einem entgegengesetzten Ende anzugreifen. Seine Texte drücken die Überzeugung aus, daß sprachliche (und nichtsprachliche) Handlungen uns überhaupt erst erkennen lassen, wie wir die Welt sehen, was für Kriterien wir haben, welche Art Gegenstände es gibt. Keineswegs sind wir in der Lage, linguistische Produkte philosophisch zu hinterfragen, da die Sprache uns überhaupt erst die Welt durch ihre Sprachlichkeit erkennen läßt. Das bedeutet nicht, daß wir uns, indem wir uns auf Kriterien berufen, nicht dem 'sensus communis' entgegenstellen können. Das Vertrauen in unsere Alltagssprache kommt nicht einer Bestätigung alltäglicher Sichtweisen gleich. Es beinhaltet nur die Überzeugung, daß auch das Auflehnen gegen unsere gewöhnlichen Sichtweisen innerhalb der Sprache geschehen muß.

Wie bereits gesagt, scheint mir Sartiliots Überzeugung, daß Zeichen generell interpretiert werden müssen, um verstanden zu werden, problematisch zu sein. Dies scheint mir besonders problematisch im Zusammenhang mit Brechts

---

[71] Claudette Sartiliot: *Citation and Modernity*... A.a.O. S. 120. Hervorh. i. Orig.

Stück. Es führt uns in aller Anschaulichkeit einen konkreten Fall vor Augen, um die Notwendigkeit einer Interpretation zu begründen. Meiner Auffassung nach bringt Sartiliots genereller 'Interpretationszwang' implizit die sich auch in Derridas Texten zeigende Überzeugung zum Ausdruck, daß Zeichen ohne Interpretationsprozeß bedeutungslos sind. Dieser Gedanke ist wohl in erster Linie das Resultat der Überlegung, daß uns, sobald es mehrere Deutungsmöglichkeiten gibt, alle Deutungsweisen, die jetzigen, vergangenen und zukünftigen, gleichzeitig vor unserem geistigen Auge vorschweben müssen. Wir geraten somit in eine Klemme, da wir uns für eine Möglichkeit entscheiden müssen, wie wir glauben. Alle Möglichkeiten konkurrieren und stören einander, so daß die Bedeutungen einander ebenfalls überlappen, da wir uns nie ausschließlich für eine entschließen können.

Dem möchte ich Wittgensteins Untersuchung davon gegenüberstellen, was es heißt, 'etwas als etwas zu sehen'. Wittgenstein beginnt seine Überlegung wie Derrida, indem er voraussetzt, daß Zeichen prinzipiell immer neue Bedeutung annehmen können müssen, wenn sie als *Zeichen* funktionieren wollen. Im Gegensatz zu Derrida jedoch unterscheidet Wittgenstein in seiner Betrachtung zwischen 'etwas ständig sehen', und 'plötzlich einen Aspekt wahrnehmen'. Er unterscheidet also zwischen 'Sehen' und 'Seherlebnis'. Letzteres steht mit Brechts und Benjamins Idee des Staunens in Verbindung: Das Staunen bringt zum Ausdruck, daß etwas bewußt wahrgenommen wird. Brechts Intention ist es, wie bekannt, das Publikum dazu zu bringen, seine Stücke nicht nur zu sehen, sondern auch aktiv über sie nachzudenken. Schulte verdeutlicht diese Problematik folgendermaßen:

> That which distinguishes this kind of 'seeing-as' from ordinary seeing seems to be a certain element of interpretation. Whenever there is nothing peculiar about the circumstances under which I am looking at a table, it will be misleading or even wrong to say that I am seeing it *as* a table; for if this locution is appropriate, it must be legitimate to ask what other things it could possibly be seen as, and in ordinary perceptual situations there would be no answer to this question.[72]

Wittgenstein erklärt im zweiten Teil der *Philosophischen Untersuchungen*, daß die Sprache uns dazu verleitet, uns dieses 'etwas sehen als' – also das Seherlebnis, z.B. die Wahrnehmung eines neuen Aspekts – als aus 'etwas sehen' und 'denken, deuten' zusammengesetzt vorzustellen. Dieses Bild, das die Sprache erzeugt, ist falsch. Wenn wir einen neuen Aspekt wahrnehmen, sehen wir nur diesen neuen Aspekt. Selbst wenn wir uns darüber im klaren sind, daß es Alternativen zu unserer Sichtweise gibt, sehen wir jetzt diesen Aspekt. Wenn ich also die Zeichnung des H-E-Kopfes betrachte, sehe ich möglicherweise zunächst einen Hasen. Dann plötzlich sehe ich eine Ente. Ich sehe also nicht gleichzeitig einen Hasen und eine Ente, sondern jetzt sehe ich es als Ente. Wenn ich erklären soll, was ich jetzt sehe, sage ich nicht: "Ich sehe einen

---

[72] Joachim Schulte: *Experience & expression...* A.a.O. S. 54. Hervorh. i. Orig.

H-E-Kopf", sondern "Ich sehe es jetzt als Ente!" oder "Jetzt ist es eine Ente!". Wittgenstein fragt weiter:

> Was ist das Kriterium des Seherlebnisses? – Was soll das Kriterium sein? Die Darstellung dessen, 'was gesehen wird'. Der Begriff der Darstellung des Gesehenen, sowie der Kopie, ist sehr dehnbar, und *mit ihm* der Begriff des Gesehenen. Die beiden hängen innig zusammen. (Und das heißt *nicht*, daß sie ähnlich sind.)[73]

Es gibt eine ganze Reihe Möglichkeiten zu zeigen, was gesehen wird. Das wichtige ist, daß in irgendeiner Form auf das Gesehene reagiert wird, denn sonst ließe sich überhaupt nicht von einem 'Seherlebnis' reden. Die Reaktion ist das Kriterium des Seherlebnisses.

Ich will dies in Analogie zur Interpretation von Texten setzen. Eine Textinterpretation wird in irgendeiner Form andeuten, was wir erlebt haben, als wir beispielsweise das Theaterstück *Der kaukasische Kreidekreis* gesehen haben. Wir bringen zum Ausdruck, daß wir ein Seherlebnis hatten. Als eine mögliche Reaktion könnten wir etwas aus dem Stück nachahmen, so wie wir beispielsweise ein Musikstück mit Gesten begleiten, oder indem wir den Rhytmus schlagen. Dies wäre ein Kriterium für jemand anders zu sehen, ob wir das Stück verstanden haben. Wittgenstein spricht unter anderem davon, daß wir eine Geste wiederholen, so in "Lectures on Aesthetics". Ob jemand einen ästhetischen Text oder ein Musikstück verstanden hat, können wir nicht allein auf Grund der ästhetischen Begriffe beurteilen, die er benutzt:

> Suppose there is a person who admires and enjoys what is admitted to be good but can't remember the simplest tunes, doesn't know when the bass comes in, etc. We say he hasn't seen what's in it. We use the phrase 'A man is musical' not so as to call a man musical if he says "Ah!" when a piece of music is played, any more than we call a dog musical if he wags its tail when music is played.[74]

Daß jemand ein Kunstwerk mit traditionellen Ausdrücken der Bewunderung lobt, reicht unter normalen Umständen aus, uns von seinem Verständnis zu überzeugen. Bezweifeln wir jedoch sein Verständnis aus dem oder jenem Grunde, weil er, beispielsweise, den selben Ausdruck wieder und wieder verwendet, oder sonst etwas nicht zu stimmen scheint an der Art, wie er die Begriffe verwendet, so erkennen wir, daß diese Begriffe kein ausreichendes Kriterium für sein Verständnis des Kunstwerks sind. Er könnte ja z.B. nur die in unserem Kulturkreis üblichen gesellschaftlichen Kriterien nachahmen, er kann an die Kriterien der Gesellschaft appellieren und sie so in ihrer normgebenden Funktion bestärken.

---

[73] Ludwig Wittgenstein: *Philosophische Untersuchungen*. A.a.O. S. 232. Hervorh. i. Orig.
[74] Ludwig Wittgenstein: *Lectures and Conversations on Aesthetics, Psychology and Religious Belief*. Berkeley u.a. 1966. S. 6.

Wir haben keine anderen Kriterien für das Seherlebnis eines anderen als seine Darstellung des Seherlebnisses. Natürlich gibt es viele verschiedene Möglichkeiten, ein Kunstwerk zu erleben, und somit auch viele verschiedene Möglichkeiten, das Erlebnis darzustellen, d.h. viele verschiedene Deutungen. Werden deshalb diese Deutungen auf Grund ihrer Vielfältigkeit beliebig? Was sind die Kriterien einer Deutung? Welche Rolle spielen diese?

In "Lectures on Aesthetics" diskutiert Wittgenstein verschiedene Möglichkeiten, den Krönungsmantel Edwards des Zweiten zu beurteilen. Die Menschen zur Zeit Edwards des Zweiten sahen in dem Mantel womöglich etwas vollkommen anderes als wir heute. Der Unterschied in den Beurteilungen liegt laut Wittgenstein in den verschiedenen Haltungen dem Mantel gegenüber, die in den Bewertungen zum Ausdruck kommen. Man kann sich jedoch auch jemanden denken, der den Mantel auf genau die gleiche Weise wie jemand zur Zeit Edwards des Zweiten beurteilen würde. Wittgenstein schreibt weiter:

> I draw your attention to differences and say: "Look how different these differences are!" "Look what is in common to the different cases", "Look what is common to Aesthetic judgements." An immensely complicated family of cases is left, with the highlight – the expression of admiration, a smile or a gesture, etc. [75]

Entsprechend können wir die verschiedenen Interpretationen des Brecht-Stücks als Mitglieder einer 'Familie' betrachten. Sie haben etwas gemeinsam, jedoch nicht ein bestimmtes, festgelegtes Kriterium. Das Gemeinsame läßt sich nicht für alle Fälle definieren. Zwei politische Interpretationen können ein Kriterium gemeinsam haben, zwei strukturalistische ein anderes, dennoch sind sie verwandt. Die Interpretationen gleichen sich in der einen oder anderen Art und Weise, nicht in ein und derselben. Wittgenstein spricht davon, daß das, worin sich Interpretationen ähneln können, eine Geste sein kann. In dem Fall ist es dann die Geste, die uns erkennen läßt, ob jemand den Text verstanden hat. 'Eine Geste zitieren' ist gerade dann ein Kriterum für Verständnis. Wittgenstein fragt sich in den *Philosophischen Untersuchungen,* was unsere Kriterien dafür sind, ob jemand z.B. ein Lächeln wahrgenommen und richtig aufgefaßt hat. "Sieht Einer ein Lächeln, das er nicht als Lächeln erkennt, nicht so versteht, anders, als der es versteht? – Er macht es z.B. anders nach."[76]

Wittgenstein vergleicht das Wahrnehmen eines Gesichtsausdrucks wie unter anderem das Verstehen, daß ein anderer traurig ist (das Wahrnehmen des traurigen Aspekts eines Gesichtsausdrucks), mit dem Wahrnehmen eines Wortes. Einen Gesichtsausdruck zu verstehen und darauf zu reagieren, ist nicht verschieden von dem Verstehen und dem Reagieren auf ein Wort. Die Reaktion gehört zu unserer Sprache, zur Grammatik. Deshalb sieht Wittgenstein in dem Physiologischen, d.h. den notwendigen Regeln für das Reagieren auf Physiognomisches – auf einen Gesichtsausdruck oder sprachliche Ausdrücke – ein

---

[75] Ebd. S. 10.
[76] Ludwig Wittgenstein: *Philosophische Untersuchungen.* A.a.O. S. 232.

Symbol für das Logische.⁷⁷ Wir nehmen das Physiognomische eines Aspekts wahr und reagieren darauf wie auf einen Gesichtsausdruck.

Es ist also sozusagen der physiognomische Aspekt des Theaterstücks (dessen 'Gesichtsausdruck'), der in der Interpretation in der einen oder anderen Weise wiedergegeben wird. 'Eine Geste zitieren' ist die Darstellung des physiognomischen Aspekts des Stücks. Grusches Geste, das Kind loszulassen, ist eine zentrale Geste des Stücks. Sie ist eine klare Darstellung ihres längeren Gestus', der Grusche-Geschichte. Die Geste beinhaltet nicht nur das, was sie tut, sondern auch das, was sie sagt. Brecht gebraucht den Ausdruck Gestus in ähnlicher Weise wie Wittgenstein das 'Physiognomische eines Aspekts':

> Unter einem *Gestus* sei verstanden ein Komplex von Gesten, Mimik und (für gewöhnlich) Aussagen, welchen ein oder mehrere Menschen zu einem oder mehreren Menschen richten. [...] Ein Gestus kann allein in Worten niedergelegt werden (im Radio erscheinen); dann sind bestimmte Gestik und bestimmte Mimik in diese Worte eingegangen und leicht herauszulesen (eine demütige Verbeugung, ein Auf-die-Schulter-Klopfen). Ebenso können (im stummen Film zu sehen) Gesten und Mimik oder (im Schattenspiel) nur Gesten Worte beinhalten. Worte können durch andere Worte ersetzt, Gesten durch andere Gesten ersetzt werden, ohne daß der Gestus sich darüber ändert.⁷⁸

Brecht will mit seinen Theaterstücken das Publikum erziehen, und unter anderem wird durch die Stücke das Zitieren von Gesten gelehrt. Gesten werden deutlich, sobald man die Handlung unterbricht, sagt Benjamin in "Was ist das epische Theater?". Das epische Theater mit seinen eingebauten Songs und Kommentaren ist per Definition ein gestisches Theater. Es stellt das Physiognomische einer Handlung deutlich heraus, so daß das Publikum die Möglichkeit hat, die Gesten wahrzunehmen und bewußt auf sie zu reagieren. Es sind verschiedene Reaktionen denkbar, ebenso wie auf verschiedene Weise auf einen Gesichtsausdruck reagiert werden kann. So können wir sagen, daß wir froh wurden, oder daß wir an eine besondere Situation erinnert wurden, oder daß wir ein bestimmtes Gedicht assoziierten, als wir sahen, daß ein anderer lächelte. Genauso kann die Interpretation eines Stücks, das Zitat einer Geste unterschiedlich ausfallen. Es kann eine literaturwissenschaftliche Interpretation oder eine Kritik sein oder auch nur die Nachahmung einer Geste im Alltag.

Eine Wiederholung hat bei Wittgenstein eine vollkommen andere Bedeutung als bei Derrida. Die Wiederholbarkeit einer Interpretation bedeutet für

---

[77] Ebd. S. 245: "Das Physiologische ist hier ein Symbol für das Logische."
[78] Bertolt Brecht: [Über den Gestus]. In: Ders.: *Werke. Große kommentierte Berliner und Frankfurter Ausgabe*. Hg. von Werner Hecht, Jan Knopf, Werner Mittenzwei u. Klaus-Detlef Müller. Bd. 22.2 (Schriften 2). Bearbeitet von Inge Gellert u. Werner Hecht unter Mitarbeit von Marianne Conrad, Sigmar Gerund u. Benno Slupianek. Berlin u.a. 1993. S. 616f. Hervorh. i. Orig.

Derrida, daß es nie eine eindeutig festlegbare Interpretation geben kann. Nach Derridas Theorie ist es nicht möglich, nur einen Aspekt des H-E-Kopfes zu sehen, da beide Aspekte einander ausschließen und untergraben. Die zugrunde liegende Idee ist wieder, daß alle weiteren Möglichkeiten der Wahrnehmung ohne Zweifel ausgeklammert werden müssen, ehe überhaupt etwas wahrgenommen werden kann. In Derridas Augen entscheidet die Forderung nach Sicherheit, die Ausschließung jeglichen Zweifels den Fall. Da wir nie mit Sicherheit wissen können, ob wir die richtige Deutungsmöglichkeit gefunden haben, können wir nie zu einer Deutung kommen. Derrida generalisiert also auf der Grundlage der Forderung nach Sicherheit und wird so zum Skeptiker.

Für Wittgenstein geht es hingegen um die Frage der Identifizierung. Als was sehen wir das Stück? Diese Identitätsfrage kann sich überhaupt erst stellen, weil es verschiedene mögliche Sichtweisen gibt. Erst wenn es verschiedene mögliche Sichtweisen gibt, müssen und können wir etwas 'als' etwas sehen, es interpretieren. Für Wittgenstein stellt sich die Frage der Interpretation überhaupt nicht, solange es nicht (mindestens) zwei Möglichkeiten gibt, ein Kunstwerk zu deuten. Dies stimmt weitestgehend mit Brechts Denken überein. Den Zuschauern soll mit seinen Theaterstücken gezeigt werden, daß es verschiedene Sichtweisen der dargestellten Zusammenhänge gibt. Die Voraussetzung dafür, daß der Zuschauer bewußt eine Sichtweise als seine eigene wählt und nicht z.B. automatisch die anderer übernimmt, daß er also das Stück auf eine bestimmte Art und Weise deutet, besteht darin, daß verschiedene Sichtweisen und Deutungsmöglichkeiten im Stück angeboten werden. Die Möglichkeit für den Zuschauer, das Stück zu deuten, wird bewußt aufgezeigt durch das 'Aufleuchten eines Aspekts', also indem eine Physiognomie hervorgehoben wird, die nachgeahmt werden kann.

Das Kriterium der Nachahmung und der Wiederholung dient bei Wittgenstein nicht als Kriterium für Sicherheit. In den *Philosophischen Untersuchungen* gibt es eine Reihe von Instruktionsszenen, wo die Frage diskutiert wird, wie man erkennen kann, daß ein anderer gelernt hat, was man ihm beizubringen versucht. Will man z.B. einem Kind beibringen, die Addition 'plus zwei' durchzuführen, kann man testen, ob es die Additionsregel verstanden hat, indem man es eine Zahlenreihe schreiben läßt, die mit der Regel übereinstimmt. Problematisch wird es dann, wenn das Kind die Reihe bis beispielsweise 100 korrekt schreibt, dann jedoch plötzlich anfängt, 'drei' zu addieren. Was ist schief gegangen? Wie können wir wissen, was in dem Kind vorgegangen ist?

In Analogie dazu läßt sich denken, daß jemand eine Deutung des *Kaukasischen Kreidekreises* gibt, die wir beim besten Willen nicht nachvollziehen können. Die Deutung scheint uns Ausdruck völligen Unverständnisses gegenüber Brechts Stück zu sein.[79] Wie können wir den anderen dazu bringen, diesen oder jenen Aspekt des Brechtschen Stücks wahrzunehmen? Wir sehen uns genötigt, z.B. nach dreistündiger Diskussion, die Argumentation zu beenden. Argumente helfen hier nicht weiter. Das einzige, was uns übrig bleibt, ist zu sagen: Siehst Du es denn nicht? Wir sind hier wieder bei der demonstrativen Geste angelangt, dem etwas hilflosen Zeigen auf das Objekt, auf den Text. Dieses Zeigen auf den Text ist charakteristisch für Textinterpretationen. Cavell sagt in "Aesthetic problems of Modern Philosophy":

> It is essential to making an aesthetic judgment that at some point we be prepared to say in its support: don't you see, don't you hear, don't you dig? The best critic will know the best points. Because if you do not see *something*, without explanation, then there is nothing further to discuss. [...] At some point, the critic will have to say: This is what I see. Reasons – at definite points, for definite reasons, in different circumstances – come to an end.[80]

Hier wird Wittgensteins Begriff der Aspektblindheit relevant.[81] Da der andere nicht sehen kann, was wir sehen, meinen wir, er müsse blind sein. Übertragen auf die Leseproblematik bedeutet dies, daß ich 'textblind' bin, wenn ich die Physiognomie des Textes nicht erkennen kann. Wenn ich die Geste eines Stücks beispielsweise nicht zitieren kann, zeige ich damit mein Unverständnis. Ich bin dem Text gegenüber 'illiterat'. Es stellt sich die Frage, wo diese Illiterarizität herrührt. Cavell erklärt Aspektblindheit als 'Leiden an einer Fixierung'. Im Fall des H-E-Kopfes schaffen wir es beispielsweise nicht, den Hasen-Aspekt zu sehen, weil wir zu sehr auf den Enten-Aspekt fixiert sind:

> We may say that the rabbit-aspect is hidden from us when we fail to see it. But what hides it is then obviously not the picture (that reveals it), but our (prior) way of taking it, namely in its duck-aspect.[82]

Hinsichtlich einer Textinterpretation bedeutet dies, daß wir einen Aspekt des Textes nicht sehen können, weil wir auf eine bestimmte Lesart fixiert sind. Wenn wir beispielsweise die sozialistische Tendenz in Brechts Stück allzu deutlich sehen, entgeht uns möglicherweise der ideologiekritische Aspekt. Es ist also nicht irgendein Mangel des Textes, der uns blendet, oder gar unsere Textkenntnis. Vielmehr ist es unsere Haltung gegenüber dem Text, die den Unterschied ausmacht. Unsere Haltung stimmt mit unserer Lebensform überein:

---

[79] Derrida sieht in einer solchen Deutung gerade diejenige Möglichkeit, die alle anderen Möglichkeiten bedroht und so die Möglichkeit einer bestimmten, festgelegten Interpretation unterläuft.
[80] Stanley Cavell: Aesthetic Problems of Modern Philosophy. A.a.O. S. 93. Hervorh. i. Orig.
[81] Ludwig Wittgenstein: *Philosophische Untersuchungen*. A.a.O. S. 249.
[82] Stanley Cavell: *The Claim of Reason*. A.a.O. S. 369.

Richtig und falsch ist, was die Menschen *sagen*; und in der *Sprache* stimmen die Menschen überein. Dies ist keine Übereinstimmung der Meinungen, sondern der Lebensform.[83]

Es ist die Funktion einer Interpretation herauszufinden, ob und mit wem wir unsere Lebensform teilen. Wir untersuchen, welche Kriterien wir mit wem gemein haben, mit wem wir in der Sprache übereinstimmen.

Ist ein spezieller Text für uns problematisch auf Grund seiner Besonderheiten, dann nehmen wir ihn bewußt wahr. Die Forderung nach Interpretation stellt sich deshalb besonders bei literarischen Texten, möglicherweise in erster Linie bei modernistischen. Wir sind verwirrt, wir glauben, daß wir die Bedeutung des Textes nicht ausmachen können. Uns scheinen die Kriterien zu fehlen, um den Text zu verstehen. In diesem Fall versuchen wir, wie Azdak im Stück, den Text konkret zu deuten, in dem wir ein Sprachspiel für ihn finden. Wir versuchen, uns darüber klar zu werden, was für Kriterien wir de facto haben. Eine konkrete Interpretation eines Brechtschen Theaterstücks stellt also den Versuch dar, das Stück in einen Zusammenhang zu setzen, wo es Sinn macht. Das Finden eines Sprachspiels für das Stück funktioniert dann als demonstrative Geste, die auf einen Aspekt des Textes hinweist. Der Aspekt wird durch das Sprachspiel klar und deutlich 'herausgeschnitten', damit er erkannt werden kann. Wir bitten andere mit der Interpretation darum, das gleiche zu sehen wie wir. Wir fragen: Siehst Du es denn nicht? Siehst Du nicht das gleiche wie ich?

Eine Interpretation ist ein Sprachspiel, und sie läßt uns als solches unserer Kriterien bewußt werden. Dies können uns bisher unbekannte Kriterien sein. Interpretationen können deshalb überraschen, sie können ein revolutionäres Potential haben. Trotzdem verbleiben sie innerhalb unserer Sprache, denn sonst wären sie nicht nachvollziehbar, und wir verständen sie nicht einmal selbst. Versuchen wir mit Hilfe des Sprachspiels herauszufinden, welche Kriterien wir haben und mit wem wir sie teilen, appellieren wir an Gemeinschaft. Es sind also nicht die gesellschaftlichen Kriterien, die das Lesen des Textes bestimmen, und diese Sichtweise einer Interpretation ist in dem Sinne also auch nicht normativ. Wäre es so, müßten wir bereits von vornherein wissen, was die Kriterien unserer Gesellschaft sind, und wir brauchten sie dann nur anzuwenden. Die Kriterien wären etabliert, und wir würden sie durch die Verwendung in unserer Interpretation bestätigen. Diese Verwendung wäre politisch konservativ, indem sie die Bewahrung der etablierten Kriterien gewährleisten würde. Es gäbe keine neuen Interpretationen, da die Deutungen sich nie ändern könnten.

Doch der Appell an die Gemeinschaft, an Übereinstimmung, ist gerade kein Appell an gesellschaftlich etablierte Kriterien. Wenn dies so wäre, hätte Azdak

---

[83] Ludwig Wittgenstein: *Philosophische Untersuchungen*. A.a.O. S. 113. Hervorh. i. Orig.

das biologische Kriterium für Mutter bestätigen müssen. Das Beispiel zeigt jedoch, daß derjenige, der wie die Gouverneursfrau und die Anwälte Ausschließungsmechanismen gegenüber Kriterien der Sprache in Gang setzt, sich als unreifes Mitglied der Gemeinschaft erweist. Der unreife ist nicht sensibel gegenüber den Kriterien unserer Sprache. Durch eine Interpretation finden wir erst heraus, welche Kriterien uns zur Verfügung stehen. Diese Kriterien müssen wir mit logischer Notwendigkeit mit allen gemeinsam haben, die unsere Sprache sprechen und die in derselben Welt leben wie wir. Kriterien könnten sonst nicht als Kriterien funktionieren.

Herauszufinden, was unsere Gemeinschaft ausmacht, mit wem wir unsere Welt teilen, ist seit dem Fall der Mauer ein Anliegen in Deutschland. Neuinszenierungen von Brechts Stücken, neue Interpretationen seiner Texte sowie Umdeutungen (deutscher) Texte im allgemeinen sind deshalb momentan von größter Wichtigkeit. Es kann jedoch sein, daß in geraumer Zukunft neue Interpretationen literarischer Texte eine Zeitlang in Deutschland an Wichtigkeit verlieren, da die Verwirrung über den Begriff der Gemeinschaft sich fürs erste gelegt hat und er für uns alltäglich geworden ist. Bis erneut revolutionäre Veränderungen eine Krisenzeit herbeiführen...

Withold Bonner

Ankunft im Inzest
Geschwisterliebe in den Texten von Brigitte Reimann

Triangles are typical configurations in the prose of Brigitte Reimann (1933-1973), where the female protagonists struggle to break free from the territory ruled by the law of the father. In their search for a new society, these daughters leave their families and go over to new families of substitute-fathers and their sons. The incestuous elements in the protagonist's relationship to her brother and/or his doppelgänger expose the strength of her reservations towards the new order. These elements suggest that the sexual relationship actually occurs within the closed circle of the original family, which distinguishes itself from the outer world, which in turn is under the rule of the new order. Thus the 'arrival in GDR-everyday-life', as claimed in the title "Ankunft im Alltag", is not unequivocally depicted in the author's texts.

Dreiecks-Beziehungen sind typisch für die Texte von Brigitte Reimann. Dies gilt bereits für die 1953 in der Magdeburger *Volksstimme* erschienene Erzählung *Katja*, aber auch für *Die Frau am Pranger, Kinder von Hellas, Ankunft im Alltag, Die Geschwister* und *Franziska Linkerhand* ebenso wie für die gemeinsam mit Siegfried Pitschmann verfaßten Hörspiele und für in der zweiten Hälfte der 50er Jahre entstandene Texte, die nicht abgeschlossen bzw. von Verlagen und anderen Institutionen abgelehnt wurden.[1]

---

[1] Auf einer Dreierkonstellation muß auch das Spielfilmdrehbuch zu *Groschen der Verzweiflung* aufgebaut haben, wie aus einer allerdings von einer stark ablehnenden Haltung geprägten "Einschätzung" in der "Täter"-Akte des GI "Caterine" hervorgeht (BStU, ASt Magdeburg, AGI 77/59, Personalakte, Bl. 32-37). In dem bei der Reichsbahn spielenden Drehbuch steht die junge Mariann zwischen ihrem früheren Freund Gerd Schröder und ihrem jetzigen Freund Werner Gerlach, der aus Verzweiflung über seine schlechte Behandlung am Arbeitsplatz beinahe zum Saboteur wird. Aus einem Brief von Günter Caspar, Lektor beim Aufbau-Verlag, geht hervor, daß auch der wohl nicht abgeschlossene Roman *Johanna* – im März 1960 umfaßte das Typoskript 385 Seiten – zumindest in Ansätzen eine Dreierkonstellation aufweist, in der Johanna, eine Frau aus bürgerlichem Haus, zwischen dem ehemaligen SS-Mann Hendrik und einem anderen Mann mit Namen Steinbrink zu stehen scheint. Vgl. Elmar Faber u. Carsten Wurm (Hg.): *Das letzte Wort hat der Minister. Autoren- und Verlegerbriefe 1960-1969.* Berlin 1994. S. 202ff.

Trotz der deutlichen Dominanz triangulärer Konstellationen in den Texten Brigitte Reimanns wurden diese von der Rezeption in der DDR und in deren Gefolge auch in der Bundesrepublik lediglich bei *Ankunft im Alltag* explizit zur Kenntnis genommen.[2] Mit "[...] dem Liebeskonflikt in der altbekannten Dreieckskonstellation [...]"[3] schien hier Brigitte Reimann in den Augen der westlichen Rezeption in 'vorbildlicher Weise' das vorgegebene Muster des sozialistischen Bildungsromans zu bedienen, wie es in seiner trivialisierten Form von Stephan Bock beschrieben wird:

> [...] 'Bös' stört aufkeimende Liebe zwischen 'Gut (fest)' und 'Gut (schwankend)', wird entlarvt, 'Gut (schwankend)' wandelt sich endgültig Richtung 'gut' durch Liebe von 'Gut' (fest), Happy-end- [...].[4]

Aber könnte es nicht sein, daß der Eindruck genauer Ausführung vorgegebener Richtlinien in erster Linie durch eine politisch orientierte Betrachtungsweise hervorgerufen wurde, die – unter Verzicht auf eine genauere Textanalyse –Autoren und Texte ausschließlich als verfügbare Objekte staatlicher Lenkung sah, oder, mit den Worten von Ursula Heukenkamp:

> Im Zentrum des Interesses standen das kulturpolitische Konzept der SED, seine Durchsetzung und der Einfluß, den die sowjetische Besatzungsmacht dabei ausübte. So ergab sich das Bild einer durchweg willfährigen Literatur, die – von den berühmten, immer wieder behandelten Ausnahmen abgesehen – an Fäden hing, die von der Kulturpolitik gezogen, deren Themen von oben verordnet wurden und die selbst nichts zu sagen hatte.[5]

---

[2] Einer der Gründe, warum derartige, für die Texte Brigitte Reimanns typische Elemente von der Rezeption kaum beachtet wurden, wird darin gelegen haben, daß sie zumeist isoliert betrachtet wurden, wie Elizabeth Mittman in bezug auf *Ankunft im Alltag* und *Franziska Linkerhand* feststellt: "Because these texts are so firmly identified with the two respective phenomena of 'Ankunftsliteratur' and 'Frauenliteratur', they have rarely been discussed with an eye to their interconnectedness. The tendency to align GDR women's literature in the 1970s with an emerging new subjectivity, and thus as part of a radical break with the strictures of an earlier social realist aesthetic, obscures the view to continuities between texts." Vgl. Elizabeth Mittman: Between Home and Hoyerswerda: Arrival and Departure in the Works of Brigitte Reimann. In: *1945 – 1995. Fünfzig Jahre deutschsprachige Literatur in Aspekten*. Hg. von Gerhard P. Knapp u. Gerd Labroisse. Amsterdam u.a. S. 259-279, hier S. 259f.

[3] Vgl. Wolfgang Emmerich: *Kleine Literaturgeschichte der DDR*. Erweiterte Neuausgabe. Leipzig 1996. S. 145.

[4] Stephan Bock: *Literatur Gesellschaft Nation. Materielle und ideelle Rahmenbedingungen der frühen DDR-Literatur (1949-1956)*. Stuttgart 1980. S. 132.

[5] Ursula Heukenkamp: "Der Gegenwart verpflichtet und für die Zukunft bauend ...".

Betrachtet man dagegen die Dreierkonstellationen bei Brigitte Reimann genauer, zeigt sich, daß sie keineswegs in jeder Hinsicht dem vorgegebenen Muster entsprechen. Allein die Tatsache, daß Dreiecksbeziehungen derart die Personenkonfigurationen in den Texten der Autorin beherrschen, scheint nahezulegen, daß es um mehr gegangen sein muß als das Bedienen vorgegebener Muster. Bei näherem Hinsehen ergibt sich denn auch eine Reihe von Abweichungen von dieser Schablone. Dreiecksbeziehungen treten dann auf, wenn es nur sehr am Rande um politische Entscheidungen geht – so in der frühen Erzählung *Katja*. Wenn sich die Heldin schließlich für die 'richtige' Alternative entscheidet, bedeutet dies keineswegs Rettung und Happy-End – so in *Kinder von Hellas*, verdeckter in *Ankunft im Alltag* und *Die Geschwister*, deutlich wieder in *Franziska Linkerhand*. Auf alle Fälle gehört das Herz der Heldin stets dem unzuverlässigen Pol, der in seiner sexuellen Attraktivität – im Gegensatz zum sexuell uninteressanten Vertreter der 'richtigen' Alternative – an den 'handsome stranger' der Tradition zumindest des englischen Frauenromans wie z.B. bei Jane Austen und George Eliot erinnert. Und noch etwas fällt bei näherem Hinsehen auf: Die Beziehung zum unzuverlässigen, aber geliebten Partner ist stark von inzestuösen Momenten geprägt. So wird in *Kinder von Hellas* und in *Franziska Linkerhand* der 'handsome stranger' für die weibliche Hauptperson gerade durch seine betonte Ähnlichkeit mit dem geliebten Bruder attraktiv. Im erstgenannten Text verliert Helena Zachanidis ihren Bruder im griechischen Bürgerkrieg, "[...] ihren jungen, heiteren, zärtlichen Nikos, den sie geliebt hatte wie keinen anderen Menschen auf der Welt... ".[6] Später, bei den Partisanen, scheint sie sich in Costas gerade wegen seiner Ähnlichkeit mit ihrem Bruder zu verlieben: "[...] ihr war, als stünde dort Nikos, klein und schlank, mit hohen Backenknochen und heiteren braunen Augen. Und dieser Mund, dieser volle, genüßliche Mund..." (KH 40). Kaum anders geht es Franziska Linkerhand, als sie zum erstenmal ihren späteren Geliebten Ben alias Wolfgang Trojanowicz sieht: "[...] sie erblickte den jungen Mann am Nebentisch, beinahe hätte sie geschrien: Wilhelm, Wilhelm."[7] Und:

> Ich war erschüttert von deiner Ähnlichkeit mit Wilhelm, und im selben Augenblick übertrug ich unbedenklich alles, was ich für meinen Bruder empfinde, auf dich, ich dachte, du müßtest auch klug sein wie Wilhelm und ritterlich und – alles... (FL 145)

Junge Literatur in der sowjetischen Besatzungszone. In: *Literatur in der DDR. Rückblicke*. Hg. von Heinz Ludwig Arnold u. Frauke Meyer-Gosau. München 1991. S. 23-33, hier S. 23. Diese auf die Rezeption der unmittelbaren Nachkriegsliteratur gemünzte Aussage hat sicherlich auch für spätere Jahre Bestand.

[6] Brigitte Reimann: *Kinder von Hellas*. Berlin 1989. S. 14. Im folgenden als Sigle KH mit anschließender Seitenzahl, im fortlaufenden Text in Klammern.

[7] Brigitte Reimann: *Franziska Linkerhand*. Berlin [9]1983. S. 145. Im folgenden als Sigle FL mit anschließender Seitenzahl, im fortlaufenden Text in Klammern.

In *Die Geschwister* schließlich wird die Position des unzuverlässigen, aber sexuell attraktiven Partners direkt vom Bruder der weiblichen Hauptfigur Elisabeth Arendt besetzt. Wiederholt werden Elisabeth und Uli von anderen für ein Liebespaar gehalten: "An einem Seitenblick, einem Lächeln merkten wir, daß andere uns für ein Liebespaar hielten, obgleich wir uns sehr ähnlich sehen."[8] Sie lieben einander tatsächlich so sehr, daß Elisabeth z.T. Abneigung gegen ihren Freund, den Werkleiter Joachim Steinbrink, empfindet: "[...] der fremde Mann, er hatte von mir Besitz ergriffen, er hatte meinen Bruder verdrängt." (G 252) Manchmal kann sich Elisabeth ihre Zukunft eher mit ihrem Bruder als mit ihrem Freund vorstellen:

> Ich preßte Ulis Hand an mein Gesicht. "Wir könnten uns zusammentun, Uli, wie wir es uns früher ausgemalt haben... Du kommst mit ins Kombinat. Du wirst wieder Boden unter den Füßen haben... Wir werden ein herrliches Junggesellenleben führen..." (G 271)

Lediglich der Roman *Ankunft im Alltag* als der sicherlich angepaßteste Text Brigitte Reimanns scheint zunächst aus diesem inzestuösen Rahmen herauszufallen. Doch ist nicht nur der Name der Protagonistin Recha aus *Nathan der Weise* entlehnt, auch Curt Schelle, der 'handsome stranger' in *Ankunft im Alltag* verweist auf das Stück von Lessing. Dort trägt der Tempelherr, der sich in Recha verliebt, den Namen Curd von Stauffen, wobei sich später herausstellt, daß dieser in Wirklichkeit Rechas Bruder ist. Darüber hinaus gleicht Curt Schelle in erstaunlicher Weise dem Costas aus *Kinder von Hellas*, der seinerseits Helena an ihren ermordeten Lieblingsbruder erinnert. Im Restaurant *Schwarze Pumpe* steigt der 'Halbstarke' Curt auf einen Stuhl, "[...] die imaginäre Gitarre im Arm, er sang, seine Schultern zuckten ekstatisch. 'Rock around the clock'."[9] Costas Chalkidis wiederum wird charakterisiert als ein junger Bursche, "[...] der, die Hände in den Taschen vergraben, so gemütlich einherschlenderte, als spaziere er durch einen Tanzsaal und nicht durch das Lager einer von der Welt abgeschnittenen Partisanenabteilung." (KH 40) Und: "Mit beiden Händen griff er auf unsichtbarer Gitarre einen vollen Akkord und begann zu singen." (KH 43)[10]

---

[8] Brigitte Reimann: Die Geschwister. In: Dies.: *Die Frau am Pranger. Das Geständnis. Die Geschwister. Drei Erzählungen.* Berlin 1983. S. 189-331, hier S. 200. Im folgenden als Sigle G mit anschließender Seitenzahl, im fortlaufenden Text in Klammern.
[9] Brigitte Reimann: *Ankunft im Alltag.* München 1986. S. 73. Im folgenden als Sigle AA mit anschließender Seitenzahl, im fortlaufenden Text in Klammern.
[10] Auch eine weitere Stelle in *Ankunft im Alltag* ordnet Curt in die Reihe der Männer vom Typ 'Bruder' bzw. 'Doppelgänger des Bruders' ein. Einmal kommt es Recha so vor, als gliche Curt ihrem Vater, womit ersterer aber zu ihrem (Halb-) Bruder wird: "Sie dachte erschrocken: Wenn mir in den letzten Wochen mein Vater einfiel (jedoch

Daß die inzestuösen Elemente durch die öffentliche Rezeption in der DDR kaum wahrgenommen wurden, ist nicht weiter verwunderlich.[11] Doch sind diese Momente, die nicht in Realismuskonzepte realsozialistischer Prägung integrierbar sind, und die die Texte Brigitte Reimanns in Ansätzen mit der literarischen Moderne verbinden, auch der westlichen Rezeption nicht aufgefallen. Dies läßt wiederum die Frage stellen, ob die einseitig politischen Kriterien, an denen auch das westdeutsche und später das 'post-Wende-deutsche' Interesse an DDR-Literatur weitgehend ausgerichtet war, die Sicht auf derartige Phänomene verstellt haben. Es läßt sich weiterhin fragen, inwieweit gerade bei Autoren, die nie im Zentrum westlichen Interesses gestanden haben, die Rezeption im deutschsprachigen Raum außerhalb der DDR durch die öffentliche DDR-Rezeption vorgeprägt war und ist. Auffällig ist zumindest, daß noch bei Barner[12] mit *Ankunft im Alltag* das in der DDR offiziell am höchsten geschätzte Buch Brigitte Reimanns die meiste Erwähnung findet, wobei die Sicht auf den Text deutlich durch den Begriff 'Ankunftsliteratur' vorgeprägt ist, eine Bezeichnung, die auch noch Emmerich[13] für zumindest "zunächst zutreffend" hält. Doch stammt der Titel *Ankunft im Alltag* nicht von Brigitte Reimann selbst, sondern von ihrem Lektor Walter Lewerenz,[14] der mit der Titelwahl bereits eine bestimmte Lesart des Textes nahelegte.[15] Kaum Erwähnung

---

geschah dies selten genug und gegen ihren Willen), dann war er nicht mehr anonym. Auf einmal ist er vorstellbar: er ist wie Curt, blond und sieghaft und rücksichtslos..." (AA 148/149)

[11] Die erotische Spannung der Bruderliebe in *Die Geschwister* fiel immerhin Günter Ebert auf, wenn auch unangenehm: "Die geschwisterliche Liebe wird bis in die einzelnen Fasern bloßgelegt. Einen großen Teil ihrer Gestaltungskraft legt die Autorin in diese Szenen, die sie psychologisch bis an die Grenze und bis über die Grenze des Möglichen zu vertiefen sucht, eine Geschwisterliebe, die nahezu erotischen Charakter gewinnt. Gehört aber solche Liebe nicht eher dem Freund, dem Geliebten? Dort aber, in den Beziehungen Elisabeths zu Joachim, ist die Erzählerin nicht annähernd so ausführlich." Vgl. Günter Ebert: Die verratenen Gefühle. Gedanken zu Brigitte Reimanns Erzählung "Die Geschwister". In: *Forum* 9/1963. S. 23.

[12] Wilfried Barner (Hg.): *Geschichte der deutschen Literatur von 1945 bis zur Gegenwart*. München 1994. S. 504, 517f. u. 732.

[13] Wolfgang Emmerich: *Kleine Literaturgeschichte...* A.a.O. S. 145.

[14] Am 5.4.1972 schreibt Brigitte Reimann an ihre Freundin Veralore Schwirtz zu *Ankunft im Alltag*: "[...] später wurde von den Germanisten die ganze Literaturströmung jener Jahre danach benannt, und so geistere ich wenigstens als Vortruppler der 'Ankunftsliteratur' durch die Lexika (dabei stammt der Titel nicht mal von mir, sondern von meinem lieben Lektor, mit dem ich seit der 'Frau am Pranger' zusammenarbeite [...]". Siehe dazu Brigitte Reimann: *Aber wir schaffen es, verlaß Dich drauf! Briefe an eine Freundin im Westen*. Hg. von Ingrid Krüger. Berlin 1995. S. 171.

[15] Daß sich der Einfluß des Lektors auf das Werk seiner Autorin nicht auf dessen Interpretation beschränkte, zeigt seine Besprechung von *Ankunft im Alltag*. "Es galt, einen eigenen zeitgemäßen Stil zu finden. Aber der Versuch, realistisch zu schreiben, mußte scheitern, solange das Verhältnis zur Wirklichkeit nicht stimmte. Wie so oft, wenn der

finden bei Barner – wie auch bei Emmerich – *Die Geschwister*, völlig unerwähnt bleiben die frühen Texte. Es läßt sich daher weiter fragen, wie sinnvoll die Entscheidung der Literaturwissenschaft war, dem – sicherlich verständlichen – Verdikt vieler Autoren über ihr frühes Werk, ihren 'Holzweg' weitgehend zu folgen, zwischen uneigentlicher und eigentlicher Produktion dieser Schriftsteller zu unterscheiden und sich so der Beschäftigung mit den frühen Texten zu verweigern. Es läßt sich schließlich fragen, ob die Etikettierung der in der DDR veröffentlichten Literatur als 'realistisch' auch die Rezeption außerhalb der DDR dazu verleitet hat, diese Werke – ich denke dabei insbesondere an die frühen Texte von Autoren der Generation Brigitte Reimanns – ausschließlich als realistische Texte zu lesen.

Ich möchte im folgenden mit dem Ziel der Korrektur einer monologisierenden, Widersprüche einebnenden Rezeption der Texte Brigitte Reimanns der Frage nachgehen, welche Funktion in ihnen den inzestuösen Beziehungen zukommt.

Zur Beantwortung dieser Frage scheint mir ein Exkurs zu einem Roman eines Autors hilfreich, der selbst als aus der Emigration zurückgekehrter kommunistischer Schriftsteller zu denen gehörte, die sich erboten, in der – ebenfalls – vaterlosen ostdeutschen Gesellschaft die Rolle von Ersatzvätern zu übernehmen, und dies auch in ihren Texten gestalteten. Es soll die Rede sein von Willi Bredels Roman *Ein neues Kapitel*.[16]

In dem autobiographisch gefärbten Roman wird die Nachkriegsentwicklung in der SBZ und in der Anfangsphase der DDR als ein gewaltiges Dammbau- und Reterritorialisierungsprojekt[17] mit dem Ziel geschildert, dem freien Fließen der Wünsche ein Ende zu setzen: Fließendes wird zum Stehen gebracht und kanalisiert, schmutzig Vermischtes getrennt und Sumpfiges trockengelegt.

---

jugendliche Enthusiasmus auf die Nase fällt: statt der Begeisterung für das Wahre, Gute, Schöne nun die Skepsis und eine Portion Menschenverachtung. Das ist dann die Weltfremdheit mit umgekehrten Vorzeichen. Da nützt auch das Kopieren eines bestimmten Stils nicht, um die hiesige Wirklichkeit auf Papier zu bannen. Dazu bedurfte es des unmittelbaren Kontakts mit dem, was hierzulande geschieht, mit denen, die es geschehen machen." Vgl. Walter Lewerenz: Brigitte Reimann: Ankunft im Alltag. In: *Junge Kunst* 9/1961. S. 25-27, hier S. 26.

[16] Willi Bredel: *Ein neues Kapitel. Erstes Buch. Chronik einer Wandlung*. Berlin u.a. 1966. Willi Bredel: *Ein neues Kapitel. Drittes Buch. Chronik einer Wandlung*. Berlin u.a. 1967. Im folgenden als Sigle NK I bzw. III mit anschließender Seitenzahl, im fortlaufenden Text in Klammern.

[17] Vgl. Klaus Theweleit: *Männerphantasien. Band 1: Frauen, Fluten, Körper, Geschichte*. München 1995. S. 273: "[...] die Reterritorialisierungsarbeit entwirft den Menschen als 'Beherrscher' der Maschine und als Lenker und Kanalisierer seiner und der gesellschaftlichen Ströme; ein reaktionäres Programm, denn Objekt dieser Aktionen ist sein eigenes Unterbewußtes: stillgelegte Produktion dort, während die Geldströme fließen." Von letzterem konnte allerdings im real existierenden Sozialismus kaum die Rede sein.

So ist es kein Zufall, daß es sich bei den beiden ökonomischen Vorhaben, die in dem Roman besonders hervorgehoben werden, einerseits um die Reparatur der von den Nazis in Rostock zerstörten Klärbecken handelt, wodurch die Ungerichtetheit der Ströme, die Vermischung von Reinem und Unreinem gestoppt wird (NK I, 113). Zum anderen geht es um den Aufbau der Volkswerft in Stralsund, die schließlich auf 10.000 Pfählen trocken aus dem sumpfigen Untergrund hervorragen wird (NK III, 225f.). Und in der Zukunftsvision des Verlegers Theo Ewaldson werden Werft und Überseehafen in Rostock von "aufragenden Kränen" und "hochbordige[n] Schiffsbauten" (NK III, 256) überragt und: "Weit draußen in der Bucht ein aus dem Meer ragender imponierender Leuchtturm..."[18] (NK III, 257).

Derart ragende Symbolik weist die Welt, die hier errichtet wird, als phallokratische aus, in der Männer mit Männern kommunizieren. Wann immer Peter Boisen, die Hauptfigur des Romans, und die anderen positiven Helden auf Frauen statt auf Männer treffen, löst dies bei ihnen und beim allwissenden Erzähler Unbehagen aus, so z.B. wenn Peter Boisen bei seiner Ankunft in Rostock 'nur' auf Frauen stößt: "Unter den Arkaden des Rathauses lagen Frauen und Kinder auf den nackten Steinen – Flüchtlinge. Wo waren die Männer? Auf Nahrungssuche? Verhandelten sie im Rathaus?" (NK I, 62) Oder als Pastor Klausmann, Repräsentant der fortschrittlichen Christen, statt des Oberbürgermeisters Thomas Waiß dessen Frau Greta – immerhin ebenfalls Kommunistin – vorfindet: "Bei Thomas Waiß hoffte er einige Genossen anzutreffen. Er fand aber nur [sic!] Greta zu Hause. Als er hörte, Boisen und Waiß befänden sich in Ewaldsons Druckerei, lief er spornstracks dorthin." (NK I, 488)

In dieser patriarchalen Welt repräsentieren die Frauen die männliche Macht auf doppelte Weise. Einerseits symbolisieren sie – weit stärker als überlebende Vertreter faschistischer Herrschaftsstrukturen – 'das Andere', gegen das in erster Linie Dämme errichtet werden müssen.[19] Es sind gerade Frauen, die 'rückschrittliche' Ideen vertreten. Ein weiteres Projekt zum Trockenlegen von Sümpfen – allerdings auf symbolischer Ebene – richtet sich ebenfalls gegen sie. Beim Einschreiten gegen die Prostitution im Rostocker Hafenviertel wird ausschließlich gegen Frauen als Träger von Geschlechtskrankheiten vorgegangen, von den Zuhältern und Freiern dagegen kein Wort.[20] Und auch der

---

[18] Vgl. Klaus Theweleit: *Männerphantasien...* A.a.O. S. 366f.: "In der Höhe ist es nicht nur hoch und erhaben, es ist auch trocken – die Meere fließen weiter unten und werden, als ob sie an den Gipfeln nagten, zum Feind."

[19] Klaus Theweleit (Ebd. S. 265) zeigt, "[...] daß die *konkrete* Form des Kampfes gegen die fließend/maschinelle Produktionskraft des Unbewußten als Kampf gegen die Frauen, als Kampf gegen die weibliche Sexualität geführt wurde (und wird)."

[20] Vgl. Klaus Theweleit: *Männerphantasien...* A.a.O. S. 174: "So stehen wir vor der bemerkenswerten Erscheinung, daß es Äußerungen über Prostituierte und über Frauen

Kampf mit dem Großgrundbesitz wird – wie schon in Otto Gotsches Bodenreform-Roman *Tiefe Furchen*[21] – nicht mit dem Großgrundbesitzer selbst, sondern mit dessen Frau ausgetragen, die als kastrierendes Weib in männlicher Kleidung und Haltung den Kommunisten und deren Verbündeten gegenübertritt: "Sie stellte sich breitbeinig vor ihn hin, die Hände in den Hosentaschen [...]" (NK III, 44). 'Er' ist dabei Pastor Klausmann, den dieser Anblick zu folgenden Überlegungen veranlaßt: "Ein Biest! Eine Megäre!, dachte Klausmann, die Frau mit der Geduld [sic!] eines Christen betrachtend. Bösartig, gefährlich wie eine Wildkatze. Wie war diesem Luder beizukommen?" (NK III, 43)

Andererseits sind die Frauen als 'das Andere' das Mittel, mit dem die Männer untereinander über ihre jeweilige Position in der gesellschaftlichen Hierarchie kommunizieren: Die Männer mit der richtigen Linie bekommen die richtigen Frauen. Da letztere danach weitgehend aus dem öffentlichen Raum verdrängt werden, markiert die Hochzeit jeweils den entscheidenden Wendepunkt, an dem die Frauen ihre Bedeutung für den Roman verlieren.

Es sind gerade die Repräsentanten der neuen Macht, die Offiziere der sowjetischen Militäradministration und die heimkehrenden Emigranten, die den Vertretern der alten herrschenden Klasse ihre Überlegenheit und den eigenen sozialen Aufstieg demonstrieren, indem sie diese dazu zwingen, die Töchter herauszugeben und sie mit ihren (Adoptiv-)Söhnen zu verheiraten; oder – in den Worten von Theweleit:

> *Männer on their way up* verlieben sich gern in die Töchter von Männern, die gesellschaftlich über ihnen sind. Wenn die Tochter einem Mann zugehört, dessen gesellschaftliche Lage diejenige ist, die der *Mann im Aufstieg* erreichen möchte, droht *Objektwahl* und Heirat. Gesellschaftlicher Aufstieg dokumentiert sich im Erwerb einer Frau aus der erreichten oder zu erreichenden gesellschaftlichen Schicht.[22]

Dies wird exemplarisch vorgeführt an der Verheiratung von Helene Christwitt, Tochter des – bürgerlichen – stellvertretenden Bürgermeisters von Rostock, mit Gerd Ermscher, einem ehemaligen Wehrmachtsoldaten und neuerdings Leiter der deutschen Hilfspolizei, der sich bereits erste Sporen bei der Trockenlegung des Prostitutionssumpfes verdient hatte:

überhaupt sind, in denen sich 'reaktionäre' und 'revolutionäre' Männer in gewisser Weise nahekommen. Eine eingefleischte Gemeinsamkeit 'Mann' überwindet, so scheint es, noch am ehesten die im übrigen unüberwindlichen politischen Klassengegensätze zwischen verschiedenen Männern."

[21] Otto Gotsche: *Tiefe Furchen. Roman des deutschen Dorfes.* Halle/Saale ⁹1975. In diesem Roman ist es die Gräfin, die in Abwesenheit ihres verschollenen Mannes bei ihrem Kampf gegen die Enteignung vor allem auf die im Vergleich zu den Männern 'zurückgebliebenen' Frauen im Dorf setzt.

[22] Klaus Theweleit: *Objektwahl (All You Need Is Love...). Über Paarbildungsstrategien & Bruchstücke einer Freudbiographie.* Basel u.a. S. 51.

> Adolf Christwitt hatte mit Fassung den Gleichmütigen gespielt, als seine Tochter und der "rote Polizeichef" vor ihn hintraten und erklärten, sie liebten sich und er solle seine Zustimmung geben. Seine Zustimmung? Das war doch nur eine Redensart. Als ob sie gewillt wären, davon ihre Entscheidung abhängig zu machen. [...] Als er dann allein war, kam er sich wie verraten vor, einsam fühlte er sich und verloren. Er hatte ja nur noch die Tochter. (NK I, 473)

Hier – und damit soll der Exkurs abgeschlossen werden – ergibt sich ein Anknüpfungspunkt zum Motiv des (Quasi)Inzests mit dem Bruder bzw. dessem Doppelgänger in den Texten Brigitte Reimanns. Denn für Claude Lévi-Strauss,[23] für den das Inzestverbot das entscheidende Moment darstellt, durch das sich die Kultur aus der Natur herausarbeitet, liegt die zentrale Funktion des Inzestverbots in der Öffnung der familiären Gruppe hin auf andere Gruppen und Familien. Für Lévi-Strauss stellt im Gegensatz zu Freud das Inzestverbot nicht so sehr eine Regel dar, "[...] die es untersagt, die Mutter, Schwester oder Tochter zu heiraten, als vielmehr eine Regel, die dazu zwingt, die Mutter, Schwester oder Tochter anderen zu geben."[24] Als das geeignetste Austauschobjekt erweist sich dabei in der anthropologischen Konstruktion die Tochter.[25]

Frauen werden in der patriarchalen Gesellschaft somit als Zeichen behandelt, durch die Männer miteinander kommunizieren können.[26] Demzufolge stellt für Lévi-Strauss die Verfügungsgewalt über die weibliche Sexualität ein entscheidendes Kriterium dar, durch das sich gesellschaftliche Machtverhältnisse und soziale Strukturen bestimmen lassen.[27]

Vor dem Hintergrund dieser Auffassung können die Verletzung des Inzesttabus bzw. der Wunsch danach, wenn sie von einer Frau ausgehen, als Aus-

---

[23] Claude Lévi-Strauss: *Die elementaren Strukturen der Verwandtschaft.* Frankfurt/M. 1993. Viele wichtige Anregungen zum Verständnis der Funktion des Verstoßes gegen das Inzestverbot verdanke ich: Doris Kolesch: Geschwisterliebe. Inzestuöse Liebe und Sexualität bei Marguerite Duras und Katarina von Bredow. In: *Inszenierungen von Weiblichkeit. Weibliche Kindheit und Adoleszenz in der Literatur des 20. Jahrhunderts.* Hg. von Gertrud Lehnert. Opladen 1996. S. 81-100.
[24] Vgl. Claude Lévi-Strauss: *Die elementaren...* A.a.O. S. 643.
[25] Vgl. dazu Lynda E. Boose: The Father's House and the Daughter in It: The Structures of Western Culture's Daughter-Father-Relationship. In: *Daughters and Fathers.* Hg. von Lynda E. Boose u. Betty S. Flowers. Baltimore u.a. 1989. S. 19-74, hier S. 19: "In the anthropological narration of family, the father is the figure who controls the exogamous exchange of women. The woman most practically available to be exchanged is clearly not the mother, who sexually belongs to the father, nor the sister, who comes under the bestowal rights of her own father. The exchangeable figure is the daughter."
[26] Vgl. Claude Lévi-Strauss: *Die elementaren...* A.a.O. S. 662.
[27] Ebd. S. 96.

druck des Verlangens nach Unordnung bzw. einer Gegenordnung zur patriarchalen Gesellschaft gelesen werden.[28] Sie können weiterhin – wenn das Subjekt des Inzestwunsches wie bei Brigitte Reimann an der Grenze zweier Gesellschaftsordnungen bzw. sozialer Klassen steht – als Widerstand gegen den Übertritt aus der eigenen familiären und sozialen Gruppe in die patriarchale Welt der sozialistischen Ersatzväter und deren Adoptivsöhne aufgefaßt werden.

Im folgenden soll geprüft werden, inwieweit der Inzestwunsch in den Texten Brigitte Reimanns in diesem doppelten Sinne verstanden werden kann.

Die Heldinnen Brigitte Reimanns entstammen zumeist kleinbürgerlichen bzw. bürgerlichen Familien, die vaterlos sind oder in denen die Väter lediglich ein Schattendasein führen. Je schwächer bzw. abwesender die Väter dabei sind, desto stärker treten die Mütter in den Vordergrund, die ihrerseits – insbesondere in *Franziska Linkerhand* – ihre Töchter im Sinne des väterlichen Gesetzes auf die traditionelle Frauenrolle festlegen wollen.[29]

Aus dem Herrschaftsbereich dieses Gesetzes versuchen die Heldinnen auszubrechen, um in bisher männliche Domänen und ab der *Ankunft im Alltag* in ausschließlich künstlerische Bereiche einzubrechen. Kathrin verläßt in *Die Frau am Pranger* ihren Ehemann, den Bauern Heinrich Martens, mit dem sie von ihrem Vater verheiratet wurde. Nach dem Tod von Ehemann und Geliebtem wird sie allein den Bauernhof übernehmen. In *Kinder von Hellas* kämpft Helena Zachanidis – gegen den Willen ihres Vaters – im griechischen Bürgerkrieg in der Guerilla, Katja[30] studiert Theaterwissenschaften und will Dramaturgin oder Regisseurin werden. Recha Heine aus *Ankunft im Alltag*, deren Vater sich nach dem Erlaß der nationalsozialistischen Rassengesetze von ihrer jüdischen Mutter scheiden ließ, will Architektin werden, Elisabeth Arendt in *Die Geschwister*, deren Vater in sowjetischer Kriegsgefangenschaft war, ist Malerin, und Franziska Linkerhand schließlich, deren Vater als der Wirklichkeit entrückt und schwach erinnert wird, wird Architektin.

---

[28] Ebd. S. 656.
[29] Die Mütter sind die am wenigsten einheitlichen Figuren in den Texten Brigitte Reimanns. Zum Teil kommt es – ein Mittel, das bei dieser Autorin häufig Anwendung findet – zu einer Aufspaltung der Mutterfigur. Haltungen, die auf die Aufrechterhaltung traditioneller Frauenrollen zielen, werden von der Mutter der Protagonistin abgespalten und auf andere Mütter, in der Regel die des 'handsome stranger', übertragen. Dies gilt für die *Ankunft im Alltag*, aber auch für den nie veröffentlichten Roman *Die Denunziantin*, von dem sich unlängst im Archiv des Aufbau-Verlags der Beginn in einem 38seitigen Typoskript fand, das die 19jährige Brigitte Reimann am 15.12.1952 als Wettbewerbsbeitrag eingereicht hatte.
[30] Die Erzählung *Katja* erschien in Fortsetzungen in der Magdeburger *Volksstimme*, und zwar am 17.8., 18.8., 19.8., 20.8., 21.8. und 22.8.1953.

In ihrem Kampf gegen das autoritäre Wort des väterlichen Gesetzes, gegen die Zumutung einer traditionellen Frauenrolle, verlassen die Töchter ihre Familie. Anstatt jedoch ihren eigenen Weg zu suchen, schließen sie sich auf ihrer Suche nach einer anderen, besseren Gesellschaft den Vertretern der neuen Ordnung an. Deutlich wird diese dabei als Ersatzfamilie erlebt bzw. imaginiert. In *Kinder von Hellas* werden der jungen Helena die Partisanen von deren Anführer Tadschidis als Familie vorgestellt: "Das ist Witschu, unser Jüngster." (KH 20) Der Altgenosse Sikas präsentiert sich Helena als Vater: "Ich bin alt, ich könnte dein Vater sein, und ich will zu dir sprechen wie ein Vater zu seiner Tochter, verstehst du?" (KH 25) Auf der Suche nach einer Ersatzfamilie befindet sich auch noch Franziska Linkerhand, die als Studentin davon träumt, "[...] Wohnungseinheiten für eine tausendköpfige Familie [...]" zu bauen. (FL 526)

Je später das Entstehungsdatum der Texte Brigitte Reimanns liegt, desto mehr werden sich ihre Heldinnen dessen bewußt, daß das neue Wort, dem sie folgen, lediglich eine neue Form des alten autoritären Wortes darstellt. Immer deutlicher wird, daß die Vertreter der neuen Ordnung ihrerseits die Herrschaft des väterlichen Gesetzes erneut errichten.

Da dies die Rekonstituierung männlicher Verfügungsgewalt über die weibliche Sexualität, gesellschaftlicher Konventionen über individuelle Wünsche bedeutet, ist es kein Zufall, daß die Vertreter der neuen Ordnung in den Texten Brigitte Reimanns mit fortschreitendem Entstehungsdatum immer mehr ihre bereits zu Beginn nur begrenzt vorhandene sexuelle Attraktivität verlieren.

Dennoch entscheiden sich die Heldinnen bei Brigitte Reimann letztlich für den Vertreter der neuen Ordnung, wobei zumeist langes Schwanken deutlich macht, wie schwer es ihnen fällt, diese Alternative als die richtige zu akzeptieren. Katja verläßt ihren Arzt-Geliebten zugunsten ihres FDJ-Kommilitonen aus der Arbeiterklasse, Kathrin Martens entscheidet sich für den ukrainischen Kriegsgefangenen Alexej Lunjew,[31] Helena Zachanidis kehrt – wenn auch ohne Hoffnung auf Verzeihung – zur Guerilla zurück, Recha Heine wählt den biederen Arbeitersohn Nikolaus Sparschuh, Elisabeth Arendt informiert ihren Freund, den Werkleiter Joachim Steinbrink, über die Fluchtabsichten ihres Bruders, den ersterer dann zum Bleiben in der DDR überredet, und Franziska

---

[31] Auffällig ist dabei, wie unterschiedlich die Liebe zwischen einer Deutschen und einem russischen bzw. polnischen Kriegsgefangenen bei Brigitte Reimann und bei Otto Gotsche bewertet wird. Während bei ersterer die Erzählinstanz sich mit der Protagonistin identifiziert und ihre Liebe als Zeichen für die Existenz eines anderen, besseren Deutschland sieht, wird in *Tiefe Furchen* die Schuld für die Hinrichtung des polnischen Zwangsarbeiters nicht dem nationalsozialistischen Terror, sondern der Frau gegeben: "Das Weib, die Trümplern war schuld." Vgl. Otto Gotsche: *Tiefe Furchen*... A.a.O. S. 42.

Linkerhand trennt sich von ihrem Geliebten Ben, um zum Stadtarchitekten Schafheutlin nach Neustadt zurückzukehren.

Unterhalb der direkten Handlungsebene macht demgegenüber das Inzestuöse, mit dem die Beziehung zum Bruder bzw. zu seinem Doppelgänger versehen wird, deutlich, wie stark die Vorbehalte der Heldinnen Brigitte Reimanns gegen die patriarchale Ordnung schlechthin, aber auch gerade gegen die neue Ordnung sind. Sie wehren sich gegen das Ansinnen, sich als Zeichen handeln zu lassen. Durch die inzestuöse Markierung der Liebesbeziehung zum allerdings später verlassenen 'handsome stranger' wird nahegelegt, sie spiele sich innerhalb des geschlossenen Kreises der Herkunftsfamilie der Heldin ab. So ruft die Begegnung mit ihrem Geliebten auf einem Ball bei Franziska positive Erinnerungen an ihre Familie wach, auch wenn dies von der Erzählerin sofort wieder in Frage gestellt wird:

> [...] sie suchte noch einmal, wie zum Abschied, den Trost des Blauen Zimmers, den in der Sonne gebadeten Garten hinter der Jalousie, die Lichtbänder auf dem Fußboden, den Schatten über ihrem Schulheft, Wilhelm, der ihr Haar im Nacken zusammenraffte. (FL 383)

Die Bedeutung der eigenen Familie wird so hervorgehoben, sie wird so von der Außenwelt der neuen Ordnung und deren Gesetzen abgegrenzt, wodurch der Übertritt in diese Ordnung wieder in Frage gestellt wird.

Diese Gegenwelt gewinnt auch von daher an Gewicht, daß die Heldinnen Brigitte Reimanns nie voll die ersehnte Heimat[32] in der neuen Ordnung finden, da sie in den Augen von deren Vertretern stets durch das Kainsmal der 'falschen' Herkunft gezeichnet sind. "Ich bin Proletarierjunge, [...] ich bin ein alter Kommunist, ich muß mich nicht von einem bürgerlichen Grünschnabel über meine Klasse belehren lassen", sagt der Maler-Konkurrent Ohm Heiners zu Elisabeth Arendt (G 280). Und Franziska Linkerhand erinnert sich:

> Wir waren Sonstige... Beim Abitur füllten wir Fragebogen aus. Für die Rubrik Klassenzugehörigkeit gab es drei Buchstaben, A, B und S, Arbeiter, Bauern und Sonstige. Du siehst, ich habe diese Bagatelle bis heute behalten, das verdammte S muß mich schrecklich gekränkt haben. (FL 63)

Daß für die Heldinnen Brigitte Reimanns die neue Ordnung nicht zu einer Heimat wird, liegt auch daran, daß diese so eindeutig unter der Herrschaft des väterlichen Gesetzes steht. So heißt es von Franziska Linkerhand:

---

[32] Vgl. Elizabeth Mittmann: Between Home... A.a.O. (vgl. Anm. 2) zur Bedeutung von 'Heimat' im Werk Brigitte Reimanns.

Sie war aufgenommen worden – freilich nicht, das wußte sie, als ein natürlicher Teil dieser anderen Welt. Der Vogel mit dem bunteren Gefieder. Ein Tropfen Bitterkeit: Die machen es einer Frau schwer... ich muß Ausgezeichnetes leisten, um vor ihren Augen auch nur mit Gut zu bestehen... (FL 188)

Aber auch Recha Heine hatte schon ihr Anderssein am Arbeitsplatz empfunden, wenn sie die Zoten ihrer männlichen Kollegen mitanhören mußte:

"Apropos Bullen", sagte der Schlosser. "Ich hab' da einen Witz gehört – " Und er erzählte, genießerisch ausmalend, eine Zote, und die Männer lachten, und Recha glaubte sich verpflichtet mitzulachen, sie dachte: Warum muß ich mir so schmutzige Sachen anhören? (AA 51)

Das Anderssein Rechas wird dabei noch unterstrichen durch ihre jüdische Herkunft – und es ist eben die Mutter, die Jüdin war, und nicht der Vater.

Es sind auch gerade die Brüder und deren Doppelgänger, die die deutlichsten Vorbehalte gegen die neue Ordnung geltend machen. So treten bei Costas im Laufe seiner Zeit bei der Guerilla "Überdruß und Zweifel immer klarer zutage" (KH 88). "Don't fence me in...", singt dagegen Curt Schelle (AA 142). Uli will sich nicht engagieren (G 254), auch er will sich nicht einsperren lassen und er ist derjenige, der Kritik an der DDR am deutlichsten ausspricht: "Die eigene Schwester... Wenn es ein Fremder gewesen wäre... Was ist denn das für ein Staat, in dem die Schwester ihren Bruder anzeigt?" (G 327) Wilhelm ist ein Ungläubiger (FL 62), sein Doppelgänger Ben schließlich ist ein "Ausgewiesener", ein "Exilierter" (FL 487), er ist aufgrund seiner Erfahrungen unfähig bzw. nicht gewillt, sich zu engagieren (FL 523). Auf derartige Haltungen reagiert z.B. Franziska Linkerhand sehr widersprüchlich: "[...] weil ich *abgestoßen* und *bezaubert* [Hervorhebungen W.B.] war von den Äußerungen einer Unabhängigkeit, die ich nie erreichen werde [...]" (FL 467).

Auf das Abweichen von gesellschaftlichen Normen zielt auch die betonte sexuelle Attraktivität der Brüder bzw. ihrer Doppelgänger, war es doch gerade die neue Ordnung, die im Namen des Kampfes für eine bessere Zukunft den Verzicht auf die Befriedigung individueller Wünsche propagierte. Das Unangepaßte dieser Wünsche wird bei Brigitte Reimann noch unterstrichen durch das Inzestuöse der Liebesbeziehungen ihrer Protagonistinnen. Denn das Inzesttabu, das hier implizit verletzt wird, richtet sich ja auf die Organisation des Geschlechtslebens, das wiederum der Befriedigung derjenigen individuellen Wünsche dient, die den allergeringsten Respekt vor gesellschaftlichen Konventionen haben.[33]

Doch geraten in den Texten Brigitte Reimanns die durch die bewußte Betonung der Ähnlichkeit von Bruder und Liebhaber bzw. deren Ineinssetzen

---

[33] Vgl. Claude Lévi-Strauss: *Die elementaren...* A.a.O. S. 57.

implizierten Verletzungen des Inzestverbots nicht zu einer offenen Protesthaltung. Die Protagonistinnen der Autorin sind keineswegs frei vom väterlichen Gesetz. Das Inzestuöse, in dessen Nähe die Liebesbeziehungen bei Brigitte Reimann immer wieder gerückt werden, bedeutet neben dem Protest gegen gesellschaftliche Normen immer auch das Unzulässige dieser Beziehungen und damit letztlich die Anerkennung der gesellschaftlichen Normen.[34] Die durch die Mutter markierte eigene Familie, in der sich die inzestuöse Beziehung abzuspielen scheint, kann von den Heldinnen Brigitte Reimanns nicht in einem durchgehend positiven Sinne als das Andere verstanden werden, mit dem sie sich zu identifizieren vermögen. Gerade die Mütter werden immer wieder mit den Augen der Ersatzväter als Schuldige und Repräsentantinnen eines Anderen wahrgenommen, das es zu bekämpfen gilt. So heißt es von Franziska Linkerhand:

> Mit vierundzwanzig betrachtete sie ihre Mutter wie eine Panoptikumsfigur: dieses Weib war dürr, zäh und schlau geworden und entwickelte seine Erwerbsinstinkte zu einem gerissenen Geschäftssinn. (FL 125f.)

Aber auch in *Ankunft im Alltag* ist es gerade die Mutter von Curt, die für seine 'negative' Entwicklung verantwortlich gemacht wird: "Frau Schelle, getreues Echo ihres bewunderten Sohnes, nahm seine Partei, sie lehnte, elegant, blondiert und etwas fett, in einem Sessel [...]." (AA 29)

Spätestens durch ihre Stellung im Dreieck zwischen zwei Männern sind die Protagonistinnen Brigitte Reimanns an das väterliche Gesetz gebunden. Aufgeschreckt durch die fehlende Bereitschaft ihrer Inzestliebe zu gesellschaftlichem Engagement und durch deren Bindung an traditionelle Frauenbilder verlassen sie ihren Geliebten, aber nicht, um ihren eigenen Weg zu gehen, sondern um sich dem Vertreter der neuen Ordnung im Dreieck anzuvertrauen, der ihnen – wenn auch mit ständig sinkender Glaubwürdigkeit – die Möglichkeit gesellschaftlichen Engagements und Emanzipation verspricht.

Helena Zachanidis verläßt in der frühen Erzählung *Kinder von Hellas* ihre Familie, findet aber auch bei den Partisanen keine Heimat. Sie stirbt an dem Bach, der die Grenze zwischen dem Herrschaftsbereich der Partisanen und der gegnerischen Seite im griechischen Bürgerkrieg markiert. Auf der Suche nach einer Heimat befindet sich auch Recha Heine in der *Ankunft im Alltag*: "Und

---

[34] Dies wird besonders deutlich in *Die Frau am Pranger*, wo gerade das Inzestuöse der Beziehung zwischen Kathrins Ehemann Heinrich Marten und dessen Schwester Frieda ihre Schuld markiert, auch wenn diese bei der Denunziation von Kathrin und Alexej in Übereinstimmung mit den nationalsozialistischen Normen gehandelt hatte: "Stumm saßen die Geschwister, Eiseskälte war um sie; drohend wuchs das Gefühl der Schuld in ihnen." Vgl. Brigitte Reimann: Die Frau am Pranger. In: Dies.: *Die Frau am Pranger...* A.a.O. S. 5-125, hier S. 113.

vielleicht war es gerade dies – ihnen gleich zu sein und dazuzugehören – was sie wünschte, obgleich sie bis heute jedem aus dem Weg gegangen war." (AA 87) Eine Heimat, die sie ohnehin nur in Widersprüchen zu beschreiben vermag, hat auch Franziska Linkerhand nicht gefunden, die auf einem nächtlichen Gang durch Berlin beim Anblick einer Party in einem Hinterhaus denkt:

> [...] ich empfand eine starke Sehnsucht, bei diesen Leuten, *Studenten* vermutlich, dort oben zu sein, oder mich unlösbar einer *Familie, Freunden*, einer *Landschaft*, dem *Land* [Hervorhebungen W.B.] verbunden zu fühlen, und ich dachte, was ich je gearbeitet habe, sei dieser Sehnsucht entsprungen, dem Wunsch nach dem Aufgehoben-Sein, das ich noch nicht, das ich noch immer nicht erreicht hatte. (FL 580f.)

In den Texten Brigitte Reimanns hat die im Titel eines Romans behauptete *Ankunft im Alltag* so nicht stattgefunden, ist der "Gegenentwurf zu Wolfgang Borcherts 'Draußen vor der Tür'"[35] nie vollständig gelungen. Auch wenn der Inhalt dieses sicherlich am meisten um Anpassung bemühten, damit aber auch wohl untypischsten Textes der Autorin in erheblicher Weise für dieses Mißverständnis verantwortlich ist, darf nicht übersehen werden, daß die Ankunft von drei Abiturienten, die wesentlich jünger als die Autorin sind, deutlich macht, daß gerade Schriftstellerinnen wie Brigitte Reimann nie ganz im realsozialistischen Alltag angekommen waren. Wie die Texte zeigen, hielt die Autorin in selbstbezichtigender Weise ihre im Faschismus großgewordene Generation im Gegensatz zu den Jüngeren für unfähig, sich vollständig mit der neuen Ordnung zu identifizieren. Es bleibt auch daher den älteren und in etwa derselben Generation wie die Autorin angehörigen Brüdern und deren Doppelgängern überlassen, die Ähnlichkeit der neuen Ordnung mit der alten herauszustellen: "Du bist nur acht Jahre älter –" meint Franziska zu ihrem Bruder, worauf dieser entgegnet:

> Ein halbes Jahrhundert mein Kind, ungefähr soviel wie die Zeit zwischen der russischen Revolution und Klumpfüßchens Endsieg... Wir sind allergisch gegen gewisse Dinge... Als du zum erstenmal in der blauen Bluse der Romantik erschienst – und dein sicherer Takt trieb dich *mit dem FDJ- Fetzen*[36] an den Mittagstisch unter die Augen deiner lieben Mutter – da hätte ich dich verprügeln können. Achselklappen... Ich kann keine Uniform mehr sehen... (FL 59)

---

[35] Wolfgang Emmerich: *Kleine Literaturgeschichte...* A.a.O. S. 145.
[36] Das Zitat folgt dem in der Brigitte-Reimann-Sammlung des Hans-Fallada-Archivs Feldberg befindlichen Typoskript des Romans (S. 64). Anstelle der kursiv gesetzten Stelle heißt es in der Druckversion *damit.*

Anders Kristian Strand

Bobrowski und der Orphismus
Überlegungen zur Lyrik Johannes Bobrowskis

The comprehensive introductory contemplations focus on the animation of the past. Apart from the exposure of clearly Orphic traits in Bobrowski's poetry, the author alludes to inherent structures in some poems concerning the duration of Orphic tradition. The final question is to what extent dissolution tendencies appear in these poems, as these may also be understood as the poet's doubts about his own project.

Einleitung

Eine grundlegende Bewegung in Johannes Bobrowskis Lyrik ist die Sicht auf die Vergangenheit. Vergangenheitsbewältigung und Versöhnung seien die wichtigsten Triebkräfte seines Dichtens gewesen, die Vergangenheit dürfe nicht in Vergessenheit geraten. Um das Kommende besser bewältigen zu können, bedürfe es des Verständnisses für das, was sich scheinbar dahinter verberge. Dessen Existenz sei für alle von größter Wichtigkeit, betonte Bobrowski immer wieder in zahlreichen Selbstzeugnissen:

> Eine lange Geschichte aus Unglück und Verschuldung, seit den Tagen des deutschen Ordens, die meinem Volk zu Buch steht. Wohl nicht zu tilgen und zu sühnen, aber eine Hoffnung wert und einen redlichen Versuch in deutschen Gedichten.[1]

Unabhängig davon, ob man Bobrowskis Dichtung überhaupt als 'littérature engagée' verstehen kann, bildet diese Lyrik gerade heute einen möglichen Ausgangspunkt und Anstoß für Bewältigung und Reflexion. Dies gilt sowohl für die Zeit ihrer Veröffentlichung unmittelbar vor und nach dem Mauerbau, als auch heute, acht Jahre nach der Vereinigung der beiden deutschen Staaten. Viele seiner Gedichte thematisieren Vorgänge, die nach 1989 von besonderer Wichtigkeit zu sein scheinen: Anerkennung der Vergangenheit, Zusammenfügen von Teilen zu einem vermeintlich Ganzen, Zuweisung in die Tradition. Das Problem besteht heute darin, Bobrowski weiterhin als einen Autor der DDR zu würdigen, ihm aber gleichzeitig einen Platz im neu entstehenden Kanon der gesamtdeutschen Nachkriegsliteratur einzuräumen. Dabei kann die

---

[1] Johannes Bobrowski: *Gesammelte Werke in sechs Bänden.* Hg. von Eberhard Haufe. Berlin 1987. Vgl. ders.: *Johannes Bobrowski. Selbstzeugnisse und Beiträge über sein Werk.* Redaktion Gerhard Rostin in Zusammenarbeit mit Eberhard Haufe u. Bernd Leistner. Stuttgart 1976. Im folgenden wird aus den *Gesammelten Werken* unter Angabe des Sigles GW, der Bandzahl in römischen Ziffern und der Seitenzahl in Klammern zitiert.

Tradition des Orphismus gerade in dieser Situation eine fruchtbare Perspektive anbieten, ist doch Bobrowskis Lyrik von einem Streben nach Ganzheit und Aussöhnung erfüllt.

Bobrowskis lyrisches Werk umfaßt zwei Bände seiner gesammelten Werke. Im Kern dreht es sich um die drei vom Dichter selbst zusammengestellten Sammlungen *Sarmatische Zeit* (1961), *Schattenland Ströme* (1962) und den zwei Jahre nach seinem Tod erschienenen Band *Wetterzeichen* (1967). Besonders die beiden ersten Sammlungen weckten sowohl im deutschen Sprachraum als auch im Ausland große Aufmerksamkeit. Hier findet sich konzentriert das, was das lyrische Schaffen Bobrowskis generell und auch die nachgelassenen Gedichte prägt: die Beschreibung, ja Beschwörung des alten, versunkenen Landes Sarmatien.

Mit Sarmatien bezeichneten antike Gelehrte einen nordosteuropäischen Landschaftsraum, nach Herodot die Region östlich des Don. Die Geographen der römischen Kaiserzeit gaben diesen Namen dem ihnen unbekannten und deshalb geheimnisumwobenen Gebiet von der Weichsel bis zur Wolga. Sarmatien leitet sich auch ab aus der geographisch-geologischen Bezeichnung Fennosarmatia, einer Art Ureuropa.[2] Bobrowski knüpft an diese Bedeutungen an, wenn er dem Fiktionsraum seiner Gedichte den Namen Sarmatien verleiht. Bobrowskis fiktionale Welt überschreitet jedoch weit die Grenzen der rein historisch-faktischen Bedeutung, sie bildet einen imaginären Raum in zeitlicher und räumlicher Ferne. Der fiktionale Raum soll einer Wirklichkeit entsprechen, die auf einer nahen und innerlichen Beziehung, einer wechselseitigen Prägung zwischen Mensch und Natur beruht. Für den Leser wird diese Welt einerseits in ihren Umrissen sichtbar, bleibt andererseits jedoch eine dunkle, eine 'unwirkliche', magische Wirklichkeit. Dies kann auf den Umstand zurückgeführt werden, daß in Bobrowskis Sprache die Grenze zwischen Metaphorik und Symbolik weitgehend verschwimmt, sie ist "metaphorische, aber metaphernfreie Sprache",[3] so Beda Allemanns berühmte Formel. Weitgehend 'hermetisch' bleibt dieses Land auch dem lyrischen 'Ich', denn der in diesen Gedichten entworfene Raum muß als die abgeschiedene, verflossene Welt der Vergangenheit verstanden werden, eine Welt im Gedächtnis des lyrischen 'Ich'.

Bekanntlich spielt die Sage von dem thrakischen Sänger Orpheus und seiner tragischen Liebe zu Eurydike eine kaum zu überschätzende Rolle in der Weltliteratur, sowie in der Kunst- und Musikgeschichte.[4] Dichtern der Moderne

---

[2] Nach Finnland und lat. Sarmatia das polnisch-russische Tiefland; Bezeichnung für einen nordeuropäischen Urkontinent, der Skandinavien umfaßte (außer Norwegen).
[3] Beda Allemann: Die Metapher und das metaphorische Wesen der Sprache. In: *Weltgespräch* (1968). Bd. 4. S. 29-43.
[4] Hier sei lediglich an Aischylos, Vergil, Rainer Maria Rilke, Jean Cocteau erinnert, auch an Elias Lönnroth, der das finnische Nationalepos *Kalewala* zusammenstellte. Musikalisch bearbeiteten Monteverdis und Glucks Opern den Stoff; für die darstellende

153

bietet der Stoff neben dem reizvollen Motivgefüge auch einen Ausgangspunkt für dichtungstheoretische Reflektionen. Mallarmé sprach von einer "éxplication orphique de la terre",[5] während Rilkes Adaption des Mythos vom Sänger-Dichter in *Die Sonette an Orpheus* (1922) die theoretischen Elemente poetisierte.[6] Von den neueren Literaturtheoretikern erhielten vor allem Maurice Blanchot und Roland Barthes vom Orpheus-Stoff wichtige Anregungen.[7] Die Tradition des Orphismus, die fast ungebrochen vom antiken Griechentum bis in unsere Tage reicht, konzentriert sich naturgemäß vor allem auf die Gestalt des griechischen Sängers Orpheus. Walter Muschg nennt zwar auch andere griechische Sänger, z.B. Amphion und Arion aus Lesbos; einzigartig bleibt jedoch Orpheus, der den Weg ins Totenreich einschlug, um seine Gattin Eurydike zurück ins Leben zu holen und der mit dem Wohlklang seiner Lyra alle Schatten und Totengötter weinen machte. Zur Belohnung wurde ihm seine Bitte gewährt, trotzdem scheiterte sein Vorhaben, da Orpheus entgegen dem ausdrücklichen Verbot, Eurydike anzusehen, handelte. Eurydike sinkt unwiederbringlich in die Tiefe des Totenreiches zurück, und Orpheus trauert seit diesem tragischen Ereignis um die Verlorene; er hält die Erinnerung an sie stets wach und meidet andere Frauen, wofür er von den eifersüchtigen Mänaden schließlich zerrissen wird. Sein Kopf und die Lyra werden in den Fluß Hebrus geworfen und gelangen zur Insel Lesbos, wo der Kopf seines Vaters, des Gottes Apollo, begraben liegt. In der griechischen Sage gilt Lesbos als Ursprungs- und Wiedererstehungsort des orphischen Geistes und damit der Lyrik.

Die verschiedenen Aspekte des Orpheus-Mythos wurden später zwar unterschiedlich betont, lassen jedoch deutlich zwei Gemeinsamkeiten hervortreten: Orpheus' Vermögen, Grenzen zu transzendieren und sein visionärer Blick. In diesem Sinne bemühen sich die an den Mythos anknüpfenden Dichter, den orphischen Gesang in tönende, ja magische Worte zu verwandeln. Die orphische Dichtung will wirklichkeitsschaffende Dichtung sein. Als herkömmliche Topoi der orphischen Dichtung gelten die Kraft der Liebe, die Bruderschaft von Leben und Tod, die Wiederherstellung von Ganzheit und Harmonie und die Kraft der dichterischen Sprache. Der Orpheusmythos ist die Geschichte von einem dreifachen Zurückgehen und Rückblick: der Wendung zum Hades, dem Reich des Todes und des Vergangenen; der Hinwendung zum Geliebten;

Kunst seien Dürer, Thelott, Morau, Redon, Rodin, Munch, Vigeland, Newman und Lipchitz genannt.

[5] Stéphane Mallarmé: *Correspondance*. Paris 1965 (Bd. 2: 1971-85). S. 301.
[6] Rilke kann als der bedeutendste Orphiker der deutschen Literatur bezeichnet werden. Auch Goethe, Schiller, Hölderlin und andere stellen sich in die orphische Tradition. Theoretische Reflexionen des Mythos finden sich in Ansätzen und Entwürfen bei Goethe, Novalis und Hölderlin.
[7] Vgl. Maurice Blanchots anregende und provokative Behandlung des Mythos in "Le regard d'Orphée". In: Ders.: *L'espace littéraire*. Paris 1955. S. 227-234. Roland Barthes widmet sich dem Mythos in "Littérature et signification". In: Ders.: *Essais critiques*. Paris 1964. S. 258-275, hier bes. S. 258ff.

und der ewigen Treue gegenüber dem Geliebten. Die zeitliche Dimension alles Orphischen ist infolgedessen im Kern die des Rückblicks, sie ist auf die Vergangenheit bezogen; seine Räumlichkeit ist das Ferne.

Im lyrischen Werk Bobrowskis begegnet dem Leser erneut die Tradition des Orphismus.[8] Auch hier muß das lyrische 'Ich' in das Totenreich, das Reich des Vergangenen, hinabsteigen. Wie Orpheus sieht das lyrische 'Ich' seine Aufgabe im Wiederbeleben durch Gesang. Die Gedichte des sarmatischen Themenkreises zeigen sich alle mehr oder weniger als Ergebnisse eines orphischen Vorgangs: Sie richten den Blick visionär zurück in die Vergangenheit, die durch dichterisches Sprechen wiedererweckt werden soll, um das Verhältnis des Menschen zur Umwelt zu restituieren.

Demgemäß steht in den folgenden Überlegungen, die eher auf einführende Breite als auf spezielle Probleme zielen, insbesondere die Erörterung der Vergangenheitsbelebung im Mittelpunkt. Neben der Präsentation deutlich orphischer Züge in Bobrowskis Lyrik wird andeutungsweise auf die inhärenten Strukturen in einigen der Gedichte hinsichtlich des Fortbestandes der orphischen Tradition eingegangen.[9] Am Ende wird die Frage gestellt, inwiefern sich in diesen Gedichten nicht auch Auflösungstendenzen zeigen, die sich als Zweifel am eigenen Projekt verstehen lassen.[10]

---

[8] Die Verwendung des Begriffes Orphismus wird hier nicht in Verbindung mit den orgiastischen Riten gebracht, die sich im dionysischen Orpheuskultus entwickelten. Als 'Klassiker' auf diesem Gebiet gelten Walter Muschg: *Tragische Literaturgeschichte*. Bern ³1957 und Walther Rehm: *Orpheus. Der Dichter und die Toten.* Düsseldorf 1950. Aus der norwegischen Literatur seien genannt: Egil A. Wyller: *Tidsproblemet hos Olaf Bull*. Oslo 1959. Ders.: *Fra tankens og troens møtested*. Oslo 1968. Eine neuere Einführung bietet *Orpheus. The Metamorphoses of a Myth*. Ed. by John Warden. Toronto u.a. 1982. Der norwegische Philosoph Wyller sieht im griechischen Denken zwei Haupttendenzen: die empirisch orientierte nach Thales aus Milet, der im Zeichen der Observierung stand, und die spekulative nach Ferekydes aus Syros, den er einen "orphischen Kosmolog" nennt, und für welchen das Bewußtsein ein Phänomen für das Bewußtsein selbst war. Es könnte sein, das eben dies der Kern des orphischen Denkens und Verhaltens ist (Vgl. Egil A. Wyller: *Tidsproblemet...* A.a.O. S. 98ff). In Bobrowskis Werk ist eine derartige Introspektion zu beobachten.

[9] Der Stand der Forschung weist keinen Forschungsbeitrag zum Verhältnis von Bobrowskis Lyrik zu orphischer Tradition aus; selbst neuere Beiträge verweisen nicht darauf. Vgl. Fritz Minde: *Johannes Bobrowskis Lyrik und die Tradition*. Frankfurt/M. u.a. 1981; Stefan Reichert: *Das verschneite Wort. Untersuchungen zur Lyrik Johannes Bobrowskis*. Bonn 1989; Joachim von der Thüsen: Flußmythen, Strombilder. Zur Lyrik Johannes Bobrowskis. In: *Euphorion. Zeitschrift für Literaturgeschichte* 92 (1998). H. 1. S. 47-68.

[10] Bruno Hillebrand datiert das Ende des Orphismus mit dem Ende des Zweiten Weltkrieges. Meines Erachtens klammert damit Hillebrand wesentliche Aspekte im Werk von Johannes Bobrowski und Nelly Sachs als einer anderen, großen Orphikerin aus. Vgl. Bruno Hillebrand: Ende des orphischen Gesangs – Gedanken zur Tonlosigkeit der

Als Einleitung zu der Gedichtsammlung *Sarmatische Zeit* findet sich eine Passage aus dem finnischen Nationalepos *Kalewala*, die als Manifestation der orphischen Bemühungen des seiner Vergangenheit nachgehenden 'Ich' zu lesen ist:

> Blaue Ente, oftmals tauchst du
> mit deinem Schnabel in das Wasser,
> oftmals kühlst du dich in den Fluten.
> Geh und hole mir meine Tränen
> aus der Tiefe der klaren Flut.
> (GW I, 2)

Die Verse stammen aus dem 41. Gesang, in dem der mit dem Epitheton 'urzeit-alte Zauberwisser' geschmückte Dichter-Sänger *Wäinemöinen* mit den wunderlichen Tönen seiner Kantele Menschen und Tiere, ja selbst kosmische Gegebenheiten zu Tränen gerührt hat. Der Gesang dieses nordischen Orpheus heilt die Welt und schafft Einheit. Seit Wolfgang H. von Hohbergs barocken Enigrammen steht das Bild von der tauchenden Ente für das Aufsuchen von etwas Dahinterliegendem, Verborgenem. Damit sind zentrale Momente im dichterischen Programm Johannes Bobrowskis genannt: Die sarmatische Vergangenheit zur Sprache bringen und Dichtung als einen Impuls für das Stiften von Einheit. Ohne Übertreibung kann man also sagen, daß hier eine der größten literarischen Traditionen des Abendlandes wieder aufgenommen wird.

Der orphische Imperativ

Beginnen wir mit einigen Versen des durchaus programmatisch zu verstehenden Gedichts 'Wiedererweckung' aus der Sammlung *Wetterzeichen,* das den hier behaupteten Vergangenheitsbezug orphischer Prägung in Bobrowskis Gedichten belegt.

Schon die temporalen Implikationen des die Forderung nach Belebung qualifizierenden Präfixes 'wieder' im Gedichttitel verweisen direkt auf eine Hinwendung zum Vergangenen. Die erste Strophe lautet:

> Das
> Land
> leer,
> durch ausgebreitete Tücher
> heraufgrünt das andre, darunter-
> gelegte, das ein Verdacht
> war
> früher. Es kommt
> aus der Pestzeit, weiß
> von Knochen, Rippen, Wirbeln,

---

deutschen Lyrik nach 1945. In: *Traditionen der Lyrik. Festschrift für Hans-Henrik Krummacher.* Hg. von Wolfgang Düsing. Tübingen 1997. S. 221-237.

Speichen, vom Kalk.
(GW I, 203)

Die ersten monosyllabischen Worte dieser Strophe geben wegen ihrer durch Alliteration (l-l) und Assonanz (a-a) bewirkten monotonen Kargheit den Eindruck einer völlig verlassenen Ödnis. Nichts scheint es zu geben, außer dem Bewußtsein um eine ewige, zeitlose Leere, dessen düstere Lautung (das ausgedehnte -ee-) durch das pauseverlangende Komma hervorgehoben wird. Damit erscheint einerseits die Hoffnungslosigkeit als geschlossen und absolut, bleibt andererseits der 'Verdacht', daß es einmal etwas anderes gab, das aber nicht genannt wird, bevor dazu Hoffnung besteht. Ab dem vierten Vers wird ein neuer energischer Einsatz deutlich, der in das messianisch klingende "das andre" einmündet: Die Worte konnotieren den klassischen Neuansatz, die Ankunft des Frühlings. Grammatisch wird dieser mit einem substantivierten Verbaladjektiv "das andre, darunter-/gelegte" benannt, dessen Verbglied, ein Partizip Perfekt, sich auf das Vergangene bezieht. Man achte dabei auf die gravitätische und feierlich hoffnungstragende Prägung, die dem Wort "darunter-/gelegte" durch die subtile Verwendung des wortteilenden und des wiederum pauseerfordernden Enjambements verliehen wird. Der Vergangenheitsbezug wird deutlicher in den nächsten Versen, welche die Temporalität des "darunter-/gelegten" näher bestimmen, wenn behauptet wird, die Provenienz des Frühlings liege in einer vergangenen Epoche (Dabei bezieht sich "es" auf "das andre"). Der Frühling erscheint also als paradox, er "grünt herauf", ist neu, und er trägt Spuren des Todes. In der tiefschichtigen Sprache kommt an dieser Stelle die Grundspannung, ja vielleicht der wichtigste Impuls der bobrowskischen Dichtung zum Ausdruck: daß gerade den Spuren der Vergangenheit eine Möglichkeit für einen neuen Anfang innewohne. Im Neuansatz par excellence, im Bild des Frühlings, wird die scheinbare Heterogenität von Altem und Neuem verwoben. Destination und Abstammung, Zukunft und Vergangenheit sind ein- und demselben Zeichen immanent. Alles in der Landschaft, Steine, Vögel, Bäume sind Spuren und Stimmen der Vergangenheit, welche sich überall und jedem aufdrängen, welche reden und Zeugnis von schicksalhaften Ereignissen, von Schuld und Leid, Liebe und Glück ablegen wollen. Beispielhaft sind die Gedichte 'Gestorbene Sprache' (GW I, 26) und etwa die siebente Strophe im mächtigen 'Pruzzischen Lied':

Namen reden von dir,
zertretenes Volk, Berghänge,
Flüsse, glanzlos noch oft,
Steine und Wege –
Lieder abends und Sagen,
das Räscheln der Eidechsen nennt dich

> und, wie Wasser im Moor,
> heut ein Gesang, vor Klage
> arm –
> (GW I, 35)

So auch die vierte Strophe von 'Die Spur im Sand':

> Weil deiner Väter Gott
> uns noch die Jahre
> wird heller färben, Aaron,
> liegt die Spur
> im Staub der Straßen,
> find ich dich.
> Und gehe.
> Und deine Ferne
> trag ich, dein Erwarten
> auf meiner Schulter.
> (GW I, 28)

Ein Zeichen bezieht sich nicht nur auf die Gegenwart, denn was *ist*, existiert nur kraft dessen, das es einmal *war*. Voraussetzung für das Wahrnehmen dieses Phänomens ist jedoch der richtige panoptische Blick für das der Oberfläche "darunter-/gelegte". Dieser Blick ist dem orphischen Auge eigen, es ist der Ort, an dem die Vergangenheit der Dinge aufgeschlüsselt wird und an dem eine fundamentale Änderung in der Perzeption der Welt vollzogen wird. Es ist ein Auge, dessen semiotische Begabung den äußeren Zeichen, dem An-uns-Gewandtsein der Dinge, tiefere Zusammenhänge abzulesen vermag; ein Auge, das die herkömmlichen Raum- und Zeitkoordinaten zunichte macht, die Grenzen transzendiert und Zusammenhänge herstellt. Das ersichtlich Anwesende ist dem 'Ich' nur eine Art Chiffreschrift und verweist auf einen anderen Inhalt: die Vergangenheit. Auf Grund dieser Herkunftsschau kann das 'Ich', wie im Gedicht 'Absage' (GW I, 73), ausbrechen: "Dort/war ich. In alter Zeit./Neues hat nie begonnen." In der zweiten Strophe werden die Frühlingsmetaphern in eine Reihenfolge gesetzt, die in einen Belebungsimperativ mündet:

> Zähl
> die Gräser
> und zähl
> Fäden aus Regenwasser,
> und Licht, die Blättchen
> zähl, und zeichne ein
> deine Schritte, Wildspuren,
> und Stimmen, beleb
> mit Worten
> das Blut in den Bäumen und
> den Lungen, den Rost
> schlag von Wänden

und Stufen,
an deinen Händen
bleibt er, dort mag er sich
nähren
mit deinen Nägeln.
(GW I, 203f.)

Zeichen des Frühlings – das grünende Gras, der Frühlingsregen, das Licht, die Blättchen – machen entsprechend dem oben erörterten Zusammenhang zwischen Altem und Neuem in all ihrer Gegenwärtigkeit die Vergangenheit ersichtlich. Ein Verhalten gegenüber diesen Erscheinungen wird dreimal mit großer Eindringlichkeit gefordert, nämlich ein, auf den ersten Blick, enigmatisches Zählen. Es kann als Metapher für ein nahes, ja inniges Verhältnis zu den Dingen gelesen werden, werden doch zählend die Dinge erfaßt. Das Gedicht zählt auch die vier Substanzen auf ("Gräser", "Fäden aus Regenwasser", "Licht" und "Blätter"), was als Anspielung auf das Grundsymbol der pythagoreischen Schule, die Vierereinheit (*tetraktys*), verstanden werden kann. Pythagoras selbst war Orphiker; ihm bot die Zahl eine Beziehung zu einer harmonischen Welt jenseits des Materiellen.[11] Diese Welt verband er mit der sinnlichen, psycho-physischen durch die Innovation der kombinierten Ton- und Zahlenskala. So gesehen, impliziert das Zählen das original orphische Tun, das Hervorbringen von Tönen, welches hier ins dichterische Wort umgesetzt ist. Der Imperativ fordert also Dichtung der genannten Dinge. Das griechische Wort für 'Zahl' ist *arithmos*, das sich vermutlich vom Verb *ararisko* ableitet (denn das Wort 'Zählen' ist älter als die Zahlen selbst), das *zusammenfügen* bedeutet. Zählen löst gewissermaßen alles von seiner Dinglichkeit ab und hebt es in einer qualitativen Allgemeinheit auf, die – bezogen auf das bobrowskische Universum – als Verinnerlichung bezeichnet werden muß. Im Inneren des orphisch empfindenden und wahrnehmenden Menschen wird die in jeder Erscheinung enthaltene Vergangenheit gesehen. Diese Verinnerlichung ist ein klassischer Topos alles Orphischen: Sie hat ihr Vehikel im Blick. Als wichtig erscheint dabei, daß einer solchen Internalisation nichts Egoistisches anhaftet, versteht sich doch das orphische Individuum als mit den Göttern, der Allheit verbunden.[12] Noch ein Imperativ wird geäußert: "Zeichne ein deine Schritte, Wildspuren". Es werden Spuren gefordert, denn auch derjenige, an den sich diese Imperative richten,[13] sollte sie als ein Redendes ("Stimmen") den näch-

---

[11] Vgl. Egil A. Wyller: *Tidsproblemet...* A.a.O. S.99.
[12] Vgl. John Warden: "Orpheus and Ficino". In: *Orpheus*. Ed. by John Warden. A.a.O. S. 85-110. Für einen orphischen Gelehrten wie Marcilo Ficino wurde dies zu einem integralen Bestandteil in seiner semi-mystischen Lehre über die Verbindung zwischen Mikro- und Makrokosmos.
[13] Die festen Punkte des Imperativs sind ein Sender und ein Empfänger. Da ein 'Ich' im Gedicht fehlt, läßt sich nicht eindeutig bestimmen, an wen sich die Imperative wenden. Drei Möglichkeiten scheinen möglich: Das Gedicht selbst wendet sich an den Leser

sten Generationen überliefern. Gleichzeitig wird an dieser Stelle ein anderes Element bobrowskischer Utopie berührt: das friedliche Zusammenwirken von Natur und Mensch, frei von Ausbeutung und Zerstörung.[14] In diesem Zustand darf die zurückgehaltene Instruktion erklingen: "beleb,/mit Worten/das Blut in den Bäumen und/den Lungen". Die Belebung, die Wiedererweckung ist sprachlich zu vollziehen. Was bisher nur angedeutet wurde, nämlich daß die Vergangenheit sich durch das dichterische Wort vergegenwärtigt, wird hier deutlich ausgesprochen. Aber auch das Blut der Lungen soll anscheinend belebt werden. Hier wird eine Verbindung zwischen dem dichterischen Wort und dem inneren Kreislauf suggeriert, die als ein verstärkender Rückgriff auf den im "zähl"-Imperativ geforderten Modus der Verinnerlichung verstanden werden kann, also auf die innere Bühne, auf der ein orphischer Blick die Zusammenhänge ausloten und herstellen kann. Der Lungen-Komplex liest sich ebenfalls als verdeutlichende und weiterführende Forderung an die Mitwirksamkeit des Menschen für die Natur. Vegetativ Existierendem und Menschen wird prinzipiell derselbe Wert zugemessen. Die Strophe behält weiter den imperativischen Modus bei: Rost, die rotgefärbte Schicht, verweigert den nach dem Ding suchenden Augen, eine orphische Durchdringung. Rost ist das Ergebnis eines verwahrlosenden Verwaltens von Gegenständen, muß also mit Entschlossenheit abgeschlagen werden, soll das Deuten des spurenhaften Dinges gelingen. Aber "an deinen Händen/bleibt er", kann also nicht ganz beseitigt werden, kann sich sogar vermehren, "nähren/mit [hier: zusammen] deinen Nägeln". Es liegt hier die Vermutung nahe, daß der durch die Imperative geäußerte positivistische Normativismus etwas an Stärke einbüßen muß; daß hier sogar Zweifel signalisiert werden, inwieweit es dem Menschen wirklich gelingen kann, einen unmittelbaren Zugang auf die Dinge zu erlangen. Der Einsatz der letzen Strophe stellt lapidar fest: "Es ist nicht Zeit, ihn zu fragen", also bündige, entschlossene Worte, die ohne zu zögern jeden Zweifel verscheuchen wollen. Insistierend wird das Frühlingsthema noch einmal aufgenommen, um den Optimismus vor dem Erwähnen des Rosts gleichsam wieder in den Griff zu bekommen. Dieses Ziel wird von zwei unterschiedlichen Assoziationsfeldern aus angestrebt, die zugleich einer für das bobrowskische Dichten typischen, harmonischen Beziehung entstammen, dem Bauerntum und der Natur: "für das Wasser/an Halmen, für die erneute/Fügung der Blätter"; ebenso am Ende, wo die Ordnung wiederhergestellt ist und das Gedicht in scheinbarer Korrelation mit sich selbst endet: "und Augen/öffne das Laub". Der Glaube an den orphischen Blick, der das verborgene Vergangene in der schönen Fügung der Blätter durch den Vorgang des öffnenden, verinnerlichenden Blickes sehen kann, ist restituiert. Dieses Gedicht stellt somit einen zeitweise zu beobachten-

---

(der durch das Possessivpronomen 'dein' mittelbar angesprochen wird); ein implizites 'Ich' richtet sich an den Leser; oder ein implizites 'Ich' richtet die Rede an sich selbst.

[14] Auf diesen Begriff kann hier nicht weiter eingegangen werden, vgl. Stefan Reichert: *Das verschneite Wort*... A.a.O. S. 106.

den Vorgang in Bobrowskis poetologischen Gedichten dar: Wie an einem kritischen Punkt plötzlich der Glaube an die Möglichkeit des orphischen Sehens ins Wanken gerät und wie die Zuversicht mit insistierenden und mahnenden Wortgesten noch einmal hergestellt wird.

Die Magie des Wortes

Zunächst soll auf eine andere Eigentümlichkeit von Bobrowskis Gedichten eingegangen werden, nämlich die Poetik des Einzelwortes, welches ebenso Momente des Orphischen trägt. Es sei darauf hingewiesen, daß die Aufmerksamkeit hier vor allem den in Spitzenstellung, entweder am Anfang des Gedichts oder der Strophe, stehenden Worten gilt. Einige Beispiele:

(1) Abends,
    der Strom ertönt, [...]
    (aus 'Der Wanderer'.
    GW I, 88)

(2) Blau.
    Die Lüfte.
    Der hohe Baum,
    den der Reiher umfliegt.
    (aus 'Heimweg'. GW I, 142)

(3) Wilna, Eiche
    du –
    meine Birke,
    Nowgorod – [...].
    (aus 'Anruf'. GW I, 3)

(4) Seele,
    voll Dunkel, spät – [...].
    (aus 'Die Sarmatische Ebene'.
    GW I, 30)

(5) See.
    Der See.
    Versunken
    die Ufer. Unter der Wolke
    der Kranich. Weiß, aufleuchtend
    der Hirtenvölker
    Jahrtausende.
    (aus 'Ebene'. GW I, 80)

Anhand der Beispiele – die Reihe ließe sich beliebig fortsetzen – läßt sich unschwer ein hoher Grad von syntaktischer Auflösung feststellen, die Verse enthalten nur eines oder einige, wenige Worte. Sowohl grammatikalisch – es fehlen Satzteile – als auch rhetorisch – zu erwartende Informationen bleiben aus – handelt es sich um Ellipsen. Durch die Visualität der bloßen Texterscheinung erhalten diese Worte auch eine graphische Sonderstellung. Sie sind also in jeder Hinsicht emphatiert worden. Mit Hilfe des Gedichts 'Immer zu benennen' kann dieses programmatische Verfahren demonstriert werden:

Immer zu benennen:
den Baum, den Vogel im Flug,
den rötlichen Fels, wo der Strom
zieht, grün und den Fisch
im weißen Rauch, wenn es dunkelt
über die Wälder herab.
(GW I, 143)

Weniger imperativisch als in 'Wiedererweckung', durch das Verwenden eines endlos wirkenden Synathroismos, jedoch beharrlicher und eindringlicher "mit Worten" ('Wiedererweckung', s.o.) benannt, werden die belebenden Vorgänge in ihren Einzelerscheinungen weitgehend asyndetisch aneinandergereiht und verstärken somit den Eindruck der Endlosigkeit. Benennen heißt hier, mit *einem* Namen bezeichnen, also "den Vogel im Flug" möglichst komprimiert, idealiter in einem Wort darzustellen.

Die Isolierung des einzelnen Wortes hat sich in der deutschen Dichtung mit Rilkes späten Gedichten als Stilmittel durchgesetzt. Später waren es dann die Futuristen, August Stramm und andere Mitglieder des 'Sturm'-Kreises,[15] bei denen dieses Stilmittel seine radikalste Anwendung fand. Bei Bobrowski impliziert die Poetik des Einzelwortes ein Höchstmaß an textlicher Produktivität. Einzelstellungen realisieren sich als Exponenten einer komprimierten und komplexen Bildprägnanz, ihnen kann eine sinnliche Funktion zugesprochen werden und ihnen haftet ein epiphanieartiger Charakter an. Solche Realisationen können als Ausdruck eines magischen Potentials des Wortes gewertet werden.

Die Bezeichnung 'magisch' berührt ein zentrales Problem aller Dichtung, besonders jedoch der orphischen, nämlich die Frage der Kongruenz von Sprache und Wirklichkeit.[16] Seit Beginn der Moderne löse sich die ternäre Zeichenstruktur (die das Bezeichnende und das Bezeichnete durch eine Konjunktion verbindet[17]) zugunsten der binären auf, in welcher die Wörter nicht mehr aus sich selbst sprachen. Die Wörter fungierten nur noch als reine Repräsentationen, innerhalb deren "die Beziehung des Zeichens zu seinem Inhalt nicht in der Ordnung der Dinge selbst gesichert [sei]."[18] Diese Erkenntnis, mit der man auf die Entwicklung einer instrumentalisierten Lebenswelt reagierte, trug dazu bei, das Vertrauen in das einzelne Wort zu schwächen. Später führte die Theorie um eine jenseits der begrifflichen Metaphysik liegende Erkenntnissphäre[19]

---

[15] Vgl. Silvio Vietta u. Hans-Georg Kemper: *Expressionismus*. München [5]1994. S. 115f.; Umbro Apollinio: *Der Futurismus. Manifeste und Dokumente einer künstlerischen Revolution 1909-18*. Köln 1972.

[16] Zur Einführung in diese Problematik sei an dieser Stelle lediglich hingewiesen auf Michel Foucault: *Die Ordnung der Dinge. Eine Archäologie der Humanwissenschaften*. Aus dem Französischen von Ulrich Köppen. Frankfurt/M. [12]1994.

[17] Ebd. S. 46ff.

[18] Ebd. S. 98.

[19] Mit der Figur des fiktiven Lord Chandos in Hofmannsthals "Ein Brief", wohl die berühmteste Sprachkrise der deutschen Literatur darstellend, erlangt die Intuition überragende Bedeutung für eine Praxis des Verstehens, in der Subjekt und zu erkennendes Objekt auf unmittelbare Weise wieder zueinanderfinden: "Oder als könnten wir in ein neues, ahnungsvolles Verhältnis zum ganzen Dasein treten, wenn wir anfingen, mit dem Herzen zu denken." In: Hugo von Hofmannsthal: *Das erzählerische Werk*. Frankfurt/M. 1969. S. 110. Aus dem an solchen Phänomenen reichen Werk Rilkes sei für das Zusammenschmelzen von Ich und Ding auf die zwei Kurztexte "Erlebnis [I]" und "Er-

und die symbolistischen Theorien über eine Sprachmusik hingegen zu einem neuartigen Vertrauen in das Wort. Ihm wurde das Vermögen zum Speichern und Komprimieren von Gefühlen und Erfahrungen zugeschrieben,[20] die sich infolge der die musikalischen Qualitäten der Sprache auslotenden und deren Assoziationen in Schwingung setzenden Dichtung wieder freisetzen ließen. 'Magisch' bezieht sich infolgedessen nicht auf eine chimärische, wirklichkeitsschaffende Fähigkeit des Wortes, sondern auf dessen Evokativität. Die Worte sind trotz ihrer Einzelheit nicht statisch, sondern weisen eine eigentümliche Lebendigkeit, ja Sinnlichkeit auf. Gottfried Benn kam in seinem berühmten Vortrag "Probleme der Lyrik" auf diese Seite des Wortes zu sprechen, als er von dessen "Flimmerhaaren" sprach:

> Flimmerhaar ist das animale Sinnesorgan vor der Differenzierung in gesonderte sensuelle Energien, das allgemeine Tastorgan, die Beziehung an sich zur Umwelt des Meers. [...] Worte, Worte – Substantive! Sie brauchen nur die Schwingen zu öffnen und Jahrtausende entfallen ihrem Flug.[21]

Und:

> Wir werden uns damit abfinden müssen, daß Worte eine latente Existenz besitzen, die auf entsprechend Eingestellte als Zauber wirkt und sie befähigt, diesen Zauber weiterzugeben.[22]

Benn mißt dem Wort das Wesen einer sensorisch-sinnlichen Entität bei, die zu bewegen und zu bewirken vermag, eben zu evozieren. Hier soll kurz zwischen drei Stufen von Evokativität unterschieden werden, der des lyrischen 'Ich', der des Gedichts und der des Lesers. Eine Hierarchie der zuzuordnenden Intensitäten kann im Rahmen einer schematischen Stratifikation des Textes kaum gegeben werden.

In den obigen, als repräsentativ für das gesamte lyrische Werk zu betrachtenden Textauszügen, kann auf zwei verschiedene Tendenzen der Evokativität hingewiesen werden. Ohne eine feste Typologie anzustreben, wird hier tentativ zwischen *indikativisch*-evokativischem und *vokativisch*-evokativischem Nennen unterschieden. *Vokativisch*-evokativisches Nennen ist mit den Tropen 'apostrophe' und 'ekphonesis' (exclamatio) verwandt, während *indikativisch*-

---

lebnis [II]" hingewiesen; vgl. Rainer Maria Rilke: *Gesammelte Werke in sechs Bänden.* Hg. von Ernst Zinn. Frankfurt/M. 1955 (Bd. 4). S. 1036-1042.

[20] Etwa bei Hugo von Hofmannsthal: Philosophie des Metaphorischen. In: Ders.: *Gesammelte Werke in Einzelbänden.* Frankfurt/M. 1951 (Prosa 1). S. 220-225; Ders.: Bildlicher Ausdruck. In: Ebd. S. 233; Ders.: Gespräch über Gedichte. In: Ders.: *Gesammelte Werke...* A.a.O. (Prosa II). S. 93. Vgl. auch Hugo von Hofmannsthal/Edgar Karg von Bebenberg: *Briefwechsel.* Hg. von Mary E. Gilbert. Frankfurt/M. 1966. S. 82.

[21] Gottfried Benn: Probleme der Lyrik. In: Ders.: *Gesammelte Werke in vier Bänden.* Wiesbaden 1959 (Bd. I VON). S. 494-533, hier S. 511-513.

[22] Ebd. S. 513f.

evokativisches auf verschiedene Weisen hervorgebracht wird; es bezieht alle die Kategorien mit ein, welche über die Fähigkeit zur Evokation verfügen und nicht vokativisch sind. Bezüglich der hier zitierten bobrowskischen Lyrik läßt sich lediglich eine bestimmte Apostrophe erkennen, nämlich "Wilna, Eiche/ du", die Eingangsworte eines in dieser Hinsicht symptomatisch mit 'Anruf' betitelten Gedichts. "Abends,/der Strom ertönt" ebenso wie "Blau./Die Lüfte" lassen sich der anderen Tendenz zuordnen. Zu welcher Kategorie die emphatischen Worte gehören, wird maßgeblich von der jeglicher Lyrik innewohnenden Stimme bestimmt. Diese Stimme ist der Rhytmus, der weder nach dem prosodischen Rhythmus oder metrisch operiert (Prosodie hier als Prosarhythmus verstanden) und eine Bedeutung veranschaulichen soll; sondern ein Rhythmus, der demjenigen gleicht, den die Dichter oft selbst beim Rezitieren verwenden. Northrop Frye nennt diesen Rhythmus den hervorragendsten und eigensten der Lyrik. Er befinde sich am Rande des Unbewußten, und sei "the distinctive lyrical union of sound and sense".[23] Meines Erachtens ist diese innere Stimme, die man bei der Lektüre von Lyrik immer wieder vernimmt, ein Element im Hinblick auf die Zuordnung der Wörter zu den beiden Kategorien. Als sekundär erscheint hingegen die grammatische Art des Wortes, dessen Klang, Interpunktion im Umfeld des Wortes usw.

Statt dessen soll näher auf die Unterschiede zwischen vokativischer und indikativischer Evokativität eingegangen werden. Pierre Fontaniers alte, jedoch noch immer gültige Definition der Apostrophe sei hierfür zitiert:

> L'Apostrophe [...] est cette diversion soudaine du discours par laquelle on se detourne d'un objet. [...] Mais qu'est-ce qui peut donner lieu à l'Apostrophe? Ce n'est ni la réflection, ni la pensée toute nue, ni une simple idée: ce n'est que le sentiment, et que le sentiment excité dans la coeur jusqu'à éclater et à se répandre au dehors, comme de lui-même.[24]

Die Bewegung der Apostrophe richtet sich nach außen, was der wörtlichen Bedeutung des griechischen 'apo-stréphesthai' ('sich wegwenden') entspricht. Der Apostrophe ist damit eine lokalisierende Tendenz eigen, die das Angerufene in eine andere Räumlichkeit und Zeitlichkeit versetzt als die des Gedichts, also in eine zeitlose, mithin ewige Sphäre: "These areas are ontologically dis-

---

[23] Northrop Frye: *Anatomy of Criticism*. London 1990. S. 272.
[24] Pierre Fontanier: *Les figures du discours*. Paris 1968. S. 271f.: "Der Apostrophe [...] ist eine plötzliche Abweichung des Diskurses, bei welcher man sich an ein Objekt wendet. [...] Aber was veranlaßt die Apostrophe? Es ist weder die Reflexion oder der ganz nackte Gedanke, noch eine einfache Vorstellung: es ist lediglich das Gefühl, ein Gefühl im Herzen, ein Gefühl bis zum Äußersten angespannt und sich nach außen zerstreuend wie von allein." (Übersetzg., A.K.S.)

continuous with the worlds from which they are cut out."²⁵ Eine Abkapselung des Angerufenen vom Diskurs des Gedichts ist notwendigerweise die Folge. Das bedeutet, daß das Apostrophierte sich der Narrativisierung grundsätzlich entzieht. Es kommt hinzu, daß die Verwendung des Apostrophischen eine Distanz voraussetzt, apostrophiert man doch das, dessen man sich nähern möchte.

Gegensätzlich dazu wirkt der andere Modus der Evokativität, der indikativische. Die Position des Aussagesubjekts ist im Ausgangspunkt dem sich anzunähernden Objekt nahe. Die indikativische Evokativität verfügt über eine gewisse Kenntnis und Vertrautheit zu dem, was sie evozieren möchte, sie bewirkt direkt, setzt keine Distanz voraus. Man kann formulieren, daß die indikativische Evokativität im Raum des 'Ich' gesetzt wird. Damit negiert sie nicht die Geschichtlichkeit – hier die Vergangenheit – des Evozierten. Vielmehr bewirkt das indikativisch-evokative Nennen eine Integration des Evozierten in den Diskurs des Gedichts. Als Beispiel diene die erste Strophe aus 'Dorfnacht':

> Finsternis, wenn der letzte
> das Tor schließt und lehnt an den Himmel,
> an den steinernen Fries,
> Pferde mit aufgeworfnen
> Häuptern, schnaubend, mit Mähnen,
> Schatten darüber, steil,
> Glanz, kaltes Feuer, wirbelnd,
> hinunter, mondlos die Zeit.
> (GW I, 27)

Die evokativen Worte fügen sich und gestalten eine narrativisierende Richtung, jedes Wort wirkt jedoch evozierend mittels der durch die Kommata bewirkten Hervorhebungen. Der Evokation kann aufgrund ihrer vorstellungsmäßigen Produktivität der Status einer Tat beigemessen werden, einer Tat, die sich im Jetzt ereignet (im Gegensatz zur vokativischen Bewegung, die verewigt, de-temporalisiert und etwas punktuell setzt). Das indikativische setzt den Akzent auf das Lineare und damit läßt sich diese Sprechweise mit der Narrativisierung vereinbaren, und das Narrative gilt denn auch als Merkmal in Bobrowskis Gedichten. Es setzt ein Mindestmaß an Distanz voraus, die jeder *epischen* Sprechsituation eigen ist, die zwischen dem Berichteten und der Welt des Berichtenden angelegt ist. Darauf wird unten noch näher eingegangen.

Das lyrische 'Ich' sucht in vielen Gedichten Bobrowskis nach seiner eigenen Vergangenheit, wie zum Beispiel in den reinen Erinnerungsgedichten 'Winterlicht' (GW I, 71), 'Die Daubas' (GW I, 69) oder 'Kindheit' (GW I, 6).

---

[25] Sanford Budick: Tradition in the Space of Negativity. In: *Languages of the Unsayable. The Play of Negativity in Literature and Literary Theory*. Ed. by Sanford Budick u. Wolfgang Iser. Stanford 1987. S. 297-322, hier S. 297.

Ihm wird ferner das Vermögen zugeschrieben, sich ohne einengende Rücksichtsnahme auf Zeit und Raum zu bewegen, wie etwa in den Gedichten 'Auf der taurischen Strasse' (GW I, 49) oder 'Landschaft mit Vögeln' (GW I, 50), in denen das 'Ich' Gestalten wie Enkidu (aus dem Gilgamesch-Epos) und Temudschin (Dschingis-Khan) begegnet. Hier stellt sich die Frage, wie es dem 'Ich' gelingen kann, sich so behende zu bewegen. Nun unterscheiden wir im Gedicht zwischen zwei idealen Instanzen, dem schreibenden, organisierenden, aktiven 'Ich' (das nicht notwendigerweise identisch mit dem Lyriker ist) und einem erlebenden, innerhalb dieses Schemas, empfangenden, 'passivischen' (aber doch lesenden) 'Ich'. Es ist anzunehmen, daß das organisierende 'Ich' Operationen ausführt, die für die Existenz des erlebenden 'Ich' unumgänglich sind; es ebnet ihm sozusagen den Weg. Die emphatierten Worte gelten somit als Merkmale eines persönlichen Erlebnisses, sie schaffen ein neues, dichterisches Potential aus der anfänglich bloßen Aussage eines organisierenden 'Ich'. Indem das erlebende 'Ich' sich in das Wort versenkt und dessen Erlebniswert auslotet, gerät es durch eine epiphanieartige Begegnung mit der Vergangenheit, die als eine gelungene "mémoire volontaire" bezeichnet werden kann, in eine Position, in welcher sich ein zeitlich nicht fixierbares, kollektives Gedächtnis öffnet. Dieses Gedächtnis bietet dem 'Ich' einen Bewegungsraum an, der nicht nur die Grenzen der eigenen, subjektiv geschlossen erscheinenden Vergangenheit verwischt, sondern auch das organisierende 'Ich' verunsichert und in das erlebende (traditionell: lyrische) 'Ich' transformiert, welches das Vermögen besitzt, sich ungebunden von Zeit und Raum im kollektiven sarmatischen Erinnerungsraum zu bewegen. Das organisierende 'Ich' verleiht damit dem Wort ein orphisches Potential, so das sich dieses ins erlebende 'Ich' zu verwandeln fähig wird und den Erinnerungsraum erweitert bzw. die qualitative Umformung dieses Raumes bewirkt. Dies ist auch der Grund dafür, daß das Narrative dieser Dichtung nicht in eine epische Distanz mündet. Es stellt sich erneut die Grundspannung her, die Gegenwärtiges (das organisierende, im Hier und Jetzt stehende 'Ich') in Vergangenes (das erlebende, sich im Raum der Geschichte bewegende 'Ich') verwandelt.

Bobrowskis Lyrik ist sehr evokativ, was zweifelsohne für ihre Rezeption von großer Bedeutung ist. In den fünf angeführten Beispielen kommt den Worten dank ihrer emphatischen Position eine heuristische Qualität zu, sind sie doch mit der Trope 'aposiopesis' verwandt, einer mit der Ellipse verwandten Gedankenfigur, die den Leser bzw. Zuhörer zwingt, dem Wort eine Bedeutung zu verleihen. Dies begründet sich daraus, daß sich die emphatierten Worte wegen ihrer neutralen und unverbindlichen Allgemeinheit an der Grenze zum Algebraischen befinden, das bekanntlich eine Stellvertreter-Funktion besitzt. "Abends" (vgl. Beispiel 1) ist ein solches Wort, bezeichnet es doch einen derlei bekannten Vorgang, in dem eine im Ausgangspunkt leere Insignifikanz mit Bedeutung angereichert wird, weil das Gedicht den Leser nachdrücklich dazu auffordert, eigene Erlebnisse und Vorstellungen in die verbalen Leerstellen zu legen; bereits Hugo Friedrich sprach von der geforderten Eigentätigkeit des Lesers in der Begegnung mit moderner, 'hermetischer' Lyrik: "[...] das Gedicht gerät durch den Leser in ein neues Bedeutungsspiel [...] Der Begriff des Verstehens ist dem Begriff des Weiterdichtens gewichen."[26] Zugespitzt ließe sich sogar sagen, daß die emphatierten Worte das Verständnis und somit auch den Leser selbst akzentuieren, weil dessen Position für die Signifikanz dieser Worte als unentbehrlich erscheint.

Auf der anderen Seite – und dies mag in Anbetracht des eben Gesagten paradox klingen – besitzen die emphatischen Worte eine starke Intensität, sogar eine große Bildfülle. Hinter der augenfälligen und für den Leser produktiven Algebraität der Worte, verbirgt sich eine immense Bildfläche, ein intertextuelles Potential. "Blau" (2) oder "spät" (3) sind Anstoß für eine Sinnproduktion, die jedoch dem Wort (Text) selber entspringt. Das intertextuell aufgeladene Wort erhält eine geschichtliche Dimension, da es prinzipiell alles Vergangene in sich aufnimmt: Worte als Schatzkammern der Vergangenheit.

Die isolierten Worte beeinflussen auch in anderer Hinsicht die Ökonomie des Gedichts. Das, was sie evozieren, was sie ausstrahlen, setzt einen Akzent, der für das weitere Verständnis von großer Wichtigkeit ist. In dieser Hinsicht kommt ihnen ein symbolischer Wert im Sinne von Goethes Konzeption zu, dessen organologischer Universalismus auch die synekdochisch-analogischen Auffassung des Symbols beherrscht.[27] Der Symbolbegriff bezieht sich traditionell lediglich auf konkrete Dinge; es läßt sich dennoch vermuten, daß auch den nicht-substantivischen, emphatischen Worten eine symbolische Funktion beikommt. Nach mehrmaliger Lektüre des Gedichts stellt sich nämlich heraus, daß die denotative und konnotative Semantizität dieser Worte häufig Gemeinsamkeiten mit dem Gedicht als Ganzem aufweist bzw. daß das vom ganzen Gedicht erzeugte Stimmungsgebilde teilweise schon im emphatierten Wort angelegt ist.[28]

Diese Versuche, die wegen der Unsichtbarkeit der beschriebenen Vorgänge ungefähr bleiben müssen, legen die Behauptung nahe, der Orphismus realisiere sich auch im formellen Gefüge des Gedichts, im Wort. Die Worte wären damit der Ausgangspunkt für ein grenzüberschreitendes Visionserlebnis, sowohl für den Leser, als auch für das textinterne organisierende 'Ich', das die Worte selbst in ihrer orphischen Prägung setzte, und für welches die Verwandlung in ein erlebendes 'Ich' bedeutet. Auf der Stufe des Lesers und des 'Ich' sind solche visionsträchtigen Worte als epistemologische Merkmale eines Verstehensbegriffs zu betrachten, der auf der Entdeckung der exorbitanten Intuitionen beruht, dem epiphanieartigen Charakter des Wortes. Orphisch ist das Wort, weil es zwischen dem präsenten, auf uns gerichteten So-Sein und dem vergan-

---

[26] Hugo Friedrich: *Die Struktur der modernen Lyrik*. Hamburg 1992. S. 179.
[27] Vgl. Gerhard Kurz: *Metapher, Allegorie, Symbol*. Göttingen ³1993. S. 66ff.
[28] Einen Ausnahmefall bildet das hier untersuchte Gedicht "Wiedererweckung", in dem die extrem isolierten emphatischen Worte einige im übrigen Gedicht nicht wiederzufindende Töne der Hoffnungslosigkeit anschlagen.

genen, uns mittelbar zugewandtem Dort-Sein vermittelt. Die Beziehung beider Ebenen ist hierarchisch, denn das präsente ist bereits in Erscheinung getreten und bedarf keiner Aufdeckung von seiten des orphischen Blickes mehr, ist lediglich die erste Station einer orphischen Verschmelzung, dient lediglich als Ausgangspunkt für Herkunfts- und Vergangenheitsschau.

Zweifel am eigenen Projekt – Schweigen der Dichtung
Infolge der beiden beschriebenen Kategorien von Evokationsmustern herrscht das indikativisch-evokative Nennen in Bobrowskis Lyrik vor. Dieser Befund mag als ein Indiz für den, sich in dieser Lyrik – im formellen Gefüge wie inhaltlich – ebenfalls vorfindenden Modus dienen: des Schweigens. Kann dieses Schweigen als Ergebnis des sich gelegentlich zu Schau stellenden Zweifels verstanden werden?

Die Zweifel des Dichters an der Legitimität seiner Dichtung ist ein altbekanntes Problem in der Geistesgeschichte, so auch bei Johannes Bobrowski. Momente einer solchen Haltung finden sich in 'Wiedererweckung' wie 'Sprache' (GW I, 177), 'Antwort' (GW I, 185), 'An Klopstock' (GW I, 161), 'Seeufer' (GW I, 65), 'Die alte Heerstraße' (GW I, 16), 'Immer zu benennen' (GW I, 143) und vielen anderen. Die ersten zwei Strophen des letztgenannten Gedichtes lauten:

> Immer zu benennen:
> den Baum, den Vogel im Flug,
> den rötlichen Fels, wo der Strom
> zieht, grün, und den Fisch
> im weißen Rauch, wenn es dunkelt
> über die Wälder herab.
>
> Zeichen, Farben, es ist
> ein Spiel, ich bin bedenklich,
> es möchte nicht enden
> gerecht.

Die erste Strophe enthält eine schon geradezu plakative Reihe von zu benennenden Erscheinungen. In der zweiten Strophe hingegen läßt diese Eindringlichkeit nach, faßt sie doch die Dinge mit den Worten "Zeichen" und "Farben" zusammen. Das benennende Verfahren behandelt die Dinge in einer desintegrierenden Weise, die sie entindividualisieren, ja entessentialisieren: "Zeichen" und "Farben" sind beide Ausdruck einer Quantifizierung (Pluralität) und des Allgemeinen, Unspezifischen. Das 'Ich' erhebt Bedenken gegenüber einer solchen Haltung zu den Naturvorgängen. Das dichterische Auge möchte bezwingend wirken, und der orphische Blick würde den Dingen eine Ordnung auferlegen, die eher als ein Gewaltakt gegen sie, denn als ein Akt des emanzipativen Verschmelzens mit ihrer Vergangenheit gewertet werden könnte: "[...] es ist ein Spiel, ich bin bedenklich,/es möchte nicht enden/gerecht."

> Und wer lehrt mich,
> was ich vergaß: der Steine
> Schlaf, den Schlaf
> der Vögel im Flug, der Bäume
> Schlaf, im Dunkel
> geht ihre Rede – ?
> (Aus: 'Immer zu benennen'. GW I, 143)

Hier wird eine Gefahr bzw. ein Unvermögen dieser Dichtung genannt: Wie soll sie der unsichtbaren Seite, der Schattenseite des Dinges gerecht werden? Diese Verse drücken Zweifel hinsichtlich des in 'Wiedererweckung' vorgefundenen Belebungsimperativs aus. Es erscheint nicht allein als hinlänglich die Dinge zu beleben, sondern es bedarf um der Legitimität der Dichtung willen auch einer Rücksichtsnahme auf den "Schlaf", die Stille der Dinge, ihr Verwurzeltsein in einem nichtmenschlichen Bereich, der mit Natur benannt, und als der Tod gefürchtet wird. Maurice Blanchot schrieb in "Le regard d'Orphée" über diesen Anspruch der Dichtung, daß es ihr nicht um die Belebung der Dinge gehe: "[...] non pas la [Eurydike; meint hier: die Dinge, A.K.S.] faire vivre, mais avoir vivante en elle la plénitude de sa mort."[29] Die Absicht, die Dinge zu beleben, gleicht – so gesehen – der Bewegung der Vokativität und schließt ein Losreißen von der geschichtlichen Existenz jedes Dinges und eine Negation seiner Herkunft mit ein. Hier kommt die grundlegende Kritik am eigenen dichterischen Projekt deutlich zum Ausdruck. In 'Seeufer' (GW I, 65) wird diese Kritik gesteigert und gilt sogar dem Wort selbst: "Was noch lebt [...] // ist wie ein Wort, ungesagt". Das Wort tötet alles Lebendige.

In 'Die alte Heerstraße' (GW I, 16) lesen wir das Urteil des 'Ich' über sich selbst, das einen absoluten Tiefpunkt der bezweifelnden Aussagen markiert, wenn es sich offenkundig selbstreflexiv "Orpheus" nennt:

> Einst
> vor Zeiten ist Orpheus
> hier gegangen am Hang
> dunkel. Es tönt herüber
> der Wald seine Klagen ewig.
>
> Ach, den Singenden narrte
> die Erde, die zahllose Stimme
> Eurydikes, aus Schluchten
> her, von Gewässern. Sie beugt den
> Rücken uns tiefer, ins stäubende
> Kraut, eh mit Schauern, mit zornigen
> Regen ausfährt das Jahr.

---

[29] Maurice Blanchot: *Le regard d'Orphée.* A. a. O. S.228: "[...] sie nicht zum Leben zu erwecken, sondern in ihr die Fülle ihres Todes lebend zu haben." (Übersetzg., A.K.S.)

Gegenüber einem so intensiven und weitgehenden Infragestellen seines Werkes scheint nur die Stille angemessen. Klagend erklingt immer wieder der Wunsch nach Stille und leiser Rede:

Wind,
komm, unvernehmbare Rede,
tief in der Kehle [...].
(aus 'Dorfnacht'. GW I, 27)

Lehr mich reden, Gras,
lehr mich tot sein und hören,
lange, und reden, Stein,
lehr du mich bleiben, Wasser,
frag mir, und Wind, nicht nach.
(aus 'Ebene'. GW I, 80)

Ich will vom Atem der Ströme
leben, vom Sprind
trinken, das Irdische trinken,
die Nacht, vom Geheimnis der Tiefe
unter dem Gras.
(aus 'Die Düna'. GW I, 58)

Das 'Ich' strebt nach Stille. Bobrowskis Lyrik bietet zwei Gründe für das Schweigen: Zum einen die für die moderne Lyrik typische Sprachskepsis,[30] ein Grund, der in Zusammenhang mit den oben erwähnten Zweifeln gesehen werden muß, zum anderen stellen Bobrowskis Gedichte die Stille und das Schweigen als eine positiv zu wertende mimetische Beziehung zur Natur dar. Im gesamten Bobrowskischen Werk begegnen uns Elemente, die auf Stille und Schweigen hin konzipiert sind: die Stille der Natur ist häufig das Hauptmoment der Metapher; das Prinzip des häufigen Emjambements; das erweiterte Intervall der Sprachlosigkeit zwischen den Worten; die Ellipsen; die Isolierung des Worts in der Spitzenstellung, welche ebenfalls durch die graphische Gestaltung unterstrichen wird, die eine Diffusion der umgebenden Stille (in Gestalt der Wortlosigkeit des weißen Papiers) begünstigt. Stille und Schweigen drücken damit in Bobrowskis Lyrik keineswegs nur ein verlorenes Vertrauen zur Sprache aus, sondern sind ein Verständigungsmedium, das lediglich dem Zeichencharakter enthoben ist. Stille als ein dermaßen integrales Moment muß

---

[30] Paul Celan erhob diese Skepsis in seiner vielzitierten Büchner-Preis-Rede zum Programm seiner Dichtung: "[D]as Gedicht zeigt, das ist unverkennbar, eine starke Neigung zum Verstummen. Es behauptet sich [...] am Rande seiner selbst; es ruft und holt sich, um bestehen zu können, unausgesetzt aus seinem Schon-nicht-mehr in sein Immer-noch-zurück." In: Paul Celan: *Gesammelte Werke in fünf Bänden*. Frankfurt/M. 1983 (Bd. III). S. 197.

in Verbindung mit der evokativen Absicht dieser Dichtung gesehen werden. Der Anspruch auf Stille erklärt hingegen auch den relativ seltenen vokativischen Aussagemodus, dessen Ausrufe die Stille breche und die verschwiegene Seite alles Seienden verletze und störe.

Peter Langemeyer

"Suche in allem, die Zeit auf deine Seite zu bringen."
Zu einer Maxime in Christoph Heins Roman *Horns Ende* und ihrem Gedächtnisraum (Baltasar Gracián, Walter Benjamin)[1]

The maxim attributed to the Spanish Baroque writer and Jesuit Baltasar Gracián is quoted in a key position in the novel, during a discussion between Horn and Spodeck concerning the proper treatment of memory and history. Hein probably discovered this maxim through Walter Benjamin, but uses it in a different sense. The paper exposes the differences between Hein's and Benjamin's interpretations and examines the connections to Gracián's collection of aphorisms "Handorakel und Kunst der Weltklugheit". Then Horn's concept of history is interpreted drawing upon Benjamin's thesis on the philosophy of history and relating it to Gracián's concept of time. In conclusion, some reflections on the interpretation of the maxim and the proper treatment of memory and history which go beyond the novel are put forward.

> Time is on my side, yes it is
> Norman Meade[2]

> ... der e en tid for alt
> Kari Bremnes[3]

I

Das vorletzte Gespräch, das von Horn mitgeteilt wird und in dem die obige Maxime zitiert wird, führt direkt auf das Thema des Romans: das Gedächtnis – Vergessen und Erinnern – und die Geschichtsschreibung. Horn ist zu seinem Hausarzt, Dr. Spodeck, gekommen, um sich untersuchen zu lassen. Doch der Arzt kann keinen organischen Befund ausmachen und verwickelt seinen Pa-

---

[1] Der vorliegende Aufsatz ist die überarbeitete und erweiterte Fassung meines auf der Konferenz gehaltenen Vortrags. – Ohne den freundschaftlichen Beistand von Dag T. Andersson, Tromsö, wäre es mir kaum geglückt, in dem schier endlosen nordischen Winter 96/97, in dem meine Gedanken zu diesem Aufsatz Gestalt annahmen, die Titelmaxime zu meiner eigenen zu machen. Dafür mein Dank. – 'Time is money' lautet die Parole der Profitmaximierung. Für den Forscher ist die Umkehrung wichtiger: 'Geld ist Zeit'. Daß ich Zeit und Geld für meine Recherche hatte, verdanke ich der Universität Tromsö, die mich im 'Frühjahrssemester' 1997 von allen Lehr- und Verwaltungspflichten freigestellt hat.
[2] Auf: The Rolling Stones: *12x5*. CD, Abkco Records, Inc. 1964.
[3] Auf: Kari Bremnes: *Månestein*. CD, Kirkelig Kulturverksted, Aschehoug 1997.

tienten in ein Gespräch über eine neue filmtechnische Erfindung, die ihm zum Vergleich mit dem menschlichen Bewußtsein geeignet erscheint, den 'gebrochenen Spiegel', eine Variante des Schüfftan-Verfahrens. Eugen Schüfftan – so informiert das Fachlexikon – war ein Pionier des *special effect*. Zu seinen bedeutendsten Erfindungen zählt ein Verfahren, das die vergrößerte Einspiegelung kleiner Modelldekorationen oder neben der Kamera sich abspielender Szenen in die Filmaufnahme erlaubt. Der Effekt wird mit Hilfe eines teilweise transparenten Spiegels erzeugt, der im Winkel von 45° vor die Kameralinse montiert ist. Darüber geht die neue Erfindung noch hinaus. Denn sie erlaubt es auch, den bereits fertiggestellten Film zu verändern. Spodeck referiert:

> Das ursprüngliche Bild wird auf einen in der Mitte gebrochenen Spiegel geworfen und erneut aufgenommen. Und je nachdem, in welchem Winkel die Spiegel zueinander stehen, kann man nun Teile des Bildes verschwinden lassen oder neue, nicht dazugehörige Bilder einspiegeln. (HE 230)[4]

Die Folge ist, daß sich jedes Filmdokument beliebig manipulieren läßt. Die Geschichtsschreibung habe damit – so Spodeck – einen wichtigen "Kronzeugen" verloren und müsse mit neuen "Fälschungen" rechnen (ebd.). Doch geht es Spodeck im weiteren gar nicht darum, die Authentizität des Films als Quelle der Geschichtsschreibung zu bezweifeln. Er will auf etwas anderes hinaus: auf einen Vergleich mit dem menschlichen Erinnerungsvermögen.

> Unsere Erinnerungen sind eben keine nüchternen Aufzeichnungen, keine Filmaufnahmen. Unser Bewußtsein arbeitet mit tausend Spiegeln, von denen jeder tausendfach gebrochen ist. Wir nehmen wahr und erinnern uns nach der genetisch bedingten Anzahl dieser Spiegel und ihrer Brüche und Winkel. [...] Wir speichern nicht ein Geschehen, sondern unser Bewußtsein, unser Denken über ein Ereignis. Es sind persönliche Erinnerungen, was nicht weniger sagen will, als daß all unser Erinnern kein Bild der Welt liefert, sondern ein durch das Spiegelkabinett unseres Kopfes entworfenes Puzzle jenes Bildes mit unseren individuellen Verspiegelungen, Auslassungen und Einfügungen. (HE 231)

Das liest sich aus heutiger Sicht wie eine Metapher für den postmodernen Perspektivenpluralismus, kann sich aber auf ältere erkenntnisskeptische Positionen berufen, etwa auf Nietzsches Überzeugung, daß Erkenntnis immer "perspektivisch" sei,[5] und hat einen bildlichen Vorläufer in Francis Bacons Vergleich des menschlichen Verstandes mit einem "speculum inaequale".[6] Spo-

---

[4] Zitiert wird im folgenden nach der Ausgabe Darmstadt/Neuwied 1985 unter Angabe von Sigle (HE) und Seitenzahl im Text. Das Buch erschien zugleich in der BRD und der DDR. Zur Publikationsgeschichte vgl. jetzt das aufschlußreiche Nachwort von Christel Berger zur Neuausgabe des Romans als Band 8 der *DDR-Bibliothek*, Leipzig 1996. S. 269-298.
[5] Friedrich Nietzsche: *Zur Genealogie der Moral* (III, 12).
[6] Francis Bacon: *Novum Organum* (§ 41).

deck bezweifelt damit offenbar ein Dogma der marxistisch-leninistischen Erkenntnistheorie, nämlich daß Erkenntnis die objektive Widerspiegelung der Realität sei. Spodecks Kritik betrifft aber auch den Historismus und dessen Ansicht, daß es eine von der Person des Historikers und den jeweiligen Zeitumständen unabhängige, objektive historische Wahrheit gebe, die sich ein für alle Mal rekonstruieren lasse. Wenn das Bewußtsein bzw. die Wahrnehmung ein individuell 'gebrochener Spiegel' ist, dann sind die Aussagen, die der Mensch über die Geschichte machen kann, notwendigerweise subjektiv. Einen absoluten Maßstab für die Erkenntnis gibt es dann nicht. Anstelle der einen Wahrheit finden sich "mehrere, zum Teil einander widersprechende Wahrheiten" (HE 23), wie eine andere Romanfigur bemerkt[7] und daraus die einschneidende Konsequenz zieht: "Es gibt keine Geschichte" (HE 24) – sei es als Folge vergangener Ereignisse, sei es als deren erkennende Darstellung.

Im Vordergrund der Diskussion zwischen Spodeck und Horn steht nicht die theoretische Frage, wie angesichts dieses Zweifels an objektiver Erkenntnis ein intersubjektiv verbindliches Verständnis der Geschichte und damit Geschichtsschreibung überhaupt möglich sei. Was die Diskutanten vielmehr beschäftigt ist die praktische, sowohl die Moral als auch die 'Psychohygiene' betreffende Frage, wie der Einzelne mit der quälenden Erinnerung an selbsterlittenes Unrecht umgehen könne bzw. solle. Da es keine objektive Erkenntnis des Vergangenen gebe – das scheint Spodeck zu meinen –, sei es auch kein Vergehen an der historischen Wirklichkeit, wenn der Einzelne seinen bedrückenden Erinnerungen mißtraue. Aber gerade das kann Horn nicht akzeptieren. Auf seine Frage, ob Spodeck ihm rate, ohne Gedächtnis zu leben, das erfahrene Leid zu vergessen bzw. zu verdrängen, antwortet der Arzt:

> Nein, das wäre unsinnig, weil es uns nicht möglich ist. Ich rate Ihnen nur, Ihren Erinnerungen zu mißtrauen. Wenn Ihr Gedächtnis Sie zum Leben unfähig macht, ist es vernünftiger, sie bezweifeln einige gespeicherte Bilder in Ihrem Kopf und nicht das Leben. Es ist vernünftiger, denn, wie ich hoffe bewiesen zu haben, wir haben keine Gewißheit darüber, daß diese Erinnerungen uns nicht gründlich täuschen. (HE 232)

Horn räumt Spodeck diese Möglichkeit zwar ein, gibt aber zu bedenken, daß der Mensch nicht umhin könne, mit diesem mangelhaften Gedächtnis zu leben. "Welch ein entsetzlicher Gedanke, ohne Gedächtnis leben zu wollen. Wir würden ohne Erfahrungen leben müssen, ohne Wissen und ohne Werte." (Ebd.) Spodeck stimmt Horn zu, doch warnt er ihn vor dem anderen Extrem, nämlich das

> Gedächtnis zum absoluten Maß zu erheben. Es würde uns unfähig machen zu leben. Mißtrauen wir uns selbst. [...] Unsere Erfahrungen sind unvollständig. Unsere Erin-

---

[7] Nämlich der alte, vom Marxismus enttäuschte Kruschkatz, auf den ich in Abschnitt V zu sprechen komme. Für Horn beschränkt sich die Wahrheit der Überlieferung auf das Detail (vgl. HE 67f.).

nerungen haben die Lücken und Risse des gebrochenen Spiegels. Das Fehlende ergänzen wir unbewußt nach unserer beschränkten Einsicht und laufen Gefahr, uns zu verirren. (Ebd.)

Auf die Frage, was er Horn angesichts dieser Diagnose empfehle, macht Spodeck einen Vorschlag, den er aber zugleich als unakzeptabel zurücknimmt, wobei er dann die Maxime erwähnt, auf die es mir in diesem Zusammenhang ankommt:

> Ich fürchte, es wird Ihnen so wenig annehmbar sein wie mir. Der alte Gracian sagte: Suche in allem, die Zeit auf deine Seite zu bringen. Wenn es Ihnen gelingen könnte, die Erinnerungen danach einzurichten, es würde Ihnen leichter werden zu leben. (Ebd.)

Es kann dahingestellt bleiben, was Spodeck genau meint, ob er der Ansicht ist, daß Horn die Erinnerungen nach der Verhaltensregel 'einrichten' solle, oder ob er sagen will, Horn solle die Erinnerungen so 'einrichten', daß er ein Leben nach der Verhaltensregel führen könne. Für Spodeck beinhaltet die Maxime jedenfalls die Aufforderung, seine Erinnerungen an selbsterlittenes Unrecht im Interesse an seiner Gesundheit so zu manipulieren, wie der Filmtechniker mittels der Weiterentwicklung des Schüfftan-Verfahrens das Filmdokument manipuliert. Horn lehnt das entschieden ab. An der Echtheit und Glaubwürdigkeit seiner Erinnerungen will er keinen Zweifel zulassen. Seine Reaktion auf Spodecks Vorschlag ist drastisch: "Doktor, dann ist das Leben nichts als ein Haufen vergoldeter Scheiße. [...] Mit solchen Weisheiten, Doktor, können Sie alt werden." (HE 232f.) Und Spodecks lakonische Antwort darauf lautet: "Ich weiß" (HE 233).

Da es mir in diesem Aufsatz nicht um eine Gesamtinterpretation von *Horns Ende* geht, sondern um die Kommentierung einer Maxime (einschließlich der Konsequenzen für denjenigen, der sie befolgt bzw. ablehnt) sowie um einige Aspekte des Verhältnisses von Vergessen und Erinnern, kann ich mich auf wenige knappe Bemerkungen zum Romaninhalt und zu seinem historischen Hintergrund beschränken. Die – erinnerte – Handlung spielt in der DDR, von Mai bis September 1957 – zu einer Zeit, die von schweren ideologischen Auseinandersetzungen um den Kurs der SED gegenüber der BRD und um 'revisionistische' Forderungen nach innenpolitischen Reformen geprägt ist. Nach dem XX. Parteitag der KPdSU im Februar 1956, der mit Stalins Herrschaftsmethoden abrechnete, setzte eine kurze Periode des 'Tauwetters' ein, die aber bereits ein Jahr später mit der Ausschaltung der innerparteilichen Opposition gegen Walter Ulbricht zu Ende ging. Im März 1957 werden der Philosoph Wolfgang Harich und der Leiter des Aufbau-Verlages Walter Janka unter dem Vorwurf des 'Revisionismus' zu mehrjährigen Zuchthausstrafen verurteilt. Im Februar 1958 werden der Kaderchef Karl Schirdewan und seine 'Gruppe' des 'Opportunismus', der 'Zersetzung' und der 'Fraktionsbildung' beschuldigt und entmachtet. Das ist der zeitgeschichtliche Kontext für die Romanhandlung.

Der Historiker Horn war 1953 aus der SED ausgeschlossen und von Leipzig nach Bad Guldenberg abgeschoben worden, wo er als Kustos das örtliche Heimatmuseum leitet. Auch der Doktortitel wurde ihm aberkannt. 1957 wird er denunziert und bezichtigt, von der offiziellen Geschichtsdarstellung abzuweichen und unerlaubte Westkontakte zu pflegen. Der drohenden Verhaftung und Verurteilung entzieht er sich durch Selbstmord. Der Junge Thomas findet ihn erhängt im Wald.

Soweit die Grundlinien des Romans, der die Umstände von Horns Tod nicht direkt und linear, sondern gebrochen aus der wechselnden Perspektive verschiedener 'Stimmen' schildert, die sich Jahrzehnte später an die Vorfälle und an ihre eigene Lebensgeschichte zu erinnern versuchen. Horn ist als Erzähler in der Handlung abwesend, er existiert lediglich in den Erinnerungen der Lebenden und kommt selbst nur in den den Kapiteln vorangestellten 'Totendialogen' zu Wort, in denen er den inzwischen erwachsenen Thomas nachdrücklich dazu auffordert, sich an die Vergangenheit zu erinnern.[8] Hein realisiert in der Erzählstruktur, was Spodeck theoretisch reflektiert: daß Geschichte keine an sich bestehende Entität ist, sondern sich aus einer unreduzierbaren Pluralität subjektiver Geschichten zusammensetzt, die an die persönliche Erinnerung gebunden sind und keine Objektivität gewähren. Eine genaue Rekonstruktion der Ereignisse ist daher ausgeschlossen. Das fordert den Leser verstärkt zur interpretativen Mitarbeit auf. Aus der Vielfalt der verschiedenen und sich teilweise widersprechenden Berichte muß er sich selbst ein Bild des stattgefundenen Geschehens zusammensetzen, das notwendig lückenhaft und subjektiv bleibt.[9]

---

[8] Beide Gesprächspartner werden zwar nicht namentlich identifiziert, doch nehmen die meisten Interpreten sicher zurecht an, daß es sich um Horn und Thomas handelt. Vgl. dazu die differenzierenden Kommentare des Autors bei Krzysztof Jachimczak: Gespräch mit Christoph Hein. In: *Sinn und Form* 40 (1988). H. 2. S. 342-359, hier S. 353. Heins Titelfigur hat einen historischen Namensvetter, den marxistischen Philosophen Johannes Heinz Horn, der Anfang der fünfziger Jahre von Ernst Bloch nach Leipzig berufen wurde und 1958 Selbstmord beging. Hein erinnert also einen historischen Fall, auch wenn es nach seiner Auskunft nur "eine ganz ferne Beziehung" gibt (ebd.). Es wäre interessant, überschritte aber das Thema dieses Aufsatzes, Heins Erinnerungsweise mit der seiner Romanfiguren zu vergleichen. Zu dem historischen Horn vgl. Phil McKnight: Ein Mosaik zu Christoph Heins Roman "Horns Ende". In: *Sinn und Form* 39 (1987). H. 2. S. 415-425, hier S. 420.

[9] Zur Tradition der von Hein gewählten Erzählform vgl. Volker Neuhaus: *Typen multiperspektivischen Erzählens*. Köln u.a. 1971 (Literatur und Leben. N.F. 13). In struktureller Hinsicht hat man *Horns Ende* mit Alfred Anderschs *Sansibar oder der letzte Grund* und Gerd Gaisers *Schlußball* verglichen, doch wäre – um eine komparatistische Perspektive einzunehmen – mit größerem Recht auf William Faulkners *As I Lay Dying*, Ryunosuke Akutagawas *Im Dickicht* oder auch Akiro Kurosawas Film *Rashomon* zu verweisen, dessen Quelle neben *Im Dickicht* die ebenfalls von Akutagawa stammende Titelerzählung ist. Wie bei Hein finden sich mehrere gleichberechtigte Erzähler, außerdem bildet die Erinnerung an den Tod eines Menschen das textorganisierende Zentrum.

Hein selbst hat in der Metapher vom gebrochenenen Spiegel eine Schlüsselstelle für seinen Roman gesehen, wie sein ursprünglicher Titelentwurf bezeugt: *Horn oder Der gebrochene Spiegel*. Doch konnte er sich mit diesem Vorschlag bei seinem Ost-Berliner Verlag nicht durchsetzen, der, um die Veröffentlichung in der DDR nicht zu gefährden, die Deutung vermeiden wollte,

> daß die jeweiligen Erinnerungen der Figuren an den Fall Horn als *das* gültige Geschichtsbild der fünfziger Jahre interpretiert werden, ein Geschichtsbild, dessen Bezüge zur Gegenwart und Vergangenheit in linearer Folge gesehen werden könnten.[10]

Dagegen sollte der neue Titel – also *Horns Ende* – "assoziieren", daß die geschilderte Situation einer fernen, längst überwundenen Vergangenheit angehöre und die "Irrtümer jener Jahre [...] nicht mehr so provokant" in die Gegenwart hineinragten.[11]

II

Bislang wurde noch nichts zur Maxime selbst ausgeführt. Ungeklärt blieb auch, was sie mit Baltasar Gracián zu tun hat. Bevor ich auf den zuletzt genannten Punkt eingehe, einige Bemerkungen zum Bedeutungsgehalt der Verhaltensregel. Es fällt nicht ganz leicht zu sagen, worin er genau besteht. In der Hein-Forschung ist er bisher kaum ernsthaft erwogen worden. Bernd Fischer, der meines Wissens der einzige ist, der sich ausführlicher mit der Maxime auseinandergesetzt hat, hebt ihre Doppeldeutigkeit hervor, wobei er die "Zeit" offenbar mit den "Zeitverhältnissen" identifiziert:

> Man kann die Zeit auf seine Seite bringen, indem man sie den eigenen Vorstellungen entsprechend zu verändern versucht oder indem man die eigenen Vorstellungen den Einwürfen der Zeit anpaßt. Hein läßt für seine Kontrahenten nur die zweite Deutung gelten [...].[12]

Mit eigenen Worten ausgedrückt: Nicht die Anpassung der Zeit an das Ich fordert die Verhaltensregel für Horn bzw. Spodeck, sondern die – opportunistische – Anpassung des Ich an die Zeit. Das scheint auf den ersten Blick plausibel, zumal wenn man an Spodecks Vergleich des Gedächtnisses mit der

---

[10] Christel Berger: "Horns Ende" – Entstehungsgeschichte: eine Farce in drei Akten. Nachwort. A.a.O. S. 276. Zur Spiegelmetaphorik vgl. auch HE 108ff.

[11] So Heins Lektor Günther Drommer in einer "Notiz" für die Hauptverwaltung Verlage beim Ministerium für Kultur der DDR. Ebd. S. 276. Zu einer weiteren Änderung vgl. unten Abschnitt V.

[12] Bernd Fischer: *Christoph Hein. Drama und Prosa im letzten Jahrzehnt der DDR*. Heidelberg 1990 (Reihe Siegen 98). S. 103f. Die "Frage nach der Möglichkeit dieses Weges" fährt der Autor fort, "stellt sich ihnen [Horn und Spodeck, P.L.] letztlich in einem ethischen Entscheidungsraum", die "politische Dimension dieser Frage" sei dabei "gänzlich aus dem Blick geraten" (S. 104). Vgl. dazu unten Abschnitt V.

neuen filmtechnischen Erfindung denkt, erweist sich bei genauerer Prüfung aber als problematisch. Denn die genannte Alternative ist nicht nur unvollständig, sie ist auch unzutreffend, wenn man sie von Gracián her betrachtet. 'Auf seine Seite bringen' kann man die Zeit nämlich auch dadurch, daß man sich ihr anpaßt, aber nicht etwa um ihr resignativ zu folgen oder gar in ihr aufzugehen, sondern indem man sie in seinem Interesse mit ihren eigenen Mitteln verändert und auf diese Weise die Herrschaft über sie erlangt. Das sieht nach einem dialektischen Konstrukt aus. Doch erst diese Deutungsvariante der Maxime wäre ganz im Sinne Graciáns gedacht – wenn auch nicht im Sinne Horns oder Spodecks –, wie im weiteren deutlich werden soll.

Es fragt sich aber, ob die Maxime überhaupt von Gracián stammt, wie Spodeck behauptet und die Interpreten mit ihm angenommen haben. Der spanische Barock-Autor (1601-1658), Gelehrte und Ordensgeistliche, Mitglied der Societas Jesu, ist im deutschen Kulturraum vor allem durch seine Aphorismensammlung *Handorakel und Kunst der Weltklugheit* (*Oráculo manual y Arte de prudencia* [1647]) in der Übersetzung Arthur Schopenhauers bis heute lebendig geblieben. Doch sucht man die Verhaltensregel in dieser Schrift vergeblich. Statt dessen findet man sie fast im Wortlaut bei einem anderen Autor, bei dem man sie vielleicht nicht erwartet hätte, und zwar bei Walter Benjamin, der sie ausdrücklich mit Gracián in Verbindung bringt. Allerdings wird sie von Benjamin in einer Weise gebraucht, die sich von ihrer Verwendung bei Hein beträchtlich unterscheidet.

Hein hat sich gelegentlich mit Benjamins Schriften auseinandergesetzt.[13] Dabei könnte er auf den "Prätext"[14] des angeblichen Gracián-Zitats gestoßen

---

[13] Vgl. ebd. S. 113-117; Ines Zekert: *Poetologie und Prophetie. Christoph Heins Prosa und Dramatik im Kontext seiner Walter-Benjamin-Rezeption*. Frankfurt/M. u.a. 1993 (Europäische Hochschulschriften. Reihe I. Deutsche Sprache und Literatur 1080) und Christl Kiewitz: *Der stumme Schrei. Krise und Kritik der sozialistischen Intelligenz im Werk Christoph Heins*. Tübingen 1995 (Stauffenburg Colloquium 37). S. 198-201.

[14] Zu diesem Konzept vgl. Heinrich F. Plett (Hg.): *Intertextuality*. Berlin u.a. 1991 (Research in Text Theory. Untersuchungen zur Texttheorie 15), bes. den Beitrag des Herausgebers: Intertextualities. S. 3-29. – Die Überlieferung der Stelle ist komplizierter, als ich in der Vortragsfassung zunächst angenommen hatte. Nach seiner Erinnerung hat Christoph Hein das Zitat, wie er mir freundlicherweise mitteilte, in einer spanischen Gracián-Ausgabe des italienischen, seinerzeit in Innsbruck lehrenden Komparatisten Arturo Farinelli gefunden (Baltasar Gracián: *El Héroe. El Discreto*. Con un estudio crítico por Arturo Farinelli. Madrid 1900 [Biblioteca de filosofía y sociología 3]), deren Lektüre "fast zwanzig Jahre zurück[liege]" (Brief vom 12.6.1997). Da es mir bisher nicht gelungen ist, an dieses Werk heranzukommen und Hein meiner Vermutung nicht widersprochen hat, kann und muß dieser Hinweis hier nicht weiter verfolgt werden. Auf meine Nachfrage, ob ihm der Benjamin-Text in der einen oder anderen Version (s.u.) bekannt gewesen sei, antwortete Hein, er erinnere sich nicht, "ihn gelesen zu haben", wolle es aber, da er "Benjamin etwas kenne, auch nicht ausschließen" (Brief vom 20.8.1997). Es ist daher durchaus möglich, daß sich Heins Zuschreibung und Deutung

sein. *Horns Ende* – und insbesondere das erwähnte Gespräch zwischen Spodeck und Horn – thematisiert nicht nur das Gedächtnis, sondern erweist sich selbst als ein komplexer "Gedächtnisraum" – ich beziehe mich auf ein Konzept Renate Lachmanns –, wenn "das Gedächtnis des Textes die Intertextualität seiner Bezüge ist, die im Schreiben als einem Abschreiten des Raumes zwischen den Texten entsteht", und das Gedächtnis, wie Niklas Luhmann schreibt, sowohl die "Leistung des Erinnerns" als auch die "Leistung des Vergessens" umfaßt, die beide ihre Spuren im Text hinterlassen haben.[15]

Die folgenden Überlegungen sollen dazu beitragen, den Gedächtnisraum der Maxime bei Hein und Benjamin auszumessen. Bevor ich die intertextuellen Bezüge zu Gracián untersuche, zunächst zu Benjamin. Als Prätext für Spodecks Formulierung kommen verschiedene Stellen in Frage. Drei sind mir aufgefallen, sie stammen sämtlich aus Benjamins letztem Lebensjahrzehnt und nuancieren die Verhaltensregel aus unterschiedlichen Zusammenhängen. Den frühesten Beleg habe ich in den Paralipomena zu dem Aufsatz über "Franz Kafka" (1934) gefunden, die einen ersten Hinweis auf Herkunft und Bedeutung der Maxime geben. Dort heißt es: "Eine höchste moralische Aufgabe des Menschen: die Zeit auf seine Seite zu bringen." Doch dann fährt Benjamin im Potentialis fort und gibt damit zu erkennen, daß er die Maxime nicht aus Gracián zitiert: "Das *könnte* ein gracianscher Begriff sein." Benjamin schließt erläuternd, doch nicht weniger metaphorisch an:

> Dahin kommen, daß die Zeit für einen arbeitet, wie das die Probe auf die Richtigkeit jeder Situation ist indem sie ebensoviel von der Dauer wie bei einem plötzlichen Wechsel zu gewinnen hat. Eine ausgezeichnete Vorstellung, daß der Befehlende gewissermaßen in der Zeit ausholen muß, um den Zweck seines Befehls zu erreichen. (II,1199)[16]

---

der Maxime eher einem – produktiven – Vergessen des Benjaminschen Textes verdankt als einer Erinnerung.

[15] Renate Lachmann: *Gedächtnis und Literatur. Intertextualität in der russischen Moderne*. Frankfurt/M. 1990. S. 11 bzw. 36 (das letzte Zitat ist im Original teilweise hervorgehoben). Niklas Luhmann: *Die Kunst der Gesellschaft*. Frankfurt/M. ²1996. S. 171. Anm. 12.

[16] Hervorhebung P.L. Benjamins Texte werden unter Angabe von Bandnummer (römisch) und Seitenzahl (arabisch) nach der unter Mitwirkung von Theodor W. Adorno u. Gershom Scholem von Rolf Tiedemann u. Hermann Schweppenhäuser herausgebenen Ausgabe der *Gesammelten Schriften* zitiert (7 Bände, Frankfurt/M. 1972-1989). – Schon Pierre Missac hatte nach der Durchsicht des *Handorakels* die Vermutung geäußert, es könne sich bei der Maxime bloß "um einen Ausspruch 'in der Art'" Graciáns gehandelt haben. Er verweist auf die Nähe zu den Aphorismen Nr. 55 ("Warten können"), 123 ("Ohne Affektation sein") u. 170 ("Bei allen Dingen stets etwas in Reserve haben"), kannte aber vermutlich nicht die oben zitierte Stelle. Missac bezieht sich auf den Brief an Adorno vom 31.5.1935 (s.u.) und bringt die Maxime mit Benjamins "Geduld" zusammen, in der dieser selbst "einen seiner entscheidenden Charakterzüge sah"

Die Zeit wird in diesem Zusammenhang nicht im Modus der Vergangenheit oder Gegenwart betrachtet, sondern im Modus der Zukunft. Der Befehlende muß in die Zukunft vorgreifen, und zwar so, daß er sich aus ihr zurücknimmt auf die Gegenwart hin, um hier das zu verwirklichen, was er sich vorgesetzt hat. Gelingt ihm das, dann hat er 'die Zeit auf seine Seite gebracht', er hat sie genutzt und zu seiner eigenen gemacht. Oder mit einer anderen uneigentlichen, doch ebenfalls alltäglichen Redensart ausgedrückt: Die Zeit hat ihm recht gegeben.

Den Anstoß für seine Reflexionen erhält Benjamin durch eine Bemerkung Kafkas, von diesem niedergeschrieben an einem biographischen Wendepunkt. Benjamin leitet den Absatz – dem dann die oben zitierten Zeilen folgen – mit den Worten ein: "'Zeit zu befehlen' oder vielmehr 'nicht Zeit zu befehlen' haben – eine sehr aufschlußreiche Wendung aus dem Tagebuch". Die Formulierung ist zweideutig: Handelt es sich darum, die Zeit zu befehlen – was immer das heißen mag – oder darum, die Zeit zu haben, über etwas, von ihr Unterschiedenes, zu befehlen? Wenn es aber nicht die Zeit ist, über die befohlen werden soll, was ist es dann? Aufschluß gibt darüber der Zusammenhang, aus dem Benjamin zitiert, die Tagebucheintragung vom 2.10.1911, in der Kafka, wie so oft, über Schlaflosigkeit klagt. Er führt diese darauf zurück, daß er schreibe, "so wenig und so schlecht" es auch sei. "Ich [...] spüre", notiert er,

> die nahe Möglichkeit großer, mich aufreißender Zustände, die mich zu allem fähig machen könnten, und bekomme dann in dem allgemeinen Lärm, der in mir ist und dem zu befehlen ich nicht Zeit habe, keine Ruhe.[17]

Dieser Lärm sei aber "nur eine bedrückte, zurückgehaltene Harmonie, die freigelassen" ihn "ganz erfüllen, ja sogar noch in die Weite spannen und dann noch erfüllen würde." Da sein "Wesen" nicht genug "Fassungskraft" habe, "die gegenwärtige Mischung zu ertragen", verursache ihm jetzt "dieser Zustand neben schwachen Hoffnungen nur Schaden". Einen Tag später, am 3.10., erklärt er sich seine Schlaflosigkeit aus der "Kraft" seiner "Träume, die schon ins Wachsein vor dem Einschlafen strahlen".[18] Es handele sich, klagt er, um das "Hervorlocken" verborgener, schöpferischer "Kräfte, die man dann nicht arbeiten läßt", "Ergießungen, die nicht entlassen werden, sondern im Rückstoß sich selbst vernichten müssen". Der Kontext ist klar: Kafka ist unzufrieden mit seiner literarischen Produktivität. Damit schließt sich der Gedankenkreis, auf den Benjamins Formulierungen aufbauen. "Zeit zu befehlen" haben – das bedeutet für Kafka soviel wie: Zeit haben, über den "Lärm", die innere Unruhe, die Energien zu befehlen, sie in konstruktive Bahnen zu lenken, um endlich das zu Wege zu bringen, wozu er sich seit längerem berufen fühlt: die Litera-

---

(*Walter Benjamins Passage*. Übers. von Ulrike Bischoff. Frankfurt/M. 1991. S. 114).
[17] Franz Kafka: *Tagebücher 1910-1923*. Hg. von Max Brod. O. O. ²1983. S. 53.
[18] Ebd. S. 54.

tur, das Schreiben,[19] mit der bzw. mit dem allein er seinen "unglücklichen Glauben" widerlegen kann, daß er "nicht zur geringsten guten Arbeit Zeit habe".[20] Erst ein Jahr später entlädt sich dann die aufgestaute Spannung, das erste größere literarische Werk entsteht. "In einem Zuge", wie er am 23.9.1912 notiert, habe er die Erzählung *Das Urteil* heruntergeschrieben, "in der Nacht vom 22. bis 23. von zehn Uhr abends bis sechs Uhr früh".[21] Kafka ist es endlich geglückt, die schöpferischen Möglichkeiten zu nutzen, die in ihm angelegt sind. Er hat seine Schaffenskraft freisetzen können.

Im Mai 1935 verwendet Benjamin die Maxime erneut, bezieht sie jetzt aber auf seine eigene Produktion. Dabei gebraucht er eine Formulierung, die unter den mir bekannten derjenigen aus *Horns Ende* am nächsten kommt. Außerdem wird nun der Eindruck erweckt, Gracián selbst sei der Urheber der Verhaltensregel. Aus seinem Exil in Paris schreibt Benjamin an Theodor W. Adorno über seine Studien zum *Passagen-Werk*:

> Wenn ich meinen gracianischen Wahlspruch 'Suche in allen Dingen die Zeit auf Deine Seite zu bringen', je ins Werk gesetzt habe, so denke ich in der Weise, in der ich es mit dieser Arbeit gehalten habe.[22]

Es folgt eine Revue der wichtigsten Stationen, beginnend mit der Lektüre Aragons, über die Freundschaft mit Franz Hessel und die Gespräche im Kreis der Frankfurter Schule bis zur Begegnung mit Brecht. Bei diesen Gelegenheiten gelang es Benjamin, das zu realisieren, wofür er in André Bretons ans Wunderbare grenzenden Begegnung mit Nadja das Muster fand, die der Autor des *Manifests des Surrealismus* (*Manifeste du surréalisme*) in seinem nach der Heldin betitelten Buch geschildert hat. Benjamin schreibt:

> Es gibt in der Produktion Stunden, in denen wir wissen oder wenigstens glauben, es hinge nur von uns ab, wieder und wieder, unabsehbar, aus ihnen zu schöpfen – nur dürfen wir nicht aufhören! So gibt es auch Erlebnisse, Begegnungen: wir können unerschöpflich aus ihnen gewinnen – dürfen nur nicht absetzen. (II,1025f.)[23]

---

[19] Vgl. ebd. S. 41 (Besuch bei Dr. Steiner), vgl. auch S. 163f. (Eintragung vom 3.1.1912).
[20] Ebd. S. 42 (20.8.1911).
[21] Ebd. S. 209.
[22] Brief vom 31.5.1935. In: Walter Benjamin: *Briefe 2*. Hg. u. mit Anmerkungen versehen von Gershom Scholem u. Theodor W. Adorno. Frankfurt/M. 1978 (edition suhrkamp 930). S. 662-666, hier S. 662. Jetzt vollständig in den "Zeugnissen zur Entstehungsgeschichte" des *Passagen-Werks*, V, 1116-1119, hier S. 1116f. u. in Theodor W. Adorno/Walter Benjamin: *Briefwechsel 1928-1940*. Hg. von Henri Lonitz. Frankfurt/M. 1994 (Theodor W. Adorno: *Briefe und Briefwechsel*. Hg. von Theodor W. Adorno Archiv. Bd. 1). S. 116-121, hier S. 117. (Die Anmerkungen erläutern diese Stelle nicht.)
[23] Zu *Nadja* vgl. auch Walter Benjamin: Der Sürrealismus. Die letzte Momentaufnahme

Ein weiteres Mal taucht die Verhaltensregel in einer Notiz des *Passagen-Werks* auf, deren Entstehung der Herausgeber, Rolf Tiedemann, auf den Zeitraum zwischen Dezember 1937 und Mai 1940 datiert. Die Stelle findet sich im Konvolut O unter dem Titel "Prostitution, Spiel". Der unmittelbare Kontext sind Reflexionen auf das Hasard, den Spieler und den Zufall. "Gracians Maxime 'in allen Dingen die Zeit auf seine Seite zu bringen wissen'", heißt es erläuternd, werde "von keinem besser und dankbarer verstanden werden als von dem, dem ein langgehegter Wunsch in Erfüllung gegangen ist." (V,640) Benjamin schließt die "großartige Definition" an, die der französische Moralist Joseph Joubert in seinen *Gedanken* (*Pensées*) von dieser Zeit gibt: "Zeit wird auch in der Ewigkeit vorgefunden; aber es ist nicht die irdische Zeit, die weltliche... Diese Zeit zerstört nicht, sie vollendet nur." (V,641)[24] Die vollendende Zeit ist für Benjamin – ob auch im Sinne Jouberts muß dahingestellt bleiben – nicht erst in der Ewigkeit präsent, sie kann bereits im Alltag erfahren werden. Sie bestimme "per contrarium die Zeit des Spielers". Das ist in dieser Verknappung kaum verständlich, klärt sich aber auf, wenn man die Parallelstelle aus der 1939 entstandenen Abhandlung "Über einige Motive bei Baudelaire" heranzieht. Der Spieler, schreibt Benjamin dort, dürfe nicht "vollenden", darin gleiche er dem ungelernten Lohnarbeiter, er müsse vielmehr 'immer wieder von vorn anfangen' (vgl. I,633 bzw. 636). Sein "Bestreben, zu gewinnen und Geld zu machen" könne man "nicht einen Wunsch im eigentlichen Sinne des Wortes nennen" (I,635). Zwar räumt Benjamin ein, daß sich der Spieler etwas wünscht. Aber dieser – uneigentliche – Wunsch soll sich im nächsten Augenblick erfüllen. Dagegen sei der "rechte Wunsch [...] in die Ferne gerichtet".[25] Der Spieler kommt daher gar nicht in die Situation, 'die Zeit auf seine Seite zu bringen'. Benjamin scheint der Ansicht zu sein, daß sich diese Aufgabe erst dem stellt, der "einen Wunsch für eine ferne Zukunft" hegt (IV,774). Die vollendende Zeit ist die Zeit, die diesen Wunsch zur Erfüllung bringt. Und die Zeit ist vollendet, wenn der Wunsch in Erfüllung gegangen ist. Die vollendende Zeit ist also das Gegenteil der unausgesetzten "Wiederholung" (I,633), die die Zeit des Spielers bzw. des Fabrikarbeiters unter der Bedingung der maschinellen Produktion charakterisiert. Benjamin zitiert dann erneut die Joubert-Stelle und fährt fort, indem er den metaphysischen Gegensatz 'ewig'/'irdisch' zum theologischen Gegensatz 'ewig'/'höllisch' zuspitzt, wobei sich aber die Zeiterfahrung der Hölle, wie die der Ewigkeit, als Irdische erweist: "Sie [die vollendende Zeit, P.L.] ist das Gegenstück zu der höllischen, in der sich die Existenz derer abspielt, die nichts, was sie in Angriff genommen haben, vollenden dürfen." (I,635) Ausdrücklich heißt es: "dürfen", nicht 'können'. Hatte

---

der europäischen Intelligenz. In: II, 295-310, bes. S. 298ff.
[24] Ich zitiere nach Benjamins eigener Übersetzung in: *Charles Baudelaire. Ein Lyriker im Zeitalter des Hochkapitalismus.* In: I, 509-690, hier S. 635.
[25] Walter Benjamin: Die glückliche Hand. Eine Unterhaltung über das Spiel. In: IV, 771-777, hier S. 774 (grammat. angeglichen).

Benjamin in den oben zitierten Stellen, und am deutlichsten wohl noch in seinem Brief an Adorno, die Verwirklichung der Maxime eher von den Kräften des Handelnden abhängig gemacht, so hebt er nun hervor, daß ihre Verwirklichung der Zeit selbst zu verdanken ist: Diese ist es, die zerstört oder vollendet, die einem Vorhaben ungünstig oder günstig ist, die die Erfüllung eines Wunsches versagt oder gewährt und an der die Macht des Menschen ihre Grenze findet.[26]

Ihren motivischen Fundus findet Benjamins "Wahlspruch" in den antiken Weisheitslehren, in denen die Frage nach dem richtigen Leben vom Umgang mit der Zeit abhängig gemacht wird, man denke an das epikureische "carpe diem" (Horaz) oder das stoische "temporis dominus esse" (Seneca), das völlige Affektfreiheit voraussetzt, die dann Gracián zur Affektbeherrschung modifizieren wird.[27] Aber auch mit der Philosophie der Gegenwart hat Benjamins Maxime Berührungen. Michael Theunissen hat die "Herrschaft über die Zeit" als eine besondere "Form" von "gelingendem Leben" beschrieben und dabei Worte gebraucht, die auf Benjamin anwendbar wären, würde bei Theunissen das Gelingen nicht ganz von der Handlung des Subjekts und der Freiheit seiner Entscheidung abhängig gemacht: Es sei "eine Herrschaft über die Zeit, die wir der Herrschaft der Zeit über uns abringen", wenn wir – wie Theunissen es in alltagssprachlichen Wendungen ausdrückt – die Zeit "für dieses oder jenes 'verwenden', für das eine 'haben' und für das andere 'nicht haben', sie uns 'nehmen' oder 'nicht nehmen'". Durch die "Herrschaft über die Zeit" würden wir unsere Freiheit bestätigen und die Erfahrung von Glück machen: die Freiheit, nicht nur "in", sondern auch "mit" der Zeit etwas anzufangen und das "praktische Glück", welches darin bestehe, "daß wir in der Verwirklichung von etwas uns selbst verwirklichen und so, im Gegenzug gegen die Zerstückelung unseres Daseins in Jetztpunkte, Kontinuität gewinnen."[28] Für Theunissen

---

[26] Mit der Wendung 'die Zeit auf seine Seite bringen' wäre der Ausdruck 'die Zeit zu sich einladen' zu vergleichen, dem Benjamin im *Passagen-Werk* die umgangssprachliche Redensart 'sich die Zeit vertreiben' gegenüberstellt. Aus dieser Opposition entwickelt er eine Typologie für den Umgang mit der Zeit und unterscheidet, einem dialektischen Schema folgend, den Spieler, den Flaneur und den Wartenden (V, 164 [Konvolut D: die Langeweile, ewige Wiederkehr], vgl. auch S. 1034 [Pariser Passagen I]).

[27] Horaz: *Carmina* (I, 11); Seneca: *De brevitate vitae*(XII, 9). Vgl. zu Gracián Karl Alfred Blüher: *Seneca in Spanien. Untersuchungen zur Geschichte der Seneca-Rezeption in Spanien vom 13. bis 17. Jahrhundert*. München 1969. S. 411-414.

[28] Michael Theunissen: Können wir in der Zeit glücklich sein? In: Ders.: *Negative Theologie der Zeit.* Frankfurt/M. ³1997 (suhrkamp taschenbuch wissenschaft 938). S. 37-86, hier S. 56f. Theunissen unterscheidet noch zwei weitere Formen gelingenden Lebens unter dem Gesichtspunkt der Zeit: die "Freiheit von der Zeit" oder das "Verweilen" und die "Versöhnung mit ihr oder Mimesis an sie." (Ebd. S. 56) Keine dieser Formen scheint mir den bei Benjamin vorliegenden Fall zu erfassen, zumal, wenn man Benjamins Zeitbegriff aus den Thesen "Über den Begriff der Geschichte" berücksichtigt, auf den ich unten eingehe. Theunissen läßt es ausdrücklich offen, ob es noch wei-

ist die Zeit wesentlich "negativ", "nicht nur als Nichtiges oder gar bloß Nichtseiendes, sondern als etwas, wovon wir nicht wollen, daß es ist." Was dem Menschen gelinge, gelinge ihm "nicht dank der Zeit, sondern trotz ihrer."[29] In diesem Zeitbegriff dürfte es begründet liegen, daß Theunissen die Gunst der Zeitumstände nicht erwägt, der das Gelingen einer Handlung bedarf. Insofern läßt sich seine Beschreibung nur mit Einschränkung auf Benjamin beziehen. Doch kann man als vorläufiges Ergebnis festhalten, daß für Benjamin die Forderung, 'die Zeit auf seine Seite zu bringen', eine Regel für ein gelingendes Leben ist. Theunissen betont, daß das gelingende Leben "noch nicht das sogenannte gute ist, das tugendhaft sein soll."[30] Denn Handeln gelingt ja auch dann, wenn es nicht im Einklang mit den sittlichen Normen steht. In dieser Antithese steckt allerdings auch die moralische Problematik der Maxime. Das soll im nächsten Abschnitt ausgeführt werden.

III

Es ist offensichtlich, daß Benjamin die Maxime in einer Weise gebraucht, die das genaue Gegenteil ihrer Verwendung bei Hein ist. Denn was für Benjamin eine Regel für ein gelingendes oder richtiges Leben ist – eine Regel der "Lebensweisheit" im Sinne Schopenhauers, nämlich "der Kunst, das Leben möglichst angenehm und glücklich durchzuführen",[31] – das ist für Horn, wie sich jetzt zuspitzen läßt, eine Regel für ein mißlingendes oder falsches Leben. Diese Umdeutung bzw. Umwertung der Maxime – so meine Hypothese – erklärt sich aus ihrer Repolitisierung. Während die Regel bei Benjamin, soweit ich sehe, auf die private Lebensbewältigung beschränkt ist – freilich eine politische, auf die Erinnerung des Vergangenen bezogene Deutung zuläßt, worauf ich am Ende einen Ausblick gebe –, betrifft sie bei Hein, wie sich zeigen wird, den öffentlichen Umgang mit der Erinnerung und der Geschichte im 'real existierenden Sozialismus'. Damit verlagert sich im Zeitbegriff der Akzent von der Zukunft auf die Vergangenheit und auf die geschichtlichen Verhältnisse. Um beurteilen zu können, inwieweit sich Heins Deutung auf Gracián stützen kann, ist es nötig, auf dessen Denken näher einzugehen und einige der Transformationen sichtbar zu machen, die es bei Benjamin erfahren hat.

Benjamin kannte spätestens durch seine Forschungen zum *Ursprung des deutschen Trauerspiels* die Moralistik des spanischen Barocks. Doch Gracián beschäftigte ihn nicht nur historisch. Seine Aktualität stand für ihn außer Zweifel. Gracián sei "nicht nur ein großer Autor, sondern gerade heute einer der interessantesten", schrieb er 1928 in einer Besprechung, ohne sein Urteil

---

tere Formen gelingenden Lebens gibt.
[29] Ebd. S. 55 bzw. 56.
[30] Ebd. S. 37.
[31] Arthur Schopenhauer: *Aphorismen zur Lebensweisheit*. Einleitung (in: *Parerga und Paralipomena*).

indessen näher zu begründen.[32] Benjamin schätzte besonders das *Handorakel*. Nach einer brieflichen Äußerung vom Anfang der dreißiger Jahre plante er sogar, einen "Graciankommentar" zu verfassen. Er sollte der Aphorismensammlung gewidmet sein, wie Gershom Scholem, selbst ein Verehrer Graciáns, in einer Anmerkung zu der von ihm zusammen mit Theodor W. Adorno herausgegebenen Briefauswahl erläutert. Benjamin scheint aber die angekündigte Arbeit nicht geschrieben zu haben.[33] Ich werde von Graciáns Schriften daher im folgenden in der Hauptsache das *Handorakel* heranziehen. Da die Benjamin-Forschung von Gracián bisher kaum Notiz genommen hat (von der Hein-Forschung ganz zu schweigen), empfiehlt es sich, etwas auszuholen, wobei die Frage im Mittelpunkt stehen soll, wie Gracián das Verhältnis zwischen dem gelingenden Leben und der Zeit bestimmt.[34]

Das *Handorakel* ist eine Sammlung von Verhaltensregeln für den Menschen in der höfischen Gesellschaft. Gracián überträgt darin Maximen der Staatsräson auf den Bereich der zwischenmenschlichen Beziehungen. Die Kunst der Staatsführung wird ergänzt durch eine Kunst der Lebensklugheit, die es dem Einzelnen ermöglichen soll, in den zeitgenössischen Machtkämpfen zu bestehen. Zwischenmenschliches Handeln wird dabei zur Strategie bzw. Taktik.[35] Das Gute gerät in den Einflußbereich des Klugen oder gar Nützlichen.[36] Wer Ruhm erwerben, Macht ausüben oder Erfolg im Verkehr zwischen den Men-

---

[32] Benjamin bezieht sich auf Richard Finger: *Diplomatisches Reden. Ein Buch der Lebenskunst im Sinne des Spaniers Gracian*. Berlin 1927. In: III, 125f., hier S. 125. Vgl. auch den Hinweis auf Gracián in Benjamins Besprechung einer Neuübersetzung von Giacomo Leopardis *Gedanken* (III, 118).

[33] Vgl. die Briefe an Gretel Adorno vom Frühjahr 1932 (*Briefe 2*. A.a.O. S. 553), Gershom Scholem vom 25.6.1932 (in: Walter Benjamin/Gershom Scholem: *Briefwechsel 1933-1940*. Hg. von Gershom Scholem. Frankfurt/M. 1980. S. 18) u. Kitty Marx-Steinschneider vom 1.5.1933 (*Briefe 2*. A.a.O. S. 574). In dem "Verzeichnis der gelesenen Schriften" findet sich Graciáns *Handorakel* nicht (VII, 437-476). Allerdings ist der Anfang dieses Verzeichnisses, der Benjamins Lektüre bis 1916 enthielt, verlorengegangen. 1920 las Benjamin Ignacio de Loyolas *Exercitia spiritualia* (ebd. S. 446, Nr. 700; vgl. das Notat VI, 71f.). Auf dieses Werk kommt er 1929 in seinem Essay "Zum Bilde Prousts" zurück (II, 310-324, hier S. 321).

[34] Vgl. zu Gracián jetzt die Studie von Knut Ove Eliassen: *Livssansen. En studie i Baltasar Graciáns forfatterskap med særlig henblikk på 'Smaken'*. Dr. philos. avhandling. Trondheim 1994. Der Autor bezieht sich wiederholt auf Benjamins Trauerspiel-Buch. Eine konzentrierte Einführung für den deutschsprachigen Leser bietet Gerhart Schröder: Gracián und die spanische Moralistik. In: August Buck (Hg.): *Renaissance und Barock* (2. Teil). Frankfurt/M. 1972 (*Neues Handbuch der Literaturwissenschaft*. Bd. 10). S. 257-279.

[35] Vgl. Werner Krauss: *Graciáns Lebenslehre*. Frankfurt/M. 1947. S. 121.

[36] Zu Graciáns Klugheits-Begriff vgl. Karl-Heinz Mulagk: *Phänomene des politischen Menschen im 17. Jahrhundert. Propädeutische Studien zum Werk Lohensteins unter besonderer Berücksichtigung Diego Saavedra Fajardos und Baltasar Graciáns*. Berlin 1973 (Philologische Studien und Quellen 66).

schen haben will, muß klug sein. Dazu aber bedarf er der listigen Verstellung. Das Leben – so lautet die gesellschaftstheoretische Prämisse des *Handorakels* – ist ein

> Krieg [...] gegen die Bosheit des Menschen. Die Klugheit führt ihn, indem sie sich der Kriegslisten hinsichtlich ihres Vorhabens bedient. Nie tut sie das, was sie vorgibt, sondern zielt nur, um zu täuschen. (HO 10; Aph. 13)[37]

In dieser Welt treten sich die Menschen als potentielle Feinde gegenüber. Wer in ihr nicht untergehen, sondern siegen will, muß sich ihren Regeln fügen. Er muß die Täuschungsmanöver der anderen durchschauen und die eigenen verbergen können.

Eine der wichtigsten Forderungen, die Gracián in diesem Zusammenhang an den Einzelnen richtet, besteht darin, "sich anzupassen verstehn." (HO 31; Aph. 58) In immer wieder neuen Anläufen wird diese Maxime formuliert und begründet. In Aphorismus 120, der die Überschrift trägt: "Sich in die Zeiten schicken", parallelisiert Gracián das Wissen mit der Mode. Beide haben ihre Konjunktur, auf die sich der Handelnde einzustellen hat, wenn er bei den anderen ankommen will.

> Sogar das Wissen muß nach der Mode sein, und da, wo es nicht Mode ist, besteht es gerade darin, daß man den Unwissenden spielt. Denkungsart und Geschmack ändern sich nach den Zeiten. [...] Der Kluge passe sich, im Schmuck des Geistes wie des Leibes, der Gegenwart an, wenngleich ihm die Vergangenheit besser schiene.

Eine wichtige Ausnahme läßt Gracián freilich gelten: die "Güte des Herzens", die "Tugend", die man uneingeschränkt und "zu jeder Zeit" üben solle (HO 60).[38] Wer mit der Mode geht, folgt denen, die das Sagen haben. Und wer das Sagen hat, bestimmt, was zählt. Es ist besser, die herrschende Meinung zu vertreten, als alleine auf der Seite der Wahrheit zu stehen. Denn: "Gegen den Strom schwimmen wollen vermag keineswegs, den Irrtum zu zerstören, sehr wohl aber, in Gefahr zu bringen." (HO 25; Aph. 43) Das hat eine Parallele in der Redensart "mit den Wölfen heulen", wie Graciáns Maximen bisweilen in eine Schicht volkstümlicher, von der christlichen Morallehre nicht domestizierter Verhaltensanweisungen hineinragen.[39] Gracián fordert die Anpassung

---

[37] Balthasar Gracián: *Handorakel und Kunst der Weltklugheit*. Aus dessen Werken gezogen von D. Vincencio Juan de Lastanosa und aus dem spanischen Original treu und sorgfältig übersetzt von Arthur Schopenhauer. Mit einem Nachwort hg. von Arthur Hübscher. Stuttgart 1995 (Universal-Bibliothek 2771). Ich zitiere nach dieser Ausgabe unter Angabe von Sigle (HO), Seitenzahl und Nummer des Aphorismus (Aph.) im Text.

[38] Vgl. auch HO 141 (Aph. 288) u. 146 (Aph. 300).

[39] Krauss bezieht diese Redensart auf den unmittelbar vorangehenden Satz, der den Aphorismus Nr. 43 eröffnet: "Denken wie die wenigsten und reden wie die meisten", auf den ich unten eingehe (*Graciáns Lebenslehre*. A.a.O. S. 129). Vgl. dagegen aber

an die herrschende Meinung sogar dann, wenn gewiß ist, daß diese im Irrtum ist. Denn man lebt nicht alleine, sondern ist auf die anderen angewiesen. So heißt es in Aphorismus 133:

> Besser mit allen ein Narr als allein gescheit, sagen politische Köpfe. Denn wenn alle es sind, steht man hinter keinem zurück: und ist der Gescheite allein, wird er für den Narren gelten. So wichtig ist es, dem Strom zu folgen. Bisweilen besteht das größte Wissen im Nichtwissen oder in der Affektation desselben. Man muß mit den übrigen leben, und die Unwissenden sind die Mehrzahl. (HO 66f.)

Wissen ist relativ und klug ist, wer sich nach der herrschenden Meinung richtet. Was wahr ist, bemißt sich am gesellschaftlichen Konsens. Wer eine davon abweichende Ansicht vertritt, begibt sich ins Abseits. Am Ende kehrt Gracián deshalb den Eingangssatz um: "besser mit den übrigen gescheit als allein ein Narr" (HO 67).

Solche Ansichten und Forderungen, die unverhohlen dem Konformismus oder Opportunismus zu huldigen scheinen, haben dazu beigetragen, Gracián in den Ruf eines "Mephistopheles der Moral" zu bringen.[40] Karl Borinski, von dem dieses Aperçu stammt und der am Ende des 19. Jahrhunderts als erster den Einfluß Graciáns auf die deutsche Literatur erforschte, hatte noch versucht, Gracián gegen dieses Verdikt in Schutz zu nehmen. Eine Generation später, unter den polarisierten politischen Verhältnissen der Weimarer Republik, bedarf es dieser Verteidigung nicht mehr. Denn jetzt kommt es, in der Neuen Sachlichkeit, zu einem regelrechten 'Kult des Bösen', mit dem sich ihre Anhänger gegen das lutherische Authentizitätspostulat wenden, das sie im Expressionismus befolgt sehen: die Forderung, sich so zu geben, wie man ist, also ohne sich zu verstellen und die anderen zu täuschen. Für die Rezeption Graciánscher Maximen schuf das günstige Bedingungen. Helmut Lethen hat in seinen Studien zu den "Verhaltenslehren der Kälte" auf diesen Zusammenhang aufmerksam gemacht und die Modernität des spanischen Jesuiten herausgearbeitet.[41] Er stützt sich dabei auf die Interpretation, die Werner Krauss 1943 von

---

Karl-Heinz Mulagk: *Phänomene...* A.a.O. S. 239. Anm. 106.

[40] Karl Borinski: *Baltasar Gracian und die Hoflitteratur in Deutschland.* Halle/Saale 1894. S. 21. Borinski bezieht sich auf Spinoza, der Gracián allerdings nicht namentlich erwähnt (Ep. 47, vom 17.2.1671). Gegen diese Verbindung vgl. neuerdings die Einwände von Knut Forssmann: *Baltasar Gracián und die deutsche Literatur zwischen Barock und Aufklärung.* Diss. phil. Mainz. Barcelona 1977. S. 2-4. Benjamin teilte Scholem in seinem Brief vom 25.6.1932 mit, daß er die Lektüre von Borinskis Buch vorhabe. In: Gershom Scholem (Hg.): *Briefwechsel 1933-1940.* A.a.O. S. 18.

[41] Helmut Lethen: *Verhaltenslehren der Kälte. Lebensversuche zwischen den Kriegen.* Frankfurt/M. 1994 (edition suhrkamp 1884). Kap. 3. Dort sind auch die ungeheuerlichen Umstände der Entstehung von Krauss' Gracián-Buch dokumentiert. Zur Faszination am 'Bösen' vgl. S. 121f., mit Blick auf Gracián bes. S. 67. Zu Krauss' Gracián-Interpretation und ihrem humanistischen Anliegen vgl. S. 130ff. u. 268.

Graciáns Begriff der persona gegeben hat. Lethen kann zeigen, daß das Subjektivitätskonzept, das Krauss bei Gracián entdeckt, verblüffende Übereinstimmungen mit dem Menschenbild der Anthropologie und Sozialphilosophie der zwanziger Jahre (Scheler, Plessner, Heidegger, Löwith) aufweist und sich mit George Herbert Meads Beschreibung des Prozesses der Herausbildung sozialer Identität berührt, die die Fähigkeiten voraussetzt, sich selbst mit den Augen der anderen zu sehen und den fremden, auf sich gerichteten Blick zu seinem eigenen zu machen.[42] Krauss' aktualisierender Rückgriff auf eine fast vergessene, "vom Pychologisierungskult des 19. Jahrhunderts verschüttete"[43] Verhaltenslehre kam nicht unvorbereitet, wie Lethen bemerkt. In den zwanziger Jahren läßt sich ein verstärktes Interesse an der Anthropologie und Kultur des 17. Jahrhunderts beobachten, Anfang der dreißiger Jahre macht Norbert Elias den barocken "Rationalitätstyp" zum Thema seiner soziologischen und kulturhistorischen Analysen des höfischen Verhaltens, zu dessen wichtigsten Anforderungen die Kontrolle über die eigenen Affekte und die "Distanzierung nach allen Seiten hin" gehören – von sich, von den Mitmenschen und von der Außenwelt generell.[44]

An Karl Vossler und den von diesem beeinflußten Karl Löwith anknüpfend, definiert Krauss die "Person" aus ihrem Verhältnis zur Mitwelt und zum Mitmenschen. Er grenzt diesen Begriff vor allem von dem des Charakters ab, der bei Gracián "noch nicht ausgebildet" sei. Die Rede von Charakter appelliere "an eine unverlierbare Kraft [...], die sich unabhängig von allen Ansprüchen des Mitlebens durchsetzt." Dagegen fielen im Begriff der Person "die doppelten Widersprüche von Innerlichkeit und Weltlichkeit, von Eigenständigkeit und Fremdbezüglichkeit ineinander."[45] Zwar stelle Gracián den "Vorrang der Selbsterkenntnis" noch nicht in Frage. Aber "die entscheidende Erfahrung der Selbstgewißheit: das Gewissen und die Reue", werde von ihm 'übergangen'.[46] Die 'innere Stimme' verliert damit ihre Funktion als Handlungsregulator. Statt dessen wende sich Gracián dem "Fremdverständnis" als "ein anleitendes Verfahren" zu. Die Person sei keine "weltlose Innerlichkeit", sondern "Träger einer Mitweltbeziehung".[47] "In der Evidenz der Fremdwahrnehmung gegenüber der Gebrochenheit und dem späten Erwachen von Selbsterkenntnis steckt

---

[42] Vgl. George Herbert Mead: Die soziale Identität. In: Ders.: *Gesammelte Aufsätze.* Bd. 1. Übers. von Klaus Laermann u.a. Hg. von Hans Joas. Frankfurt/M. 1980. S. 241-249.
[43] Helmut Lethen: *Verhaltenslehren...* A.a.O. S. 75 (grammat. angeglichen).
[44] Norbert Elias: *Die höfische Gesellschaft. Untersuchungen zur Soziologie des Königtums und der höfischen Aristokratie.* Darmstadt u.a. ^{5}1981 (Soziologische Texte 54). S. 386.
[45] Werner Krauss: *Graciáns Lebenslehre.* A.a.O. S. 112.
[46] Ebd. S. 107.
[47] Ebd. S. 111.

schon der erste Entwurf einer Mitwelt."[48] Die Person – der Ausdruck bezeichnet ursprünglich die Maske des Schauspielers, dann die Rolle, die der Schauspieler darstellt bzw. die der Mensch in der Gesellschaft spielt, schließlich, in der christlichen Tradition, das unverwechselbare Gesicht im Unterschied zur Maske – gewinnt ihr Selbstverständnis von den anderen her. "Der Weg des Wissens führt von außen nach innen."[49] Das Eigenverständnis baut sich in der Auseinandersetzung mit dem Fremdverständnis auf: im Verhältnis des Ich zu seiner sozialen Rolle, ohne die es nicht existieren kann.

Zur Lebensklugheit gehört die Bereitschaft, sich von außen beeinflussen zu lassen und die Position des bzw. der anderen zu übernehmen. Die Person wird dadurch Spannungen und Verunsicherungen ausgesetzt. Gracián grenzt deshalb in ihr einen Bereich des Innen aus, der gegen den des Außen immunisierbar ist. So verlangt Aphorismus 43: "Denken wie die wenigsten und reden wie die meisten." (HO 25) Das hört sich provokant an, zumal wenn man das Authentizitätspostulat verficht: als Aufruf zur Unaufrichtigkeit und Heuchelei. Doch sollte nicht übersehen werden, daß eine derartige Haltung auch Schutz vor dem Druck einer übermächtig gewordenen Gesellschaft und ihren Institutionen gewährt. Sie erlaubt es der Person, sich an die bestehenden Verhältnisse anzupassen, ohne sich völlig in ihnen zu verlieren oder sich ganz aufzugeben. Da der Einzelne aber auch innerlich nicht völlig unabhängig von den anderen ist, gerät die Grenze zwischen dem Innen und dem Außen ins Fließen. Die Identität reduziert sich auf das Vermögen, Distanz zu den Rollen einzunehmen und sie beliebig zu wechseln.[50]

Wer sich an die Zeitverhältnisse anpaßt, braucht auf ihre Beherrschung aber nicht zu verzichten, vorausgesetzt, er beherrscht sich selbst und seine Triebnatur.[51] Gracián hat die Herrschaft durch Anpassung an Ferdinand dem Katholischen demonstriert, mit dem er sich in seiner Schrift *El Político* beschäftigt.[52] Auf vorbildliche Weise, so führt Gracián aus, sei es Ferdinand gelungen, sich den Mächtigen seiner Zeit anzupassen, doch nicht etwa, um sich ihnen zu unterwerfen oder um sie zu kopieren, sondern um von ihnen zu lernen und sie

---

[48] Ebd. S. 108.
[49] Ebd. S. 107.
[50] Vgl. Gerhart Schröder: Gracián und die spanische Moralistik. A.a.O. S. 270. Zu den Folgen, die die Veräußerlichung des gesellschaftlichen Handelns in der Rolle für die Innerlichkeit und ihr neues Verständnis im Sinne des Privaten hat vgl. ders.: *Logos und List. Zur Entwicklung der Ästhetik in der frühen Neuzeit.* Königstein/Ts. 1985. S. 251f.
[51] Vgl. Werner Krauss: *Graciáns Lebenslehre.* A.a.O. S. 110. Zur Selbstbeherrschung vgl. HO 7f. (Aph. 8) u. 30 (Aph. 55). Darauf spielt Benjamin in einem Absatz des *Ursprungs des deutschen Trauerspiels* an, dem er den Titel "Der Höfling als Heiliger und Intrigant" gegeben hat. In: I, 203-430, hier S. 273-277, bes. S. 276. Vgl. dazu auch Aph. 300.
[52] Benjamin zitiert daraus im *Ursprung des deutschen Trauerspiels* in der Übersetzung Lohensteins, I, 249 u. 413, Anm. 28.

mit ihren eigenen Waffen zu schlagen.[53] Ferdinand war ein "kluger Proteus", der "sich allen zu fügen" wußte, wie Gracián es in einem anderen Zusammenhang in Aphorismus 77 des *Handorakels* ausdrückt: "[G]elehrt mit dem Gelehrten, heilig mit dem Heiligen." (HO 40) Damit vermochte Ferdinand, was Aphorismus 220 so formuliert: "Der Zeit nachgeben heißt sie überflügeln. Wer sein Vorhaben durchsetzt, wird nie sein Ansehn verlieren. Wo es mit der Gewalt nicht geht, mit der Geschicklichkeit." (HO 110) Das erinnert an Parolen, die noch heute weithin mit jesuitischer Kasuistik verbunden und als anstößig oder gar verwerflich verurteilt werden: Der Zweck heiligt die Mittel. Und der Erfolg gibt dem Handelnden recht.[54]

> Manche setzen sich mehr die strenge Richtigkeit der Maßregeln zum Ziel als das glückliche Erreichen des Zwecks. [...] Wer gesiegt hat, braucht keine Rechenschaft abzulegen. (HO 35; Aph. 66)

Gracián wendet hier einen politischen Ratschlag auf das zwischenmenschliche Handeln an. So hatte Machiavelli im berühmt-berüchtigten 18. Kapitel seiner Abhandlung *Der Fürst* (*Il Principe*) dem Staatsoberhaupt empfohlen, das Mittel des Betrugs einzusetzen, wenn es dem Zweck der Staatsräson nützlich ist. Die moralischen Maßregeln werden von Gracián zwar nicht völlig aufgegeben, aber sie werden beiseite gedrängt bzw. zu bloßen Mitteln degradiert, damit der Einzelne gezielt seine eigenen Interessen durchsetzen kann, also um der persönlichen Selbsterhaltung, der gesellschaftlichen Anerkennung und der Partizipation an der Macht willen.

> Die 'persona' tendiert dazu, sich zum strategischen Subjekt zu verflüchtigen. Auch die sittlichen Normen der 'persona' [...] geraten ins Kräftefeld der Strategie, so die Forderung der Affektfreiheit und des Gleichmuts des Weisen.[55]

Erfolgreiches Handeln beruht nicht nur auf der richtigen Einschätzung der Zeit und der Anpassung an die Gegebenheiten, sondern auch auf der Gunst der historischen Stunde. Darauf hat Gracián mit den Begriffen der "Gelegenheit" ("ocasión") und der "Umstände" ("circunstancias") reflektiert. Aphorismus 288 fordert: "Nach der Gelegenheit leben". Gracián kritisiert die "verschrobene[n] Querköpfe", die verlangten, daß alle Umstände sich nach ihren "verrückten Grillen" richten sollten. Der Weise dagegen wisse, "daß der Leitstern

---

[53] Vgl. Karl-Heinz Mulagk: *Phänomene...* A.a.O. S. 275.
[54] Vgl. Siegfried Jäkel: Das Prinzip des Eklektizismus in Christoph Heins Roman "Horns Ende". In: *Jahrbuch für finnisch-deutsche Literaturbeziehungen* 21 (1989). S. 193-201, hier S. 197.
[55] Gerhart Schröder: Gracián und die spanische Moralistik. A.a.O. S. 270. Zum Verhältnis von Moral und Strategie bzw. Taktik, utilitaristischen und ethischen Zügen bei Gracián vgl. Karl Alfred Blüher: *Seneca in Spanien*. A.a.O. S. 401-425; vgl. zu Machiavelli S. 419.

der Klugheit darin besteht, daß man sich nach der Gelegenheit richte." Erfolgreiches Handeln erfordert ein flexibles, situationsangemessenes Verhalten, das auf feste Grundsätze verzichtet, doch ohne dabei in Widerstreit zur "Tugend" zu geraten.

> Unser Handeln, unser Denken, alles muß sich nach den Umständen richten. Man wolle, wenn man kann: denn Zeit und Gelegenheit warten auf niemanden. Man lebe nicht nach ein für allemal gefaßten Vorsätzen, es sei denn zugunsten der Tugend, noch schreibe man dem Willen bestimmte Gesetze vor: denn morgen wird man das Wasser trinken müssen, welches man heute verschmähte. (HO 141)[56]

An anderen Stellen spricht Gracián von der Abhängigkeit der "Dinge" von den "Umständen". "Die Dinge hängen von gar vielerlei Umständen ab, und was an einer Stelle und bei einer Gelegenheit einen Triumpf feierte, wurde bei einer andern zu Schande." (HO 54; Aph. 107) Sogar die "Vollkommenheiten hängen von Zeitperioden ab" (HO 69; Aph. 139). Wer Erfolg haben will, bedarf günstiger Umstände. Und er muß dem Lauf der Dinge Rechnung tragen, sich auf die passende Gelegenheit einstellen, den richtigen Augenblick wählen. Denn für alles "kommt eine günstige Zeit: die benutze man, denn nicht jeder Tag wird der des Triumpfes sein." (HO 136; Aph. 277)[57] Was Wilhelm Voßkamp in seinen *Untersuchungen zur Zeit- und Geschichtsauffassung im 17. Jahrhundert bei Gryphius und Lohenstein* herausgearbeitet hat,[58] wäre füglich für Gracián in Erwägung zu ziehen und mit seinen Folgen für Benjamin einmal gesondert zu untersuchen (worauf ich am Schluß kurz zurückkomme): daß die Zeit nicht als ein Kontinuum, als eine lineare Chronologie aufzufassen ist, sondern als eine Aneinanderreihung von Jetztpunkten, eine Abfolge wechselnder Gelegenheiten, denen der Handelnde einerseits schicksalhaft ausgeliefert ist, die er andererseits aber auch nutzen kann, vorausgesetzt, er ergreift sie.

Auf zwei Fähigkeiten, an die Gracián das erfolgreiche Handeln des Lebensklugen knüpft, sei noch besonders hingewiesen, weil sie auch bei Benjamin eine wichtige Rolle spielen (und die man wohl zu den Vorbedingungen für ein Leben nach der zitierten Maxime zählen darf): Der Lebenskluge muß "warten können", und er muß "Geistesgegenwart haben".[59] Er überstürzt nichts, denn

---

[56] Vgl. Baltasar Gracián: *El Discreto*, Kap. 10 ("Hombre de buena elección"). Zum Ausdruck "ocasión" und seinem begrifflichen Umfeld vgl. Hellmut Jansen: *Die Grundbegriffe des Baltasar Gracián*. Genf u.a. 1958 (Kölner Romanistische Arbeiten. N.F. 9). S. 95-98. Der Kommentar der *Obras completas* (hg. von Arturo del Hoyo. Madrid ³1967. S. 227) verweist auf Niccolò Machiavelli: *Il Principe*, Kap. 6: Zum erfolgreichen politischen Handeln gehört neben der "Tüchtigkeit" ("virtú") die "Gelegenheit" ("occasione").
[57] Vgl. HO 117 (Aph. 235) u. 132 (Aph. 269).
[58] Bonn 1967 (Literatur und Wirklichkeit 1).
[59] Vgl. zur "Geduld" VI, 521f., zum "Warten(den)" II, 308, 1191; V, Konvolut D (passim), außerdem 492, 1034; VI, 522. Vgl. auch Anm. 26. Zur "Geistesgegenwart"

er weiß, daß er die Umstände nicht erzwingen kann, die seinem Vorhaben günstig sind. Er übt sich daher in Geduld und bezähmt seine Leidenschaften.

> Erst sei man Herr über sich: so wird man es nachher über andere sein. Nur durch die weiten Räume der Zeit gelangt man zum Mittelpunkte der Gelegenheit. Weise Zurückhaltung bringt die richtigen, lange geheimzuhaltenden Beschlüsse zur Reife. Die Krücke der Zeit richtet mehr aus als die eiserne Keule des Herkules. Gott selbst züchtigt nicht mit dem Knittel, sondern mit der Zeit. Es war ein großes Wort: 'Die Zeit und ich nehmen es mit zwei andern auf.' Das Glück selbst krönt das Warten durch die Größe des Lohns. (HO 30; Aph. 55)

Der Lebenskluge wartet ruhig und gelassen auf den richtigen Augenblick, den er freilich nur dann bemerkt, wenn er zugleich auch "Geistesgegenwart" besitzt, jene Fähigkeit nämlich, die "aus einer glücklichen Schnelligkeit des Geistes" entspringt (HO 30; Aph. 56) und darin besteht, die passende Gelegenheit ohne zu Zögern zu ergreifen.[60] Denn vielleicht bietet sich der richtige Augenblick nie wieder – jener Kairos, in dem nach Aristoteles alles das zusammentrifft, was der Entscheidung für ein gelingendes Handeln und seiner Durchführung günstig ist.[61] Die Antike versinnbildlichte den Kairos in der Gestalt eines dahineilenden Jünglings mit lockiger Stirn und kahlem Hinterkopf, Attribute, die sich später mit der als Göttin personifizierten "occasio" verbinden, wofür z.B. die Emblematiken des 16. und 17. Jahrhunderts anschauliche Belege bieten. Der Mensch kann den Jüngling an seiner Haarlocke ergreifen, solange dieser auf ihn zukommt. Ist der Kairos aber vorbeigehuscht, der richtige Augenblick verstrichen und die Entscheidung zum Handeln verpaßt, dann hat er das

---

vgl. die Stellenlese bei Bettine Menke: *Sprachfiguren. Name – Allegorie – Bild nach Benjamin*. München 1991 (Theorie und Geschichte der Literatur und der schönen Künste 81. N. F. Reihe A: Hermeneutik, Semiotik, Rhetorik 5). S. 349-360 und, unter einer mehr systematischen Fragestellung, Heiner Weidmann: Geistesgegenwart. Das Spiel in Walter Benjamins Passagenarbeit. In: *Modern Language Notes*. German issue 107 (1992). S. 521-547. Die begriffsgeschichtlichen Filiationen bleiben in diesen Arbeiten allerdings unbeachtet; wäre man ihnen nachgegangen, dann hätte sich eine überraschende Verbindung zu Gracián eröffnet. Der Begriff "Geistesgegenwart" (oder "Gegenwart des Geistes") ist eine Neuschöpfung der zweiten Hälfte des 17. Jahrhunderts und wahrscheinlich eine Lehnübersetzung aus dem Französischen. Die ältesten Belege finden sich bemerkenswerterweise in den deutschsprachigen Bearbeitungen einer französischen Übertragung des *Handorakels*, die das "tener buenos repentes" des spanischen Originals mit "présence d'esprit" wiedergibt. Vgl. Henry F. Fullenwider: Geistesgegenwart. In: *Archiv für Begriffsgeschichte* 26 (1982). S. 147-153.

[60] Vgl. auch Baltasar Gracián: *El Discreto*, Kap. 3 ("Hombre de espera"), 7 ("Hombre de todas horas"), 15 ("Tener buenos repentes"). Zur Darstellung des griechischen Zeitgottes Chronos mit einer Krücke vgl. Erwin Panofsky: *Studies in Iconology. Humanistic Themes in the Art of the Renaissance*. New York u.a. 1972 (Kap. 3: "Father Time"; dort a. Hinweise zum Jüngling Kairos und zur Göttin Gelegenheit).

[61] Vgl. Aristoteles: *Nikomachische Ethik* (I, 4; II, 2; III, 1).

Nachsehen. Aus dieser Allegorisierung des Kairos erklärt sich die Redensart "die Gelegenheit" bzw. "das Glück beim Schopfe ergreifen".[62] Wem das gelingt, so darf man vielleicht anschließen, der hat die Zeit 'auf seine Seite gebracht'.

IV

Ein Echo Graciánscher Weltklugheit und Überlebenskunst kann man in Benjamins zwischen 1926 und 1929 entstandenen Hebel-Interpretationen vernehmen, besonders in den Bemerkungen zur Erzählung vom "Barbierjungen von Segringen" aus dem *Schatzkästlein des rheinischen Hausfreundes*. Als einziger hat der Lehrling den Mut, dem "Fremden von der Armee" den Bart zu scheren, wobei er sich von dem Lohn "blenden" läßt, den dieser ihm verspricht.[63] Dieser warnt ihn: Wenn jener ihn schneide, steche er ihn tot. Aber die Prozedur gelingt. Als der Fremde den Lehrling am Ende fragt, woher er seinen Mut genommen habe, bekennt der Junge:

> Gnädiger Herr, Ihr hättet mich nicht erstochen, sondern, wenn Ihr gezuckt hättet, und ich hätt Euch ins Gesicht geschnitten, so wär ich Euch zuvorgekommen, hätt Euch augenblicklich die Gurgel abgehauen, und wäre auf und davon gesprungen.[64]

Hebels erzählerisches Anliegen ist moralisch: "Man muß Gott nicht versuchen, aber auch die Menschen nicht" lautet die Maxime, mit der der Erzähler seine Geschichte beginnt.[65] Zum Schluß ist der Fremde belehrt und gebessert: Nie wieder habe dieser, so wird dem Leser versichert, seine Drohung ausgesprochen.

Es ist nun auffällig, daß sich Benjamin an der Moral des Erzählers gar nicht interessiert zeigt. Daß Böses Böses zeugt, wie man das Skandalon der Begebenheit unter Anspielung auf die bekannte Sentenz aus Schillers *Wallenstein* (*Die Piccolomini* V,1) umschreiben könnte, und sei es auch nur in Gedanken (denn die Tötungshandlungen sind ja kontrafaktisch) – diese sich dem Leser aufdrängende Warnung ist Benjamin der Erwähnung überhaupt nicht wert. Benjamin entdeckt in der Erzählung vielmehr eine Moral, die derjenigen des Erzählers geradezu entgegengesetzt ist. Er konzentriert sich in seiner Deutung ganz auf die Figur des Lehrlings. Hier findet er ein Verhalten, das sich nicht an festen sittlichen Geboten orientiert, sondern an den gegebenen sozialen Situationen. Diese aber sind allemal "Machtverhältnisse".[66] Für Hebel, so kommentiert Benjamin das Eingeständnis des Lehrlings, ist das

---

[62] Vgl. HO 21 (Aph. 36).
[63] Johann Peter Hebel: *Poetische Werke*. München 1971. S. 141ff., hier S. 141 bzw. 142 (grammat. angeglichen).
[64] Ebd. S. 143. Vgl. auch Walter Benjamin: Johann Peter Hebel [1]. In: II, 277-280, hier S. 278 u. ders.: Johann Peter Hebel [3]. In: II, 635-640, hier S. 640.
[65] Ebd. S. 141.
[66] Walter Benjamin: J.P. Hebel [2]. In: II, 280-283, hier S. 282 (grammat. angeglichen).

> Jetzt und Hier der Tugend [...] kein abgezognes Handeln nach Maximen sondern Geistesgegenwart. Moralisch – so hätte Hebel es definiert – ist ein Handeln, dessen Maxime verborgen ist. [...] Seine Moral ist also gebunden an Situationen, in welchen sie die Leute erst entdecken. Und damit gleicht sie der Frömmigkeit, die auch niemals abstrakt werden kann sondern das ganze Leben in Situationen aufteilt, welche ihr dienen. (II,640)

Moralisches Handeln – im Sinne richtigen, angemessenen Handelns – ist die aufmerksame und entschlossene Reaktion auf eine Gefahrensituation, sei es, daß das Ich ihr unfreiwillig ausgesetzt ist, sei es, daß es sich freiwillig in sie begibt, wie der Lehrling. Der Bewältigung dieser Situation werden sittliche Maßstäbe untergeordnet. Der Lehrling weiß, daß ihm im Grunde nichts passieren kann, wenn er nur bereit ist, sich der Zumutung des Fremden anzupassen und wie dieser keine Skrupel hat, das sittliche Gebot "Du sollst nicht töten!" zu suspendieren.

Benjamins Deutung liegt eine Verschiebung im Begriff der Moral vom Guten zum Klugen im Sinne des Nützlichen zugrunde. Was moralisch ist, ist nicht so sehr eine Frage des Guten oder Bösen, Gebotenen oder Verbotenen, als vielmehr eine Frage des Angemessenen oder Unangemessenen, des Passenden oder Unpassenden. Sittliche Gebote sind nicht um ihrer selbst willen und uneingeschränkt zu befolgen, sondern mehr oder weniger opportune Mittel bei der Durchsetzung der eigenen Interessen, wobei die jeweilige Situation über die Anwendung dieser Mittel entscheidet.

> Hebel ist Kasuist wie alle wirklichen Moralisten. Er solidarisiert sich um keinen Preis mit irgendeinem Prinzip, weist aber auch keins ab, denn jedes wird einmal Instrument des Gerechten, und die rebellische Verschlagenheit seiner Strolche und Lumpen am allermeisten.[67]

Benjamin sieht in Hebel den Verfechter einer pragmatischen oder situativen Ethik. Zu dieser gehört, was Krauss als den "Wechsel der Perspektive durch die Aufnahme verschiedener Standorte" beschrieben und auf Graciáns Verhaltenslehre bezogen hat:

> Das Leben wird von Situationen her gedeutet, die ganz verschiedene und widerspruchsvolle Haltungen fordern können. Der Gedanke springt vom Subjekt zum Objekt über; er versetzt sich bald in die Lage des im Angriff Befindlichen, bald in die der Verteidigung. [...] In den Situationen werden nicht absolute, sondern typische Handlungen eingenommen.[68]

---

[67] Walter Benjamin: Hebel gegen einen neuen Bewunderer verteidigt. In: III, 203-206, hier S. 205; vgl. auch II, 461f. u. 1446f.
[68] Werner Krauss: *Graciáns Lebenslehre.* A.a.O. S. 120. Krauss stützt sich u.a. auf die Aphorismen Nr. 13, 232 u. 249.

In dieser Hinsicht berührt sich Hebels Lehrling im übrigen mit Brechts Keuner, dem Benjamin, sicherlich mit einer Reminiszenz an die Verhaltenslehre Graciáns, "jesuitische Züge" attestiert.[69] Beide sind Gestalten aus dem Geiste des spanischen Moralisten, Nachfahren der Figur des barocken Lebensklugen unter veränderten historischen Verhältnissen, denen eines allerdings gemeinsam ist: daß der Einzelne über Strategien des Anpassens, Sich-Behauptens und Durchsetzens verfügen muß, wenn er in den gesellschaftlichen Auseinandersetzungen nicht untergehen will.[70]

V

Zum Abschluß meiner Streifzüge durch den Gedächtnisraum einer Maxime komme ich noch einmal auf Heins Roman zurück und auf die Frage, warum Horn es ablehnt, seine Erinnnerungen nach der Verhaltensregel "einzurichten" bzw. seine Erinnerungen so "einzurichten", daß er ein Leben nach ihr führen kann. Horn erkennt darin ein Verfahren wieder, das das offizielle Verhältnis zur Vergangenheit bestimmt. "Ein uns nicht unbekannter Vorgang", schreibt Hein 1980 im Programmheft zur Uraufführung seines Stücks *Cromwell* in Cottbus über die Geschichtsschreibung in seinem Staat, der DDR, "die Wirklichkeit nachträglich so weit zu verändern, daß man sie vorteilhaft interpretieren kann."[71] Horn weigert sich, seine private Lebensführung einer Maxime zu unterwerfen, die zur gängigen Praxis der historischen Forschung geworden ist. Die Erinnerung aus strategischen Interessen an die gesellschaftlichen Verhältnisse anzupassen, hieße für ihn nicht nur, einen Verrat an der eigenen Identität zu begehen, die er durch das Erlebte und Erlittene verbürgt sieht, es hieße auch, sich der einzigen direkten Beziehung zur Vergangenheit zu berauben und damit einer Einspruchsmöglichkeit gegenüber der offiziellen Geschichtswissenschaft.[72] Und doch ist die Erinnerung, die Horn vornimmt, nicht unproblematisch, wie sein Selbstmord zeigt. Um die Gründe seines Scheiterns zu verdeutlichen, ist es angebracht, die Geschichtsreflexionen Heins und seiner Romanfiguren eingehender zu untersuchen, wobei ich mich auf Horn und seinen Vorgesetzten und Gegenspieler Kruschkatz beschränke, der als Parteisekretär seinerzeit für Horns Ausschluß aus der SED verantwortlich gewesen war.

---

[69] Walter Benjamin: Bert Brecht. In: II, 660-667, hier S. 663.
[70] Zu der Erzähltradition, in der Hebel steht, vgl. unter einem anderen, aber komplementären Aspekt Dag T. Andersson: *Det utsatte nærvær. Historisk og estetisk erfaring i Walter Benjamins filosofi*. Oslo 1992. Teil 2.
[71] Christoph Hein: Anmerkungen zu "Cromwell". In: Ders.: *Öffentlich arbeiten. Essais und Gespräche*. Berlin u.a. 1987. S. 116-119, hier S. 118.
[72] Vgl. dazu Claudias Reflexionen über die 'Unauffindbarkeit' der Vergangenheit außerhalb der Erinnerung in Christoph Hein: *Der fremde Freund*. Novelle. Berlin u.a. ^{5}1987 (zuerst 1982). S. 139. In der BRD erschien diese Erzählung unter dem Titel *Drachenblut* (1983).

Heins Kritik gilt insbesondere einer Historiographie, die den Standpunkt des "Siegers der Geschichte" einnimmt und für die alles, was passierte, ein "notwendiger und zielgerichteter Weg des historischen Weltgeistes" zum Sozialismus war, wie er in der DDR aufgebaut wurde.[73] Die Vergangenheit kommt in dieser Auffassung bloß als Vorbereitung oder Vorstufe der Gegenwart bzw. der Zukunft in Betracht. Hein aktualisiert dabei Argumente, mit denen Benjamin in seinen wahrscheinlich Anfang 1940 niedergeschriebenen Thesen "Über den Begriff der Geschichte" gegen die Geschichtsauffassungen des Historismus und der Sozialdemokratie polemisiert.[74] Die wichtigsten Anschlußstellen seien im folgenden kurz kommentiert. Mein Interesse richtet sich dabei besonders auf den von Benjamin entwickelten Begriff der historischen Zeit, von dem ich dann am Schluß eine Verbindung zu der Maxime herzustellen versuche.

Benjamin kritisiert in seinen Thesen am Historismus, daß dieser sich auf die Seite der Herrschenden, der "Sieger" stelle, die Perspektive der Besiegten aber – ihre Leiden – vergesse bzw. verschweige. Das Korrektiv an einer derartigen Geschichtsschreibung sieht Benjamin im Historischen Materialismus, dessen Aufgabe darin bestehe, "die Geschichte gegen den Strich zu bürsten", indem er die "Barbarei" sichtbar mache, die jedem Kulturzeugnis innewohne (I,697f. [VII]). Die Illusion, daß der inzwischen zur staatlichen Rechtfertigungsideologie verkommene Historische Materialismus diese Forderung erfüllen könne, dürfte Hein indessen aufgegeben haben. Mit Benjamin ist er sich aber darin einig, daß es die Aufgabe der Geschichtsschreibung sei, im "Eingedenken" die Leiden der Besiegten vor dem Vergessen zu 'retten' – nicht nur um der Toten willen, sondern auch und gerade um der Lebenden willen und der Verwirklichung einer humanen Gesellschaftsordnung. Benjamin hat in den Vorarbeiten zu den Thesen dieses Eingedenken näher als "unwillkürlich" bezeichnet, wie er Prousts Begriff der 'mémoire involontaire' übersetzt (I,1233, 1243).[75] Im Gegensatz zum willkürlichen Eingedenken entzieht sich das unwillkürliche Eingedenken der Verfügung durch Vernunft und Wille. Es ereignet sich 'spontan' (II,311) und ist, wie Benjamin betont, an einen unwiederbringlichen historischen Augenblick gebunden.

Dieses Eingedenken konfrontiert Benjamin mit der "Einfühlung", die er dem Objektivismus des Historismus zuordnet. Während der Historismus das

---

[73] Christoph Hein: Die fünfte Grundrechenart. Rede im Ost-Berliner Schriftstellerverband. 14.9.1989. In: Ders.: *Die fünfte Grundrechenart. Aufsätze und Reden 1987-1990*. Frankfurt/M. 1990. S. 163-172, hier S. 165.
[74] Vgl. Walter Benjamin: Über den Begriff der Geschichte. In: I, 691-704. Die römische Ziffer in eckigen Klammern hinter der Seitenzahl im Text bezeichnet die Nummer der These.
[75] Vgl. auch Benjamins Essays "Zum Bilde Prousts" u. "Über einige Motive bei Baudelaire". A.a.O. In der letztgenannten Schrift bringt Benjamin die 'mémoire involontaire' mit Freuds Unbewußtem in Verbindung (Kap. III).

Vergangene erkennen wolle "'wie es denn eigentlich gewesen ist'", ginge es dem Historischen Materialismus darum, "sich einer Erinnerung [zu] bemächtigen, wie sie im Augenblick einer Gefahr aufblitzt." (I,695 [VI]) Diese "Gefahr", führt Benjamin aus, drohe

> sowohl dem Bestand der Tradition wie ihren Empfängern. Für beide ist sie ein und dieselbe: sich zum Werkzeug der herrschenden Klasse herzugeben. In jeder Epoche muß versucht werden, die Überlieferung von neuem dem Konformismus abzugewinnen, der im Begriff steht, sie zu überwältigen. (Ebd.)

Geschichte ist für Benjamin nichts Gegebenes, Vorfindbares oder 'Abgeschlossenes' (V,589). Sie ist kein Gegenstand einfühlender "Rekonstruktion" (V,587). Sie ist aber auch keine dialektische "Integration" in das Kontinuum eines Überlieferungszusammenhangs,[76] das "das der Unterdrücker" ist (I,1236). Vielmehr ist sie Gegenstand einer sich dem unwillkürlichen Eingedenken verdankenden "Konstruktion, deren Ort nicht die homogene und leere Zeit sondern die von Jetztzeit erfüllte bildet." (I,701 [XIV]) Hein zitiert diesen Satz zustimmend, doch ohne ihn zu erläutern, in seinen "Anmerkungen zu *Cromwell*".[77] Mit dem Begriff der Jetztzeit definiert Benjamin den Begriff der historischen Zeit, den er vom Begriff der linearen Zeit des chronologischen Kontinuums unterscheidet (I,1245), der der "Vorstellung eines Fortschritts des Menschengeschlechts in der Geschichte" (I,701 [XIII]) zugrunde liegt. "Jetztzeit" ist dabei nicht auf die Zeitdimension der Gegenwart zu reduzieren, sondern meint ein durch die jeweilige geschichtliche Situation des Historikers bedingtes Verhältnis zwischen der Vergangenheit und der Gegenwart – eine "Konstellation", wie Benjamin sagt, die als "Bild" im unwillkürlichen Eingedenken erfahrbar ist (V,576ff.). Damit läßt sich ein Mißverständnis abwehren, das Benjamin durch den Ausdruck "Konstruktion" nahelegt: daß es sich um eine erfahrungsunabhängige Prozedur handelt, die die Daten der Erkenntnis durch einen subjektiven, willkürlichen Akt hervorbringt. Zwar ist die Vergangenheit das Produkt einer Interpretation, aber diese Interpretation hat ihrerseits eine geschichtliche Erfahrung zur Voraussetzung, durch die sie überhaupt erst möglich wird. Die Konstruktion ist bedingt durch die Bilder, die im unwillkürlichen Eingedenken entstehen.[78] Benjamin fordert nun vom materialistischen

---

[76] Zu dieser Alternative vgl. Hans-Georg Gadamer: *Wahrheit und Methode. Grundzüge einer philosophischen Hermeneutik*. Tübingen [4]1975. S. 157-161.

[77] A.a.O. S. 118f.

[78] Es ist hier nicht der Ort, auch nur annähernd die vielen Aspekte zu entfalten, die der Begriff des unwillkürlichen Eingedenkens bei Benjamin hat. Daher sei bloß darauf hingewiesen, daß Benjamin bei der Analyse der historischen Erkenntnis im *Passagen-Werk* auf die schon von Proust hergestellte Verbindung zwischen der 'memoire involuntaire' und den Motiven des Traumes und des Erwachens zurückgreift. Vgl. bes. die Konvolute K (Traumstadt und Traumhaus, Zukunftsträume, Anthropologischer Nihilismus, Jung) u. N (Erkenntnistheoretisches, Theorie des Fortschritts), passim.

Historiker, daß er sich seiner Abhängigkeit von den gegenwärtigen Zeitverhältnissen bewußt zu sein habe. Daraus ergeben sich methodische Konsequenzen. Der materialistische Historiker hat die Zeugnisse der Vergangenheit nicht "im Zusammenhang ihrer Zeit darzustellen, sondern in der Zeit, da sie entstanden, die Zeit, die sie erkennt – das ist die unsere – zur Darstellung zu bringen." (III,290) Er hat die Vergangenheit so darzustellen, daß er dabei zugleich seine eigene Gegenwart darstellt, durch die der Bezug auf jene vermittelt ist. Seine Interpretation schließt mithin die Aktualisierung des Vergangenen ein. Was der materialistische Historiker also vor dem Vergessen 'bewahrt', erklärt sich von seiner Gegenwart her, deren unausgesetzte Veränderung auch der Grund dafür ist, daß das Vergangene 'unabgeschlossen' (V,589) ist und die Geschichte – als die erkennende Darstellung der Vergangenheit – immer wieder umgeschrieben wird.

Heins Rezeption der Thesen "Über den Begriff der Geschichte" wird deutlicher, wenn man berücksichtigt, daß bei Benjamin die Frage historischer Erkenntnis unlösbar verknüpft ist mit einer moralisch-politischen Verpflichtung. Benjamin formuliert das in Ausdrücken, die er aus dem Bereich zwischenmenschlicher Interaktion auf den Bereich der kollektiven Geschichte überträgt: Zwischen "den gewesenen Geschlechtern und unserem" bestehe "eine geheime Verabredung". Unsere Vorfahren hätten uns "erwartet" (I,694 [II]). Deshalb sei es die Aufgabe der Gegenwart, die "Erlösung" der "gewesenen Geschlechter" ins Werk zu setzen und die in der Vergangenheit nicht verwirklichten Möglichkeiten, Hoffnungen und Wünsche zu realisieren. "Jedem Geschlecht, das vor uns war" sei "eine *schwache* messianische Kraft mitgegeben, an welche die Vergangenheit Anspruch hat." (Ebd.). Obwohl Benjamin dem Gedanken einer geschichtlichen Zielgerichtetheit sonst skeptisch gegenüber steht, räumt er hier der Vergangenheit ein "teleologisches Moment" (V,492) ein. Es ist entscheidend, daß Benjamin die "Erlösung" der Toten nicht von einer fernen Zukunft erwartet, auf die die Geschichte mit quasinaturgesetzlichem Zwang zusteuert, wie im Fortschrittsdenken der Sozialdemokratie (das allerdings die marxistische Geschichtsphilosophie insgesamt beherrscht – ein Problem, dessen sich Benjamin bewußt war, das er aber für eliminierbar hielt [V,574]), sondern von der unmittelbaren Gegenwart, vom Hier und Jetzt. In dieser sind die Toten zu 'erlösen' – sowohl in der Geschichtsschreibung als auch in der gesellschaftlichen Wirklichkeit.

Auf den ersten Blick stimmt die Geschichtsauffassung, die Hein seiner Romanfigur Horn zuschreibt, mit dieser Konzeption überein. Wie für Benjamin ist auch für Horn die Geschichte das Ergebnis einer aktualisierenden Konstruktion. "Was ist denn Geschichte anderes als ein Teig von Überliefertem, von willkürlich oder absichtsvoll Erhaltenem, aus dem sich nachfolgende Generationen ein Bild nach ihrem Bilde kneten" (HE 230), wendet Horn in dem eingangs zitierten Gespräch gegen Spodeck ein, der ihm durch die Verbesserung des Schüfftan-Verfahrens neue "Fälschungen" in Aussicht stellt. Und ganz ähnlich wie Benjamin sieht Horn die Aufgabe des Historikers in der

Erinnerung vergessenen Leidens. Davon legt der Festvortrag Zeugnis ab, den er aus Anlaß des fünfjährigen Bestehens des örtlichen Museums hält, und dessen Thema sich weitgehend mit dem deckt, das er dann etwas später in einem "geschichtsphilosophischen Aufsatz" über die "Vertreibung" der einheimischen Volksstämme durch die von Osten einrückenden Wenden oder Sorben, wie sie auch genannt werden, behandelt (HE 101). Man hat in Horns "archäologischer Beflissenheit und Beredsamkeit" den "Ausdruck einer Flucht in die Geschichte" erkennen wollen, "in eine fingierte, konstruierte Geschichte freilich, mit der die verlorene Zeit verstehbar und erträglich gemacht werden soll."[79] Das würde die Dinge auf den Kopf stellen, wenn es die Ansicht implizierte, Horns Interesse an der Geschichte sei lediglich 'antiquarisch', seine Haltung die eines "Bewahrenden und Verehrenden", wie es in Nietzsches zweiter *Unzeitgemäßen Betrachtung,* der berühmten Schrift *Vom Nutzen und Nachteil der Historie für das Leben*, heißt. Horns Einstellung zur Überlieferung ist vielmehr 'kritisch', seine Haltung die eines "Leidenden und der Befreiung Bedürftigen."[80] Das belegt sein Vortrag, mit dem er offenbar Partei ergreift für die Opfer der "Eroberungen und Siedlungsgewohnheiten der Wenden" (HE 210). Noch in einem 1964 herausgegebenen populärwissenschaftlichen Abriß zur Geschichte der Sorben wird dieses Thema verschwiegen. Dagegen heißt es:

> Obwohl sie [die Sorben, P.L.] niemals ihre Grenzen überschritten hatten, um sich das Land der Nachbarn anzueignen, war ihr Land ständiges Ziel der Kriegszüge expansionslüsterner Nachbarn. Sie, die friedlich ihrer Arbeit nachgingen, [...] wurden zur ständigen Beute zuerst fränkischer, dann später der deutschen Feudalherren.[81]

Es kann daher nicht verwundern, daß Horn mit seinen Ausführungen über die Landnahme der Wenden die SED provoziert. Während Kruschkatz in dem Aufsatz bloß "die wehleidige Flagge eines fruchtlosen, erschöpften Humanismus" aufgezogen sieht (HE 101), bezeugt das "Pamphlet" für seinen intriganten Stadtrat Bachofen "Revisionismus" und "Sektierertum". Horn wolle, so Bachofens Vorwurf, der dann zur Einleitung eines erneuten Verfahrens gegen ihn führt, "eine rückwärtsgewandte Fehlerdiskussion unter dem Mäntelchen unvoreingenommener Wissenschaft" (HE 102). Horns Parteinahme ist nicht abstrakt, sondern erklärt sich aus einer verwandten Situation. In der Vertrei-

---

[79] Michael Braun: Perspektive und Geschichte in Christoph Heins Roman "Horns Ende". In: *Wirkendes Wort* 42 (1992). H. 1. S. 93-102, hier S. 99 (grammat. angeglichen).
[80] Friedrich Nietzsche: *Unzeitgemäße Betrachtungen*. Mit einem Nachwort von Alfred Baeumler. Stuttgart 1964 (Kröners Taschenausgabe 71). S. 1-389, hier S. 111f.
[81] *Die Sorben. Wissenswertes aus Vergangenheit und Gegenwart der sorbischen nationalen Minderheit*. Bautzen 1964. S. 9f. Vgl. dagegen Jan Brankačk u. Frido Mětšk (Hg.): *Geschichte der Sorben. Bd. 1. Von den Anfängen bis 1789*. Bautzen 1977 (Teil 1).

bung der ortsansässigen Volksstämme durch die Wenden erkennt er das Spiegelbild seiner Vertreibung aus der SED und von der Hochschule.[82] Die Vergangenheit wird Horn zum Zeichen einer aktuellen Erfahrung. Kruschkatz entgeht das nicht: Im Grunde habe Horn nicht über die Ausgrabung einer altsorbischen Ansiedlung gesprochen, bemerkt er, sondern "über eine ganz andere Ausgrabung", nämlich über seinen Parteiausschluß und seinen Gegner Kruschkatz (HE 73). Unter Anlehnung an Benjamin läßt sich sagen: Horn 'entreißt' die Überlieferung dem 'Konformismus' einer Geschichtsschreibung vom Standpunkt der Sieger und bewahrt das Leiden der besiegten Vorfahren, in dem er sein eigenes wiedererkennt, vor dem Vergessen. Er erlebt die Geschichte nicht mehr als ein progressives Kontinuum aufeinanderfolgender Ereignisse, sondern als die Wiederholung der Vergangenheit in der Gegenwart. In der geschichtlichen Vergangenheit stellt er seine eigene Zeit dar. Doch damit dürften die Übereinstimmungen mit Benjamins Geschichtskonzeption auch bereits erschöpft sein. Denn aus deren Sicht verkürzt Horn die eingedenkende Aktualisierung um den "Anspruch", den die Toten an die Lebenden haben. Horn scheint es vor allem um sein persönliches Schicksal zu gehen, die Aktualisierung, die er betreibt, funktionalisiert die Geschichte im eigenen Interesse. Zwar gelingt es ihm, "das Kontinuum der Geschichte" der Sieger "aufzusprengen" (I,701 [XV]). Aber da er dieses durch das der Besiegten ersetzt, vermag er es nicht, "im Vergangenen den Funken der Hoffnung anzufachen" (I,695 [VI]), in dessen Schein die Chance sichtbar wird, verändernd in die Zeitläufte einzugreifen.

Die offizielle Geschichtsauffassung wird im Roman von Kruschkatz vertreten. Als dieser in Guldenberg erneut auf Horn trifft, wo er inzwischen das Amt des Bürgermeisters bekleidet, resümiert er seinen Eindruck in der Feststellung: "Nichts vergessen und nichts hinzugelernt." (HE 30) An anderer Stelle heißt es: "Er wollte Leipzig nicht vergessen, und verstehen konnte er es nicht." (HE 69) Nach Kruschkatz' Überzeugung scheitert Horn, weil es ihm nicht gelingt, das Vergangene zu vergessen, Kompromisse zu schließen und sich mit den Zeitverhältnissen zu arrangieren. Die Anklänge an die Verhaltenslehre Graciáns sind deutlich vernehmbar. Das betrifft nicht nur das oben bereits zitierte "Sich anzupassen verstehn", sondern auch das "Vergessen können", in dem Gracián eine Bedingung körperlicher und seelischer Gesundheit sieht, das oft "einzige Heilmittel unserer Schmerzen", das leider nur, wie der Autor bedauernd hinzufügt, allzu häufig selbst vergessen werde (HO 129; Aph. 262).[83] Nietzsche, wie Schopenhauer und Benjamin ein Bewunderer des *Handorakels*,[84] hat die lebenskluge Forderung, zu vergessen, auf das Verhältnis zur ge-

---

[82] Das Motiv kehrt im Roman wieder in der Vertreibung der Zigeuner aus Guldenberg.
[83] Gracián weiß aber auch: "es ist mehr ein Glück als eine Kunst". Vgl. auch Aphorismus Nr. 126.
[84] Nietzsches Einstellung war allerdings schwankend. Vgl. die Belege bei Theo Meyer: *Nietzsche. Kunstauffassung und Lebensbegriff.* Tübingen 1991. S. 666f. (dort auch Be-

schichtlichen Überlieferung bezogen: "[...] es ist möglich, fast ohne Erinnerung zu leben, ja glücklich zu leben, wie das Tier zeigt; es ist aber ganz und gar unmöglich, ohne Vergessen überhaupt zu *leben*" schreibt er in *Vom Nutzen und Nachteil der Historie für das Leben*. Zum Vegetieren braucht der Mensch keine Erinnerung. Will er aber ein menschengerechtes Leben führen, dann muß er vergessen können. Wer nicht vergessen kann, entzieht sich den Schlaf. Nietzsche fährt fort: "[E]s gibt einen Grad von Schlaflosigkeit, von Wiederkäuen, von historischem Sinne, bei dem das Lebendige zu Schaden kommt und zuletzt zugrunde geht, sei es nun ein Mensch oder ein Volk oder eine Kultur."[85] Solle das Vergangene "nicht zum Totengräber des Gegenwärtigen werden", sondern dem "Zwecke des *Lebens*" dienen, dann müsse es bis zu einem gewissen "Grad" vergessen werden.[86] Das Vergessen-Können des Vergangenen ist für Nietzsche eine Bedingung gelingender Lebensgestaltung.

In Kruschkatz' Geschichtsauffassung ist das Vergessen und Verschweigen der Opfer, die der Aufbau des Sozialismus gekostet hat, ideologisch sanktioniert. Im Rückblick räumt Kruschkatz zwar ein, daß Horn ein "Unrecht" zugefügt worden sei, doch rechtfertigt er das mit der Gesetzmäßigkeit des Geschichtsverlaufs: Es sei "im Namen eines höheren Rechts, im Namen der Geschichte" (HE 69) geschehen. Zu Horn sagt er: "Das schrecklichste Opfer, das der Gang der Geschichte fordert, ist der Tod von Schuldlosen. Er ist der Blutzoll, den der Fortschritt kostet." (HE 73) Horn solle sich "nicht zu lange einer persönlichen Erschütterung hingeben, so verständlich sie auch sein mag. [...] Lassen wir die Toten ruhen." (Ebd.) Kruschkatz fordert Horn dazu auf, das fremde wie das selbsterlittene Unrecht zu vergessen, das Leid im angeblichen Interesse der Gesellschaft zu verraten.[87] Er betreibt im Großen – in der Politik –, was Spodeck im Kleinen – im Privaten – empfiehlt: "der Entwicklung, der Geschichte und dem Lauf der Zeit" zu folgen (HE 101), den Erinnerungen zu 'mißtrauen' (HE 24) und sie den jeweiligen Gegebenheiten und Anforderungen anzupassen. Aber selbst Kruschkatz gelingt das nicht völlig. Mit "Geschicklichkeit" und etwas Glück (HE 154, 238) kann er sich zwar neunzehn Jahre, bis zu seiner Pensionierung, im Amt des Bürgermeisters von

---

lege zu Schopenhauer).

[85] Friedrich Nietzsche: *Unzeitgemäße Betrachtungen*. A.a.O. S. 103f. (Das letzte Zitat ist im Original hervorgehoben.)

[86] Ebd. S. 104 bzw. 110.

[87] Die herrschaftsstabilisierende, ja herrschaftsbegründende Funktion, die das Verschweigen der Opfer des Zivilisationsprozesses hat, spricht Jean Racine, Dramatiker und Hofhistoriograph des Sonnenkönigs, in Heins Erzählung "Einladung zum Lever Bourgeois" aus: "Vielleicht ist die Fähigkeit, ein Verbrechen verschweigen zu können, die Bedingung der menschlichen Rasse, in Gesellschaft zu leben. Das 'höhere Interesse' eines Staates anzuerkennen, ist bestialisch, möglicherweise aber die Voraussetzung seiner weiteren Existenz. Der des Staates, des Individuums ohnehin. Und der verdiente Staatsbürger ist zu ehren um seiner schweigenden Mitwisserschaft willen." (*Nachtfahrt und früher Morgen*. Prosa. Hamburg 1982. S. 145-165, hier S. 152)

Guldenberg halten, länger als alle seine Amtsvorgänger in der Nachkriegszeit. Doch am Ende ist er ein verbitterter alter Mann, der seine letzten Tage einsam in einem Altersheim verbringt, am Sinn der Geschichte zweifelt und über schlechte Träume klagt. Während Horn die Vergangenheit nicht vergessen will, kann Kruschkatz sie nicht vergessen; sein "ungewöhnliches Erinnerungsvermögen" gibt ihm dazu keine Ruhe: "Denn es sind zwei sich ausschließende Dinge: gut zu schlafen und sich gut zu erinnern." (HE 23) Die Toten, die er Horn zu vergessen geraten hat, suchen ihn in seinen Träumen nun selbst heim: in Gestalt seiner geliebten, inzwischen verstorbenen Frau Irene, die sich ihm entzog, weil er nach ihrer Ansicht an Horns Selbstmord "schuldig geworden" war (HE 106). Nur noch im Tod glaubt er, ihrem quälenden "Traumgesicht" entgehen zu können (HE 260).[88]

Herbert Marcuse hat in *Triebstruktur und Gesellschaft* die Ambivalenz der "Fähigkeit, zu vergessen" betont und sie mit der Fähigkeit, zu verdrängen verbunden: einerseits zwar ein "unerläßliches Erfordernis der seelischen und körperlichen Hygiene, ohne die das Leben in der Kultur unerträglich wäre", ist das Vergessen-Können bzw. Verdrängen-Können andererseits aber auch

> das seelische Vermögen, das die Unterwürfigkeit und den Verzicht unterstützt. Vergessen heißt auch, all das vergeben, was nicht vergeben werden dürfte, wenn Gerechtigkeit und Freiheit gelten sollen [...]: vergangene Leiden vergessen, heißt den Kräften vergeben, die diese Leiden verursachten – ohne diese Kräfte zu überwinden.[89]

Dieser Befund dürfte weitgehend Heins eigenen Überlegungen entsprechen. In seiner Auseinandersetzung mit Ernst Noltes Vorstoß im westdeutschen 'Historikerstreit', die nationalsozialistischen Verbrechen zu relativieren, sie genauso zum 'Vergehen' zu bringen, wie es angeblich jeder Vergangenheit zukomme, und mit unüberhörbarem Anklang an die psychoanalytische These von der

---

[88] Auch Spodeck kann "nicht vergessen" (HE 9). Doch manipuliert er die Erinnerungen anders als Kruschkatz: nicht im angeblichen Interesse der Gesellschaft, sondern im eigenen. Die "Geschichte der menschlichen Gemeinheit" (HE 133), die er über die Einwohner Guldenbergs schreibt, ist alles andere als eine Chronik "ohne Haß und Eifer" (HE 137), für die er sie ausgibt. Er unternimmt sie vielmehr, um sein mißlungenes Leben zu rechtfertigen. Vgl. auch Krzysztof Jachimczak: Gespräch mit Christoph Hein. A.a.O. S. 355f.
[89] Herbert Marcuse: *Triebstruktur und Gesellschaft. Ein philosophischer Beitrag zu Sigmund Freud.* Übers. von Marianne von Eckhardt-Jaffe. Frankfurt/M. 1979 (*Schriften.* Bd. 5). S. 197f. Zu Marcuses Erinnerungsbegriff, in dem sich psychoanalytische und geschichtsphilosophische Motive verbinden und der im Unterschied zu Benjamin (und Hein) weniger die Erfahrung vergangenen Leidens als vielmehr die Erfahrung vergangenen Glücks akzentuiert vgl. ebd. S. 25f. Zu dem Zitat vgl. schon Heinz-Peter Preußer: *Zivilisationskritik und literarische Öffentlichkeit. Strukturale und wertungstheoretische Untersuchung zu erzählenden Texten Christoph Heins.* Frankfurt/M. u.a. 1991 (Bochumer Schriften zur deutschen Literatur 26). S. 63f.

Wiederkehr des Verdrängten hat Hein auf die fatalen Konsequenzen des Vergessens geschichtlichen Unrechts reflektiert: "Die Vergangenheit, der wir uns nicht stellen, wird nicht nur nicht vergehen, sie droht zurückzukehren."[90] Sollen sich die leidvollen Ereignisse der Vergangenheit in der Gegenwart nicht wiederholen, dann ist es zunächst nötig, sich ihrer zu erinnern. Das gilt sowohl für jeden Einzelnen als auch für die Gesellschaft im Ganzen. Denn nur die Vergangenheit, die erinnert und damit zu Bewußtsein gebracht wird, kann, mit einem von Hein aktualisierten Schlagwort der Nachkriegszeit ausgedrückt, 'aufgearbeitet' werden und das heißt, wie Adorno in seinem Aufsatz "Was bedeutet: Aufarbeitung der Vergangenheit" (1959) ausgeführt hat, nach ihren Ursachen befragt werden.[91] Hein scheint in der Erkenntnis dieser Ursachen die entscheidende Voraussetzung für ihre Beseitigung und damit für eine grundlegende Veränderung der gesellschaftlichen Verhältnisse in der DDR zu sehen.

Aus diesem Anliegen läßt sich der Appell zur Erinnerung verstehen, der leitmotivisch die Dialoge beherrscht, die der tote Horn mit Thomas führt. Was Horn nicht gelingt, aus der Erinnerung eine positive, lebensgestaltende und gesellschaftsverändernde Kraft zu machen, soll Thomas verwirklichen, dem diese Aufgabe vom Autor vermutlich deshalb überantwortet wird, weil er die einzige 'Stimme' ist, die die Ereignisse um Horns Tod als Kind miterlebt hat und sie daher an die nächste Generation weitergeben kann. Es kommt hinzu, daß Thomas nicht unmittelbar und schuldhaft in die Ereignisse verstrickt ist. Man kann diese Dialoge aus dem Kontext verschiedener Diskurse deuten:[92] psychologisch, geschichtsphilosophisch und literarhistorisch.

Die Dialoge lassen sich zunächst als Selbstgespräch verstehen, das Thomas mit dem anderen seiner selbst, der Personifikation seines Unbewußten führt. Wie Kruschkatz wehrt sich auch Thomas vergeblich gegen das Erinnern.[93] Das verleugnete und verdrängte Vergangene kehrt zurück, weil es nicht 'aufgearbeitet' wurde. Als Thomas den Toten fragt, warum der ausgerechnet ihn zur

---

[90] Christoph Hein: Die Zeit, die nicht vergehen kann oder Das Dilemma des Chronisten. Gedanken zum Historikerstreit anläßlich zweier deutscher 40-Jahrestage. In: Ders.: *Die fünfte Grundrechenart.* A.a.O. S. 128-154, hier S. 154. Hein bezieht sich auf Ernst Nolte: Vergangenheit, die nicht vergehen will. Eine Rede, die geschrieben, aber nicht gehalten werden konnte. In: *'Historikerstreit'. Die Dokumentation der Kontroverse um die Einzigartigkeit der nationalsozialistischen Judenvernichtung.* München u.a. 1987 (Serie Piper 816). S. 39-47.
[91] Vgl. Christoph Hein: Ich bin ein Schreiber von Chroniken (zuerst: *Neues Deutschland* vom 2./3.12.1989). In: Ders.: *Als Kind habe ich Stalin gesehen. Essais und Reden.* Berlin u.a. 1990. S. 201-208, hier S. 204; Adornos Aufsatz ist abgedruckt in: Ders.: *Eingriffe. Neun kritische Modelle.* Frankfurt/M. [6]1970 (edition suhrkamp 10). S. 125-146.
[92] Vgl. Krzysztof Jachimczak: Gespräch mit Christoph Hein. A.a.O. S. 353.
[93] Vgl. HE 145 u. 249. Vgl. auch den Wunsch des jungen Thomas, die Stadt Guldenberg und seine von einem autoritären Vater beherrschte Kindheit zu "vergessen, aus[zu]tilgen, so gründlich, als seien sie nie gewesen." (HE 65)

Erinnerung an die vergangenen Geschehnisse auffordere, weist dieser ihn zurecht:

> Ich habe dich nicht ausgesucht. Das warst du selbst. [...] Du bist es, der mit den Toten nicht leben kann. Du bist es, der darüber reden muß. Die Toten haben euch vergessen, aber ihr könnt uns nicht vergessen. (HE 191)

Im Gegensatz zu dem willkürlichen Eingedenken, das Thomas' Erzählungen in den einzelnen Kapiteln bestimmt, geschieht sein Eingedenken in den 'Totendialogen' unwillkürlich. Die Verbindung zu den Überlegungen Benjamins wird besonders deutlich, wenn Horn Thomas auffordert, sich auch "an das Ungesehene" zu erinnern, was dieser für "unmöglich" hält (HE 145). Doch Horn ist beharrlich: "Du hast viel gesehen. Mehr als du weißt." (Ebd.) Die "Bilder" der 'mémoire involontaire' "kommen nicht allein ungerufen", erläutert Benjamin 1932 in einer Rede über Proust, "es handelt sich vielmehr in ihr um Bilder, die wir nie sahen, ehe wir uns ihrer erinnerten." (II,1064) Das unwillkürliche Eingedenken der Geschichte ist nicht reproduktiv, sondern produktiv. Es gewährt eine historische Erkenntnis, die keine Wiedererinnerung ist, sondern neu ist.[94]

Der Bezug zu Benjamin läßt sich geschichtsphilosophisch weiter ausführen. Aus den Worten Horns kann man den "Anspruch" der 'gewesenen Geschlechter' an 'unseres' hören, die toten Opfer zu 'erlösen' (I,694 [II]) und die Tradition einer Geschichte zu unterbrechen, in der es Herrschende und Beherrschte gibt. Denn die Toten sind nicht wirklich tot. In der Erinnerung bleibt ihr Schicksal lebendig. "Du darfst nicht vergessen [...]. Wenn du mich vergißt, erst dann sterbe ich wirklich." (HE 59) Die Erinnerung hält auch das Verlangen der Toten nach einer besseren Zukunft wach. "Solange es ein menschliches Gedächtnis gibt, wird nichts umsonst gewesen sein, ist nichts vergänglich." (HE 145) Das klingt wie ein Nachhall der von Benjamin erhobenen Forderung an den 'Chronisten', der "Wahrheit Rechnung [zu tragen], daß nichts was sich jemals ereignet hat, für die Geschichte verloren zu geben ist." (I,694 [III])[95]

Schließlich können die Dialoge unter einem motivgeschichtlichen Aspekt und aus dem Zusammenhang der deutschen Nachkriegsliteratur gedeutet werden. Die Aufforderung zur Erinnerung fügt sich nicht nur in eine Strömung der DDR-Literatur der siebziger und achtziger Jahre ein, man denke etwa an Christa Wolfs Roman *Kindheitsmuster* (1976), der schon im ersten, aus Faulkners Lesedrama *Requiem for a Nun* (I,3) zitierten Satz die Erfahrung aus-

---

[94] "Prousts unwillkürliche Erinnerung [...] ist selbst Wahrnehmung, eine nachgeholte, nicht wiederholte Wahrnehmung, die Wahrnehmung des einst nicht Wahrgenommenen." (Michael Theunissen: Zeit des Lebens. In: Ders.: *Negative Theologie...* A.a.O. S. 299-317, hier S. 313.) Vgl. auch Ines Zekert: *Poetologie und Prophetie.* A.a.O. S. 125.
[95] Benjamin fährt aber fort: "Freilich fällt erst der erlösten Menschheit ihre Vergangenheit vollauf zu." (Ebd.)

drückt, daß sich die Vergangenheit gegen ihr Vergehen sträubt: "Das Vergangene ist nicht tot; es ist nicht einmal vergangen."[96] Die Aufforderung zur Erinnerung schließt auch an die Anfänge der westdeutschen Literatur an. Ein eindringliches Zeugnis dafür bildet ein von Heinrich Böll Ende der vierziger Jahre geschriebener, erst 1982 publizierter Prosatext, der von der Aufdeckung eines 'vergessenen' und daher ungesühnten Verbrechens handelt. Der Erzähler gibt das "Vermächtnis" – so der Titel der Erzählung – eines von seinem Vorgesetzten im Affekt erschossenen Soldaten an den Leser weiter: "Wir sind geboren, um uns zu erinnern. Nicht vergessen, sondern Erinnerung ist unsere Aufgabe...".[97] *Horns Ende* aktualisiert dieses poetische Programm in den 'Totendialogen' unter Bezug auf Benjamins geschichtsphilosophisches Konzept des unwillkürlichen Eingedenkens.

Die Schwierigkeiten, die die staatlichen Stellen in der DDR noch zu Beginn der achtziger Jahre mit der Erinnerung an die Aufbauzeit ihres Landes hatten, haben übrigens ihre Spuren in der Form des Romans hinterlassen. Hein sah sich gezwungen, mit Rücksicht auf die Zensurbehörden den Appellcharakter seines Romans abzuschwächen. Der letzte 'Totendialog' wurde auf Wunsch seines Ost-Berliner Verlages gestrichen, um dadurch den Roman "sanfter, freundlicher, weniger nötigend" enden zu lassen.[98] Aus der Aufforderung an Thomas hatte man wohl zu Recht die Aufforderung an den Leser gehört, seine Erinnerungen als Korrektiv an der von der Partei verordneten Geschichtsversion einzubringen. Heute wäre es wohl an der Zeit, eine unzensierte Ausgabe von *Horns Ende* zu veröffentlichen.

Die Forschung hat die engen Übereinstimmungen zwischen Heins Poetologie und Erinnerungsästhetik einerseits und Benjamins Geschichtskonzeption andererseits immer wieder betont. Doch hat sie m.E. nicht ausreichend beachtet, daß *Horns Ende* nicht nur ein Roman gegen das Vergessen geschichtlichen Unrechts und Verschuldens ist, sondern auch ein Roman über das Leiden, das die Erinnerung verursachen und die fürchterlichen Folgen, das Nicht-vergessen-Wollen bzw. Nicht-vergessen-Können für den Betroffenen haben kann. Heins Roman setzt die Hoffnung auf den 'Nachgeborenen', auf Thomas, der an Horns Tod unbeteiligt war. Ob aber demjenigen, der in die Geschichte verstrickt ist – sei es als Opfer oder als Täter – ein produktives Verhältnis zur Erinnerung möglich ist, scheint aus der Sicht von *Horns Ende* eher zweifelhaft. So bleibt die Frage offen, was derjenige, der unter den geschichtlichen Verhältnissen leidet, vergessen muß, um lebensfähig zu bleiben, was er nicht ver-

---

[96] Darmstadt u.a. [8]1982 (Sammlung Luchterhand 277). S. 9.
[97] Bornheim 1982. S. 66. Den Hinweis auf diese Erzählung verdanke ich Jochen Vogt: *"Erinnerung ist unsere Aufgabe". Über Literatur, Moral und Politik 1945-1990*. Opladen 1991.
[98] So Hein selbst, zitiert nach: Christel Berger: "Horns Ende" – Entstehungsgeschichte: eine Farce in drei Akten. A.a.O. S. 276.

gessen darf, um die Ursachen des Vergangenen zu erkennen und zu ihrer Beseitigung beizutragen.

Doch zurück zu der Maxime, die den Anlaß für diese Ausführungen gegeben hat. Aus der Sicht der Geschichtskonzeption Benjamins bietet sich eine politische Lesart an, die allerdings der Deutung Horns und Spodecks widerspricht und von ihrem Standpunkt auch kaum gedacht werden kann, zielt sie doch nicht auf die Anpassung der Erinnerung an die Zeitverhältnisse, sondern – um es zu pointieren – auf die Anpassung der Zeitverhältnisse an die Erinnerung oder genauer: auf die Kritik und Umgestaltung der Zeitverhältnisse mit Hilfe der Erinnerung. Thomas – und mit ihm dem Leser – könnte diese Lesart zum Leitfaden für einen angemessenen Umgang mit der Vergangenheit dienen. Sie kann sich darauf stützen – ich muß mich hier mit einigen konzentrierten, spekulativen Thesen begnügen –, daß in Benjamins Geschichtsauffassung die historische Zeit nicht als Zeitfluß, sondern als Zeitraum konzipiert ist, der sich in einzelne Zeitpunkte aufteilt, also eine Struktur aufweist, die sich schon in Graciáns Verhaltenslehre feststellen ließ und somit ein Echo barocker Spekulationen über die Zeit qua Augenblick und Gelegenheit sein könnte.[99] Auf diese temporale Struktur finden sich in Benjamins Geschichtskonzeption deutliche Hinweise. In der fünften These "Über den Begriff der Geschichte" heißt es mit einer bemerkenswerten, an die Allegorie des Kairos gemahnenden Metapher:

> Das wahre Bild der Vergangenheit *huscht* vorbei. [...] es ist ein unwiederbringliches Bild der Vergangenheit, das mit jeder Gegenwart zu verschwinden droht, die sich nicht als in ihm gemeint erkannte. (I,695)

Die Erkennbarkeit der Vergangenheit hat ihre Zeit, die unberechenbar und unverfügbar ist. Das Bild des unwillkürlichen Eingedenkens hat dieselbe temporale Struktur wie der Kairos. Paul Tillich, dessen einschlägige Publikationen Benjamin bekannt gewesen sein könnten, hat dem Kairos eine geschichtstheologische Deutung gegeben und ihn als die "rechte" oder "erfüllte Zeit" vom Chronos, die "formale Zeit", abgegrenzt.[100] Im Kairos ist die Zeit erfüllt oder – mit Joubert zu sprechen – vollendet. Ausdrücklich hat Benjamin in seinen Studien "Über einige Motive bei Baudelaire" die Zeit des unwillkürlichen Eingedenkens mit der "vollendenden Zeit" identifiziert (I,637). Im Eingedenken erfüllt oder vollendet sich die Zeit, im Bild ist sie erfüllt oder vollendet. Im

---

[99] Vgl. bes. Lohenstein, bei dem die so verstandene Zeit als "politische Aktionszeit" gedacht ist (Wilhelm Voßkamp: *Untersuchungen zur Zeit- und Geschichtsauffassung...* A.a.O. [vgl. Anm. 58] S. 191-211 [dort auch Hinweise auf Gracián]).

[100] Paul Tillich: Kairos I [1922]. In: Ders.: *Der Widerstreit von Raum und Zeit. Schriften zur Geschichtsphilosophie.* Hg. von Renate Albrecht. Stuttgart 1963 (*Gesammelte Werke*. Bd. 6). S. 9-28, hier S. 10 bzw. Kairos II. Ideen zur Geisteslage der Gegenwart [1926]. Ebd. S. 29-41, hier S. 33. Vgl. auch die Kurzfassung in dem späten Handbuchartikel "Kairos III" [1958]. Ebd. S. 137-140.

kairologischen Moment treten Vergangenheit und Gegenwart ins Verhältnis von Erwartung und Erfüllung – oder theologisch ausgedrückt – von Verheißung und Erlösung. Wann aber dieser Moment kommt, ist ungewiß. Geduldig muß er erwartet, entschlossen ergriffen werden, wenn er nicht verfehlt werden soll. Es kann daher nicht überraschen, daß Benjamin in seinen geschichtsphilosophischen Reflexionen sowohl auf das "Warten" (V,492) als auch auf die "Geistesgegenwart" zu sprechen kommt und diese für den Historiker (I,1242, 1244; V,595), aber auch für den Politiker reklamiert (V,598).

Nach diesen Ausführungen ist es schließlich möglich, eine Verbindung zwischen dem unwillkürlichen Eingedenken und der Maxime herzustellen. In diesem Eingedenken gelingt es dem erinnernden Ich, 'die Zeit auf seine Seite zu bringen': Geistesgegenwärtig erkennt es den rechten Augenblick, ergreift es die passende Gelegenheit, in dem bzw. in der sich der "Anspruch" der Vergangenheit auf "Erlösung" meldet (I,693f. [II]).[101] Und da Benjamin dazu neigt, zwischen dem Erkennen und dem Machen der Geschichte nicht zu unterscheiden und den Augenblick der Erkennbarkeit mit dem der Entscheidung zur "Aktion" (I,701 [XV]) zusammenzudenken, heißt das nicht nur – in der Theorie –, das "Bild" der Vergangenheit festzuhalten, wie es "im Augenblick seiner Erkennbarkeit eben aufblitzt" (I,695 [V]), sondern zugleich auch – in der Praxis –, die "revolutionäre Chance im Kampfe für die unterdrückte Vergangenheit" zu nutzen (I,703 [XVII]),[102] die die "Erlösung" vom katastrophalen Verlauf der Geschichte verheißt (I,693 [II]) und eine epochale Wende heraufführt.[103]

Nachtrag

Erst nach Abschluß des Manuskripts gelang es mir, die von Arturo Farinelli herausgegebene Gracián-Ausgabe einzusehen, die Hein nach eigener Angabe benutzt hat (vgl. oben Anm. 14). Doch weder in Graciáns Schriften *El Héroe* und *El Discreto* noch im umfangreichen Nachwort des Herausgebers ("estudio

---

[101] Vgl. ex negativo aus Benjamins "Definitionen historischer Grundbegriffe": "Die Katastrophe – die Gelegenheit verpaßt haben" (V,593).
[102] Grammat. angeglichen. Vgl. bes. das Paralipomenon XVII a (I, 1231).
[103] Förderlich waren meinen in diesem Abschnitt entwickelten Überlegungen die Arbeiten von Ralf Konersmann: *Erstarrte Unruhe. Walter Benjamins Begriff der Geschichte.* Frankfurt/M. 1991 (Fischer Taschenbuch 10962) u. Stéphane Moses: Eingedenken und Jetztzeit. Geschichtliches Bewußtsein im Spätwerk Walter Benjamins. In: *Memoria. Vergessen und Erinnern.* Hg. von Anselm Haverkamp u. Renate Lachmann, unter Mitwirkung von Reinhart Herzog. München 1993 (Poetik und Hermeneutik 15). S. 385-405. – Für klärende Kommentare danke ich Sigurd Bergmann (Göteborg), Knut Ove Eliassen (Trondheim), Rainer B. Hoppe (Trondheim) und Roswitha Skare (Tromsö), die ihre wissenschaftliche Abschlußarbeit über Christoph Hein geschrieben hat (*"Die 'weißen Flecke' unserer Geschichte". Eine Untersuchung zur Thematisierung von DDR-Geschichte in Christoph Heins "Horns Ende" und "Der Tangospieler".* Hovudoppgåve i tysk litteratur. Tromsö 1992).

crítico", S. 195-275) fand ich die besagte Maxime. Hein muß sich also irren. Das Nachwort geht im übrigen – "con algunas modificaciones" (S. 195, Anm. 1) – zurück auf eine sowohl auf Spanisch als auch auf Deutsch erschienene Besprechung zu Karl Borinskis oben erwähntem Buch über *Baltasar Gracian und die Hoflitteratur in Deutschland* (vgl. Anm. 40) und ist mit aktualisierten Literaturangaben wieder abgedruckt im zweiten Band der *Ensayos y discursos de crítica literaria hispano-europea*. Con carta-prólogo de Ramón Menéndez Pidal. Rom 1925. S. 443-546. Die deutschsprachige Fassung des Artikels erschien in der *Zeitschrift für vergleichende Literaturgeschichte und Renaissanceliteratur* N. F. 9 (1896). S. 379-413. Auch hier findet sich die Verhaltensregel nicht. Einige Paraphrasen aus Vorläufern Graciáns, aus Gracián selbst und aus Borinski kommen ihr allenfalls nahe (vgl. S. 391, 399, 401 entsprechend S. 223, 242, 247 im Nachwort zu Farinellis Gracián-Ausgabe). Meine obigen Vermutungen zur Herkunft der Maxime habe ich also nicht zu verändern (Abschnitt II).[104]

---

[104] Für beispielloses Entgegenkommen bei der Beschaffung dieser Publikationen bin ich den Mitarbeiterinnen und Mitarbeitern der Universitätsbibliothek Tromsö zu Dank verpflichtet. – Graciáns Schriften *El Héroe* und *El Discreto* liegen seit kurzem auch in deutschen Übersetzungen aus dem Spanischen vor: *Der Held*. Übersetzt von Elena Carvajal Díaz und Hannes Böhringer. Berlin 1996 (Internationaler Merve-Diskurs 200) und *Der kluge Weltmann*. Übersetzt von Sebastian Neumeister. Frankfurt/M. 1996.

Erik Egeberg

Die Wissenschaft der Stalin-Zeit auf der Anklagebank
Wladimir Dudinzews *Die weißen Gewänder*

Following an introduction to a dark chapter in the history of science in Stalin's Soviet Union – the politicization of linguistics (Marr) and biology (Lysenko) – the novel's plot, characterization and Biblical references are analyzed. "Die weißen Gewänder" leaves a two-sided impression: on the one hand, the novel is critical of Soviet society; it takes Lysenkoism to task and breaks a standard Soviet taboo with its discussion of religious themes. On the other hand it remains for the most part loyal to the aesthetic principles of Socialist Realism. The important question of how genetic science came under the dominance of the Stalinistic ideology remains unanswered in this novel.

1987 erschien in der Sowjetunion Wladimir Dudinzews aufsehenerregender Roman *Die weißen Gewänder*.[1] Dudinzew hatte bereits unter Chruschtschow mit seinem Roman *Der Mensch lebt nicht vom Brot allein* (1956) Furore gemacht, der die Mißwirtschaft in Technik und Industrie behandelte,[2] und in seinem neuen Roman begibt er sich auf ein verwandtes Feld – die Wissenschaft, genauer gesagt, die Biologie. Aber warum gerade die Biologie? Die Wahl ist nicht zufällig und hängt mit Besonderheiten gerade in dieser Wissenschaft zusammen, oder richtiger gesagt: in der stalinistischen Variante dieser Wissenschaft.

I

Als die Bolschewiki 1917 in Rußland an die Macht kamen, ging es ihnen auch um die Eroberung der Wissenschaft: Nun sollten aller Aberglaube, alle zähen Anhängsel überholter Traditionen, aller Schlendrian und alle Unvernunft aus der Gesellschaft ausgemerzt und eine neue Gesellschaft auf einer streng rationalen, wissenschaftlichen Grundlage aufgebaut werden. Ja, sogar der Marxismus, die Philosophie, auf die die Bolschewiki ihre Politik stützten, wurde als eine Wissenschaft aufgefaßt. Viele Probleme, die die eigentliche Wissenschaft in der Zukunft bekommen sollte, hatten gerade in diesem Verhältnis ihren Ausgangspunkt.

---

[1] Aus dem Russischen von Erich Ahrndt u. Ingeborg Schröder. München 1989 (zitiert mit Seitenzahlen im Text). Das Buch erschien im gleichen Jahr im ostdeutschen Verlag Volk und Welt (Berlin).
[2] Wladimir Dudinzew: *Der Mensch lebt nicht vom Brot allein*. Roman. Aus dem Russischen übersetzt von Ingo-Manfred Schille. Hamburg 1957.

Die Berufung auf die Wissenschaft war allerdings nur ein Charakterzug des siegreichen russischen Kommunismus. Ein anderer war die Betonung des einzigartigen Charakters der Oktoberrevolution. Diese wurde sogar als Wendepunkt in der Weltgeschichte ausgegeben, das Tor in ein qualitativ neues Zeitalter. Zu einem großen Teil war das Schaum auf dem Bierkrug der Revolutionsbegeisterung, der sich mit der Zeit legte, aber etwas blieb zurück und konnte erneut zum Aufschäumen gebracht werden. Es ist leicht einsehbar, daß diese beiden Impulse bald miteinander in Konflikt geraten mußten. Die Wissenschaft wird leicht als ein Hemmschuh für den revolutionären Fortschritt angesehen, wo sie ständig vor raschen und bequemen Lösungen warnen muß. Ein solcher 'Lichtlöscher' ist nie populär, am wenigsten unter brennenden Revolutionären.

Bei solcher Stimmung verwundert es kaum, wenn einige damit beginnen, sich die Wissenschaft gefügig zu machen. Diese Art Anschlag kennen wir aus vielen verschiedenen Gesellschaften. Wir brauchen nur an die Jagd nach Forschungsresultaten zu denken, die eine Reihe zweifelhafter Industriezweige unternimmt, um ihr Umweltimage herauszustreichen. Aber es liegt trotzdem eine ziemlich klare Grenze zwischen diesen Versuchen, die Resultate den eigenen Absichten anzupassen, und den sowjetischen Anmaßungen, der Wissenschaft Rahmen und Ziel vorzuschreiben, eine Grenze, die zunächst in der Auffassung des Marxismus als der eigentlichen Superwissenschaft begründet ist, die den Anspruch einer stets gültigen Auslegung erhebt, und dann in dem totalitären Charakter des Sowjetstaates, der jede freie Diskussion ausschaltet.

Nun ist die Wissenschaft keine einheitliche Sache. Es gibt viele Wissenschaften mit verschiedenen Zielen und verschiedenen Methoden. Daß die Gesellschaftswissenschaften unter die Herrschaft der marxistischen Ideologie gerieten, verwundert wohl keinen, da Karl Marx' Lehre gerade die Gesellschaft zum Gegenstand hat. Erstaunlicher wirkt dagegen, daß die Sprachwissenschaft dasselbe Schicksal erleiden sollte, und nicht, wohlgemerkt, die Soziolinguistik, sondern die Sprachgeschichte. Was auf diesem Gebiet geschah, ist sehr erhellend für die Entwicklung in anderen Wissenschaften.

Die Hauptperson war ein georgischer Philologe namens Nikolai Marr (1864-1934). Tatsächlich war Marr ein sehr gelehrter und tüchtiger Philologe, der es vor der Revolution zum Professor in St. Petersburg und zum Mitglied in der Kaiserlichen Akademie der Wissenschaften gebracht hatte. Aber nach einer gewissen Zeit kam er auf seltsame Ideen, die sowohl seine eigene kaukasische Muttersprache als auch die Sprache im Ganzen betrafen. Das ist allerdings nicht besonders aufsehenerregend. Die historische Sprachwissenschaft ist eine spekulative Wissenschaft – wir können die Toten nicht wiederbeleben, um sie sprechen zu hören –, und sie hat immer Phantasten angezogen, ja sogar intelligente Forscher, deren Ideen eigentlich vernünftig sind, aber völlig verfehlt, wenn sie dazu herhalten sollen, wundersame Erklärungen auf alle möglichen Fragen zu geben. Mit der Revolution entstand indessen eine neue Situation. Nun konnten Phantasten politische Unterstützung erhalten, um ihre unbequemen Kritiker loszuwerden, und das gelang Marr, indem er seine Sprachwissenschaft an ein marxismusähnliches Muster anpaßte. Die Sprachen, behauptete er jetzt, änderten sich sprungweise, von einem Stadium zum anderen, in Übereinstimmung mit tiefgreifenden Veränderungen in der Kultur. Diese Lehre herrschte in der Sowjetunion beinahe in der ganzen Stalin-Zeit vor, vom Beginn der dreißiger Jahre bis 1950.

Die Sprachwissenschaft hat mit der Naturwissenschaft gemeinsam, daß sie nach Gesetzmäßigkeiten sucht – und sie zu finden glaubt. Experimentell ist sie hingegen nur in einigen Zweigen und keinesfalls in ihrem historischen Aspekt, dem eigentlichen Fachgebiet des Marrismus. Es sollte sich indessen zeigen, daß auch die experimentellen Wissenschaften, in denen Zusammenhänge immer wieder nachgeprüft werden können, dem Druck einer solchen Ideologisierung nicht widerstehen konnten, wie sie die Sprachwissenschaft auf den Irrweg geführt hatte. Hier wird vielleicht jemand einwenden, daß auch die Biologie keine typische experimentelle Wissenschaft sei, die Physik und die Chemie würden weitaus bessere Beispiele abgeben. Aber gerade derjenige Teil der Biologie, der sich vielleicht am besten für Experimente eignete, wurde dem Druck ausgesetzt: die Genetik.

Innerhalb der neuen Richtung in der sowjetischen Biologie hatte Trofim Denissowitsch Lyssenko (1898-1976) eine Position, die derjenigen entsprach, die Marr innerhalb der Sprachwissenschaft genoß.[3] Aber während Marr Sprachwissenschaftler vom Fach war, war Lyssenko eigentlich kein Fachbiologe, sondern ein praktisch arbeitender Agronom. Er war zunächst auf eine Gärtnerschule gegangen, hatte sich dann zum Pflanzenveredler weitergebildet und 1925 die agrarwissenschaftliche Hochschule in Kiew abgeschlossen. Er konnte gute Ergebnisse in der Agrarforschung vorweisen. Großen Eindruck machten besonders seine Erfahrungen mit der Vernalisation, d.h. mit der Temperaturbehandlung, die dazu führte, daß Winterweizen im Frühjahr gesät werden konnte. 1927 wurde er dem breiten Publikum durch einen Artikel in der *Prawda* vorgestellt, und nun begann der wirkliche Aufstieg. Lyssenko kam in die führenden Kreise der sowjetischen Agrarwissenschaft, wurde 1934 Mitglied der ukrainischen Akademie der Wissenschaften, 1935 der agrarwissenschaftlichen Allunionsakademie und 1939 sogar der Akademie der Wissenschaften der Sowjetunion, der vornehmsten wissenschaftlichen Versammlung des Landes. Der Weg dorthin hatte allerdings seine schwierigen Etappen, und

---

[3] Vgl. dazu Julian Huxley: *Soviet Genetics and World Science. Lysenko and the Meaning of Heredity*. London 1949; David Joravsky: *The Lysenko Affair*. Cambridge u.a. 1970; Shores A. Medwedjew: *Der Fall Lyssenko. Eine Wissenschaft kapituliert*. Aus dem Amerikanischen unter Verwendung des russischen Originaltextes übersetzt von Peter A. Weidner. Hamburg 1971; Johann-Peter Regelmann: *Die Geschichte des Lyssenkoismus*. Frankfurt/M. 1980; Valery N. Soyfer: *Lysenko and the Tragedy of Soviet Science*. Aus dem Russischen übersetzt von Leo Gruliow u. Rebecca Gruliow. New Brunswick u.a. 1994.

er erforderte harten Kampf. Zu Beginn der dreißiger Jahre wurde Lyssenko von dem führenden Mann der sowjetischen Agrarforschung unterstützt, dem Präsidenten der agrarwissenschaftlichen Allunionsakademie Nikolai Iwanowitsch Wawilow. Als Dank dafür drängte Lyssenko in der nächsten Runde Wawilow aus allen seinen Positionen heraus, und nicht nur das – Wawilow wurde festgenommen und starb 1943 in einem Gefängnis in Saratow.

Was waren Lyssenkos Ideen, und wie konnten sie Zustimmung bei Stalin und seinen Leuten finden? Lyssenko hatte zwar viele Vorstellungen über die Vererbung und die Entwicklung der Organismen, aber der Hauptinhalt läßt sich kurz zusammenfassen: Lyssenko war der Ansicht, daß erworbene Eigenschaften weiter vererbt werden könnten. In diesem Zusammenhang wies er die ganze traditionelle Genetik zurück, die von Wissenschaftlern wie Mendel, Weismann und Morgan entwickelt worden war, und leugnete, daß sich das Erbmaterial ausschließlich in den Chromosomen befinde. Wie die Vererbung eigentlich vor sich ging, konnte Lyssenko indessen nie klar beantworten.

Daß solche Gedanken Widerhall finden konnten, hatte verschiedene Gründe. Zum ersten mußte es sehr verlockend sein, dem Zwang des Erbmaterials zu entkommen. Gewiß, manchmal geschehen Veränderungen – Mutationen –, aber diese lassen sich nicht (oder ließen sich jedenfalls damals nicht) in bestimmte Richtungen dirigieren. Akzeptierte man nicht nur, daß sich der Organismus von seiner Umgebung bestimmen lasse, sondern auch, daß die erzielten Veränderungen auf neue Generationen übertragen werden könnten, dann eröffnete sich die wunderbare und verlockende Perspektive, die organische Natur in jede gewünschte Richtung zu lenken. Wir können uns die Folgen von Lyssenkos Ideen leicht ausmalen: Wenn das Erbmaterial beeinflußbar war, dann konnte die Hoffnung bestehen, daß man auch einmal zum idealen Menschen 'mit Nerven aus Stahl und Muskeln aus Eisen' als Produkt einer ideellen Umgebung – des Kommunismus – gelangen werde.

Weiterhin haben wir Lyssenkos Erfolg als praktischen Agronom. Es ist immer gut, wenn man konkret faßbare Resultate vorweisen kann, aber in einer marxistischen Gesellschaft gilt das in besonderem Maße, legt diese Lehre doch selbst so großen Wert auf die Praxis: Der Marxismus ist nicht nur eine Theorie, die Welt zu verstehen, sondern auch eine Anleitung, sie zu verändern. In der russischen Ausformung wurde außerdem Wert darauf gelegt, daß nicht nur die Gesellschaft umorganisiert, sondern auch die widerspenstige Natur erobert und unter das Denken und den Willen des Menschen gezwungen werde.

Schließlich haben wir Trofim Denissowitschs 'volkstümlichen' Hintergrund, der eine besondere Bedeutung gerade zu der Zeit erhielt, als er seinen Aufstieg begann. Das Ende der zwanziger Jahre bezeichnete eine neue Etappe in der revolutionären Entwicklung der Sowjetunion. Jetzt wurden die letzten Reste von Pluralismus in Wirtschaft und Kultur unter einer gewaltigen ideologischen Propagandaflut begraben. Natürlich brauchte man dazu 'Schießscheiben', und unter diesen boten sich 'bürgerliche Experten' als besonders geeignet an, Akademiker, die auf den Hochschulen des Zarenreichs ausgebildet worden waren. Als ein wirkungsvolles Gegenstück zu diesen war Lyssenko geradezu ein Glücksfall für die Behörden. Lyssenko war auch klug genug, seine Ideen im Schutz des Namens von Iwan Wladimirowitsch Mitschurin (1855-1935) voranzutreiben, eines Mannes, der ohne jegliche agrarwissenschaftliche Ausbildung aufsehenerrregende praktische Resultate erzielt hatte.

Um in diese Rolle hineinzuschlüpfen, hatte Lyssenko indessen Hilfe bekommen. Anfang der dreißiger Jahre begann sich ein Herr namens Issai Israiljewitsch Present für ihn zu interessieren. Present war ausgebildeter Jurist – was ihn nicht daran hinderte, später das Amt eines Professors für Darwinismus zu bekleiden –, beschäftigte sich jedoch mit marxistischer Philosophie. Jetzt paßte er auch Lyssenkos Ideen ein marxistisches Gewand an, außerdem gab er ihnen eine polemische Spitze im schlimmsten Prokuratorstil.

Lyssenko übernahm 1938 die Präsidentschaft in der agrarwissenschaftlichen Allunionsakademie, und von diesem Zeitpunkt an dominierte seine Biologie die sowjetische Agrarforschung. Nach dem Zweiten Weltkrieg, während des Kalten Krieges, des 'Hochstalinismus' und der Kampagne gegen die 'kritiklose Bewunderung des Westens', wo alles Sowjetisches – vor allem Russisches – als allem anderen überlegen herausgestrichen wurde und die Unterscheidung von anderen Ländern an sich schon eine Tugend war, stieg Lyssenkos Stern noch höher. 1948 wurde seine Lehre – wie diejenige Marrs – als offiziell und verbindlich bestätigt, und damit war jede Abweichung von ihr eine kriminelle Handlung. Jetzt begann die Jagd auf offene und geheime Genetiker der alten Schule in den Universitäten, Instituten und Laboratorien.

Nach Stalins Tod wurde die Gleichschaltung gelockert, und es wurde wieder möglich, die Ideen der traditionellen Genetik zu vertreten. Aber Lyssenko konnte sich noch eine Weile an der Spitze halten. Erst 1956 mußte er den Präsidentenstuhl räumen. Und der Mann kam zurück! Chruschtschow wollte die schützende Hand nicht von ihm abziehen, und von 1961 bis 1962 saß er wieder auf dem Präsidentenstuhl in der agrarwissenschaftlichen Akadamie. Aber die Macht war nicht mehr dieselbe. Jetzt konnte man sich erlauben, gegen ihn anzugehen, sowohl in praktischen als auch in theoretischen Fragen.

Es ist nicht schwierig zu erraten, wozu die Statuierung von Lyssenkos Ideen in der Biologie führte. Zunächst machte sie Schwindelei nahezu notwendig. Lyssenkos Anhänger mußten ja irgendwelche 'Beweise' vorlegen können. Weiterhin öffneten die Willkürlichkeiten in Lyssenkos Lehre die Türen für neue Scharlatane, denen die Abscheu vor 'bürgerlicher' Wissenschaft und die luftigen Versprechungen, für komplizierte Probleme rasche Lösungen zu finden, Auftrieb gaben. Am bekanntesten wurde in dieser Hinsicht Olga Borissowna Lepeschinskaja, die behauptete, es sei ihr gelungen, lebende Zellen aus einer Art amorphen "Lebensmaterie" herzustellen. Wie Lyssenko die traditionelle Genetik überwunden hatte, so hatte die Lepeschinskaja Rudolf Virchows berühmten Satz "omnis cellula e cellulae" auf den Müllhaufen geworfen. Verständlich, daß sie von Lyssenko tatkräftig unterstützt wurde. Ihre Theorie war eine willkommene Ergänzung seiner eigenen, jetzt würde es noch leichter sein, das zu überschreiten, was vorher als eine unerschütterliche Grenze in der Biologie angesehen worden war: die Veränderung des Erbgutes. "Jetzt haben wir schon ein großes Faktenmaterial angesammelt", sagte Lyssenko,

> das uns zeigt, daß aus Roggen Weizen entsteht wie gleichzeitig verschiedene Arten Weizen Roggen hervorbringen. Dieselben Roggenarten können Gerste hervorbringen. Roggen kann Weizen erzeugen. Hafer kann Winterroggen ergeben usw.[4]

Aber wie war Frau Lepeschinskaja zu ihren aufsehenerregenden Resultaten gekommen? Dadurch, daß sie unsauberes Material in ihren Experimenten verwendete![5]

Die deutlichste Folge der Herrschaft Lyssenkos und Co. war, daß die wissenschaftliche Diskussion durch politische Demagogie ersetzt wurde. Jakow Rapoport, einer der jüdischen Verhafteten in dem berühmten 'Ärztekomplott', das unmittelbar vor Stalins Tod inszeniert wurde, drückt das so aus: Die Lobpreisung Stalins "war ein besonderer demagogischer Schutzschild für allerlei Unwissenheit; er schützte den Urheber gegen objektive Kritik und rief dröhnenden Applaus hervor."[6] Mit solchen Mitteln konnte der Widerstand im Lande zum Schweigen gebracht werden, aber die Behörden der Sowjetunion begnügten sich nicht damit. Sie versuchten auch den Kritikern im Ausland den Mund zu verbieten, wo die Theorien Lyssenkos und solche gleichen Schlages sowohl Bestürzung als auch Heiterkeit hervorriefen.

II

Es ist diese Wissenschaft, die Vererbungsforschung, die Wladimir Dudinzew zum Prüfstein gewählt hat, um das wahre Wesen des Stalinismus zu schildern. Über die historische Sprachwissenschaft fällt dagegen kein böses Wort, die ebenfalls hätte zum Exempel gewählt werden können, denn zweifellos ist die Genetik weitaus enger mit anderen zentralen Bereichen der Gesellschaft verbunden. Die Prinzipien dieser Wissenschaft waren die Grundlage für einen großen Teil des Fortschritts in der Landwirtschaft. Obwohl Stalin auf vielerlei Weise die Landwirtschaft vernachlässigte, ja in Wirklichkeit schwächte, teils um die 'rückständige Weltanschauung' der Bauern in den Griff zu bekommen, teils um möglichst viele Kraftreserven in die Industrie zu pressen, die jetzt in rasendem Tempo ausgebaut werden sollte, war die Landwirtschaft noch immer ein weitaus wichtigerer Faktor im Staatshaushalt und im gesamten Leben

---

[4] Zitiert nach: Jakow L. Rapoport: *Na rubeshe dvuch epoch. Delo vratsehej 1953 goda.* Moskau 1988. S. 261.

[5] Um der Wahrheit willen sei bemerkt, daß sich solche Arten von Gedanken nicht allein in der Sowjetunion fanden. In Norwegen war der deutsche Emigrant Wilhelm Reich mit verwandten Ideen, seinen 'Bionen', daran beteiligt – aber das führte in dieser Gesellschaft zu seiner augenblicklichen Diskreditierung als Forscher.

[6] Jakow L. Rapoport: *Na rubeshe dvuch epoch.* A.a.O. S. 260.

der Nation als in den westlichen Ländern. Gerade weil die Landwirtschaft unter einem so gewaltigen Druck stand, war die agronomische Forschung wichtig. Diese mußte ja dazu beitragen, den Überschuß herbeizuschaffen, den die Wirtschaft der unersättlichen Industrie abgeben mußte. Wenn Pfropfung, Kreuzung und Vernalisation diskutiert werden, dann werden damit implizit auch weitreichende ökonomische Fragen behandelt. An und für sich ist nichts natürlicher, als daß ein Staat Interesse an solchen Diskussionen zeigt. Aber das Interesse, das der sowjetische Staat daran hatte, war von ganz besonderer Art.

Dudinzew setzt in seinem Roman die Biologie in den Schnittpunkt zwischen theoretischer Wissenschaft, praktischem Versuch und wirtschaftlicher Bewertung. Die Handlung spielt hauptsächlich auf einer agrarwissenschaftlichen Hochschule, ca. 600 Kilometer von Moskau entfernt. Dorthin wird der junge Agrarbiologe Fjodor Deshkin geschickt, um die Verhältnisse zu untersuchen. Derjenige, der ihn schickt, ist das Mitglied der agrarwissenschaftlichen Allunionsakademie, Kassian Rjadno, einer der Großen und Mächtigen in der Welt der Wissenschaft und Politik. Der Grund für die Inspektion der Hochschule ist Rjadnos begründeter Verdacht, daß in dem 'Laden' nicht alles so läuft, wie er sich das vorstellt.

Die Handlungszeit des Romans erstreckt sich von September 1948 bis Dezember 1949, also unmittelbar nach dem berühmten "August-Plenum" in der Akademie, das Lyssenkos Lehre als die einzige bekräftigt hatte, die in der sowjetischen Biologie Geltung beanspruchen durfte. Es ist auch der Streit um diese Lehre, der dem Buch die Spannung gibt. Auf der agrarwissenschaftlichen Hochschule hat Lyssenko nämlich seine Widersacher, und mit diesen möchte Rjadno fertigwerden. Aber er hat auch seine privaten, noch weitaus weniger ehrbaren Absichten, um die Hochschule unter seine volle Kontrolle zu bekommen. Und das verkompliziert die Aufgabe.

Rjadno glückt und mißglückt sein Vorhaben zugleich. Wenn die drei Teile des Romans abgeschlossen sind, hat er es geschafft, diejenigen Forscher auszuräuchern, abzusetzen und zu verhaften, die immer noch der 'bürgerlichen' Wissenschaft huldigen oder dem "Mendelismus-Morganismus-Weismannismus", so die verdammende Etikettierung des marxistischen Establishments für die traditionelle Genetik. Aber gleichzeitig wie die alten "Weismannisten" aus dem Spiel gezogen werden, taucht ein neuer, heimlicher Studienzirkel unter dem Forschernachwuchs auf – oder ein "Nest", wie Rjadno es nennt (18). Und seine "rechte Hand", den erst dreißigjährigen, vielversprechenden Deshkin, hat Rjadno für immer verloren. Außerhalb seiner Reichweite befinden sich auch einige äußerst wichtige Objekte, die das Akademiemitglied in seine Finger zu bekommen gehofft hatte.

Die Handlung durchläuft eine Reihe von Phasen bevor wir zu diesem Resultat gelangen. Im Mittelpunkt der gesamten Handlung steht Deshkin. Der erste Teil umfaßt Deshkins erste Woche auf der Hochschule, auf der Rjadno übrigens selbst studiert hat. Das eigentliche Überprüfungsunternehmen ist in dieser Woche erledigt. Deshkin hat scharfe Augen und einen klaren Verstand, deshalb hat er eine leichte Aufgabe, wenn er zusammen mit seinem erfahrenen und nüchternen Begleiter Wassili Zwjach einen Bericht verfaßt, der auf die starken und schwachen Seiten des Forschungsbetriebs aufmerksam machen soll. Rjadno ruft aus Moskau an und macht deutlich, daß er von Deshkins Arbeit zwar erfreut, aber offensichtlich nicht völlig überzeugt ist. Es ist ja auch kein objektiver Bericht auf einer rein wissenschaftlichen Grundlage, den er wünscht.

Der Auftrag ist ausgeführt, und Zwjach kann nach Hause reisen. Deshkin muß mit einem neuen Auftrag von Rjadno zurückbleiben: Er soll die Entwicklung der Hochschule weiterverfolgen, und vor allem soll er dafür sorgen, daß die Experimente der "Weismannisten" nicht abgebrochen werden. Obwohl deren Theorien nach der Ansicht Rjadnos und der offiziellen Sowjet-Biologie sowohl falsch als auch schädlich sind, könnten ja Ergebnisse auftreten, die sich in dem einen oder anderen Zusammenhang als nützlich erweisen, und sei es, daß sie dazu dienten, noch einmal einen Beweis gegen die "Weismannisten" zu liefern. Daneben hat Rjadno seine privaten Pläne, über die er nicht offen sprechen kann. Er weiß nämlich, daß die "Weismannisten" auf der Hochschule eine besonders schöne Hybride gezüchtet haben, die er sich unbedingt aneignen möchte. Diese Hybride ist indessen nicht leicht zu finden. Nur einem tüchtigen Fachmann wie Deshkin könnte das gelingen.

Aber Deshkin ist nicht länger Rjadnos treuer Parteigänger. Auch früher war er nicht sein blinder Gefolgsmann. Als er in die Hochschule kam und sich mit dem Personal und den Verhältnissen bekannt machte, fiel es ihm wie Schuppen von den Augen. Schnell sah er ein, daß die "Weismannisten" Biologen, die "Mitschurinisten" dagegen entweder Schwindler oder Ignoranten oder beides zusammen waren.

Drei Faktoren sind es, die eine Wandlung bei Deshkin herbeiführen. Als erstes das wenig vertrauenerweckende Auftreten der "Mitschurinisten", als zweites ihre bedauernswert schlechte Arbeit und als drittes der Kontakt mit tüchtigen Biologen, die auf traditionelle, erprobte Weise arbeiten. Unter diesen spielt der Dozent Iwan Strigaljow eine entscheidende Rolle. Ihm gelingt es tatsächlich, Deshkin zu seinem Jünger zu machen, so daß beider Schicksale im ganzen Roman sehr eng miteinander verbunden sind. Eine andere Person, an die Deshkin sich anschließt, ist die wissenschaftliche Stipendiatin Lena Blashko, und da ist natürlich die Liebe mit im Spiel. Lena ist indessen nicht nur eine bezaubernde junge Frau, sie ist außerdem auch eine tüchtige, gewissenhafte Biologin und eine unerschrockene Seele, die dafür sorgt, daß Deshkin sich mit seinen eigenen Augen von der Richtigkeit der Mendelschen Erbgesetze überzeugen kann: indem er Bananenfliegen über einige Generationen hinweg verfolgt.

Gegen Ende November 1948 besucht Rjadno selbst die agrarwissenschaftliche Hochschule, und im Mittelpunkt steht ein Treffen zwischen ihm und Deshkin. Das Treffen entwickelt sich zu einem echten Zweikampf, in dem Deshkin ohne Umschweife Gesichtspunkte zur Sprache bringt, die sich direkt gegen Rjadno richten. Kein Wunder, daß Rjadno zum Schluß fragt: "'Sag mir offen: Kann ich mich noch auf dich verlassen, Söhnchen? Jetzt heißt's kämpfen, kämpfen! Legste'n alten Mann auch nicht rein? Ich vertrau dir doch.'" (227) Und Deshkin antwortet ihm: "'Sie können sich mehr denn je auf mich verlassen'." Aber kurz vorher hatte Deshkin zu sich selbst gesagt: "'Söhnchen! [...]. Ich bin schon lange kein Söhnchen mehr für dich. Eine Fallgrube mit Pfählen, das bin ich für dich.'" (ebd.)

Mit dem Treffen zwischen Rjadno und Deshkin endet der erste Teil des Romans. Der zweite Teil umfaßt den Zeitraum Januar bis Mai 1949, und die beiden Hauptlinien des ersten Teils werden weitergeführt. Die Liebe zwischen Fjodor Deshkin und Lena Blashko steuert auf eine Ehe zu. Nur eine zufällige Schließung des Standesamtes verhindert, daß diese legalisiert wird. Aber auch unheilschwangere Töne klingen immer lauter an, und im Mai werden zunächst Lena und mehrere andere "Weismannisten", dann Strigaljow verhaftet.

Der dritte Teil umfaßt die Zeit von Mai bis Dezember. Schon im ersten Kapitel erhält Deshkin die Information, daß der KGB ein Dossier über ihn angelegt hat. Weiterhin sehen wir, wie sein Doppelspiel immer schwieriger wird. Das Netz schnürt sich enger und enger um ihn. Schließlich läßt er selbst die Maske fallen. Auf einer großen Versammlung wendet er sich direkt gegen die ganze "Mitschurin-Biologie". Dennoch ist das nicht der Schluß. Rjadno hat noch eine knappe Woche Bedarf für ihn. Er erhält den Auftrag, sich um den dänischen Biologen Madsen zu kümmern, der die Sowjetunion besucht. Dieser Aufschub gibt Deshkin die Gelegenheit, sich mit den kostbaren Hybriden, die Rjadno so gerne in seine Hände gekriegt hätte, in Sicherheit zu bringen.

Aber der Roman ist mit diesen drei Teilen noch nicht zu Ende. In einem langwierigen Epilog wird das Leben mehrerer Personen über Stalins Tod hinaus weiterverfolgt. Doch finden wir hier nichts, was besonders überraschend wäre, nichts, was das Bild verändert, das uns die drei Hauptteile des Romans vermittelt haben.

III

Das Spannungsmoment des Romans ist gut gewahrt. Indem er die Jagd auf die "Weismannisten" und nicht zuletzt deren wertvolle Hybriden zu einem durchgängigen Thema macht, schafft Dudinzew die ganze Zeit über unsichere, gefährliche Situationen, und Fjodor Deshkins kühnes Doppelspiel verstärkt noch dieses Moment. Trotzdem ist *Die weißen Gewänder* primär kein Kriminalroman. Dudinzew hatte offensichtlich Dostojewskis *Schuld und Sühne* im Sinn, als er sein Buch schrieb. Die Spannung und die Kriminalgeschichte dienen als eine Art Gegengewicht für eher statische Teile im Werk, in denen der Autor Fragen behandelt, die die Wissenschaft und die Politik betreffen. Aber auch das ist nicht die tiefste Schicht in *Die weißen Gewänder*, denn Forschung und Leitung der Gesellschaft gründen auf Philosophie und Moral. Diese tragen das übrige, geben ihm Bedeutung und Zusammenhang.

Dudinzew verfügt über ein weites Register, um in dem Werk die moralischen Fragen zum Ausdruck zu bringen. Die Personen können ihr wahres Wesen in Handlungen verraten, oder ihre Lebensauffassung in Gesprächen und Diskussionen begründen. Bei mehreren Anlässen wird der Leser in große Versammlungen mitgenommen, wo einer nach dem anderen auftritt und Zeugnis ablegt, Zeugnis, das nicht selten den Urheber entlarvt. Ja, Dudinzew scheut sich auch nicht, einen so einfachen Zug zu verwenden, wie eine Romanperson weniger Vorteilhaftes über eine andere berichten zu lassen.

Die Hauptperson in *Die weißen Gewänder* ist ohne Zweifel Fjodor Iwanowitsch Deshkin. Das wird vor allem daran sichtbar, daß Dudinzew, obwohl er als der allwissende Erzähler auftritt und in der dritten Person erzählt, uns bis auf wenige Ausnahmen – die wichtigste ist der Epilog – die Welt so zeigt, wie sie sich vor Deshkins Augen und Ohren ausbreitet. Deshkin ist auch diejenige Person, mit der der Leser am besten vertraut wird. Hier begnügt sich Dudinzew nicht mit Worten und Handlungen, sondern läßt uns auch an den Gedanken teilhaben. Deshkin ist eine besonders sympathische Bekanntschaft – wenn auch nicht auf gleiche Weise interessant. Der gute Biologe ist nämlich ein später Repräsentant eines vertrauten literarischen Typs: des Tugendhelden. Es soll aber zu Dudinzews Verteidigung hinzugefügt werden, daß er eine Art Erklärung für die tadellose moralische Haltung seines Helden gibt. In seiner Jugend war Deshkin nämlich in zwei lehrreiche Geschichten verwickelt, die sich in seinem Gedächtnis festgebrannt haben. Die erste Geschichte ereignete sich in Sibirien im Sommer 1930, als die Bewohner zweier Dörfer, darunter auch der junge Fedja, einen armen schwarzen Hund jagen und quälen, in dem Glauben, dieser sei in Wahrheit eine Hexe in Tiergestalt. Im darauffolgenden Jahr ist Fedja so groß, daß er an einer geologischen Expedition teilnehmen darf. Hier wird er dazu verlockt, den Expeditionsleiter anzuzeigen, einen jungen, tüchtigen und zuverlässigen Fachmann. Beide Erlebnisse hinterlassen in ihm ein schweres Schuldgefühl. Immer wenn ihm bewußt wird, woran er beteiligt war, kann er nicht mehr unbefangen gegenüber anderen Menschen auftreten. Die Episode mit dem jungen Expeditionsleiter, der sich zwar regelwidrig verhielt, aber unter einer anderen Perspektive das einzig richtige tat, hat Deshkin im übrigen eine tiefe Einsicht in das Verhältnis zwischen Wahrheit und Lüge gegeben, nämlich ein Verständnis dafür, daß die schlichte kleine Wahrheit – wie der Nachweis einiger Unregelmäßigkeiten bei der Berichterstattung des jungen Geologen – zu einer großen Lüge werden kann, wenn die umgebende Gesellschaft auf Falschheit basiert. Deshkin ist also nicht länger auf eine naive Weise ehrlich, sondern ein erfahrener Verteidiger der Wahrheit, gut vertraut mit den vielen Gefahren, die lauern, und den Verkleidungen, die deshalb der Wahrheit aufgezwungen werden.

Deshkins Lebenserfahrung zum Trotz wird das Auftreten eines solchen Tugendhelden in einem realistischen Roman immer problematisch sein. In *Die weißen Gewänder* sind es besonders zwei Probleme, die der Leser als drängend empfindet: Wie kann ein intelligenter Fachmann und scharfsinniger

Wahrheitssucher wie Deshkin Rjadnos Mann werden? Und als Spiegelbild dieser Frage: Wie kann das Akademiemitglied Rjadno, der auch kein ahnungsloser Jüngling ist, so viel Vertrauen in Deshkin setzen, daß er ihm den verantwortungsvollen Auftrag erteilt, die agrarwissenschaftliche Hochschule zu inspizieren? Die letzte Frage betrifft vor allem Rjadno selbst, doch die erste ist wichtig, um Deshkin zu vestehen.

Zunächst muß gesagt werden, daß Deshkin keineswegs ein blinder Bewunderer Rjadnos ist. Schon als er auf den Weg geschickt wird, zweifelt er an der Vortrefflichkeit des Gurus, aber es gibt zwei Dinge, die ihn weiterhin an ihn binden. Zum ersten – so heißt es jedenfalls – hat Rjadno das Wunder einer Kartoffelpflanze hervorgebracht, die "Maiblume" heißt, und zum zweiten hat er den jungen Deshkin mit persönlicher Umsicht und Unterstützung an sich gebunden. Fjodor Iwanowitsch ist seine "rechte Hand", und Rjadno hat ihm zu verstehen gegeben, daß er ihn sich gut als seinen Nachfolger vorstellen kann.

Dudinzew hat indessen nicht nur Probleme damit, das Verhältnis zwischen Rjadno und Deshkin glaubwürdig zu machen. Noch schlimmer wird es gegen Schluß des Romans, wo Deshkin sich um Dr. Madsen kümmern und gleichzeitig als Strigaljow ausgeben soll, den Rjadno kaum vorweisen kann, da dieser schon hinter Schloß und Riegel sitzt. Hier muß der Autor zu einer volkspsychologischen Erklärung Zuflucht nehmen, um zu zeigen, wieso der Tugendheld sich daran beteiligen kann, den unschuldigen Dänen zu betrügen:

> Hier muß gesagt werden, daß Fjodor ein echter Russe war, ein Sohn der russischen Weiten, und das nicht nur äußerlich. Er hatte ein von den Vätern ererbtes und durch die jüngsten Ereignisse und die vom Krieg geschlagenen Wunden noch verstärktes reserviertes Verhältnis zu Ausländern. (620)

Psychologisch wirkt die Begründung sonderbar, außerdem ist sie unnötig. Dudinzew hätte den Betrug – der im übrigen mißlingt – auf viele andere Weisen motivieren können.

Zu dieser Zeit war Deshkin nämlich bereits anderthalb Jahre auf der agrarwissenschaftlichen Hochschule, und sein Sinn für Recht und Unrecht ist geschärft worden sowohl im Umgang mit seriösen Forschern als auch mit gewissenlosen Scharlatanen. Unter den ersteren spielt Strigaljow die Hauptrolle, der seinem jüngeren Kollegen die letzten Illusionen über Rjadno raubt, verständlicherweise, da es seine Forschungsergebnisse sind, die die Koryphäe benutzt hat, um an die Spitze zu klettern. Die berühmte "Maiblume" ist nämlich gar kein Rjadno-Produkt, sondern von niemand anderem entwickelt als von Strigaljow selbst! Genau diese Entdeckung markiert eine Wendung in Deshkins Jüngerverhalten: Mit der "Maiblume" bewegt er sich von Rjadno zu Strigaljow. Er wird nicht Rjadnos, sondern Strigaljows Nachfolger. Als dieser verhaftet wird, ist es Deshkin, der seine wertvollen Hybriden rettet.

Sind die redlichen Freunde der Wissenschaft, Iwan Strigaljow, Lena Blashko und ihre Freunde ebenfalls irritierende Tugendhelden wie Fjodor

Deshkin? Nein. Zwar sind sie gleich wahrheitsliebend, aber sie können andere Züge zeigen – Schwäche, Mißmut, auffahrendes Wesen –, die in jedem Fall einen leichten Schatten auf ihr Porträt werfen. Ansonsten gehen sie ganz in ihrer Arbeit auf, sehen deren Bedeutung nicht nur für die Wissenschaft, sondern auch für das Land, das Volk: Alle müssen ja zu essen haben! Ihre Sache ist die Forschung, und das gibt ihnen Halt. In diesem Fall sind sie besser dran als Deshkin, der aus Rjadnos 'Stall' kommt, mit dessen ganzen Scheußlichkeiten, und der in einem ganz anderen Grad auf seine eigene moralische Überlegenheit vertrauen muß. Und das wichtigste: Obwohl die ehrbaren Wissenschaftler und Wissenschaftlerinnen an der Hochschule in *Die weißen Gewänder* besonders wichtige Figuren sind, sind sie nicht die Hauptpersonen. Dudinzew hält es nicht für nötig, sie so vollständig zu analysieren wie Deshkin.

Auf der agrarwissenschaftlichen Hochschule gibt natürlich das Forschungspersonal den Ton an. Aber noch eine Kategorie Menschen ist zur Stelle, auch dort, wie überall sonst in der Gesellschaft: die Beamten des KGB. Dudinzew zeigt uns besonders zwei Exemplare dieser Sorte, Oberst Michail Sweschnikow und General Assikritow. Und wie unter den Forschern, so geht auch hier eine scharfe moralische Scheidelinie durch das Kollektiv: Während Assikritow ein egoistischer Karrierist ist, der Gerichtsprozesse benutzt, um weiterzukommen, und zwar am liebsten große, ist Sweschnikow ein Mann, der wirklich an dem Problem von Gut und Böse interessiert ist und mit Deshkin über dieses Thema lange Gespräche führt. Die Gedanken gehen unwillkürlich zu Dostojewskis philosophischem Ermittlungsbeamten Porfiri Petrowitsch, und daß der Polizeioberst ein literarischer 'Sohn' des Detektivs aus *Schuld und Sühne* ist, zeigt der Vatersname, den Dudinzew ihm gegeben hat: Porfirjewitsch.

Unter den KGB-Leuten wie unter den Forschern fordert die Situation mehr als unverbindliche Diskussionen über abstrakte Themen. Assikritow legt Deshkin seine Fallen und um seiner Beute sicher zu gehen – wenn Dr. Madsen weg ist und seine Gnadenfrist abgelaufen ist –, beschattet er ihn im dritten Teil ununterbrochen. Und derjenige, der einen Finger mit im Spiel hat, wenn sich trotzdem die Gelegenheit bietet, zu entwischen, ist Sweschnikow.

Der KGB arbeitet im Verborgenen. In der Sowjetunion war diese Institution weithin tabuisiert. Ihre inneren Gegensätze waren für den Uneingeweihten nicht erkennbar. Ganz anders ist das in der Welt der Forscher, wo die Disputation, die scharfe wissenschaftliche Diskussion in voller Öffentlichkeit, schon immer ein Markstein war. Auch auf der agrarwissenschaftlichen Hochschule werden große Versammlungen abgehalten, auf denen die Teilnehmer zeigen sollen, was in ihnen steckt. Genauer gesagt: Dudinzew verbindet deren Auftritt mit Äußerungen aus anderen Zusammenhängen und verwendet das Ergebnis, um die intellektuelle und moralische Haltung dieser Personen zu demonstrieren. Diese Haltung vermag er in der Regel mit aller wünschenswerten Deutlichkeit aufzuzeigen.

Die erste große Versammlung wird in Verbindung mit Deshkins und Zwjachs Inspektion im September 1948 veranstaltet, und auf dieser gießt Professor Natan Chejfez seine ganze Ironie über die Lyssenko-Biologie aus. Häufiger verwendet Dudinzew jedoch den wirkungsvolleren Zug, die örtlichen "Mitschurinisten" sich selbst blamieren zu lassen, und das macht er so perfekt, daß er sie kaum den Mund aufmachen läßt, ohne daß sie sich selbst darauf schlagen. Auf der September-Versammlung haben wir z.B. Anatoli Choderjachin, der tiefsinnig sein will und Schopenhauer zitiert, was an sich schon riskant genug war, nachdem der alte Deutsche als reaktionärer Philosoph in Ungnade gefallen war. Aber die wirkliche Gefahr lag darin, über die Philosophie zu stolpern – und Choderjachin bringt etwas hervor, was ungefähr das Gegenteil von dem ist, was er zu sagen wünscht.

Auf der letzten Versammlung, auf der die Generalabrechnung mit den Überresten des "Weismannismus" stattfinden soll, geht es schärfer zu. Jetzt ist auch Rjadnos "linke Hand", Dr. Saul Brusshak, zur Stelle. Zwar ist die Versammlung als eine wohlinszenierte Hetz- und Verdammungsséance geplant, aber in Wirklichkeit bekommt sie den Anstrich eines Disputs. Sowohl Deshkin selbst als auch Akademiemitglied Swetosar Possoschkow, die anfänglich beide ihre "weismannistischen" Ansichten verborgen hatten, entlarven ohne Umschweife nicht nur die "mitschurinistische" Pseudowissenschaft, sondern auch Rjadnos persönliche Schwindelei, Habgier und Machtmißbrauch.

Dieser Mann, Akademiemitglied Rjadno, ist unter den zahlreichen Schurken des Romans der wichtigste und das sowohl, weil er auf dem bedeutendsten Platz im Machtsystem sitzt, als auch, weil er eine entscheidende Rolle im Roman spielt. Außerdem hat Dudinzew offenbar mehr Arbeit in seine Gestaltung gesteckt als in die Schilderung der vielen anderen untergeordneten Schüler. Und Dudinzew ist es wirklich gelungen, diesmal eine faszinierende Gestalt zu schaffen, was entscheidend für das gesamte Werk ist, da es vor allem Rjadno ist, der mit seinen Fehlern das Elend der ganzen stalinistischen Gesellschaft illustrieren soll.

Vor dem Hintergrund der engen Verbindungen, die zwischen dem Roman *Die weißen Gewänder* und den tatsächlichen Begebenheiten am Ende der vierziger Jahre bestehen, könnte man erwarten, daß Lyssenko selbst im Roman auftreten würde. Aber das würde Dudinzew binden. Er würde in diesem Fall die ganze Zeit den Romanstoff an der Biographie Lyssenkos überprüfen müssen, um zu vermeiden, bei einem 'Fehler' ertappt zu werden: keine besonders verlockende Arbeit für einen Romanautor. Stattdessen wählt er die Lösung, Lyssenko in zwei zu teilen – in eine Romanfigur, die einleuchtenderweise Trofim Denissowitsch Lyssenko heißt und offenbar die historische Person mit demselben Namen sein soll, und in Kassian Damianowitsch Rjadno, der keine direkte Entsprechung im wirklichen Leben hat. Der erste der beiden Genannten erhält bei Dudinzew besonders wenig Raum. Er tritt selbst nicht auf, und der Name wird beinahe nur genannt, um die Romanhandlung mit der sowjetischen Wirklichkeit der vierziger Jahre zu verknüpfen. Sehr viele – aber nicht alle! – Züge des wirklichen Lyssenko übertrug Dudinzew stattdessen auf Rjadno, den er nach eigenem Gutdünken gestaltete, ohne in allen Einzelheiten auf Lyssenkos Biographie zu schielen.

Wie Lyssenko ist auch Rjadno vom Fach her eigentlich kein Biologe, sondern aus der praktischen Agrarforschung in diese Wissenschaft gekommen. Von seinen Voraussetzungen her ist er daher mehr mit dem beschäftigt, *was* geschieht, weniger mit dem, *warum* und *wie* es geschieht. Das letztere hat er nie begriffen, was teilweise seinen neidischen Unwillen denjenigen gegenüber erklärt, die es verstanden haben.

Rjadno zieht es also nicht aus Erkenntnisdrang zur Wissenschaft, sondern wegen der Aussicht, den diese für die Selbstbestätigung birgt. Rjadno will groß herauskommen. Wieder ist es das Resultat, das zählt, wie es zustandekommen soll, spielt eine geringere Rolle. Strigaljow beschreibt ihn als Schelm: Ein ehrbarer älterer Akademiker hat sich um ihn gekümmert und versucht, ihn in die Wissenschaft einzuweihen, doch zum Dank dafür wird er abgeschoben – eine deutliche Parallele zu dem Verhältnis zwischen Wawilow und Lyssenko.

Wenn die Wissenschaft bürokratisiert und politisiert wird, ist es leichter, mit bürokratischen und politischen Mitteln an die Spitze zu kommen als sich auf dem schmalen und verschlungenen Weg entlangzuarbeiten, der Forschung heißt. Das hat Rjadno voll verstanden, und auch nachdem er sich seinen Platz in der Akademie erobert hat, wendet er seine Kräfte an, um tatsächliche oder eingebildete Konkurrenten mit politisch-bürokratischen Mitteln auszuschalten: mit Hilfe der zentralen Zeugniskonferenz, die akademische Grade an- oder aberkennt, dem akademischen und ministeriellen Beamtenapparat und dem KGB.

Hier taucht erneut die Frage auf, wie ein Tugendheld wie Deshkin sich von solch einem Monstrum hat faszinieren lassen können. Die Frage wurde bereits teilweise beantwortet. Hier muß bloß hinzugefügt werden, daß Rjadno auch andere Seiten hat, vor allem eine gemütliche Volkstümlichkeit, die nicht nur politisch erfolgreich war, sondern auch andere als Deshkin für ihn eingenommen hat. Daß diese Volkstümlichkeit nur erkünstelt ist und Deshkin dies nach und nach durchschaut, ist eine andere Sache. Etwas bleibt trotzdem zurück, und Dudinzew ist ausnahmsweise einmal klug genug, es zu unterlassen, den Leser darüber aufzuklären, ob es sich um echte oder falsche Gefühle handelt: Rjadno empfindet Zuneigung für den jungen, vielversprechenden Forscher. Wenn er ihn immer wieder "Söhnchen" nennt, ist das kein leeres Wort. Es drückt Zärtlichkeit aus, aber das egoistische Moment spielt dabei ebenfalls eine Rolle. Auch Rjadno möchte gerne einen wirklich erstklassigen Wissenschaftler als Schüler haben.

Rjadno ist zweifellos ein großer Schurke, aber es gereicht Dudinzew zur Ehre, daß er sich nicht dazu hat verführen lassen, ihn als eine flache Person zu zeichnen. Schritt für Schritt zeigen sich neue Seiten an ihm. Die Volkstümlichkeit wurde bereits genannt. Sie wird dadurch ausgeglichen, daß Rjadno darauf pocht, daß Vor- und Nachname nicht nachlässig ausgesprochen werden sollen, sondern ganz deutlich, ohne daß irgendein Buchstabe verschluckt wird: "'Wenn ich auch aus'm Volk bin, Namen hab ich byzantinische. Kaiserliche.'" (74) Hier läßt ihn Dudinzew unerwartet eine treffende Charakteristik des ganzen stalinistischen Systems geben: ein strenggeregeltes Imperium unter dem Deckmantel der Volkstümlichkeit.

Rjadno verbirgt meistens seine Absichten, aber sein Verhalten kann auch in die unwahrscheinlichste Aufgeschlossenheit umschlagen. Dudinzew läßt ihm indessen einen Rest von Naivität, der seinen Zynismus dämpft. Ein Beispiel: Rjadno hat triumphierend einen Erlenzweig präsentiert, der angeblich aus einer Birke entsprossen ist, also ein leuchtendes Beispiel für die Wahrheit der Lehre Lyssenkos. Bedauerlich ist nur, daß es sich überhaupt nicht um eine Erle handelt, sondern um einen Pilz, der einen Zweig der betreffenden Birke befallen hat, wie Deshkin und Possoschkow nachweisen. Wie zu erwarten ist, wird Rjadno ziemlich ärgerlich, aber die Argumente, die er zu seiner Verteidigung findet, sind bemerkenswert, erstens: Die Theorie ist trotzdem richtig, ein einzelner Fund in der Natur bedeutet gar nichts. (Der Leser – und Rjadno? – weiß indessen, daß die wenigen vergleichbaren Funde, auf die man sich berufen kann, ein ähnlicher Schwindel sind.) Und zweitens: "'Verraten haste Väterchen, jawohl, verraten. Schmeichelst dich bei der Jugend ein. Schüttest Öl ins Feuer. Ach, hab ich das alles satt.'" (517) Daß es sich tatsächlich um einen Pilz handelt, räumt auch Rjadno ein, aber das ärgerliche Faktum schiebt er sofort bei Seite und klammert sich stattdessen an ideologische Phrasen oder an Gejammer und Selbstmitleid.

Rjadnos Gehilfen und Anhänger sind einfachere Typen, aber Dudinzew variiert sie leicht, obwohl sie ohne Ausnahme äußerst negativ gezeichnet sind. Diejenigen, die positive Seiten haben, bekehren sich im Verlauf der Romanhandlung zu den "Weismannisten".

Rjadno am nächsten steht Saul Brusshak, seine "linke Hand". Hier gilt wirklich, daß rechte und linke Hand völlige Gegensätze sind! Rjadno läßt gerne seine Hände für sich arbeiten, und Brusshak wird in der Regel für die gröberen Aufträge gebraucht. Es sagt einiges über sein Wesen aus, daß er buchstäblich vor Freude birst, wenn er in der Verurteilungsversammlung ankommt, während Deshkin sich der Inspektion der agrarwissenschaftlichen Hochschule mit deutlichem Unwillen widmet.

Brusshak ist nicht primär Biologe oder Agronom, sondern marxistischer Philosoph. Er steht also ungefähr im selben Verhältnis zu Rjadno wie Present zu Lyssenko im wirklichen Leben. Beide haben Namen, die jüdisch klingen, und während Brusshak Rjadnos Bücher schreibt, sagt Lyssenko über seinen Kumpanen: "Ich arbeite nur, die Philosophie klärt Present für mich." Auch die anderen "Mitschurinisten", völlig gewissenlose Streber wie Krasnow, Angsthasen wie Choderjachin oder unbeholfene Tolpatsche wie Wonljarjarski, haben ihr geschichtliches Gegenstück.

Große, spannungsgeladene Zusammentreffen sind, wie erwähnt, geeignete Anlässe, um die guten und schlechten Seiten der Romanfiguren zu demonstrieren. Dostojewski war zu seiner Zeit ein Meister in der Konstruktion solcher "Konklaven" (Leonid Grossman). Dudinzew hat es einfacher. Er braucht nicht groß zu konstruieren, denn die stalinistischen Schauprozesse waren in der Wirklichkeit bereits inszeniert worden.

Brusshaks Rhetorik berührt sich eng mit der zeitgenössischen Propagandasprache:

"Wir schlagen hier eine Schlacht, ich wiederhole, eine Schlacht gegen die faschistische Ideologie. Die Amerikaner wollen uns die Genetik, dieses totgeborene Kind, keineswegs deshalb unterschieben, damit unser Land blüht und gedeiht. Sie selbst brauchen sie nicht. Kann die Wirtschaft der USA unter den Bedingungen der permanenten Überproduktion etwa an der Genetik interessiert sein?" "Also schieben sie sie uns unter, damit es auch bei uns zur Überproduktion kommt?" rief jemand belustigt. "Noch ein Anwalt des faulenden Imperialismus!" (559f.)

antwortet Saul Brusshak.

Es fiele nicht schwer, fortzufahren, aber wir werden nicht ein einziges Argument aus Brusshaks Mund hören, das aus der Wissenschaft der Biologie stammt. Seine Argumente wirken in einer wissenschaftlichen Diskussion vollständig absurd. Hier geht es nicht darum, den Baum an den Früchten, sondern die Früchte am Baum zu erkennen: Mendel war ein Mönch, Weismann Deutscher und Morgan Amerikaner, also ist deren Genetik falsch, reaktionär, schädlich usw. Aber es handelt sich nur scheinbar um Wissenschaft und Diskussion. In Wirklichkeit steht die Wissenschaft vollständig im Dienst der Politik und der Diskussion der Direktiven von oben. In einer solchen Situation ist es ganz folgerichtig, daß das Ergebnis vom KGB inszeniert wird.

Der Roman *Die weißen Gewänder* ist voller absurder Situationen. Die Replik der wissenschaftlichen Stipendiatin: "'Wann werden Sie endlich wie normale Menschen...'" (512) ist bezeichnend für die Atmosphäre im ganzen Buch. Man kann sich nur vorstellen, was ein Autor aus diesem Thema hätte machen können, wenn er anstelle von Dudinzews Tugendhelden einen Kollegen des Professors Woland abgesandt hätte, um die agrarwissenschaftliche Hochschule zu inspizieren. Aber unser Autor hat einen anderen Weg gewählt und entfesselt die Satire nicht auf dieselbe Weise wie seinerzeit Bulgakow in seinem Roman *Der Meister und Margarita*. All die unfreiwillige Komik, die den "Mitschurinisten" unterläuft, ist in einen ernsten Rahmen eingebettet, und Dudinzews Zorn braucht nicht den Umweg über das Burleske zu nehmen, um seinen Ausdruck zu finden. Ob der Roman, künstlerisch gesehen, auf diese Weise gewonnen hat, ist indessen zweifelhaft, denn in der Kunst ist der Ernst durchaus ein Risiko.

IV

Eine wichtige Sache hat Dudinzews Roman allerdings mit *Der Meister und Margarita* gemeinsam: Die Parallelisierung der aktuellen Ereignisse in Sowjet-Rußland mit dem biblischen Geschehen. Aber das geschieht auf eine völlig unterschiedliche Weise. Bei Dudinzew finden wir keine Verflechtung der beiden Erzählebenen. Stattdessen wirft in *Die weißen Gewänder* eine Person nach der andern mit Bibelzitaten um sich und legt eine Kenntnis der Heiligen Schrift an den Tag, die für Sowjetbürger ganz ungewöhnlich ist. Es sind nicht nur die "Guten", die mit Bibelversen um sich werfen, sondern sogar Rjadno fragt: "'Haste die Bibel gelesen'" – und fängt an, von Abraham und Isaak zu erzählen (627). Bibelzitat ist bereits der Romantitel, genauso wie der Titel von Dudinzews anderem Buch *Der Mensch lebt nicht vom Brot allein*. *Die weißen Gewänder* spielt nämlich nicht auf die Kittel des Laborpersonals an, sondern auf die "große Trübsal", die Leidenszeit der Gerechten, die in der *Apokalypse* des Johannes beschrieben wird: "Wer sind diese, mit den weißen Gewändern angetan, und woher sind sie gekommen?" (51) heißt es mit der einschlägigen Quellenangabe (Apk 7,13). Und auf diese Weise setzt sich das Seite für Seite fort, ergänzt um andere Anspielungen auf religiöse Verhältnisse. Kaum ist Deshkin auf die Hochschule gekommen, hört er, daß sich das Ehepaar Wonljarljarski beim Joggen über Torquemada und die spanische Inquisition unterhält. Hier sind wir bei einem besonderen Typ religiöser Anspielung, denn diese dient als warnendes Vorzeichen für die weitere Handlung. Dudinzew verwendet recht großzügig mehr oder weniger offene Hinweise auf den Fortgang der Handlung.

Die Bibelzitate und andere religiöse Anspielungen stellen die Romanhandlung in einen größeren Zusammenhang. Gemeinsam mit Geschichten wie derjenigen von dem schwarzen Hund und dem Expeditionsleiter dienen diese dazu, Situationen in verschiedenen Zusammenhängen zu zeigen, so daß sich dem Leser die Frage nach richtig oder falsch, klug oder dumm besonders deutlich stellt.

Aber es ist auch problematisch, biblische Stoffe in einen realistischen Roman zu integrieren. Obgleich Deshkin behaupten kann: "was im Leben auch geschieht, was für eine Situation sich auch ergibt – in der Bibel läßt sich immer eine Variante davon finden!" (62) – so ist die Bibel kein realistischer Roman und Johannes' *Apokalypse* am allerwenigsten. Es gibt in der Bibel nur zwei Lösungen: Himmel oder Hölle, Erlösung oder Verdammnis. Entsprechend begnügt sich Dudinzew nicht damit, seine Personen in positive und negative einzuteilen; vielmehr zeichnet er die Helden so weiß wie möglich, und schwärzt die Schurken, wann immer sich die Gelegenheit dazu ergibt. Es ist nicht damit getan, daß die letzteren falsche Auffassungen über die Vererbung haben, auch nicht, daß sie sich ungebührlich aufführen, um voranzukommen oder wenigstens die eigene Haut zu retten. Nein, es gibt kaum eine einzige hellere Stelle in ihrem Wesen. Von der Biologie haben sie keine Ahnung, und kaum ist er in der Hochschule, so entlarvt Deshkin bei dem einen oder dem anderen sofort die peinlichsten Fehler. Das gilt quer durch die Bank, aber besonders schlimm läßt er sich Rjadno selbst und seine "linke Hand" blamieren. Brusshak folgt nicht nur Rjadnos zweifelhafter Fußspur, sondern begibt sich auch auf die dunklen Stiegen von Frau Lepeschinskaja. Ja, nicht einmal deren Äußeres schont Dudinzew. Die beiden Koryphäen werden als Tiere dargestellt, was gut zu den Anspielungen auf die *Apokalypse* paßt. Ständig werden Rjadnos Zähne erwähnt. Diese sind nämlich aus Gold, denn ihr Eigentümer ist eine wichtige Person, die achtmal soviel verdient wie Strigaljow und es nicht nötig hat, mit Stahlzähnen herumzulaufen wie andere sterbliche Sowjetbürger. Seine klappernde Goldbrücke wird fast zu einem Leitmotiv erhoben, und an einer Stelle wird er der "gelbzähnige Biber" genannt (570). Brusshak ist noch schlechter dran, denn er ähnelt einer Kakerlake, wie der Autor schreibt.

Man kann verstehen, daß Dudinzew, ein Mann, der selbst diese Zeit durchgemacht hat, der gute Kenntnisse von den Scheußlichkeiten des stalinistischen Wissenschaftsbetriebs hat und der die Machenschaften des KGB kennt, voller Haß und Verachtung ist, aber damit ist noch nicht gesagt, daß dem Roman eine hohe literarische Qualität zukommt. Der Autor tut sich schwer damit, seine Schurken Schurken sein zu lassen, er hat deutlich Lust, sie noch einmal zu dupieren. Tatsächlich beschäftigen sich damit große Teile des Epilogs. Hier sehen wir Rjadno als einen alten, von seinen Kollegen gemiedenen Schwächling. Wenn er dann endlich seine Beine zur Ruhe legt – auch darin ähnelt er seinem Vorbild Lyssenko –, inszeniert Dudinzew ein äußerst peinliches Leichenbegängnis. Das ist eine wirkungsvolle Szene, aber der Leser spürt, daß der Autor den Roman dazu benutzt, um mit der Gesellschaft abzurechnen, die vor der Auseinandersetzung mit solchen Taugenichtsen zurückwich.

Bei allen Anspielungen auf die Bibel, die Kirchengeschichte und sonstige religiöse Verhältnisse muß man sich fragen, ob es sich um einen Roman mit einer spezifisch *christlichen* Botschaft handelt. Diese Frage läßt sich nicht leicht beantworten, denn *Die weißen Gewänder* kann auf verschiedene Weisen interpretiert werden. Trotzdem gibt es mehrere gute Gründe, darauf mit Nein zu antworten. Keine einzige der geschilderten Personen legt einen religiösen Glauben an den Tag, und es fehlt das transzendente Element. Diejenigen, die bei Dudinzew in Weiß gekleidet sind, sind nicht diejenigen, die "ihre Gewänder gewaschen und weiß gemacht [haben] im Blute des Lammes." (Apk 7,14)[7] In der Welt des Romans findet sich kein Lamm. Was bleibt ist die biblische Moral, ausgedrückt in Botschaft und Geschichten. Wofür die Helden des Romans bereit sind, in den Tod zu gehen, ist nicht der, der sagte: "Ich bin [...] die Wahrheit" (Joh 14,6), – sondern die Wahrheit, wie sie sich in der Wissen-

---

[7] Diese und die folgende Bibelstelle sind zitiert nach der Ausgabe des Herder-Verlags: *Die Bibel. Die Heilige Schrift des Alten und Neuen Bundes*. Deutsche Ausgabe mit den Erläuterungen der Jerusalemer Bibel. Hg. von Diego Arenhoevel, Alfons Deissler, Anton Vögtle. Freiburg i. Brsg. u.a. 1968.

schaft, in der Gesellschaft, in der Privatsphäre zeigt: eine Wahrheit, die ganz von dieser Welt ist.

Man kann sich darüber Gedanken machen, warum der Religion keine entschiedenere Rolle in dem Roman zugeteilt wird. Wir könnten auf den generellen Hang der schönen Literatur zur Vieldeutigkeit hinweisen, aber wir sollten uns auch daran erinnern, daß Dudinzew seinen Roman unter Breschnew und seinen nächsten Nachfolgern schrieb, also zu einer Zeit, da religiöse Themen in der Literatur der Sowjetunion streng tabuisiert waren.[8] Es wäre unpassend, einen Roman mit einer religiösen Botschaft zu erwarten, und es ist ziemlich fruchtlos, darüber zu spekulieren, ob Dudinzew so etwas gewünscht hätte. Mit seinem großzügigen Gebrauch von Allusionen und offenen Hinweisen auf religiösen Verhältnissen forderte er bereits eine der ungeschriebenen Regeln des seinerzeit noch herrschenden, wenn auch hinscheidenden sozialistischen Realismus heraus.

Das Stichwort ist damit gefallen, doch muß sofort hinzugefügt werden, daß der Roman *Die weißen Gewänder* in fast allen anderen Punkten erstaunlich gut mit den Anforderungen des sozialistischen Realismus übereinstimmt. Wir haben hier vor allem die erbauliche Botschaft, weiterhin die klare Zweiteilung der Personengalerie in Gute und Böse und nicht zuletzt Fjodor Deshkin selbst, der geradezu das Prachtexemplar eines positiven Helden ist. Deshkins Entwicklung verläuft genau so, wie es der sozialistische Realismus verlangt: Am Anfang macht er sich noch Illusionen über Rjadno, gewinnt aber durch den Kontakt mit erfahreneren Helfern wie Strigaljow, Possoschkow, ja auch Lena Blashko die richtige Einsicht und führt schließlich seinen Kampf für den Sieg der Wahrheit. Daß er die erste Runde verloren geben und die "Mitschurinisten" triumphieren sehen muß, widerspricht nicht den Anforderungen des sozialistischen Realismus, denn Dudinzew läßt zum Schluß die Wahrheit, also die traditionelle Biologie, zu Ehren gelangen. Ja, er läßt sogar Deshkin selbst wieder nach oben kommen, was zu den nicht wenigen Unwahrscheinlichkeiten der Handlung gehört. Im Dezember 1949 war er auf Skiern, mit *Solanum contumax* und anderen wertvollen Kartoffeln im Rucksack, aus der Hochschule geflohen, und ihm war es gelungen, seinen Verfolgern zu entkommen, sportlichen Studenten im Dienste des KGB. Aber nicht nur das. Ihm gelang es auch, ein Versteck zu finden, einen Versuchshof, der von dem erwähnten Zwjach geleitet wurde, der mit ihm in der Hochschule gewesen war und der sich versteckte, bis Stalin im Frühjahr 1953 starb und das Klima auch im Kulturleben wärmer wurde.

Man kann einwenden, daß zwar die *Struktur* in *Die weißen Gewänder* sehr gut mit den Anforderungen des sozialistischen Realismus übereinstimme, aber daß der *Stoff* in eine ganz andere Richtung weise. So hätten sicher die Kritiker aus der Stalin-Zeit, Lyssenkos 'Brüder' im Reich der Literatur, argumentiert.

---

[8] Dudinzew begann die Arbeit an dem Roman in den sechziger Jahren. Die Veröffentlichung wurde in der Sowjetunion jahrzehntelang verhindert.

Aber der Stalinismus ist nicht die einzige Form der Sowjetideologie. *Die weißen Gewänder* ist über weite Strecken eine Kritik an einer bestimmten Ausformung der sowjetischen Gesellschaft, allerdings von einem Standpunkt aus geäußert, der immer noch innerhalb des Systemrahmens liegt: Es endete ja gut – in der Sowjetunion.

Dudinzew hat trotzdem keinen harmlosen Roman geschrieben. In der Breschnew-Zeit waren nicht nur religiöse Thematik und Wortwahl schief angesehen, sondern auch die Scheußlichkeiten der Stalin-Zeit wurden verschwiegen. Das wichtigste ist gleichwohl, daß der Autor in *Die weißen Gewänder* behauptet, es gebe allgemeine menschliche, moralische Werte, die der Ideologie und dem Klassenstandpunkt übergeordnet seien. Und das könnte für die Parteiideologen eine bittere Pille gewesen sein.

Wie von vielen anderen Werken aus der Tauwetterperiode unter Chruschtschow und aus der Epoche der Perestroika unter Gorbatschow kann man auch von *Die weißen Gewänder* sagen, daß der Roman gleichsam mit einem Bein innerhalb und mit dem anderen außerhalb der Tradition des sozialistischen Realismus steht. Diese Halbheit äußert sich auch in der Behandlung des Hauptthemas. Wir kommen nämlich kaum umhin, die folgenden Fragen zu stellen: War der Wahnsinn in der Wissenschaft einzig und allein das unglückliche Resultat unrealistischer Erwartungen, falscher Methodik, fehlender freier Diskussion, von Karrierejagd, Scharlatanerie, Demagogie, Machtgier, Chauvinismus – also von zwar traurigen, aber nicht besonders aufsehenerregenden Phänomenen? Oder gehörte dieser Wahnsinn auch zum teuflischen Spiel dessen, der an der Spitze saß, um jeden abweichenden Gedanken zu bestrafen, auch den, der einleuchtend und richtig war?

Auf diese Fragen gibt Dudinzew keine Antwort.

Aus dem Norwegischen übersetzt von Peter Langemeyer

Verena Kirchner

Das Nichtgelebte oder Der Wille zur Utopie
Ernst Blochs Hoffnungs-Philosophie und die Demonstration vom 4. November 1989 – Zu einer Erzählung von Volker Braun

Ernst Bloch's Philosophy of Hope has a strong impact on Volker Braun's work. In his narration "Das Nichtgelebte" (1995), Braun uses central elements of Bloch's philosophy to portray in the character of Georg the inner ambivalence of a critical but loyal GDR intellectual. In his longing for an ideal society, Georg is unable to free himself mently from ideological oppression executed by an SED representative. Although he understands the reasons for his past failure, after 1989 Georg renews his belief in the "Principle of Hope" and the possibility of a utopian society.

Ernst Blochs Philosophie ist von zentraler Bedeutung für Volker Brauns poetologische und literarische Arbeiten. Erinnert sei an Brauns Auffassung von Geschichte als einem offenen Prozeß, den künstlerische Phantasie befördern könne, indem sie die Widersprüche der Gegenwart aufzeige und zukünftige Möglichkeiten antizipiere. Als dialektisches "Gebilde" sei Dichtung "Abbild" und konkret-utopisches "Vorbild" zugleich[1] (vgl. bei Bloch: utopischer Vorschein): "Poesie muß ans Ende gehen: das in den Dingen selber liegt. Sie muß aufzeigen oder ahnen lassen, wohin alles führt."[2] Die Zielutopie heißt bei Braun wie bei Bloch "das Ende aller Politik",[3] heißt "Gemeinschaft, [in der] wir ganz über uns verfügen."[4] Der mit diesem Konzept anfänglich verbundene kritische Optimismus hinsichtlich der gesellschaftlichen Entwicklung weicht sukzessive Wut und Verzweiflung über das Beharren der Nomenklatura auf stalinistischen Herrschaftsstrukturen. Ab Ende der siebziger Jahre sieht Braun die Notwendigkeit zu einem 'Training des aufrechten Gangs'.

Der Stagnation in der DDR zum Trotz beharrt Braun auf der Möglichkeit sozialistischer Utopie. Mit Verweis auf Bloch erklärt er, der historische Prozeß sei eben "nur in dem Augenblick zu greifen".[5] Der 'wesentliche' Augenblick

---

[1] Volker Braun: *Es genügt nicht die einfache Wahrheit. Notate.* Frankfurt/M. ²1981. S. 79.
[2] Ebd. S. 98.
[3] Ebd.
[4] Ebd. S. 69.
[5] Volker Braun: Utopisch ist es, wahrzunehmen, was mit uns ist. In: *Positionen 4. Wortmeldungen zur DDR-Literatur.* Hg. von Eberhard Günther u. Hinnerk Einhorn.

sprenge verkrustete gesellschaftliche Strukturen und seelische Panzerungen und lasse ahnen, was das 'eigentliche', das 'andere' Leben jenseits von Unterdrückung und Entfremdung sein könne. Stagnation und Fortschritt, reale Misere und utopische Hoffnungen lassen sich so noch einmal dialektisch zusammendenken:

> Die Widersprüche am/im Werke. Die Struktur, die den Kampf austrägt. Nicht der Reiz der Erscheinungen: das Wortwesen, im Augenblick der Sprengung durch das *Neue*. Aus der höchsten Trennung / der Vorschein / der neuen Vereinigung [...]⁶

Im Herbst 1989 scheint ein solch 'wesentlicher' historischer Augenblick die erstarrten Strukturen des Realsozialismus zu sprengen. An Stelle von "VOLKSEIGENTUM UND DEMOKRATIE"⁷ wählt die Bevölkerung jedoch einen Zusammenschluß der beiden deutschen Staaten.

Braun geht nun in der Erzählung *Das Nichtgelebte* zwei Fragen nach: Wieso wurde die historische Möglichkeit, endlich einen 'demokratischen Sozialismus' zu verwirklichen, nicht genutzt? Und warum konnten die Machthaber in der DDR, ungeachtet ihrer realen Unterdrückungspolitik, so lange Loyalität binden? Wie schon in seinen früheren Werken verdeutlicht der Autor grundlegende gesellschaftliche Strukturen anhand von Liebe und Arbeit als Ausdruck individuellen Glücks- bzw. kollektiven Freiheitsstrebens.

Georg, die Zentralfigur der Erzählung, trifft auf dem Alexanderplatz Luise, kurzzeitig seine Geliebte. Anschließend begegnet er dort auch Schaber, ehemals "sein verborgener Vorgesetzter", jetzt "augenscheinlich abgehalftert" (22).⁸ Diese Treffen sind Anlaß für Georg, sein – jeweils gescheitertes – Verhältnis zu Luise und Schaber zu reflektieren. Jetzt ein Ort kapitalistischer Geschäfte, löst auch der Alexanderplatz Erinnerungen in ihm aus: an den 4. November 1989 als historischen Augenblick nicht realisierter revolutionär-utopischer Möglichkeiten. Georg kommt zu dem Schluß: "[W]ir haben es nicht gewollt. Es ist uns nicht ernst gewesen." (36)

"Wir haben es nicht gewollt." Die Frage nach dem Willen als Grundimpuls allen Handelns steht im Mittelpunkt der Erzählung. Braun aktualisiert dabei einmal mehr Blochsches Denken – und zwar vom Zentrum der Blochschen Philosophie her.

Um es vorwegzunehmen: Gegen Brauns Erzählung läßt sich vieles einwenden. Der Text ist z.T. unnötig hermetisch, z.T. auch plakativ und wortspielverliebt. Der Gegensatz von Klischee und Verklausulierung kennzeichnet beson-

---

Halle u.a. 1988. S. 179-187, hier S. 182.
⁶ Volker Braun: *Verheerende Folgen mangelnden Anscheins innerbetrieblicher Demokratie*. Leipzig ²1989. S. 106.
⁷ Volker Braun: Die Erfahrung der Freiheit. In: *Neues Deutschland* vom 11./12. November 1989.
⁸ Volker Braun: *Das Nichtgelebte*. Eine Erzählung. Leipzig 1995. Seitenangaben ohne Siglen beziehen sich auf diesen Text.

ders die Darstellung der Verhältnisse vor und nach 1989. Die Bundesrepublik charakterisiert Braun mit überdeutlichen Bildern kapitalistischen Betrugs. Die politischen Machtverhältnisse der DDR erscheinen dagegen in einer Aura des kaum Faßbaren, Undurchschaubaren, als etwas, was sich auch rückblickend nur in hochsymbolischen, schwer zu entschlüsselnden Andeutungen umschreiben läßt. Diese primär politisch-weltanschaulich begründete Schreibweise hat Konsequenzen auch für die literarische Qualität der Erzählung. Viele Passagen wirken – nicht zuletzt auf Grund des Bestrebens, ein an Bloch orientiertes Bedeutungsgefüge zu gestalten – konstruiert. Selbst wenn man die sorgfältige Komposition, das diffizile Netz aus Querverweisen, Bezügen und subtilen Doppelbedeutungen anerkennt, um einen ästhetisch reizvollen Text handelt es sich nicht.

Trotzdem ist *Das Nichtgelebte* eine wichtige Erzählung, und zwar als Text über das Scheitern der kritisch-loyalen Intelligenz. Ohne eine Wahrnehmung des ideengeschichtlichen Horizonts bleibt die Erzählung dabei unverständlich. Noch an einem nach 1989 verfaßten Text wie *Das Nichtgelebte* erweist sich so, wie wenig die in den letzten Jahren verschiedentlich geäußerte Forderung, Werke von DDR-Schriftstellern primär auf ästhetische Merkmale im Kontext von Moderne und Postmoderne hin zu betrachten, den spezifischen Voraussetzungen von DDR-Literatur im allgemeinen gerecht wird. Charakteristisch für literarische Werke von Autoren, die sich wie Braun als Marxisten verstanden bzw. verstehen, ist der Zusammenhang von künstlerischem Ausdruckswillen und gesellschaftspolitischem Konzept mit Wissenschaftsanspruch. Und gerade bei diesem Autor zeigen literarische wie essayistische Äußerungen, daß er ästhetische Verfahren nach Maßgabe der besonderen Erkenntnisleistung wählt, die er Literatur für gesellschaftliche Belange stets zugeschrieben hat. *Das Nichtgelebte* bildet hier keine Ausnahme.

Brauns Georg dürfte seinen treuen Lesern in den Grundzügen vertraut sein, denn er hat mit früheren Figuren des Schriftstellers viel gemeinsam. Diese Figuren artikulierten neben der wachsenden Verzweiflung ihres Autors über die fortdauernde Hierarchie zwischen 'Herrschenden und Angeherrschten' stets auch seine Hoffnung auf eine mögliche 'Menschwerdung' des sozialistischen Bürgers. Jetzt dagegen fragt Braun, inwieweit genau diese Hoffnung "im Weg [lag] wie eine Falle."[9] Er beschreibt die Verzahnung von Repressionen und Selbstentmündigung aufgrund illusionärer Hoffnungen, geht den Gründen nach, warum selbst wachsender Widerstand gegen die Politik der SED bis weit in die Endphase der DDR die grundsätzliche Loyalität gegenüber der Diktatur nicht aufzukündigen vermochte.

---

[9] Volker Braun: Das Eigentum. In: Ders.: *Die Zickzackbrücke. Ein Abrißkalender.* Halle 1992. S. 84.

Die Ambivalenz von Widerspruch und innerer Verbundenheit gestaltet Braun mit Hilfe der Hoffnungsphilosophie. Das Blochsche Denken dient in *Das Nichtgelebte* dadurch im Gegensatz zu früheren Werken Brauns nicht nur als Deutungshorizont, es wird selbst notwendig mit in die Frage einbezogen. Obwohl dabei im Verlauf der Erzählhandlung zentrale Schwachpunkte von Blochs Philosophie deutlich werden (Georgs politische Illusionen werden unter Rekurs auf die Hoffnungsphilosophie begründet – dergestalt, daß Kerngedanken des Blochschen Denkmodells selbst fragwürdig werden), bewegt sich Braun ausschließlich innerhalb eines an Bloch angelehnten Wirklichkeitsverständnisses. Mehr noch: In der Figur des Georg gewinnt das Hoffnungsdenken neue Kraft. Die Demonstration vom 4. November 1989 lädt einmal mehr zu utopischen Visionen ein.

Ernst Blochs Hoffnungsphilosophie: Der Wille als weltverändernde Kraft

Wille und Zeit sind im Blochschen Denken mit der von ihm postulierten ontischen Grundspannung zwischen dem 'Dunkel des gelebten Augenblicks' und dem utopischen 'erfüllten Augenblick' verbunden. Das 'Dunkel des gelebten Augenblicks' ist Ausgangspunkt der Blochschen Philosophie. Dem Menschen sei seine unmittelbare Existenz im "Jetzt" des Augenblicks verborgen:

> Nur wenn ein Jetzt gerade vergangen ist oder wenn und solange es erwartet wird, ist es nicht nur ge-lebt, sondern auch er-lebt. Als unmittelbar daseiend, [sic] liegt es im Dunkel des Augenblicks. (PH 334)[10]

Sein und Bewußtsein sind nicht identisch, Leben und Denken fallen auseinander.

Die subjektive Erfahrung des Augenblicksdunkels deutet Bloch als Ausdruck eines objektiven Mangels des Seins. Er versteht die Welt als dialektischen Prozeß. Der utopische Sinn sei in diesem Prozeß latent angelegt, aber noch nicht verwirklicht; alle Existenz befinde sich bezüglich ihres Wesens in einem Zustand des "Noch-Nicht". Indem er das Nicht-Utopische der Wirklichkeit zum "Noch-Nicht" erklärt, verwandelt Bloch jede Form des Mangels in eine Vorform ihres potentiell zu verwirklichenden Gegenteils: "Das Nicht als *prozessuales Noch-Nicht* macht so Utopie zum Realzustand der Unfertigkeit, des erst fragmenthaften Wesens in allen Objekten." (TE 219, Hervorh. i. Orig.)

Ziel des Weltprozesses ist folgerichtig das Gegenteil des "Dunkel des gelebten Augenblicks": der sich selbst völlig durchsichtige Augenblick als Ausdruck der Identität von Sein und Bewußtsein, von Subjekt und Objekt. Dieser

---

[10] Zitate aus Blochs Schriften folgen der Werkausgabe und sind mit Siglen abgekürzt: *Das Prinzip Hoffnung* (PH); *Experimentum Mundi* (EM); *Tübinger Einleitung in die Philosophie* (TE); *Literarische Aufsätze* (LA).

utopische Augenblick sei im 'Nunc stans' der Mystiker bezeichnet und in Fausts Wunsch des 'Verweile doch'. Spuren der utopischen "Präsenz" entdeckt Bloch zudem im "Präsens der ausbrechenden Revolution" und in "Augenblicken durchdringender Betroffenheit". (EM 97)

Im Augenblicksdunkel äußere sich aber auch das Agens des Weltprozesses. Im Mangel, in der Nicht-Vollkommenheit ortet Bloch ein willenhaftes Moment, das auf seine Aufhebung drängt; dies sei der Ursprung geschichtlicher Dynamik: "Das Nicht ist Mangel an Etwas und ebenso [...] Treiben nach dem, was ihm fehlt." (PH 356) Der Philosoph sieht diese "thelische" (d.h. vorbewußt willenhafte) Trieb- und Gestaltungsform in allen objektiven Existenzformen des Seins am Werk. Sie äußere sich "organisch als Hunger, ökonomisch-sozial als Bedürfnis, idealisch, wenn sich so sagen läßt, als Sehnsucht." (EM 73)

Der Wille zur Utopie ist in der Hoffnungsphilosophie also die grundlegende weltverändernde Kraft. Der Wille, wirksam in Mensch wie Materie, betreibe die Verwirklichung des utopischen Augenblicks, so Blochs spekulative Grundannahme.[11]

Blochs ontologisch-metaphysischer Entwurf behauptet Geltung auch für den politisch-gesellschaftlichen Bereich. Auf Emanzipation gerichtete revolutionäre Praxis ist innerhalb des Blochschen Denkens eine zentrale Bedingung für die Realisierung eines Seins wie Utopie. Völlig ausgeklammert bleibt dabei jedoch die Frage der "praktische[n] Intentionierbarkeit".[12] Die Hoffnungsphilosophie bleibt Maßstäbe für politisches Handeln schuldig. Sie muß sie schuldig bleiben. Da das utopische Endziel im Stadium des Noch-Nicht laut Bloch zwangsläufig inhaltlich unbestimmt ist, können von diesem keine präzisen Handlungsnormen abgeleitet werden. Damit besteht aber die Gefahr, daß die utopische Philosophie prinzipiell "mit jeder als [sic] für revolutionär gehaltenen Bewegung identifiziert werden"[13] kann.

---

[11] Vgl. PH 364. Schiller und Hansen charakterisieren Blochs Philosophie deshalb zutreffend als Willensmetaphysik. Vgl. Horst Hansen: Willensmetaphysik und Weltanschauung im Denken von Ernst Bloch. In: *Bloch-Almanach 13*. Baden-Baden 1993. S. 77-92; Hans-Ernst Schiller: Hoffnungsphilosophie und Willensmetaphysik. Ernst Blochs Beziehung zu Schopenhauer. In: *Bloch-Almanach 8*. Baden-Baden 1988. S. 53-85. Bloch selbst spricht von "aktive[r] Metaphysik" (TE 236).
[12] Hans-Ernst Schiller: Hoffnungsphilosophie... A.a.O. S. 77.
[13] Horst Hansen: Willensmetaphysik... A.a.O. S. 84.

Wille und Zeit

Aus Blochs Bestimmung des Seins als willenhaft ergibt sich sein Begriff der Zeit: "Der Wille erscheint nicht nur in der Zeit, sondern ist an sich selber zeithaft."[14] Das treibende Moment des 'Nicht' im Augenblick 'sprenge' den Augenblick und bringe so überhaupt erst Zeit als dialektischen Weltprozeß in Gang. (Vgl. EM 101f.) Zeit sei deshalb kein Kontinuum, wie von der Gleichförmigkeit der Uhrzeit suggeriert. Entsprechend der Punktualität des Augenblicks, dem sie entspringt, sei sie stattdessen diskontinuierlich. (EM 102) Die Zukunft betrachtet der Philosoph als den eigentlichen Modus der Zeit, denn hier könne der Mensch die Realisierung des von ihm Gewollten beschleunigen. (EM 102f.) Und die Zeit sei "verschieden rasch und dicht" (EM 104), je nach der Intensität des willenhaften Momentes und dem Grad ihres Zukunftsgehaltes:

> Es gibt weniger und mehr Zeit, je nach dem Mehr oder Weniger des Veränderns in ihrem Rahmen. Alles Lebendige hat nach dem Maß seines Lebens seine eigene Zeit, sie bleibt hinter der einförmigen Uhrzeit zurück oder überholt sie, und das nicht nur dem Tempo nach. (EM 104)

Entgegen der linearen Zeitauffassung eines gleichmäßigen Vorher-Nachher enthalte die Vergangenheit 'unabgegoltene' Zukunft. "[W]irklich tote Vergangenheit" gebe es zwar auch. Sie sei Ausdruck "falscher Wege zum Ziel". (EM 104) Insbesondere vereitelte Revolutionen und schöpferisch offene Kunstwerke enthielten jedoch unverwirklichte Zukunftsimpulse unterschiedlicher Dichte. Eben diese Impulse gelte es zu beleben und wiederaufzunehmen:

> Indem auch Vergangenheit noch im Tendieren der Zeit zu sein vermag, kann der Mensch erinnernd oder erschließend oder relativ gutmachend oder revolutionär bessermachend auf sie zurückkommen. (EM 103)

Brauns Erzählung aktualisiert weitgehend die hier skizzierten Grundgedanken der Blochschen Philosophie. 'Zeithaftigkeit des Willens' und ein 'Auseinanderfallen von Leben und Denken' dienen dem Autor dazu, das Scheitern seines Protagonisten Georg sowohl in der Liebe als auch in der (politischen) Arbeit hoffnungsphilosophisch zu deuten. 'Tertium comparationes' von Liebe und Arbeit ist in der Erzählung *Das Nichtgelebte* wie stets in Brauns Werken das Ideal einer harmonischen Aufhebung von Gegensätzen – Mann/Frau, Herr/Knecht – im Einheitserlebnis bzw. in der Gemeinschaft. Der Text markiert die Distanz zwischen der Wirklichkeit und dem als 'möglich' postulierten Ideal.

---

[14] Hans-Ernst Schiller: Hoffnungsphilosophie... A.a.O. S. 66.

Georg und Luise: Der 'erfüllte Augenblick' als Kern der Liebes-Utopie

Das Moment von Identität und Verschmelzung des Ich und Du im 'erfüllten Augenblick' ist wohl Kern jeder Liebes-Utopie. Georg und Luise scheitern hinsichtlich dieses utopischen 'Wir'.[15] Braun gestaltet dies unter Rückgriff auf Blochs Denkmodell.

Georg ist kein Drachentöter. Es gebricht ihm an der entscheidenden Qualität, dem Willen. Genauer: an der Ernsthaftigkeit seines Willens.[16] Mit Luise bändelt er "aus Langeweile" (9) an. Sie dagegen, im Vergleich zu ihm fast noch ein Kind, küßt ihn "ernsthaft, mit geschlossenem Mund" (10) und gibt ihm ihre Adresse. Die unterschiedliche Willensintensität findet in der Folge in einer extremen zeitlichen Gegenläufigkeit des Handelns der beiden ihren Ausdruck: Luise handelt aus dem Augenblicksimpuls, spontan und bestimmt. Ihr Verhalten basiert auf unmittelbaren, sinnlichen Bedürfnissen (Müdigkeit, Hunger, Lust). Bei Georg dagegen wechseln längere Zeitintervalle völliger Handlungslosigkeit mit punktuell fiebriger Rastlosigkeit. Die meiste Zeit reflektiert er über die für eine Tat nicht gegebenen Voraussetzungen. Auch die mit Handlungen verbundenen Empfindungen erreichen ihn erst über den Umweg der Reflexion. Beispielsweise trifft Georg Luise mehrfach schlafend in ihrer Wohnung an (Luise arbeitet als Nachtschwester, die Gegenläufigkeit ihrer Tempi umfaßt selbst Tag und Nacht). Zu wecken vermag er sie nicht, "da hätte sie ihm rasend [Intensität und Zeit] gefallen müssen". So fehlt ihm dazu "der rohe Mut" (13).[17] Bei dem Gedanken, daß er ihren Schlaf bewacht, empfindet Georg aber Zärtlichkeit.

Auch Sexualität wird nicht zu einer Erfahrung des Einsseins im Augenblick. Luise und Georg stehen sich durchgehend als Fremde gegenüber – wie stets bei Braun ein Zeichen gesellschaftlicher Entfremdung. Wieder gestaltet er dies mit Bezug auf Blochs Gedanken des Auseinanderfallens von Leben und Denken, von Verstand und Sinnlichkeit. Während Luise handelnd den Augenblick lebt, reflektiert Georg seine Lage, so daß von ihm nur "das eine Teil [...] in die Auseinandersetzung einbezogen" (20) ist. Ein Blick in ihr "glühendes Gesicht"

---

[15] Auffallend ist die Reduzierung von Luise und Georg auf gängige Geschlechterstereotype: der ältere Mann und die keusch-begehrliche Kindfrau; er handlungsgehemmter Intellektueller, sie fürsorgliche Krankenschwester; er denkt, sie handelt, um sinnliche Bedürfnisse zu befriedigen – was im Extremfall zu einer Formulierung wie "Luise hatte sich aber, blökend: vor Hunger, in Erinnerung gebracht" (18) führt. Sätze wie dieser erfüllen zwar eine Funktion für die Aktualisierung des an Bloch orientierten Bedeutungsrahmens, sind aber allemal ärgerlich.
[16] Nur am Rande hingewiesen sei auf die in Ernst Blochs Schriften allgegenwärtige – und in ihrer Doppeldeutigkeit durchaus narzißtische – Lieblingsformulierung, man müsse 'mit Ernst' an die Sache gehen.
[17] 'Mut' wird bei Bloch mehrfach als Synonym für 'Wille' benutzt. Vgl. etwa PA 566.

macht ihm bewußt, "wie jung sie war, unerreichbar in einer anderen Zeit." (20).

Seinen Überlegungen zum Trotz ist Georg "vor den Kopf geschlagen" und fragt sich, was denn los sei "zu dieser Zeit auf der Welt" (8), als er Tage später, um "12 Uhr MEZ" (8) mit Luise an der Weltzeituhr auf dem Alexanderplatz verabredet, diese "sichtlich unzertrennlich" händchenhaltend "mit einem Jungen ihres Alters stehn" (8) sieht:

> Ihr Blick aber hatte offen das Unglück bekannt, mitleidig blinzelnd, und Georg hatte gelassen finster hinauf auf seine Uhr geschaut. Sie war abgelaufen. / Es war ihm augenblicklich bewußt geworden, wie dumm und unbedenklich er tickte. Denn erst in diesen Sekunden hatte er vermocht, sie zu lieben. / (9)

Als direkt darauf Schaber auftaucht, sich an ihn lehnt und ihn weich mit "Liebster Georg!" (22f.) anspricht, signalisiert die Weltzeituhr auf dem Alex dagegen ganz anderes:

> / Was denn; was habe ich mit ihm gemein, dachte Georg, meinem alten Peiniger ... *Liebster!* rief er lautlos verblüfft und sah die Zeiger der Uhren rasen, in Sekunden, in denen er ihn plötzlich haßte. / (23, Hervorh. i. Orig.)

Wie schon im Zusammenhang mit Luise werden chronologische Zeit und im Blochschen Sinn qualitative Zeit kontrastiert. Die chronologische Zeit umfaßt jeweils einige Sekunden, die qualitative dagegen signalisiert den Zukunftsgehalt: in Hinblick auf Luise ist alle Hoffnung umsonst, der Haß auf Schaber dagegen scheint ein starkes Zukunftspotential zu sein. Genau wie Georgs Liebe ist jedoch auch sein Haß ein nachträgliches Gefühl, qualitativ unterschieden von früheren Empfindungen.

Georg und Schaber: politische Utopie und Illusion der Einigkeit von Herrschenden und Angeherrschten

Georgs Willensschwäche führt zu einer unangemessenen Wirklichkeitswahrnehmung. In der Liebe dominiert die Reflexion und verhindert unmittelbare Gefühle und eine emotionale Nähe zu Luise. Im Bereich von Arbeit und Politik hat Georgs Willensschwäche die gegenteilige Konsequenz. Sie führt zu einer inneren Bindung an Schaber. Dies blockiert eine rationale Wahrnehmung seines Peinigers. Noch Schabers Anrede "Liebster Georg" (22f.) verweist darauf, daß dieser sich früher Georgs innere Verbundenheit für die Durchsetzung seiner Herrschaft manipulativ zunutze gemacht hat.

Georgs berufliche Tätigkeit bleibt unklar. Man erfährt nur, daß er zu DDR-Zeiten in einem Institut gearbeitet und im Herbst 1989 ein Manuskript verfaßt hat, in welchem er grundlegende gesellschaftliche Veränderungen fordert. Bei

Schaber handelt es sich offenbar um einen Parteifunktionär. Braun dürfte zu dessen Namen durch Bloch angeregt worden sein, der Mystik und Laienbewegung gegen "Schinder und Schaber" (ZP 137) gerichtet sieht.[18]

Zu Schaber hat Georg "innig aufgeschaut", hatte der doch aller Sehnsucht nach "verbindliche[n] Botschaften" mit Weisungen befriedigt:

> Die knappen raschen Sätze, hinter vorgehaltner Faust, hatten alles geklärt; und alles war unerklärlich: welches Geständnis ihm Schaber immer machte. Es war nur alles hinzunehmen. (23)

Braun zielt hier offensichtlich auf die Herrschaftstechnik der SED ab, ideologische Dogmatik mit partieller innerparteilicher Offenheit der 'Aussprache' über politische Fehlentwicklungen, 'Schwierigkeiten' zu kombinieren.

Bei Bloch ist Sehnsucht die 'idealische' Ausdrucksform des Willens. Im Zusammenhang der Braunschen Erzählung macht gerade die Sehnsucht nach Verbindlichkeit verfügbar für Herrschaft, für Unterdrückung. Denn 'verbindlich' ist die Schabersche Botschaft in ihrer Forderung nach bedingungsloser Loyalität. Georgs Bedürfnis nach Orientierung, nach Sicherheit wird nicht auf der inhaltlichen Ebene befriedigt; Schaber selbst entlarvt die ideologischen Vorgaben als "dogmatische Fiktion".[19] Die Tatsachen entziehen sich dem ideologischen Anspruch auf allumfassende Erklärung. Gerade die ambivalente Herrschaftsstrategie aus Befehl und Vertraulichkeit befriedigt aber ein anderes Orientierungsbedürfnis: das nach starker seelischer Bindung. Indem sich bei Georg "'Zukunftsgläubigkeit und Obrigkeitsglaube' [...] bis zur 'Ununterscheidbarkeit' durchdringen, [sichert] das Ideal auch dem real-existierenden Sozialismus noch Legitimitätsglauben."[20]

Deshalb werden Georg auch erst in "der aufregenden letzten Zeit" Schabers Gedankenfeigheit und dessen "brüchige[..] Argumente" (23) wirklich bewußt. Es fehlt ihm jedoch "der rohe Mut" (27) – sprich: die Willensstärke – zur offenen Auseinandersetzung.[21] Zudem ermöglicht ihm Schabers ambivalente

---

[18] Zur Bedeutung der Mystik für *Das Nichtgelebte* vgl. die weiteren Ausführungen. 'Schaber' ist im Grimmschen Wörterbuch als regional gebräuchlicher Ausdruck für 'Schinder' verzeichnet. Name und Handeln des Funktionärs legen auch die Assoziation 'Schabe', Schädling im Dunklen, nahe (vgl. das konspirative Treffen im Heizungskeller, S. 31f.).

[19] Als "dogmatische Fiktion" charakterisiert Sigrid Meuschel Ideologie und Wissenschaft besonders in der Endphase der DDR, sollten diese doch die Fortschrittlichkeit sozialistischer Herrschaft 'beweisen' und damit davon ablenken, daß die DDR immer "stärkere Züge eines diktatorischen Wohlfahrtsstaats annahm." Vgl. Sigrid Meuschel: *Legitimation und Parteiherrschaft in der DDR. Zum Paradox von Stabilität und Revolution in der DDR 1945-1989*. Frankfurt/M. 1992. S. 235f.

[20] Ebd. S. 233, allgemein mit Blick auf die DDR.

[21] Braun verdeutlicht dies analog zum Verhältnis zwischen Georg und Luise mit Hilfe

Herrschaftstechnik, Wider-Willen und (Selbst-)Verachtung zu unterdrücken, indem er Schabers Politik wie eine Doppelstruktur liest. Auf diese Weise vermag er Willkür noch einmal in Gesetzmäßigkeit umzudeuten.

Er stellt der Schaberschen Unterdrückungspolitik dessen "persönlichen Verstand" entgegen, "auf den man setzen mußte." (31) Die Projektion einer von der tatsächlichen Dogmatik abweichenden 'eigentlichen' Einstellung Schabers bindet Georg noch einmal an seinen 'Schinder'. Erlaubt diese Projektion doch, diesem die Absicht einer – allerdings erst in der Zukunft möglichen (wenn es auch die "öffentliche[..] Vernunft" (31) erlaubt) – anderen Politik zu unterstellen. Das Nicht-Emanzipatorische der Schaberschen Politik wird von Georg utopisch, wie ein 'Noch-Nicht' verstanden, wodurch die Schabersche Unterdrückungspolitik bedeutungsmäßig relativiert wird. Nicht die Fakten der Diktatur entscheiden über Georgs Einstellung zu Schaber, sondern seine Zukunftshoffnungen sind der Maßstab. Die folgenden Auseinandersetzungen verdeutlichen die fatalen Konsequenzen dieser ambivalenten Wahrnehmung. Denn Schaber entspricht Georgs Wunschbild keineswegs, was aber Georg in seiner Bindungssehnsucht nicht erkennt.

Schaber betrachtet Georg eindeutig als "Gegner", der "stillezuschweigen" hat. (31) Als Georg ihm ein politisches Konzept unterbreitet, in welchem er die gesellschaftlichen Widersprüche "auf den Punkt" (32) gebracht hat und grundsätzliche Reformvorschläge macht, bedroht der leitende Kader den "Abweichler" und fordert bedingungslose Unterwerfung unter die "eiserne[..] Disziplin" (33).

Obwohl Georg an diesem Punkt erstmals die Möglichkeit eines Bruchs mit seiner "gewohnten", jetzt "gehaßten Freundlichkeit" (32) sieht, gelingt es ihm nicht, sich von seinem 'Schinder' innerlich abzugrenzen. Zwar behauptet er, die Unterdrückungsmechanismen des "leibhaftigen Apparat[s]" (33) kritisch und emotionslos analysieren zu können, und betont sein Erwachsensein, seine Unabhängigkeit und Handlungsfähigkeit. Eine rationale Handlungsweise wird aber weiter durch irrationale Faktoren verhindert: durch seinen "verträumte[n] Willen" (33) und einen "widersetzliche[n] Zipfel" (34) in seinem Wesen.

Er nimmt Schaber weiterhin ernst, wirft sich bei einer Schlägerei "auf den Genossen [...], als könnte er ihn widerlegen" (34). Da er sich diesem jedoch nicht "verständlich machen" (34) kann, verzagt er rasch. Noch der Kampf ist ein Appell an Schabers vermeintlichen "persönlichen Verstand", zielt als Versuch der Fürstenaufklärung auf Einigkeit mit dem 'Genossen'. Selbst in der Abgrenzung ist Georg von Schabers Anerkennung seines abweichenden Standpunkts abhängig; noch die Auflehnung enthält das Moment der Unterwerfung.[22]

---

der Zeit und der unterschiedlichen Bestimmtheit des Auftretens (vgl. S. 24ff.).
[22] Furet wertet dieses Paradox als ein grundsätzliches Kennzeichen von Oppositionsbestrebungen innerhalb des kommunistischen Blocks. Die Begründung sieht er darin, daß Reformsozialisten den ideologischen und politischen Rahmen mit der Parteiorthodoxie

Nicht der Antagonismus von Unterdrückung und Widerstand 'verbindet' sie, sondern Georgs Ambivalenz:

> [O]bwohl er rücksichtslos weiterschrieb und herrlich weiterdachte, [blieb er] wie ein Verblödeter eine Arschruhe habend in der Sphäre [...] (35).

Erst nachdem der historische Verlauf Schaber 'widerlegt' hat, erkennt Georg das Illusionäre seiner Überzeugung. Zwischen dem vorgesetzten Genossen und ihm hat es mitnichten eine prinzipielle Interessenübereinstimmung gegeben: Schaber "hatte sie nicht gewollt, die Gemeinsamkeit, es war ihm nicht ernst gewesen." (35) Nachdem die Illusion einmal zerbrochen ist, ist ihm der Funktionär nur noch eine Bemerkung wert: "[E]s geschah ihm recht, daß er verschwand dahinten [...]" (35).

Der utopische Augenblick

Bis zu diesem Punkt der Erzählung leuchtet Braun das Fatale an Georgs politischem Bewußtsein aus. Georg hat die Schabersche Politik nicht verstanden. Schuld daran ist seine Sehnsucht nach Bindung, nach Gemeinsamkeit. Aus seiner Einsicht, durch willenhafte Selbstverblendung die Diktatur unterstützt zu haben, läßt der Autor seine Figur jedoch nicht die Konsequenz einer grundsätzlichen Skepsis gegenüber der eigenen utopischen Welthaltung ziehen. Ganz im Gegenteil: Georg erneuert sein Hoffnungsdenken emphatisch.

Ausgangspunkt hierfür sind Georgs Einsamkeit als Mann und seine Vereinzelung im Kapitalismus. Er ist in der Liebe und in seinem politischen Engagement gescheitert. Außerdem lebt er jetzt in der "andere[n] Zeit" (35) des Kapitalismus. Die Menschen betrügen einander um des Gewinns willen und laufen an anderen vorbei, "ohne etwas mit einander im Sinn zu haben" (35). Georg hat mit anderen Worten alle Orientierungspunkte möglicher Sinnerfüllung verloren, private wie politische. Er ist völlig auf sich zurückgeworfen: "Aber wer war e r ? / Georg war ein pünktlicher Mensch, der nur nicht verabredet war, nicht mehr. Es war 12^{15} MEZ." (35) Über die Frage der Zeit gelangt er nun auch an den vermeintlichen Kern seines eigenen Versagens – wie bei Schaber mangelnder Wille:

> Hätte er Luise halten können? – Er würde es nie wissen. [...] Hätte er sich von Schaber trennen können? – [...] und er hatte nur die eine arme Antwort bereit: Ich habe es nicht gewollt. – Indem der Gedanke ihm ins Herz schnitt, wußte Georg, daß es ein glücklicher war, ein unausweichlich wahrer. (35f.)

Es ist dies mitnichten eine 'arme' Antwort. Braun gestaltet Georgs emphatische Wahr-Nehmung als mystischen 'Nunc stans', als utopisch-aufblitzenden

---

teilen. François Furet: *Das Ende der Illusion. Der Kommunismus im 20. Jahrhundert.* Aus dem Französischen von Karola Bartsch, Eliane Hagedorn, Christine Krieger u. Barbara Reitz. München u.a. 1996. S. 163, 184 u.a.

Augenblick à la Bloch: Gefühl und Gedanke, Glück und Wahrheit verschmelzen.[23] Der emotionale Gehalt des Gedanken indiziert seine inhaltliche Dignität, seine 'unausweichliche Wahrheit'. Und auf dieser zur unausweichlichen Wahrheit erklärten 'Erkenntnisbasis' trifft Georg nun umgehend eine neue 'Verabredung'; quasi bruchlos heftet er seine utopischen Hoffnungen an die Ereignisse auf dem Alexanderplatz im Herbst 1989. Hier bietet die Vergangenheit noch einmal utopische Zukunftspotentiale.

Der 4. November 1989

Der Alexanderplatz ist ein wesentliches Element der Braunschen Erzählung. Über den Erzählort wird der 'schlechten Gegenwart' eine eindeutige Absage erteilt. Dabei erstaunt es, wie wenig differenziert Brauns Bild der Bundesrepublik weiterhin ausfällt. Politische Verhältnisse werden überhaupt nicht in den Blick genommen (obwohl sie mit dem Verhältnis Georg – Schaber im Mittelpunkt der Erzählung stehen). Aber auch bei der Andeutung wirtschaftlicher Zusammenhänge begnügt sich Braun mit Platitüden.

So wird Georg sofort zu Beginn des Textes mit angefaulten Lebensmitteln übers Ohr gehauen. Als wären das Verfaulte des Kapitalismus und die hilflose Verführbarkeit der Ostdeutschen damit nicht deutlich genug markiert, führt Braun gleich noch mehrfach sein bevorzugtes Sinnbild für kapitalistischen Betrug ins Feld: das Hütchenspiel. "[D]ie Ansässigen, noch wirr in ihrer Fremde", sind davon auch in dieser Erzählung wieder "unrettbar verlockt"; selbst Georg fühlt sich angesichts der kleinen Schächtelchen "von unmenschlicher [sic] Gier erhoben!" (8). Die Kluft zwischen Bild und Bedeutungsanspruch ist unübersehbar.

Mit Hilfe des 'Alex' charakterisiert Braun aber nicht nur Betrug und Entfremdung im Kapitalismus. Der Alexanderplatz ist auch – und dies markiert die Differenz – Ort der Kundgebung vom 4. November 1989. Auf die Demonstration nimmt der Text mehrfach Bezug – als historischen Augenblick, der die geschichtliche Möglichkeit des 'Alles' oder des 'Nichts' in sich barg.

In der ersten Darstellung erscheint die Kundgebung als Zeitpunkt, zu dem die versammelten Demonstranten "die Macht zu unglaublichen Dingen" (14) gehabt hätten. Die angstlos-heitere Menge, im historischen Augenblick der Demonstration "ein Souverän" (14), begnügt sich jedoch mit "dem Gefühl einer ungeheuren Möglichkeit." (14) Der revolutionär-utopische Augenblick kommt für alle "unver*mut*et" (14, Hervorh. V.K.), er ist nicht willentlich herbeigeführt. Deshalb verstreicht er ungenutzt.

---

[23] Von diesem mystischen Augenblick aus betrachtet, läßt sich Georgs Erinnerungs- und Bewältigungsarbeit durchaus als mystische 'Bereitung' verstehen. Die 'Läuterung' durch Abkehr von allem Bisherigen mit umfassender Leere als Konsequenz wäre dann die Voraussetzung für die folgende Vision der Fülle.

241

In einem Gegenbild beherrscht dagegen die Möglichkeit blutiger Gewaltakte die Gedanken der Demonstranten. Alle hätten

> an das eine ungeheure Unmögliche gedacht, die Lösung, die auf einem andern Platz geprobt worden war, die entsetzliche, alles zunichtemachende, die Chinesische Lösung. (28)[24]

Die Möglichkeit eines blutigen Ausgangs der Kundgebung wird nun in einer dritten Erinnerung mit Hilfe emphatischer Fokussierung auf den gemeinsamen Willen als geschichtsentscheidenden Faktor ausgeblendet. Georg, der einer aus dieser "großen berühmten Menge" (36) gewesen war, erkennt:

> [W]ir haben es nicht gewollt. Es ist uns nicht ernst gewesen. Wir hatten Zeit genug. W o l l e n w i r u n s e r e U h r e n v e r g l e i c h e n , e s s i n d s o v i e l e Z e i t e n . W i r w o l l e n u n s n i c h t v e r f e h l e n . W e n n d i e U h r e n d e r W e l t e i n e S t u n d e s c h l ü g e n , d a s s o l l t e e i n H o c h z e i t s l ä u t e n s e i n , d a ß d i e W e l t i n d i e W o c h e n k o m m t . (36, Hervorh. i. Orig.)

Der fehlende Wille dient als Erklärung für die Nichtdurchsetzung eines nicht konkretisierten (vgl. "es") gemeinsamen Ziels im November 1989. Im Umkehrschluß wird dann die universelle Geschichtsmächtigkeit des Willens postuliert – so als hätten Georgs vorangegangene Überlegungen nicht gezeigt, daß gerade sein Wille zur Utopie zu einer verzerrten Wahrnehmung der Wirklichkeit führt, zu einem Wunschdenken, daß selbst noch eine Diktatur als ein 'prinzipiell' fortschrittliches, auf utopische Möglichkeiten hin angelegtes Regime zu interpretieren vermag. Die Erkenntnis der eigenen Manipulierbarkeit für die Zwecke eines Unterdrückungsstaates führt nicht dazu, die utopische Welthaltung in Frage zu stellen. Im Gegenteil: Die utopische Sehnsucht sei nicht etwa zu stark, vielmehr sei die revolutionäre Intention zu schwach gewesen, ihr habe die 'Ernsthaftigkeit' gefehlt. Vergessen ist, daß schon der schwache utopische Wille kritische Einsichten außer Kraft setzt. In der utopischen Vision triumphiert wieder die Sehnsucht über alle Tatsachen.

Vierzig Jahren realsozialistischer Diktatur zum Trotz läßt Braun in der Demonstration vom 4. November noch einmal den 'utopischen Kern' der Geschichte aufblitzen.[25] Der historische Augenblick wird – ungeachtet der nicht-

---

[24] Braun akzentuiert diese Angst auch als Konsequenz polizeilicher Terrorakte der vorangegangen Tage. Aber möchte der Autor seine Leser wirklich allen Ernstes glauben machen, gewalttätige Verwahr- und Verhörmaßnahmen seien vorher in der DDR "unbekannt[...]" (28) gewesen? Und erst die Unterdrückungsmaßnahmen dieser dramatischen Tage hätten dazu geführt, daß "die Polizei das Volk aus ihrem Namen los war" (28)?
[25] In diesem Sinn hatten 1989 viele der kritisch-loyalen Intellektuellen diese Demon-

revolutionären Haltung der Demonstranten – als potentiell utopischer Augenblick gewertet, was erlaubt, ihn auf einen 'möglichen' Prozeß hochzurechnen. Braun nutzt die Kundgebung, um einmal mehr die prinzipielle Möglichkeit einer utopischen Wende zu beschwören – unbeschwert von Voraussetzungen, Argumenten, Konzepten, dafür aber gleich im Weltmaßstab. Die Vision von der Geschichtsmächtigkeit des Willens bleibt auch unberührt von der Tatsache, daß in der Zeit nach dieser Demonstration eine Vielzahl divergierender politischer Vorstellungen deutlich wurde. In dem emphatischen Bild evoziert Braun gegenüber dem tatsächlichen Pluralismus politischer Vorstellungen wieder das Ideal einer umfassenden Interessenidentität oder zumindest Interessenharmonie aller.

Gleich Bloch bedient sich Braun für die Darstellung des utopischen Zustands der Bildlichkeit der Mystik. Zum Vergleich eine Blochsche Charakterisierung der Unmittelbarkeit des mystischen Augenblicks:

> Ledigwerden von seinem individuellen Sosein wie von der Vielheit der Dinge, dies Verlassen von allem gilt als der Hauptweg zum Finden von allem, das ist: zum Finden der Einheit des Wesens mit dem wahren Selbst. (PH 1535)

Selbstfindung beinhaltet hier Aufhebung der Individualität des einzelnen – Preis und Gewinn zugleich für eine weltumspannende Einheit. In einer solchen Welt ohne Entfremdung ist selbstverständlich auch Einsamkeit aufgehoben. (PH 1537ff.)

Übereinstimmend ist bei Bloch und Braun Widerspruchslosigkeit das zentrale Moment des Hoffnungsdenkens, die Sehnsucht nach Verschmelzen jeglicher Individualität mit dem Kollektivsubjekt 'wir' im utopischen 'Nunc stans', projiziert auf den politischen Raum.[26] Im mystischen Erleben sind das Heilige und das Erotische integriert; Georgs Vision einer 'Communio mystica'[27] beinhaltet analog dazu eine Integration des Politischen und des Erotischen. Damit ist Georgs Wunschbild das 'ganz Andere' zu seiner tatsächlichen Situation "12^{15} MEZ" auf dem Alexanderplatz: einsam, politisch ent-

---

stration verstanden. Neben den dort gehaltenen Reden belegen dies z.B. Brauns Artikel *Die Erfahrung der Freiheit*. A.a.O. oder Heiner Müller: Plädoyer für den Widerspruch. In: Ders.: *Krieg ohne Schlacht. Leben in zwei Diktaturen*. Erweiterte Ausgabe Köln 1994. S. 415-419.

[26] Hans Jonas betrachtet es als grundsätzlichen Irrtum des Blochschen "Utopismus", daß dieser "das subjektive nunc stans des mystischen Augenblicks in das bleibend Objektive eines öffentlichen Zustandes umgesetzt denkt – das Allerpersönlichste und Flüchtigste in das Allgemeine und Konsolidierte. [...] Schon der Wunsch steht im Widerspruch mit der Wahrheit des Menschen." Hans Jonas: *Das Prinzip Verantwortung. Versuch einer Ethik für die technologische Zivilisation*. Frankfurt/M. 1984. S. 384.

[27] Vgl. auch Horst Domdey: Volker Braun und die Sehnsucht nach der Großen Kommunion. Zum Demokratiekonzept der Reformsozialisten. In: *Kommune 8* (1990). H. 11. S. 67f.

wurzelt und entfremdet den verwirrenden Verhältnissen des Kapitalismus ausgeliefert.

Braun setzt sich in der "Maskerade" (Prolog) des Georg letztlich mit seiner eigenen Adaption der Blochschen Philosophie auseinander. Es wird deutlich, wie gerade die Anlehnung an Blochs Utopiekonzept eine Absage an den Realsozialismus – selbst bei rationaler Wahrnehmung der DDR-Diktatur als Willkürherrschaft – blockiert hat. Bloch war nicht nur für Braun, sondern für viele DDR-Intellektuelle der große Sinnstifter, sein Weltmodell konnte die Entzauberung der Epochenillusion 'Sozialismus' immer wieder verhindern.

Brauns Erzählung weist auch darauf hin, daß das tiefe Vertrauen auf die Wahrheit des Prinzips Hoffnung, auf das "objektiv-real Mögliche" (PH 271ff.) der Realisierung eines Seins wie Utopie, bei manchem bis auf den heutigen Tag ungebrochen ist. Bloch erklärt das "utopische[..] Gewissen-Wissen" (TE 96) für unwiderlegbar. Es könne durch die Wirklichkeit allenfalls berichtigt werden. Der utopische Wille dagegen widerlege die "sperrenden Tatsachen". (LA 389) Braun läßt seine Figur die Hoffnung auf eine prinzipielle Geschichtsmächtigkeit des auf absolute Freiheit (und nicht auf Freiheiten!) zielenden Willens emphatisch bekräftigen. Georgs 'Erkenntnis', der Wille sei eben nicht stark genug gewesen, ist schiere Selbstverblendung.

Die Erzählung macht deutlich, daß nicht der Grad des utopischen Willens verfügbar macht für politische Repression; entscheidend ist die Grundstruktur des utopischen Räsonnements. Gerade die Sehnsucht nach dem Idealzustand verleitet dazu, politische Fakten zu 'widerlegen', indem man sie prozeßhaft-dialektisch als 'Noch-Nicht' des Erwünschten versteht. Selbst hochgradig undemokratische Herrschaftssysteme lassen sich in dieser Weltsicht umdeuten zu Noch-Nicht-Utopien. Sie müssen nur hinreichend revolutionär und fortschrittlich erscheinen.

MIT DEN AUGEN EINES KINDES

Children in the Holocaust
Children in Exile
Children under Fascism

Hrsg. von Viktoria Hertling
Amsterdam/Atlanta, GA 1998. 317 pp.
(Amsterdamer Publikationen zur Sprache und Literatur 134)
ISBN: 90-420-0623-4   Hfl. 100,-/US-$ 52.50

Die vorliegenden siebzehn Beiträge basieren weitgehend auf den Vorträgen der im Oktober 1996 an der University of Nevada in Reno veranstaltenden Konferenz *Children in the Holocaust - Children in Exile - Children under Fascism*. Die Tagung beschäftigte sich erstmals mit den einschneidenden, oft nicht wieder auszulöschenden traumatischen Erfahrungen von Kindern im nationalsozialistischen Deutschland, im Exil und im Holocaust. Mit dem Jahr 2000 - also in weniger als zwei Jahren - gehört der Holocaust, den auch Daniel J. Goldhagen als das "schockierendsten Ereignis des zwanzigsten Jahrhunderts" bezeichnet, das innerhalb der deutschen Geschichte "am schwierigsten zu verstehen" sei, zu den Ereignissen des sogenannten 'Letzten Jahrhunderts'. Ist es darum nicht geboten, die Auseinandersetzung mit diesen Ereignissen, die für viele Menschen selbst heute noch mit schweren Ängsten verbunden sind, unter neuen Gesichtspunkten zur Diskussion zu bringen, damit die Thematik auch über die Schwelle zum nächsten Jahrhundert hinweg in unseren Sichtweite nichts an ihrer Ungeheuerlichkeit einbüße?

Editions Rodopi B.V.

USA/Canada: 2015 South Park Place, Atlanta, GA 30339, Tel. (770) 933-0027, *Call toll-free* (U.S.only) 1-800-225-3998, Fax (770) 933-9644

All Other Countries: Tijnmuiden 7, 1046 AK Amsterdam, The Netherlands. Tel. ++ 31 (0)20 6114821, Fax ++ 31 (0)20 4472979
E-mail: orders-queries@rodopi.nl ----- http://www.rodopi.nl

FIGUREN DER/DES DRITTEN
Erkundungen kultureller Zwischenräume

Hrsg. von Claudia Breger und Tobias Döring

Amsterdam/Atlanta, GA 1998. 269 pp.
(Internationale Forschungen zur Allgemeinen und Vergleichenden Literaturwissenschaft 30)
ISBN: 90-420-0592-0   Hfl. 90,-/US-$ 50.-

Dieser Band stellt sich aktuellen Theoriefragen, die an den Schnittstellen von Gender Studies, Postkolonialismus, Übersetzungswissenschaft und Kulturanthropologie greifbar werden. In der Rhetorik all dieser Disziplinen haben Metaphern und Figuren der/des 'Dritten' seit langem Konjunktur. Als Dritter Raum, Drittes Geschlecht, Hybridität, Fetisch, Sündenbock, Parasit oder Übersetzer/Verräter spielen sie höchst ambivalente Rollen im Raum zwischen binären Oppositionen, denn nicht selten affirmieren sie stabile Identitäten, die sie zugleich auch unterlaufen. Dieser Sammelband unternimmt es erstmals, die Gemeinsamkeiten und Differenzen all solcher Figuren zu erkunden, und untersucht ihre Funktionen in Diskursen über "Zigeuner", "Perverse", Geister, Gäste, Geiseln usw. auf komparatistischer Grundlage. Theoretische und historische Perspektiven verbindend, greift der Band auf vielfältige Weise in gegenwärtige kulturwissenschaftliche Debatten ein. Er richtet sich an Interessierte aus allen literatur- und sozialwissenschaftlichen Fachrichtungen.

Editions Rodopi B.V.

USA/Canada: 2015 South Park Place, Atlanta, GA 30339, Tel. (770) 933-0027, *Call toll-free* (U.S.only) 1-800-225-3998, Fax (770) 933-9644

All Other Countries: Tijnmuiden 7, 1046 AK Amsterdam, The Netherlands. Tel. ++ 31 (0)20 6114821, Fax ++ 31 (0)20 4472979
E-mail: orders-queries@rodopi.nl —— http://www.rodopi.nl

BIRGIT A. JENSEN

Auf der morschen Gartenschaukel
Kindheit als Problem
bei Theodor Fontane

Amsterdam/Atlanta, GA 1998. VIII,178 pp.
(Amsterdamer Publikationen zur Sprache und Literatur 132)
ISBN: 90-420-0413-4   Hfl. 65,-/US-$ 34.-

Kerntexte dieser Studie sind Theodor Fontanes Werke *Grete Minde* (1879) und *Meine Kinderjahre* (1892). Insbesonders geht es um die literarisch verarbeiteten Übergangsphasen vom vormodernen zum bürgerlichen Sozialisationsraster, denn die Texte bezeichnen die Anfangs- und Endpunkte einer historischen Kurve, innerhalb der sich eine neue Mentalität herausbildete.

Die Monographie konzentriert sich insbesonders auf *Grete Minde*, deren Problematik der kindlichen Subjektivität der Autor in den *Kinderjahren* nochmals aufnahm und löste. Was Fontane schon in *Grete Minde* zu artikulieren suchte, gelang ihm in den *Kinderjahren*: die Imaginierung eines überlebensfähigen Ichs angesichts obsoleter Erziehungspraktiken. Der Spannung zwischen Realität und Selbst begegnet Fontane auf zweifache Weise. In *Grete Minde* schafft sein Erzähler dem ungeliebten Kind einen Überlebensraum inmitten der abgelebten Gesellschaft: Die Leerstelle der zerstörten Stadt Tangermünde wird durch das erzählerisch konstruierte Verständnis für Gretes Verzweiflungstat aufgefüllt. In den *Kinderjahren* jedoch fällt das Erzählobjekt mit dem erzählenden Subjekt zusammen; hier re-imaginiert der Erzähler seine eigene Entstehungsgeschichte als "heiles" Selbst.

Editions Rodopi B.V.

USA/Canada: 2015 South Park Place, Atlanta, GA 30339, Tel. (770) 933-0027, *Call toll-free* (U.S.only) 1-800-225-3998, Fax (770) 933-9644

All Other Countries: Tijnmuiden 7, 1046 AK Amsterdam, The Netherlands. Tel. + + 31 (0)20 6114821, Fax + + 31 (0)20 4472979
E-mail: orders-queries@rodopi.nl —— http://www.rodopi.nl

EINHEIT UND VIELFALT
Das Verstehen der Kulturen

Hrsg. von Notker Schneider, R.A. Mall und Dieter Lohmar

Amsterdam/Atlanta, GA 1998. 395 pp.
(Studien zur Interkulturellen Philosophie 9)
ISBN: 90-420-0663-3   Hfl. 120,-/US-$ 63.-

Inhalt: I. Logik, Methodologie und Hermeneutik der Interkulturalität. Ram ADHAR MALL: Einheit angesichts der Vielfalt. Bernhard WALDENFELS: Kulturelle und soziale Fremdheit. Gerhard PASTERNACK: Hermeneutik als Daseinsanalytik. Intrakulturelle Explikationen des interkulturellen Verstehens. Franz WIMMER: Identität und Kulturbrüche. Hans P. STURM: Die vierfache Negationslogik im östlichen und westlichen Denken. Jayandra SONI: Einheit und Vielfalt aus der Sicht der siebenstufigen Prädikationslogik. Gregor PAUL: Logik, Verstehen und Kulturen. Michael KRAUSZ: Two Aims of Cultural Interpretation: Explaining and Healing. Thierry LENAIN: Understanding the Past: History as an Intercultural Process. Ryosuke OHASHI: Womit muß der Vergleich in der vergleichenden Ästhetik gemacht werden? Georg STENGER: Phänomenologische Methode und Interkulturelle Philosophie. Douwe TIEMERSMA: On the concepts of energy in Western and Indian traditions and the methodology of intercultural investigation. Dieter LOHMAR: Intersubjectivity and the meeting of cultures. A critique of the hermeneutics of the 'strict analogy'. Morteza GHASEMPOUR: Philosophie und Bildung. Notker SCHNEIDER: Verbindlichkeit zwischen Einheit und Vielfalt - Versuch über die normative Kraft eines 'basalen Essentialismus'. II. Erkennen und Handeln. Gibt es eine Differenz der Geschlechter? Tanella BONI: Das Geschlecht und die Macht. Bettina DAUSIEN: Die biographische Konstruktion von Geschlecht. Yacouba KONATÉ: Mythen und Wirklichkeiten der afrikanischen Frau. Hans Jörg SANDKÜHLER: Pluralismus - Geschlechterdifferenzen und andere mögliche Welten. Martina PLÜMACHER: Geschlechterdifferenz als Symbolsystem. Ilse N. BULHOF: Epistemology and Gender: the Question of Alterity. An Intercultural Reflection. Atsuko ONUKI: Vom Nutzen und Nachteil der Geschlechterdiskurse. Nausikaa SCHIRILLA: Einheit und Vielfalt - Konstruktionen von Weiblichkeit interkulturell. Michael MEUSER: Kulturelle Deutungsmuster von Männlichkeit. Veränderungen und Kontinuitäten. III. Philosophie und interkulturelle Bildung. Jürgen HENGELBROCK: Möglichkeiten und Grenzen philosophischer Kommunikation in der Schule. Peter GRAF: Interkulturelle Pädagogik als Schule der Wahrnehmung.

Editions Rodopi B.V.

USA/Canada: 2015 South Park Place, Atlanta, GA 30339, Tel. (770) 933-0027, *Call toll-free* (U.S.only) 1-800-225-3998, Fax (770) 933-9644

All Other Countries: Tijnmuiden 7, 1046 AK Amsterdam, The Netherlands. Tel. ++ 31 (0)20 6114821, Fax ++ 31 (0)20 4472979
E-mail: orders-queries@rodopi.nl — http://www.rodopi.nl

SIGNS OF MASCULINITY
Men in Literature 1700 to the Present

Ed. by Antony Rowland, Emma Liggins and Eriks Uskalis

Amsterdam/Atlanta, GA 1998. 274 pp.
(Rodopi Perspectives on Modern Literature 20)
ISBN: 90-420-0603-X   Bound Hfl. 140,-/US-$ 77.50
ISBN: 90-420-0593-9   Paper Hfl. 40,-/US-$ 22.-

Masculinity is becoming an increasingly popular area of study in areas as diverse as sociology, politics and cultural studies, yet significant research is lacking into connections between masculinity and literature. *Signs of Masculinity* aims at beginning to fill the gap. Starting with an introduction to, and intervention within, numerous debates concerning the cultural construction of various masculinities, the volume then continues with an investigation of representations of masculinity in literature from 1700 to the present. Close readings of texts are intended to demonstrate that masculinity is not a theoretical abstract, but a definitive textual and cultural phenomenon that needs to be recognised in the study of literature. It is hoped that the wide-ranging essays, which raise numerous issues, and are written from a variety of methodological approaches, will appeal to undergraduate, postgraduates and lecturers interest in the crucial but under-researched area of masculinity.

Editions Rodopi B.V.

USA/Canada: 2015 South Park Place, Atlanta, GA 30339, Tel. (770) 933-0027, *Call toll-free* (U.S.only) 1-800-225-3998, Fax (770) 933-9644

All Other Countries: Tijnmuiden 7, 1046 AK Amsterdam, The Netherlands. Tel. ++ 31 (0)20 6114821, Fax ++ 31 (0)20 4472979
E-mail: orders-queries@rodopi.nl —— http://www.rodopi.nl

KURT RÖTTGERS

Die Lineatur der Geschichte

Amsterdam/Atlanta, GA 1998. 370 pp.
(Philosophie und Repräsentation 6)
ISBN: 90-420-0514-9   Hfl. 120,-/US-$ 66.50

Lineaturen sind Formalstrukturen, in die sich Texte einschreiben. In welche Lineaturen schreibt sich der Text der Geschichte(n) ein?

Die Untersuchung geht aus von der Entwicklung eines für die Geschichte angemessenen Zeitbegriffs (Kap. 1) und einem Begriff des kommunikativen Textes (Kap. 2). Aus beidem ergibt sich eine narrativistische Geschichtskonzeption (Kap. 3, 4). Diese wird mehrfach erprobt an für den Narrativismus kritischen Problemen: dem Schweigen (der Geschichte) (Kap. 3), dem Problem der Erzählbarkeit gelebten Lebens (Kap. 6) oder der unmittelbaren Gegenwart (Kap. 8). Gewonnen wird dabei einerseits der Begriff eines Rhythmus der Geschichte (Kap. 5). Andererseits ergeben sich Spezifizierungen der für die Geschichte eigentümlichen Kontinuitätsvorstellungen (Kap. 9, 11) sowie eine Abgrenzung der Geschichtszeit von der Handlungszeit (Kap. 7). Schließlich wird diese Beschreibung einer narrativistischen Lineatur der Geschichte methodisch abgegrenzt von den Sozialwissenschaften (Kap. 10) und der Ethik (Kap. 13).
Das vorletzte Kapitel behandelt das Ende der Geschichte.

Editions Rodopi B.V.
USA/Canada: 2015 South Park Place, Atlanta, GA 30339, Tel. (770) 933-0027, *Call toll-free* (U.S.only) 1-800-225-3998, Fax (770) 933-9644
All Other Countries: Tijnmuiden 7, 1046 AK Amsterdam, The Netherlands. Tel. ++ 31 (0)20 6114821, Fax ++ 31 (0)20 4472979
E-mail: orders-queries@rodopi.nl — http://www.rodopi.nl

THEATRE WORLDS IN MOTION
Structures, Politics and Developments
in the Countries of Western Europe

Edited by H. van Maanen and S.E. Wilmer
Amsterdam/Atlanta, GA 1998. 777 pp.
ISBN: 90-420-0762-1   Bound Hfl. 380,-/US-$ 211.-
ISBN: 90-420-0554-8   Paper Hfl. 100,-/US-$ 55.50

Theatre Worlds in Motion aims to clarify the different theatre traditions and practices in Western Europe from a historical and sociological perspective. The book grew out of a perceived need among theatre scholars who had recognised that, while they understood the theatre system of their own country, they often found it difficult to discover how it compared with other countries.

The chapters analyse the basic components and dynamics of theatre systems in seventeen Western European nations in order to elucidate how the systems function in general and how they vary in different cultures. The book provides a sense of what has been happening recently in particular countries, and indicates how the theatre systems have developed over time and have led to the current practices and structures. Each national chapter considers the historical tradition and place of theatre within the country and analyses the role of the state in fostering theatre during the last fifty years.

Material from the national chapters has been used in two general chapters at the beginning and end of the book to provide an overview to developments in all Western Europe. The introductory chapter on decentralisation discusses the tendency amongst governments to encourage cultural development outside the national capital by providing subsidy for regional theatre venues and theatre companies and, in many cases, by developing the decision-making and budgetary powers for the theatre to regional and local authorities. The epilogue on the functioning of theatre examines the common structures of theatre in society as described in the seventeen national chapters, and it proposes areas for future research.

Editions Rodopi B.V.

USA/Canada: 2015 South Park Place, Atlanta, GA 30339, Tel. (770) 933-0027, *Call toll-free* (U.S.only) 1-800-225-3998, Fax (770) 933-9644

All Other Countries: Tijnmuiden 7, 1046 AK Amsterdam, The Netherlands. Tel. ++ 31 (0)20 6114821, Fax ++ 31 (0)20 4472979
E-mail: orders-queries@rodopi.nl —— http://www.rodopi.nl

ANNA SEGHERS IN PERSPECTIVE

Ed. by Ian Wallace

Amsterdam/Atlanta, GA 1998. 212 pp.
(German Monitor 43)
ISBN: 90-420-0604-8   Bound Hfl. 110,-/US-$ 61.-
ISBN: 90-420-0594-7   Paper Hfl. 35,-/US-$ 19.-

Table of Contents: Ian WALLACE: Introduction. Martin KANE: Existentialism or Ideology? The Early Works of Anna Seghers. Christiane ZEHL ROMERO: "Armer und lieber Sagetete" - Anna Seghers and Franz Carl Weiskopf. Ian WALLACE: Anna Seghers - The British Dimension. Anthony WAINE: Persecution and Faith in Anna Seghers's Radio Play *Der Prozeß der Jeanne d'Arc zu Rouen 1431*. G.P. BUTLER: Pro Captu Interpretis ...: James A. Galston and the Road to Fame. Mary LYONS: "Ein Urwald von Dossiers": Kafkaesque Imagery in *Transit*. Anthony GRENVILLE: Anna Seghers confronts the Holocaust: The Jewish Dimension to "Der Ausflug der toten Mädchen". Eion BOURKE: "Post ins Gelobte Land" - a Vindication. Sonja HILZINGER: From the Revolution Lost to the Revolution Betrayed: Anna Seghers's *Karibische Geschichten*. Ute BRANDES: Anna Seghers's Politics of Affirmation. Index. Notes on the Contributors. Reviews.

Editions Rodopi B.V.

USA/Canada: 2015 South Park Place, Atlanta, GA 30339, Tel. (770) 933-0027, *Call toll-free* (U.S.only) 1-800-225-3998, Fax (770) 933-9644

All Other Countries: Tijnmuiden 7, 1046 AK Amsterdam, The Netherlands. Tel. ++ 31 (0)20 6114821, Fax ++ 31 (0)20 4472979
E-mail: orders-queries@rodopi.nl — http://www.rodopi.nl

VIVAT HELVETIA
Die Herausforderung einer nationalen Identität

Hrsg. von Jattie Enklaar und Hans Ester

Amsterdam/Atlanta, GA 1998. 250 pp.
(Duitse Kroniek 48)
ISBN: 90-420-0674-9   Hfl. 75,-/US-$ 39.-

Die Frage nach der *nationalen Identität* bedeutet ein Nachdenken über geschichtliche Entstehungsbedingungen einer Nation und eine Neuorientierung in einer immer komplexer werdenden Gesellschaft der Gegenwart. Der Schutz, der eine "nationale Identität" – oft geprägt von Mythen – dem Kollektiv der Individuen, das wir "Staat" nennen, bietet, legt die Möglichkeiten einer Zukunft fest und kann sie einschränken. Auf der anderen Seite gibt es das Anti-Modell eines aufklärerischen Internationalismus, ein oft modisches Konzept, das die Nation als die Erfindung des Nationalismus definiert; es kann als realistische Alternative betrachtet, aber auch als Utopie in Frage gestellt werden.

Anlässlich des 150jährigen Bestehens der schweizerischen Bundesverfassung beschäftigen sich die Beiträge in diesem Band mit Fragen zu Kunst- und Kulturpolitik, Politik und Staatswesen, Geschichte, Sprache und Religion sowie mit der Darstellung der schweizerischen Wirklichkeit in literarischen Texten, mit dem Zweck, im Gedenkjahr 1998 ein Bild der heutigen Schweiz zu vermitteln, wobei besondere Aufmerksamkeit dem Übergang zu einem überstaatlichen Föderalismus gilt, der sich vor der Frage gestellt sieht, alte Mythen zu ersetzen oder umzudeuten. Dieser Prozess, der heutzutage in der Schweiz stattfindet und tief in die Geschichte des Staates zurückreicht, dankt seinen Erfolg der inneren Selbstbestimmung, deren Bedeutung für die Herausforderung einer eigenen Identität hier in thematisch unterschiedlichen Beiträgen dargelegt wird.

Editions Rodopi B.V.

USA/Canada: 2015 South Park Place, Atlanta, GA 30339, Tel. (770) 933-0027, *Call toll-free* (U.S.only) 1-800-225-3998, Fax (770) 933-9644

All Other Countries: Tijnmuiden 7, 1046 AK Amsterdam, The Netherlands. Tel. ++ 31 (0)20 6114821, Fax ++ 31 (0)20 4472979
E-mail: orders-queries@rodopi.nl — http://www.rodopi.nl

CRITICAL RATIONALISM AND EDUCATIONAL DISCOURSE

Ed. by Gerhard Zecha

Amsterdam/Atlanta, GA 1999. 280 pp.
(Series in the Philosophy of Karl R. Popper and Critical rationalism XI)
ISBN: 90-420-0724-9   Hfl. 100,-/US-$ 52.50

Critical Rationalism has become an influential philosophy in many areas including a great number of scientific disciplines. Yet only few studies have been devoted to the role of the philosophy of Sir Karl Popper in the vast field of education. This volume undertakes to fill this gap. Leading scholars in the educational science and in the philosophy of education have critically written for this volume in an attempt to elaborate Popper's methodological and socio-political views and confront them with a globally relevant spectrum of scientific objectives and cultural values. Among the topics discussed are moral values, education for freedom and its consequences for the student, and the critical attitude in political education. Attention is also paid to the historiography of this significant philosophical movement. Regarding pedagogical research, the empirical paradigm, the falsificatory approach to educational research, the complex relationship between educational theory and practice as well as the problem of value-neutrality in educational science are objects of critical analysis.

Editions Rodopi B.V.

USA/Canada: 2015 South Park Place, Atlanta, GA 30339, Tel. (770) 933-0027, *Call toll-free* (U.S.only) 1-800-225-3998, Fax (770) 933-9644

All Other Countries: Tijnmuiden 7, 1046 AK Amsterdam, The Netherlands. Tel. + + 31 (0)20 6114821, Fax + + 31 (0)20 4472979
E-mail: orders-queries@rodopi.nl — http://www.rodopi.nl

SOCIOBIOLOGY AND THE ARTS

Ed. by Jan Baptist Bedaux and Brett Cooke

Amsterdam/Atlanta, GA 1999. 298 pp.
ISBN: 90-420-0584-X   Bound Hfl. 150,-/US-$ 83.-
ISBN: 90-420-0684-6   Paper Hfl. 45,-/US-$ 25.-

Contents: Preface. Marcel ROELE and Jan WIND: Sociobiology and the Arts. An Introduction. Ellen DISSANAYAKE: Sociobiology and the Arts: Problems and Prospects. Brett COOKE: The Promise of a Biothematics. Frederick TURNER: The Sociobiology of Beauty. Eric S. RABKIN: Vegetable, Animal, Human: The Perils and Powers of Transgressing Sociobiological Bounderies in Narrative. Jan Baptist BEDAUX: From Normal to Supranormal: Observations on Realism and Idealism from a Biological Perspective. Christa SÜTTERLIN: Ethological Aspects of Apotropaic Symbolism in Art. Nancy E. AIKEN: How Art Arouses Emotion. Gary COX: The Biology of Dostoevsky's *Crime and Punishment*: Cultural Text as Adaptive Mechanism. Paul van den AKKER: Visual Order in Figurative Art: To Zoom in on Mannerism. Andras LUDMANY: The Adaptive Role of the Aesthetic Experience: An Epistemological Approach. Thierry LENAIN: Animal Aesthetics and Human Art. Koen DEPRYCK: Toward an Archeology and Futurology of Mind: Possible Evolutionary Advantages of Learning Difficulties. Brett COOKE: Pushkin and the Memetics of Reputation.

Editions Rodopi B.V.

USA/Canada: 2015 South Park Place, Atlanta, GA 30339, Tel. (770) 933-0027, *Call toll-free* (U.S.only) 1-800-225-3998, Fax (770) 933-9644

All Other Countries: Tijnmuiden 7, 1046 AK Amsterdam, The Netherlands. Tel. + + 31 (0)20 6114821, Fax + + 31 (0)20 4472979 *E-mail:* orders-queries@rodopi.nl —— http://www.rodopi.nl

STEVEN TÖTÖSY de ZEPETNEK

Comparative Literature
Theory, Method, Application

Amsterdam/Atlanta, GA 1998. 299 pp.
(Textxet 18)
ISBN: 90-420-0534-3   Hfl. 90,-/US-$ 47.-

This book serves several purposes, all very much needed in today's embattled situation of the humanities and the study of literature. First, in Chapter One, the author proposes that the discipline of Comparative Literature is a most advantageous approach for the study of literature and culture as it is a priori a discipline of cross-disciplinarity and of international dimensions. After a "Manifesto" for a New Comparative Literature, he proceeds to offer several related theoretical frameworks as a composite method for the study of literature and culture he designates and explicates as the "systemic and empirical approach." Following the introduction of the proposed New Comparative Literature, the author applies his method to a wide variety of literary and cultural areas of inquiry such as "Literature and Cultural Participation" where he discusses several aspects of reading and readership (Chapter Two), "Comparative Literature as/and Interdisciplinarity" (Chapter Three) where he deals with theory and application for film and literature and medicine and literature, "Cultures, Peripheralities, and Comparative Literature" (Chapter Four) where he proposes a theoretical designation he terms "inbetween peripherality" for the study of East Central European literatures and cultures as well as ethnic minority writing, "Women's Literature and Men Writing about Women" (Chapter Five) where he analyses texts written by women and texts about women written by men in the theoretical context of Ethical Constructivism, "The Study of Translation and Comparative Literature" (Chapter Six) where after a theoretical introduction he presents a new version of Anton Popovič's dictionary for literary translation as a taxonomy for the study of translation, and "The Study of Literature and the Electronic Age" (Chapter Seven), where he discusses the impact of new technologies on the study of literature and culture. The analyses in their various applications of the proposed New Comparative Literature involve modern and contemporary authors and their works such as Dorothy Richardson, Margit Kaffka, Mircea Cărtărescu, Robert Musil, Alfred Döblin, Hermann Hesse, Péter Esterházy, Dezsö Kosztolányi, Michael Ondaatje, Endre Kukorelly, Else Seel, and others.

Editions Rodopi B.V.

USA/Canada: 2015 South Park Place, Atlanta, GA 30339, Tel. (770) 933-0027, *Call toll-free* (U.S.only) 1-800-225-3998, Fax (770) 933-9644

All Other Countries: Tijnmuiden 7, 1046 AK Amsterdam, The Netherlands. Tel. ++ 31 (0)20 6114821, Fax ++ 31 (0)20 4472979
E-mail: orders-queries@rodopi.nl —— http://www.rodopi.nl